爾雅今注

增訂本

徐朝華　注

岳麓書社·長沙

圖書在版編目(CIP)數據

爾雅今注/徐朝華注.—增訂本.—長沙:岳麓書社,2021.12

ISBN 978-7-5538-1423-0

Ⅰ.①爾… Ⅱ.①徐… Ⅲ.①《爾雅》—注釋 Ⅳ.①H131.2

中國版本圖書館 CIP 數據核字(2020)第 209839 號

ERYA JINZHU

爾雅今注(增訂本)

徐朝華 注

責任編輯:周家琛 陳文韜

責任校對:舒 舍

封面設計:賀紅梅

岳麓書社出版發行

地址:湖南省長沙市愛民路 47 號

直銷電話:0731-88804152 0731-88885616

郵編:410006

版次:2021 年 12 月第 1 版

印次:2021 年 12 月第 1 次印刷

開本:880mm×1240mm 1/32

印張:16.375

字數:470 千字

ISBN 978-7-5538-1423-0

定價:68.00 圓

承印:湖南天聞新華印務有限公司

如有印裝質量問題,請與本社印務部聯繫

電話:0731-88884129

序

《爾雅》是中國古代第一部大致按照詞義系統和事物分類而編纂的詞典。包括十九篇。前三篇《釋詁》《釋言》《釋訓》具有解釋語詞的小詞典性質，第四至第十九篇具有小百科詞典的性質。在世界文化史上，《爾雅》不但是最早期的詞典和小百科詞典的雛形，而且它首創的這種編纂法今天仍然被采用，例如我國新版《辭海》曾兩次發行分册本，第一分册為語詞，以下為小百科。這種編排既是現代辭書編纂工作中的一道重要工序，又產生頗為切合實用的成品，有時它比定稿的依部首排列的《辭海》還更便於查閱。飲水思源，《爾雅》在世界文化史上的貢獻確實不小。

關於《爾雅》在中國語言學史上的重要性及其影響，學者們已經講過許多，兹不贅述。

前人曾對《爾雅》進行過大量的研究，他們取得的成就主要有三個方面：一是字義的注釋與考證，二是訓詁方法的研究，三是音義關繫的探討。給《爾雅》全書及郭注做疏證的，最重要也是最常見到的是邢昺、邵晉涵、郝懿行三家的注釋本。各有千秋，均有貢獻。

舊日注釋有一些不可避免的缺點。由於時代較早，前賢不可能看到甲骨文，没有利用甲骨文、金文探求古義的機會。那時還没有現代語言科學理論，尤其是現代詞彙學理論，無法運用它去觀察分析《爾雅》複雜的詞彙詞義現象。前賢所認識到的音義關繫，還比較籠統。如此種種，毫不足怪。可是我們處在二十世紀八十年代，如果仍然墨守舊日疏證，就是故步自封，不求進取了。

舊日疏證有個缺點，就是煩瑣。當年戴、段、二王都反對煩瑣，他們的著作内容樸實精粹，行文簡潔清新。《爾雅》邢、邵、郝三家注釋未能臻此境界。

時代在前進，應該給舊日疏證結賬，取其精華，去其煩瑣，寫出今注，使人耳目一新，輕裝上陣，纔好邁開步伐，開展新的科學研究。

所謂今注，不是改用大白話來做注釋就算，更重要的是形式新，語言新，方法新，内容既精又新。

給《爾雅》作個今注，實在是當前迫切需要的。但是作今注難，為《爾雅》作今注更難。

朝華一向樸實勤奮，基礎廣博而扎實。學成之後，致力於漢語發展史詞彙部分的研究，又專攻訓詁。醞釀日久，遂發奮作《爾雅今注》。五六年來數易其稿。

朝華此書，博采衆家之長，並吸取最新科研成果，深入淺出，簡明扼要，指明《爾雅》得失，並提出自己的見解。不唯於平淡中見功力，而且處處為青年讀者著想，文字淺顯，要言不煩，頭緒清爽，引人入勝。並編製索引，以利於翻檢和進行科研。優點甚多，是一部好書。

我對於《爾雅》衹是初學。讀朝華此書，受益不小，所以樂於向讀者推薦，希望《爾雅》之學出現新氣象。

張清常

一九八四年十一月

前言

《爾雅》是我國最早的一部解釋詞義的專著，也是第一部大致按照詞義系統和事物分類而編纂的詞典。《爾雅》的“爾”是近的意思，“雅”是正的意思，指雅正之言，即作為政治、文化、社交活動中使用的語言，這是後代作為規範的共同語的雛形。《爾雅》一書命名之意就是以雅正之言解釋古語詞、方言詞，使之近於規範。

據《漢書·藝文志》記載，《爾雅》原為二十篇，但今本《爾雅》衹有十九篇。宋代邢昺《爾雅疏》說：“《爾雅·序篇》云：《釋詁》《釋言》通古今之字。”可見《爾雅》原有《序篇》一篇。《序篇》大約於宋代亡佚。現存十九篇按照內容分為十九類，即釋詁、釋言、釋訓、釋親、釋宮、釋器、釋樂、釋天、釋地、釋丘、釋山、釋水、釋草、釋木、釋蟲、釋魚、釋鳥、釋獸、釋畜，每類一篇。其中《釋詁》《釋言》《釋訓》等三篇是解釋一般語詞的，可以說是普通的詞典；《釋親》以下十六篇是解釋各類名物的，可以說是百科名詞詞典。全書共計 13113 字。解釋的大部分是單音詞，也有一些複音詞。

關於《爾雅》的作者和成書年代，從古到今，說法不一，尚無定論。最初或說是周公所作，或說是孔子門人所作。宋代以後，學者們多認為所謂周公、孔子門人所作，都是依託之詞，從而否定了聖人所作的說法。那麼真正的作者是誰？確切的成書年代是甚麼時候呢？有人認為是從戰國中期到漢初的儒者陸續編纂而成；有人説是戰國末年齊魯儒生所作；有人認為是秦漢間儒生所作；有人説是漢初儒生所作；有人認為是漢武帝之後，哀帝平帝之前儒者所作；還有人認為是西漢末年劉歆偽撰。凡此種種，衆説紛紜。從《爾雅》一書的内容和有關資料分析，《爾雅》中有一部分詞語出於戰國中後期古籍，成書不可能在此之前。秦代焚書坑儒，漢初社會動亂未定，文景之世開獻書之路，先秦古籍纔陸續復出。漢初也缺乏編纂這樣一部内容、字數繁多的詞典的社會條件。而到漢武帝“罷黜百家，獨尊儒術”之後，很快就出現了犍為文學的《爾雅注》。這説明最初成書也不會是在漢代。因此，大體上可以斷定，《爾雅》最初成書當在戰國末年，是由當時一些儒生彙集各種古籍詞語訓釋資料編纂而成，並非一人之作。這部書或由於某種原因幸免於秦火，或由於民間私自密藏而逃避了抄禁，因而當漢王朝開始重視經學時，便很快地重新問世了。此後又經過漢代經師儒者陸續增補，纔成為今天所見到的《爾雅》。

從《爾雅》一書的内容來看，這部書編纂的目的是幫助人們閱讀古書和辨識名物。《爾雅》的主要内容之一是以雅釋古，即用當時作為規範的雅正之言，解釋當時已經認為是時代較遠難以通曉的古籍中的詞語，目的是幫助人們讀懂古書，當時的古籍既包括儒家經典，也包括儒家經典之外的古書。戰國是一個科學文化有很大發展的時代，也是一個百家争鳴的時代，諸子百家從不同的角度吸收了當時的文化科學知識，著書立説。當時私人講學之風大開，游學之風盛行（如齊國稷下學士多至數萬人），在這種情況下，儒生們所接觸到的書籍，肯定不會衹是局限於儒家經典範圍之内。在《爾雅》中多次見到對儒家經典之外的一些古書（或當時的書籍）中詞語的解釋。如《釋天》：“春為青陽，夏為朱明，秋為白藏，冬為玄英。四氣和謂之玉燭”，取之於《尸子》；“扶搖謂之猋”，是釋《莊子》中詞語的；《釋地》：“東方有比目魚焉，不比不行，其名謂之鰈。南方有比翼鳥焉，不比不飛，其名謂之鶼鶼”，取之於《管子》；“北方有比肩民焉，迭食而迭望”，取之於《山海經》；《釋畜》：“小領，盜驪”，取之於《穆天子傳》。當然，和其他古籍相比，《爾雅》對儒家經典《詩經》中詞語的解釋是要多一些。如《釋訓》中所訓釋的大部分都是《詩經》中的詞語。在其他篇中，也有一些是專門解釋《詩經》中詞語的。如《釋天》中的“是禷是禡”“既伯既禱”，《釋水》中的“汎汎楊舟，紼縭維之”等，都是出自《詩經》。孔子認為《詩經》不僅有助於修身行事，而且對豐富知識都有著重要的作用，他說：“小子何莫學夫《詩》?《詩》可以興，可以觀，可以群，可以怨。邇之事父，遠之事君。多識於鳥獸草木之名。”（《論語·陽貨》）在春秋戰國時期，人們在外交場合，在辯論、講學時，在著作中常引用《詩經》中的詩句以表達思想感情，增添文采。《詩經》在人們的生活中比其他各種書籍都更為重要。但戰國時代距離《詩經》的時代已經相當遥遠了，《詩經》中有些古詞語如不加以解釋，當時的人在理解上就會有困難。由於這樣兩個方面的原因，《爾雅》中對《詩經》詞語的解釋就比較多了。雖然《詩經》是儒家經典，但《爾雅》的編纂者解釋它並不僅僅因為它是儒家經典，更是因為它是一部被人們廣泛閱讀、使用的古籍。

《爾雅》另一個主要內容是以雅釋俗，或以俗釋雅。在《釋詁》《釋言》等篇中有以雅言解釋方言俗語的，目的是幫助人們閱讀古書。《釋草》以下七篇收集解釋了大量草木蟲魚鳥獸之名（包括雅名和俗名），其目的主要是幫助人們辨識名物，豐富知識，增廣見聞。如《釋草》中說：“芣苢，馬舄。馬舄，車前。”

説明同一種植物有不同的名稱（芣苢為雅名，馬舄、車前為俗名）。《釋草》中有“果臝”，《釋蟲》中也有“果臝”，説明有異物同名的情況。有時僅列出名稱而未加説明，如《釋蟲》中的“土鼅鼄”“草鼅鼄”“土蠭”“木蠭”，則是要使人們知道蜘蛛、蜂有不同的種類。在這方面，《爾雅》與漢代作為童蒙讀本的《急就篇》和解釋四方别國之語的《方言》是有相似之處的。郭璞在《爾雅序》中説：“夫《爾雅》者，所以通詁訓之指歸，敘詩人之興咏，揔絶代之離詞，辯同實而殊號者也。……若乃可以博物不惑，多識於鳥獸草木之名者，莫近於《爾雅》。”他認為《爾雅》的主要作用是總結和整理了歷代不同的語詞，解釋了經籍中詞語的意義和詩歌中詞語的用法，辨别了許多異名同實的詞，保存了很多鳥獸草木之名。郭璞的認識是比較全面的。過去有些學者認為《爾雅》編纂的目的在於解經，其認識顯然與《爾雅》的内容不盡吻合。

《爾雅》雖然最初不是專為解經而作，但後來由於經學家們的重視、使用和宣揚，使它和經學的關繫越來越密切。《漢書·藝文志》把它附在六藝類《孝經》之後，《隋書·經籍志》把它放在經部《論語》之後，實際上已把它列入群經之屬。唐代開成年間鎸刻石經時，《爾雅》和《詩經》《尚書》等十一部儒家經典同時上石，正式成為儒家重要經典。宋代以後，《爾雅》成為十三經之一。《爾雅》這樣一部解釋詞義的書，在封建社會裏竟然能够和《詩經》《尚書》等重要儒家經典並列，是有其特殊的社會原因的。

從秦始皇焚書坑儒之後，社會經過了幾十年的動亂，出現了比較安定的“文景之治”。封建統治階級為了加强思想統治，開始重視儒家學説。但經過秦火和戰争的破壞，儒家經典損失很大；能讀經解經的經師大儒，更是難以尋覓。《漢書·儒林傳》：

"孝文時，求能治《尚書》者，天下亡有，聞伏生治之，欲召。時伏生年九十餘，老不能行，於是詔太常使掌故朝（晁）錯往受之。"由此可見當時經師的奇缺。在這種情況下，《爾雅》這樣一部唯一保存了大量先秦古籍中古詞古義解釋的詞典，對於傳習儒經就成了重要的依據，在一定程度上起到了經師的作用。東漢趙岐《孟子題辭》中說："孝文皇帝欲廣游學之路，《論語》《孝經》《孟子》《爾雅》皆置博士。"雖然不能因此就肯定文帝時確曾設置《爾雅》博士，但從中可以揆測文景之世《爾雅》已經和儒家經典有著較為密切的聯繫了。

漢武帝獨尊儒學，立五經博士以後，從中央到郡縣，乃至鄉聚，廣設學校，傳習儒經。讀經、通經成為當時讀書人實現抱負、追求利祿的重要途徑。雖然陸續出現了一大批儒家經典的注釋書，如《詩經》有《魯故》《韓故》《齊后氏故》等，《尚書》有《歐陽章句》《大小夏侯章句》《大小夏侯解詁》等，但這些書都是就某一部經書的詞語隨文釋義的，而且今文經學家的注釋多側重於闡明經書中的"微言大義"，而不注重語言文字的解釋。在這種情況下，《爾雅》這樣一部比較全面、比較系統地彙釋古詞古義的詞典，就成為儒生們讀經、通經的重要工具書了。它的這種作用，是其他任何一種某一經書的注釋書所不能代替的，也是《倉頡》《急就》和《說文》之類字書所不具有的。正因為如此，《爾雅》一書和儒經的關繫就變得更加密切了。清代學者錢大昕說："夫六經皆以明道，未有不通訓詁而能知道者。欲窮六經之旨，必自《爾雅》始。"（《潛研堂文集·與晦之論〈爾雅〉書》）宋翔鳳說《爾雅》是"訓故之淵海，五經之梯航"（《爾雅義疏序》）。這些都說明了《爾雅》是因為"說經之家多資以證古義，故從其所重，列之經部耳"（《四庫全書總目》）。

將《爾雅》列為經書，似乎是抬高了它的地位，使它享有歷代各種詞書所没有的殊榮，而實際上却是縮小了它的作用，貶低了它的價值。今天我們應該對《爾雅》這部書在中國語言學史和詞書史中的作用和價值作一個全面的、恰當的分析。《爾雅》這部書的主要作用和價值在於：

一、《爾雅》是在兩千多年以前出現的我國第一部詞典，它有清楚的分類篇目和完整的編纂體系，有直訓、陳説、描寫、比擬、音訓等多種釋詞方法。它首創的按意義分類編排的體例和多種釋詞方法，對後代詞書、詞典以及類書的發展都有很大的影響。在它的影響下，出現了一系列以"雅"為書名的補充或仿照它的釋義詞書。如託名秦末孔鮒所著的《小爾雅》，三國時魏張揖的《廣雅》，宋代陸佃的《埤雅》、羅願的《爾雅翼》，明代朱謀㙔的《駢雅》、方以智的《通雅》，清代吴玉搢的《别雅》、洪亮吉的《比雅》、夏味堂的《拾雅》、史夢蘭的《叠雅》等。

二、《爾雅》彙集並解釋了大量先秦古籍中的古詞古義，是閲讀、研究先秦古籍的重要工具書。如《釋言》中有"宜，肴也"條，這是解釋《詩經·鄭風·女曰鷄鳴》"弋言加之，與子宜之"中"宜"字的。"肴"指做熟的魚肉等。"宜"在古書中一般都解釋為合適、適宜，没有肴的意義，而從甲骨文、金文看，"宜"字象砧板上有肉之形。用作名詞，表示切肉用的砧板；用作動詞，意為吃做熟了的肉。《爾雅》中以"肴"釋"宜"，便是根據"宜"的本義而來的。又如《釋親》中有"男子謂姊妹之子為出"，這是母系社會親屬稱謂的遺跡，在父系社會裏，"出"作為一種親屬稱謂已經被"甥"所代替了。借助於《爾雅》，後人可以瞭解"出"的這一古義。

三、《爾雅》彙集了大量上古漢語詞彙，其中包括古語詞、方言詞以及外來詞（如《釋地》中的"珣玗琪"為上古東夷語）。在《釋詁》《釋言》《釋訓》中收集了很多上古漢語中的同義詞，它為研究上古漢語詞彙提供了豐富的资料，是研究上古漢語詞彙的重要參考書。

四、《爾雅》彙集解釋了不少有關宫室、器物、樂器、天文、地理和動植物等方面的詞彙，可以幫助人們瞭解古代社會，豐富知識。並為進行生物學方面的研究提供寶貴的歷史资料。如《釋獸》中有“貘，白豹”，郭璞注説：“似熊，小頭庳脚，黑白駁，能舐食銅鐵及竹骨。”這些資料對今天研究大熊貓類動物很有參考價值。

《爾雅》在釋義、編排等方面存在著一些缺點，較為突出的是解釋詞義往往過於簡單籠統。用多義詞去解釋詞義，用的是這個多義詞的哪一種意義不明確。如《釋言》有“郵，過也”條，“過”有經過、超越、錯誤、探望等義，在這一條中究竟是用“過”的哪一種意義解釋“郵”不明確。特别是“二義同條”的情况，更容易引起誤解。有的詞詞義有發展變化，《爾雅》的編纂者不加説明而相提並論。如《釋詁》中有“亂，治也”，又有“縱、縮，亂也”。前者用的是“亂”在周代前期的古義，表示治理紛亂的事物；後者用的是“亂”在春秋戰國時的常用義，表示紊亂、紛亂的意思。兩條同時收入，又未加以説明，容易使人誤解“亂”同時有兩種意義。此外，有些不是同義詞的誤以為是同義詞。有些詞歸類不當，如將爬行動物歸入《釋魚》。有的詞前後重複出現，如“鶼鶼”在《釋地》和《釋鳥》兩篇中都有，内容相同。這些缺點是由於《爾雅》出自衆人之手並受當時科學發展水平所限而造成的。

從漢到唐，為《爾雅》作注的人很多。最早的是西漢的犍為文學，其後有劉歆、樊光、李巡、孫炎、郭璞、沈旋等人。除郭璞注外，這些注家的注本多已亡失。現在能看到的最早的、完整的《爾雅》注本是晉代郭璞的《爾雅注》。郭注引用了近五十種古籍資料，取證非常豐富，而且能用晉代活的方言俗語來解釋《爾雅》中的古語詞、方言詞，為後人研讀《爾雅》起了重要的橋梁作用。唐宋以後為《爾雅》全書作注疏的有北宋邢昺等人的《爾雅疏》，邢疏雖有煩瑣考證之弊，但搜求先秦到隋唐的資料很多，有一定的參考價值。《十三經注疏》中的《爾雅注疏》用的就是郭璞的《爾雅注》和邢昺的《爾雅疏》。南宋鄭樵的《爾雅注》，雖然比較疏略，但能不因循舊說，多采群經以證《爾雅》，間或別有所見。清人研究《爾雅》的著作很多，最著名的是邵晉涵的《爾雅正義》和郝懿行的《爾雅義疏》。邵書廣泛采集先秦兩漢古籍資料和漢魏六朝人舊注來印證郭注，推求文字的古音古義，並根據善本，訂正原書文字。引證豐富，解釋簡明扼要，但語言探索稍有不足。郝書晚出，是所有《爾雅》注本中最詳細的一種。這部書繁徵博引，搜羅宏富，能根據實際觀察的情況來描述草木蟲魚鳥獸。注釋中力求從音義關繫上疏通詞義，但在因聲求義方面錯誤較多。此外，從清代到近代，還有不少學者對《爾雅》作過專題研究。如清代戴震的《爾雅文字考》、翟灝的《爾雅補郭》、錢坫的《爾雅釋地四篇注》、高潤生的《爾雅穀名考》、陳玉澍的《爾雅釋例》，近人王國維的《爾雅草木蟲魚鳥獸名釋例》、劉師培的《爾雅蟲名今釋》、黃侃的《爾雅略說》、楊樹達的《爾雅略例》等，這些著作對閱讀、研究《爾雅》都是很有參考價值的。

前幾年，在教學中介紹訓詁學要籍時，同學們屢次反映《爾雅》一書有些詞語很生僻，不會念，也看不懂，舊注有的過於簡略，有的過於煩瑣，閱讀起來有一定的困難，希望能有一個今人的注本。在清常師的熱情鼓勵和指導下，我從一九七九年開始編注這部書。要為《爾雅》這樣一部內容極為豐富廣博的書作注，確非易事，但我想到為文科大學生和青年讀者們提供一個便於閱讀的注本，使《爾雅》這部書能够在我們這個新時代更好地發揮它的作用，還是值得為之辛苦的。經過五年的努力，現在總算可以把它奉獻給讀者了。《爾雅》一書天文地理、草木蟲魚無所不包，給它作注，雖有諸家舊注和其他前人成果可資參考，也曾請教過一些同志，稿子經過多次修改，但因自己學識有限，肯定會有不少錯誤和疏漏之處，我誠心誠意地希望能够得到所有翻閱過此書的同志的批評和意見。

徐朝華

一九八四年十月

凡例

一、本書《爾雅》原文以中華書局一九七九年據原世界書局所印清阮元刊刻的《十三經注疏》的影印本為依據。其他各種版本的異文，除有必要者外，一般不予注明。

二、《釋親》《釋天》《釋地》《釋丘》《釋水》《釋獸》《釋畜》等篇，一篇之中按其內容又分為若干類，類名原列在所屬詞條之後，為了便於查閱，現將類名移到所屬詞條之前。

三、為了便於閱讀和檢索，詞條以篇為單位，編上數碼，依次排列。一個數碼之下，一般衹有一個詞條，但如相連的兩條或幾條意義相近或有密切聯繫，則這兩條或數條列於同一數碼之下。

四、每個詞條的注碼，一般按被釋詞語的先後順序編排，放在被釋詞語之後。如為了便於瞭解詞義，需要首先解釋一條中排列在最後的訓釋詞時，則先注釋這個訓釋詞，然後再依次注釋被釋詞語。如係對整條內容的解釋説明，則將注碼列在整條的末尾。

五、易出歧義的詞、僻詞的注音，采用《漢語拼音方案》。

六、注釋盡量汲取前人及今人研究成果。對歷來有不同解釋的詞語，擇善而從，一般不列舉衆説，不作過多的考證。

七、同一詞如出現兩次以上，在第一次出現時加注，再出現時，説明參看前注。

八、每個詞釋義之後，一般都有例句，常用詞的常用義則不引例句。例句盡量從先秦兩漢古籍中選出。對例句中一些較難懂的詞，在括號中作了簡釋。

九、例句注明書名、作者名和篇名（書名）。如在引用某書原文後引用該書舊注，則省略書名。例句引用較多的《十三經注疏》，為了簡便，書名、注疏名一般都用簡稱。如《春秋左傳》簡稱《左傳》；《詩經》毛亨《傳》簡稱“毛傳”，鄭玄《箋》簡稱“鄭箋”，孔穎達《正義》簡稱“孔疏”。又陸德明《經典釋文》引用時放在所釋書之後，簡稱《釋文》；許慎《說文解字》簡稱《說文》；揚雄《方言》，不標作者。

十、《爾雅》幾種重要注疏：郭璞《爾雅注》、邢昺《爾雅疏》、邵晉涵《爾雅正義》、郝懿行《爾雅義疏》，如緊接在被釋詞語或詞義解釋之後，都省略《爾雅》書名，簡稱之為“郭注”“邢疏”“邵疏”“郝疏”。鄭樵《爾雅注》簡稱為“鄭樵注”。

十一、有的注釋有“〔案〕”。“〔案〕”的主要內容，一是指出《爾雅》原文或舊注中存在的問題，闡述筆者對某些詞語解釋的管見；二是指出尚未解決的疑難問題，介紹可資參考的說法。

目録

釋詁第一 …… 001
釋言第二 …… 091
釋訓第三 …… 161
釋親第四（附：宗族稱謂表） …… 193
釋宮第五（附：古代宮室示意圖） …… 206
釋器第六 …… 220
釋樂第七 …… 238
釋天第八 …… 243
釋地第九 …… 264
釋丘第十 …… 279
釋山第十一 …… 287
釋水第十二 …… 294
釋草第十三 …… 303
釋木第十四 …… 344
釋蟲第十五 …… 363
釋魚第十六 …… 378
釋鳥第十七 …… 390
釋獸第十八 …… 409
釋畜第十九 …… 425
《爾雅》詞語筆畫索引 …… 438
修訂版後記 …… 507

釋詁第一

這一篇是解釋古書中同義詞的。“詁（gǔ）”，本指解釋古詞語，這裏指當時已認為是難以通曉的古書中的古語詞和因地而異的方言詞。“釋詁”，意為用今語釋古語，用雅言（合於當時規範的語言）釋方言。每條中先列出被解釋的同義詞，最後用一個常用詞來加以解釋。

1.1　初①、哉②、首③、基、肇④、祖⑤、元⑥、胎、俶⑦、落⑧、權輿⑨，始也。

①“初”，《説文》：“從衣從刀，裁衣之始也。”會意為開始。《詩經·大雅·蕩》：“靡不有初，鮮克有終。”

②“哉”，通“才”。“才”，甲骨文作，象草木有莖出地而枝葉尚未長出之形。引申有開始的意思。《尚書·康誥》：“惟三月哉生魄。”（魄：月光。哉生魄：月初。）

③“首”，本義是頭。引申為初始，開端。《莊子·知北游》：“禮者，道之華而亂之首也。”

④“肇（zhào）”，同“肁（zhào）”。“肁”，門始開，引申為開始。在古籍中表示開始的意義，一般用“肇”（常寫作“肈”），而不用“肁”。《尚書·堯典》：“肈十有二州。”

⑤“祖”，祖廟，祖先。引申為開始。《莊子·山木》：“浮游乎萬物之祖。”王先謙集解引宣穎曰：“未始有物之先。”

⑥“元”，甲骨文作。本義是人的頭部。人生頭先出，引申為開始。《公羊傳·隱公元年》：“元年者何？君之始年也。”

⑦“俶（chù）”，動作的開始。《詩經·周頌·載芟》：“有略其耜，

俶載南畝。”（略：磨快。載：耕作。）

⑧“落”，本義是草木零落。引申有落下、衰落等義。參見1.28。“落”，表示開始的意義，用於某些新舊事物相代之際。這時，從舊事物方面來説是終止，從新事物方面來説是開始。如先君之終，即後君之始；房屋建成是營造之終，又是使用之始，所以建築物建造完畢，開始使用叫“落成”。《左傳・昭公七年》：“楚子成章華之臺，願與諸侯落之。”

⑨“權輿”，通“蘿蕍（quǎnyú）”。“蘿蕍”，草木始生，引申為事物的開始。《詩經・秦風・權輿》：“於嗟乎！不承權輿。”（不承權輿：意思是不能繼續當初的盛況。）

1.2　林②、烝③、天④、帝⑤、皇⑥、王、后⑦、辟⑧、公、侯，君①也。

①“君”，君主。在先秦時指大大小小奴隸制或封建制國家的最高統治者。天子、諸侯和有采邑的卿大夫都可稱君。本條中“君”解釋“天”“帝”“皇”“王”“后”“辟”“公”“侯”等詞時，用的是這種意義。“君”又通“群”，表示群聚、衆多的意思。本條中“君”解釋“林”“烝”兩詞時，用的是這種假借義。〔案〕在這一條中，被釋詞是兩組意義不同的同義詞，訓釋詞“君”是一個多義詞。用一個多義詞兩種不同的意義，分別解釋排列在一起的兩組意義不同的同義詞，這種釋義方法舊稱“二義同條”。“二義同條”的情況在《釋詁》中還有一些。這種釋詞方法容易造成誤解，是不科學的。

②“林”，樹林。樹林有衆多的樹木，引申為群聚、盛多。《詩經・小雅・賓之初筵》：“百禮既至，有壬有林。”毛傳：“壬，大。林，君也。”

③“烝”，通“衆”。衆多。《詩經・大雅・烝民》：“天生烝民，有物有則。”毛傳：“烝，衆。物，事。”

④“天”，人頭頂。引申為空間的最高處，至高無上的統治者。

《左傳·宣公四年》:“君,天也,天可逃乎?”

⑤“帝”,先秦時,一般指天上最高的統治者,即天帝、上帝。《詩經·大雅·文王》:“文王陟降,在帝左右。”有時用於稱傳説中遠古的人間君王。《周禮·春官·外史》:“〔外史〕掌三皇五帝之書。”戰國中期以後,又用於稱統治天下的君王。《戰國策·趙策三》:“秦所以急圍趙者,前與齊湣王争强為帝。”

⑥“皇”,大,美。引申指天,天神。《莊子·天運》:“監照下土,天下戴之,此謂上皇。”從西周時起,有時用於稱傳説中遠古時的人間君王。如“三皇五帝”。秦代以後,稱君主為皇帝,簡稱皇。

⑦“后”,在甲骨文中,“后”和“毓”實際上是一個字,作或省作,象一倒子在人下而有水液,是一個婦女正在生孩子的形狀。,訛變為“后”。“后”本指遠古母系社會氏族部落的首領,是女性。發展到父系社會,“后”成為對男性統治者的稱呼。如《詩經》有“后稷”,《尚書》有“群后”(諸侯)、“元后”(天子),《左傳》有“后羿”等。周代以後,男性最高統治者稱王,於是“后”便用來稱呼君王的正妻。

⑧“辟(bì)”,法度、法律。在奴隸社會、封建社會中,君主的旨意、命令就是法律。“辟”由法度的意義引申為君。《尚書·洪範》:“惟辟作福,惟辟作威。”

1.3　弘、廓①、宏、溥②、介③、純④、夏⑤、幠⑥、厖⑦、墳⑧、嘏⑨、丕⑩、弈⑪、洪、誕⑫、戎⑬、駿⑭、假⑮、京⑯、碩、濯⑰、訏⑱、宇⑲、穹⑳、壬㉑、路㉒、淫㉓、甫㉔、景㉕、廢㉖、壯、冢㉗、簡㉘、箌㉙、昄㉚、晊㉛、將㉜、業㉝、席㉞,大也。

①“廓”,廣大,寬闊。《詩經·大雅·皇矣》:“上帝耆之,憎其式廓。”(耆:考察。式:用。)毛傳:“廓,大也。憎其用大位,行大

政。”用作動詞時，表示張小使大，即擴大的意思。《孫子兵法·軍爭》：“廓地分利。”（分利：分兵把守與我有利的地方。）

②“溥（pǔ）”，水大。引申為廣大。《詩經·大雅·公劉》：“瞻彼溥原。”

③“介”，通“夰（jiè）”。大。《方言》一：“夰，大也，東齊海岱之間曰夰，或曰幠（幠）。”《詩經·小雅·甫田》：“報以介福，萬壽無疆。”

④“純”，通“奄（chún）”。敦厚。引申為大。《詩經·魯頌·閟宮》：“天錫公純嘏。”（嘏：福。）

⑤“夏”，大。《方言》一：“自關而西，秦晉之間凡物之狀大者而愛偉之謂之夏。周鄭之間謂之嘏。”《詩經·周頌·時邁》：“我求懿德，肆于時夏。”毛傳：“夏，大也。”

⑥“幠（hū）”，大。《詩經·小雅·巧言》：“無罪無辜，亂如此幠。”參看本條注③。

⑦“厖（máng）”，大。《方言》二：“自關而西，秦晉之間凡大貌謂之朦，或謂之厖。”《左傳·成公十六年》：“民生敦厖。”（敦：厚。）

⑧“墳”，高的堤岸，大土堆。《方言》一：“墳，地大也。青幽之間凡土而高且大者謂之墳。”引申為高大。《詩經·小雅·苕之華》：“牂羊墳首。”（牂羊：母羊。）

⑨“嘏（gǔ）”，大，遠。《方言》一：“秦晉之間凡物狀大謂之嘏，或曰夏。”《禮記·郊特牲》：“嘏，長也，大也。”

⑩“丕”，大，宏大。《左傳·僖公二十八年》：“奉揚天子之丕顯休命。”（休：美。）

⑪“弈”，本或作“奕”，當作“奕”。“奕”，盛大。《詩經·大雅·韓奕》：“奕奕梁山，維禹甸之。”（甸：治。）

⑫“誕”，說大話。引申為長大，寬闊。《詩經·邶風·旄丘》：“丘之葛兮，何誕之節兮。”又為大。《尚書·湯誥》：“〔王〕至于亳，誕告萬方。”

⑬“戎”，大。《方言》一：“戎，大也。宋魯陳衛之間謂之嘏，或

曰戎。”《詩經・周頌・烈文》：“念兹戎功。”

⑭“駿”，高大的良馬。引申為大。《詩經・周頌・維天之命》：“駿惠我文王。”

⑮“假（gǔ）”，通“嘏”。大。《周易・家人》：“王假有家。”

⑯“京”，人力建造的高大山丘。引申為高大。《公羊傳・桓公九年》：“京者何？大也。”參看本條注㉜。

⑰“濯（zhuó）”，大。《方言》一：“濯，大也。荆吴揚甌之郊曰濯。”《詩經・大雅・常武》：“不測不克，濯征徐國。”（克：勝。）

⑱“訏（xū）”，大。《方言》一：“訏，大也。中齊西楚之間曰訏。”《詩經・鄭風・溱洧》：“洧之外洵訏且樂！”（洵：確實。）

⑲“宇”，屋檐。引申為房屋，上下四方，天下。又：引申為大。《荀子・非十二子》：“矞宇嵬瑣，使天下混然不知是非治亂之所存者有人矣。”楊倞注：“宇，大也。放蕩恢大也。”（矞：譎，怪異。嵬瑣：邪僻瑣細。）

⑳“穹（qióng）”，物體中間隆起四周下垂的樣子。引申指天，天高遠。又：引申為大。司馬相如《上林賦》：“赴隘陿之口，觸穹石。”

㉑“壬”，盛大。《詩經・小雅・賓之初筵》：“有壬有林。”（有：通“又”。林：盛貌。）

㉒“路”，大，正。郝疏：“路本道路，可以通達，故謂之大。”如《詩經》中的“路車”（天子或諸侯貴族所乘的車）、“路寢”（天子、諸侯宫室的正廳）中的“路”均有大義。

㉓“淫”，浸漬，久雨。引申為大，過度。《詩經・周頌・有客》：“既有淫威，降福孔夷。”（孔：很。夷：平安。）

㉔“甫”，大，廣大。《詩經・齊風・甫田》：“無田甫田。”

㉕“景”，日光。引申為廣大。《詩經・大雅・既醉》：“君子萬年，介爾景福。”（介：助。）

㉖“廢”，通“奔（fú）”，大。《詩經・小雅・四月》：“廢為殘賊，莫知其尤。”毛傳：“廢，大也。”

㉗“冢”，高墳。引申為大。如周代六卿之首稱“冢宰”，天子在

宗廟裏舉行的大祭禮稱“冢祀”，嫡長子稱“冢嗣”。

㉘“簡”，大。《尚書·盤庚下》：“予其懋簡相爾，念敬我衆。”（懋：勉力。相：助。）

㉙“箌”，本或作“菿（dào）”，當作“菿”。“菿”，草大。《詩經·小雅·甫田》：“倬彼甫田。”毛傳：“倬，大也。”《玉篇》引《韓詩》作“菿彼甫田”。

㉚“昄（bǎn）”，大。《詩經·大雅·卷阿》：“爾土宇昄章。”（土宇：版圖。章：彰明。）

㉛“晊（zhì）”，《釋文》：“晊，舊音之日反，本又作‘至’，又作‘胵’。”阮元《校勘記》按曰：“作‘胵’，作‘晊’者，皆‘至’之轉寫訛俗，漢魏人所為也。而‘晊’字僅見《後漢書》人名。”“至”由極義引申有大義。《戰國策·秦策一》：“商君治秦法令至行。”

㉜“將（jiāng）”，大。《方言》一：“將，大也。燕之北鄙齊楚之郊或曰京，或曰將。”《詩經·小雅·正月》：“民之訛言，亦孔之將。”（孔：很。）

㉝“業”，古代懸掛鐘磬類樂器架子上，刻有鋸齒作裝飾用的大木板。《詩經·周頌·有瞽》：“設業設虡。”（虡：樂器架上架鼓用的直柱。）

㉞“席”，本或作“蓆”，當作“蓆”。“蓆”，寬大。《詩經·鄭風·緇衣》：“緇衣之蓆兮，敝予又改作兮。”

1.4 幠①、厖②，有也。

①“幠（hū）”，大。參看1.3注⑥。引申為有。《詩經·魯頌·閟宮》：“遂荒大東。”毛傳：“荒，有也。”郭璞《爾雅注》引《詩經》作“遂幠大東”。

②“厖（máng）”，大，豐厚。參看1.3注⑦。又通“櫳”“龍”，表兼有義。（見王引之《經義述聞》、黄侃《爾雅音訓》。）

1.5 迄、臻①、極②、到、赴、來、弔③、艐④、格⑤、戾⑥、懷⑦、摧⑧、詹⑨，至也。

①“臻（zhēn）”，到，到達。《詩經·小雅·雨無正》：“如彼行邁，則靡所臻。”

②“極”，房屋的正梁。正梁居中而至高，引申為頂點，終極。《詩經·唐風·鴇羽》：“悠悠蒼天，曷其有極。”又：引申為到頂點，到達。《國語·魯語下》：“齊朝駕，則夕極於魯國。”

③“弔（dì）”，通“迅（dì）”。到。《詩經·小雅·天保》：“神之弔矣，詒爾多福。”（詒：給予。）

④“艐（jiè）”，同“屆”，到達。《方言》一：“艐，至也。宋語也。”司馬相如《大人賦》：“蹋以艐路兮。”（蹋：著地。）徐廣注：“艐音介，至也。”

⑤“格”，同“狢（gé）”。來，到。《尚書·湯誓》：“王曰：‘格爾衆庶，悉聽朕言。’”《方言》一：“狢，至也。邠唐冀兖之間曰假，或曰狢。”《方言》二：“狢，來也。自關而東，周鄭之郊、齊魯之間或謂之狢曰懷。”

⑥“戾（lì）”，到。《方言》一：“摧、詹、戾、艐，至也。摧、詹、戾，楚語也。皆古雅之别語也，今則或同。”《國語·魯語上》：“天災流行，戾於弊邑。”

⑦“懷”，來到。《方言》二：“儀、狢，來也。周鄭之郊、齊魯之間或謂狢曰懷。”《詩經·齊風·南山》：“既曰歸止，曷又懷止？”（歸：出嫁。）又：（人心）歸向。《禮記·學記》：“近者説服而遠者懷之。”（説：悦。）

⑧“摧”，到達。《詩經·大雅·雲漢》：“胡不相畏，先祖于摧。”參看本條注⑥。

⑨“詹（zhān）”，到達。《詩經·小雅·采緑》：“五日為期，六日不詹。”參看本條注⑥。

1.6　如①、適②、之③、嫁④、徂⑤、逝⑥，往也。

①“如”，到……去。邢疏：“《春秋》：‘公及大夫朝聘皆曰如。’”《左傳·僖公四年》：“楚子使屈完如師。”

②“適”，往。《方言》一：“適，往也。宋魯語也。”《詩經·魏風·碩鼠》：“逝將去女，適彼樂土。”

③“之”，到……去。《孟子·梁惠王上》：“牛何之？”

④“嫁”，女子出嫁。引申為往，到。《方言》一：“嫁，往也。自家而出謂之嫁，由女出為嫁。”《列子·天瑞》：“子列子居鄭圃，……將嫁於衛。”

⑤“徂（cú）”，往。《方言》一：“徂，往也。齊語也。”《詩經·衛風·氓》：“自我徂爾，三歲食貧。”

⑥“逝”，往。《方言》一：“逝，往也。秦晉語也。”《詩經·邶風·二子乘舟》：“二子乘舟，汎汎其逝。”

1.7　賚①、貢②，錫③、畀④、予、貺⑤，賜也。

①“賚（lài）”，賜予，贈送。《尚書·湯誓》：“予其大賚汝。”

②“貢”，本或作“贛（gòng）”。賜予。《說文》：“贛，賜也。”段注：“《釋詁》曰：‘贛，賜也。’據《釋文》本作‘贛’，後人改作‘貢’耳。端木賜字子贛，凡作子貢者，亦皆後人所改。”

③“錫（cì）”，通“賜”。《公羊傳·莊公元年》：“王使榮叔來錫桓公命。錫者何？賜也。”

④“畀（bì）”，給予。《禮記·祭統》：“畀之為言與也，能以其餘畀其下者也。”《詩經·鄘風·干旄》：“彼姝者子，何以畀之？”（姝：美好。子：女子。）

⑤“貺（kuàng）”，賞賜，贈送。《詩經·小雅·彤弓》：“我有嘉賓，中心貺之。”

1.8 儀①、若②、祥③、淑④、鮮⑤、省⑥、臧⑦、嘉、令⑧、類⑨、綝⑩、彀⑪、攻⑫、穀⑬、介⑭、徽⑮，善也。

①“儀”，通“義”。合理，適宜。引申為善。《詩經·小雅·斯干》：“無非無儀，唯酒食是議。”

②“若”，順從。引申為善良。《商君書·慎法》：“外不能戰，内不能守，雖堯為主，不能以不臣諧所謂不若之國。”（諧：講和。）

③“祥”，上天所顯示的吉凶預兆。《左傳·僖公十六年》：“是何祥也？吉凶焉在？”多用於表示吉祥，吉利。《左傳·僖公三年》：“齊方勤我，棄德不祥。”（勤我：為我勤勞。）

④“淑”，善良，美好。《詩經·周南·關雎》：“窈窕淑女，君子好逑。”

⑤“鮮”，新鮮，鮮明。《方言》十：“鮮，好也。南楚之外通語也。”《詩經·小雅·北山》：“嘉我未老，鮮我方將。”（將：强壯。）

⑥“省（xǐng）”，察看，檢查。引申為使善。《詩經·大雅·皇矣》：“帝省其山。”鄭箋：“省，善也。天既顧文王，乃和其國之風雨，使其山樹木茂盛。”

⑦“臧（zàng）”，善，好。《尚書·盤庚上》：“邦之臧，惟汝衆。”

⑧“令”，美好。《詩經·大雅·卷阿》：“如圭如璋，令聞令望。”

⑨“類”，法式，榜樣。引申為美善。《國語·楚語上》：“余恐德之不類，兹故不言。”韋昭注：“類，善也。”

⑩“綝（chēn）”，通“諃（chēn）”。善言。（從王引之説，見《經義述聞》二十六。）

⑪“彀（gòu）”，張滿的弓。引申為善射。郝疏：“張弓之善也。射必至於彀，猶學必至於善，故彀有善義。”

⑫“攻”，通“工”。堅固，精巧。《詩經·小雅·車攻》：“我車既攻，我馬既同。”又：善於。《戰國策·西周策》：“敗韓魏……皆白起是攻用兵，又有天命也。”

⑬“穀”，穀物。穀物能養人，引申為善，好。《詩經·陳風·東門之枌》：“穀旦于差，南方之原。”（旦：早晨。差：選擇。）“不穀”即不善，是先秦時諸侯對自己的謙稱。

⑭“介”，通“价（jiè）”。善。《詩經·大雅·板》：“价人維藩。”（藩：籬笆。）《荀子·君道》引作“介人維藩”。

⑮“徽”，美好。《詩經·小雅·角弓》：“君子有徽猷。”（猷：道術，方略。）

1.9　舒②、業③、順④，敘①也。舒、業、順、敘，緒⑤也。

①“敘”，次序，次第。引申為排列次序，使有次序。再引申為頭緒，條理。

②“舒”，伸展，舒緩。含有有次序、端緒的意義。邢疏：“舒者，展舒徐緩有次也。”《釋文》：“舒，序也。”

③“業”，古代懸掛鐘磬類樂器架上刻有鋸齒狀紋飾的大板。板上鋸齒排列有次序，引申為次序、條理。《國語·晉語四》：“信於事，則民從事有業。”韋昭注：“業，猶業次也。”

④“順”，順應，依順。引申為順序、次序。《左傳·宣公四年》：“以賢，則去疾不足；以順，則公子堅長。”又：使有次序。《左傳·隱公五年》：“昭文章，明貴賤，辨等列，順少長，習威儀也。”又：有條理，通順。《荀子·榮辱》：“故曰‘斬而齊，枉而順，不同而一’。夫是之謂人倫。”（枉：彎曲。）

⑤“緒”，絲的頭緒。引申為開端，頭緒。《素問·至真要大論》：“故治病者必明六化分治……乃可以言盈虛病生之緒也。”又引申為次序。《莊子·山木》：“進不敢為前，退不敢為後，食不敢先嘗，必取其緒。”

1.10　怡②、懌③、悅、欣、衎④、喜、愉、豫⑤、愷⑥、康、妉⑦、般⑧，樂①也。

①“樂（lè）”，喜悦，快樂。又：喜愛，喜好。

②“怡”，和悦，愉快。《國語·周語下》：“〔晋國〕有慶，未嘗不怡。”

③“懌（yì）”，喜悦。《詩經·邶風·静女》：“彤管有煒，説懌女美。”（説：通“悦”。）

④“衎（kàn）”，快樂。《詩經·小雅·南有嘉魚》：“君子有酒，嘉賓式燕以衎。”（式：以。燕：通“宴”，宴飲。）

⑤“豫”，安樂，安逸。《尚書·金縢》：“王有疾，弗豫。”

⑥“愷（kǎi）”，安樂，和樂。《莊子·天道》：“中心物愷，兼愛無私。”《釋文》：“司馬云：〔愷〕樂也。”

⑦“媅（dān）”，愛好而沉溺其中。古籍中一般寫作“耽”或“湛”。“媅”字見於《韓詩》。《釋文》引《韓詩》：“媅，樂之甚也。”

⑧“般（pán）”，快樂，游樂。《逸周書·祭公》：“允乃詔，畢桓於黎民般。”孔晁注：“般，樂也。”

1.11　悦②、懌③、愉④、釋⑤、賓⑥、協⑦，服①也。

①“服”，服從，信服，悦服。

②“悦”，上古時寫作“説”。喜悦。引申為喜而敬服。《吕氏春秋·不苟》：“此忠臣之行也，賢主之所説。”高誘注：“説猶敬也。”

③“懌（yì）”，喜悦。引申為喜而心服。《詩經·小雅·節南山》：“既夷既懌，如相醻矣。”（夷：平，指心平氣和。醻：同“酬”，勸酒。）

④“愉（yú）”，快樂。含有悦服的意思。郭注：“謂喜而服從。”

⑤“釋（yì）”，通“懌”，喜悦，喜而心服。《莊子·齊物論》：“南面而不釋然。”成玄英疏：“釋然，怡悦貌也。”

⑥“賓”，古代諸侯或邊遠部落首領按時向天子朝貢，天子以賓客禮對待他們，“賓”因而有服從的意義。《國語·楚語上》：“蠻夷戎狄，其不賓也久矣。”

⑦“協”，和睦，合作。引申為悦服，順服。《左傳·僖公二十六年》：“桓公是以糾合諸侯，而謀其不協。”

1.12　遹②、遵③、率④、循、由、從，自①也。遹、遵、率，循⑤也。

①“自”，自己。引申為開始。又：引申為由來，緣由。虚化為介詞，表示從、由的意思。

②“遹（yù）”，遵循，依照。《尚書·康誥》：“今民將在祗遹乃文考。”（祗：敬。乃：你的。文：文王。考：父。）含有從、由的意思。

③“遵”，沿著，順著。《詩經·豳風·七月》：“遵彼微行，爰求柔桑。”（行：音 háng，路。）引申為遵循，依照。《尚書·洪範》：“無偏無陂，遵王之義。”（陂：不正。）含有從、由的意思。

④“率（shuài）”，沿著，順著。《詩經·大雅·緜》：“率西水滸，至于岐下。”引申為遵循，遵從。《左傳·宣公十二年》：“今鄭不率，君使群臣問諸鄭。”含有從、由的意思。

⑤“循”，沿著，順著。《左傳·昭公二十三年》：“欲自武城還，循山而南。”引申為依照，遵從。《墨子·經説上》：“循所聞而得其意，心之察也。”含有從、由的意思。

1.13　靖②、惟③、漠④、圖、詢⑤、度⑥、咨⑦、諏⑧、究⑨、如⑩、慮、謨⑪、猷⑫、肇⑬、基⑭、訪⑮，謀①也。

①“謀”，計謀，謀略。又：計劃，考慮，圖謀。

②“靖”，謀劃，圖謀。《方言》一：“靖，思也。東齊海岱之間曰靖。”《詩經·大雅·召旻》：“潰潰回遹，實靖夷我邦。”（潰潰：昏亂的樣子。回遹：邪僻。夷：誅滅。）

③“惟”，思考，考慮。引申為謀劃。《尚書·盤庚中》：“盤庚作，惟涉河以民遷。”

④“漠”，或作“莫”，通“謨”，計劃。《詩經·小雅·巧言》：“秩秩大猷，聖人莫之。”《釋文》：“莫，又作漠，同。一本作漠。”（秩秩：偉大的樣子。猷：道術，方略。）

⑤“詢”，詢問，徵求意見。《尚書·堯典》：“詢于四岳。”《史記·五帝本紀》作“謀于四嶽”。

⑥“度（duó）”，推測。引申為徵求意見。《國語·晉語四》：“及其即位也，詢於八虞，而諮於二虢，度於閎夭，而謀於南宫。”

⑦“咨（zī）”，商量，詢問。這種意義的“咨”，後來寫作“諮”。《詩經·周頌·臣工》：“王釐爾成，來咨來茹。”（釐：通“賚”，賞賜。成：成就。茹：商量。）

⑧“諏（zōu）”，商議，咨詢。《詩經·小雅·皇皇者華》：“載馳載驅，周爰咨諏。”（周：普遍。）

⑨“究”，探求，推尋。引申為謀劃。《詩經·大雅·皇矣》：“維彼四國，爰究爰度。”

⑩“如”，通“茹”。度量，估計。含有考慮、謀劃的意思。參看2.51注②。

⑪“謨”，計謀，謀略。《尚書·皋陶謨》：“允迪厥德，謨明弼諧。”（允：確實。迪：遵循。厥：其，指古代賢帝王。明：成。弼：輔佐的大臣。）《史記·夏本紀》作“謀明輔和”。

⑫“猷（yóu）”，謀劃，打算。《尚書·洪範》：“凡厥庶民，有猷有為有守，汝則念之。”

⑬“肇（zhào）”，同“肁”，開始。引申為謀劃。《詩經·大雅·江漢》：“肇敏戎公，用錫爾祉。”（公：功。錫：賜。祉：福。）

⑭“基”，房屋的基礎。引申為開始，謀劃。《國語·周語下》：“自后稷之始基靖民，十五王，而文始平之。”（文：文王。）

⑮“訪”，咨詢，徵求意見。《左傳·僖公三十二年》：“穆公訪諸蹇叔。”

1.14　典[②]、彝[③]、法、則、刑[④]、範[⑤]、矩[⑥]、庸[⑦]、恒[⑧]、律、戛[⑨]、職[⑩]、秩[⑪]，常[①]也。

①“常”，常道，常法，常禮，常規；長久的，固定的；普通，一般；經常，平常。

②“典”，經典，典籍。引申為常道，準則。《尚書·舜典》：“慎徽五典，五典克從。”孔傳：“徽，美也。五典，五常之教：父義、母慈、兄友、弟恭、子孝。”

③“彝（yí）”，古代青銅器的通稱，多指宗廟祭祀用的禮器。引申為常道，法度。《詩經·大雅·烝民》：“民之秉彝，好是懿德。”

④“刑”，懲治，刑罰。引申為法度。《左傳·隱公十一年》：“許無刑而伐之，服而舍之。”含有長久的，固定不變的意思。

⑤“範”，鑄造器物的模子。引申為規範，準則。《尚書·洪範》：“天乃錫禹洪範九疇。”（錫：賜。疇：種類。）含有“常”義。

⑥“矩”，畫直角或方形用的工具。引申為法度，準則。《論語·為政》：“七十而從心所欲，不踰矩。”含有“常”義。

⑦“庸”，平常，日常。《荀子·不苟》：“庸言必信之，庸行必慎之。”

⑧“恒”，持久，固定不變。《孟子·梁惠王上》：“苟無恒心，放闢邪侈，無不為已。”引申為一般的，平常的。《莊子·大宗師》：“是恒物之大情也。”又引申為經常。《詩經·小雅·小明》：“嗟爾君子，無恒安處。”

⑨“戛（jiá）”，常禮，常法。《尚書·康誥》：“不率大戛。”（率：遵循。）

⑩“職”，常。《詩經·小雅·大東》：“東人之子，職勞不來。”（來：敕，慰勞。）

⑪“秩”，次序，秩序。引申為常態，常規。《詩經·小雅·賓之初筵》：“是曰既醉，不知其秩。”

1.15　柯[①]、憲[②]、刑、範、辟[③]、律、矩、則，法也。

①“柯”，斧柄。斧柄有一定的尺度，古代又為長三尺之稱。含有準則、法度的意思。邢疏：“柯與亂世皆法之所從出，因亦訓法矣。”

②“憲”，法令，法度。《管子·立政》：“君乃出令布憲於國。”

③“辟（bì）”，法度，法律。《詩經·小雅·雨無正》：“辟言不信，如彼行邁。”又：取法，效法。《逸周書·祭公》：“天子自三公上下辟於文武。”

1.16　辜[②]、辟[③]、戾[④]，辠[①]也。

①“辠（zuì）”，同“罪”。罪惡，治罪。

②“辜”，罪，罪過。《詩經·小雅·正月》：“民之無辜，並其臣僕。”

③“辟”，法。參看1.15注③。引申為罪，懲罰。《國語·周語上》：“土不備墾，辟在司寇。”（司寇：掌管刑獄、糾察的官。）《左傳·襄公二十五年》：“先王之命，唯罪所在，各致其辟。”

④“戾（lì）”，乖戾，凶暴。引申為罪惡，暴行。《左傳·文公四年》：“今陪臣來繼舊好，君辱貺之，其敢干大禮以自取戾?”（貺：加惠。）

1.17　黃髮[①]、齯齒[②]、鮐背[③]、耇[④]、老，寿也。

①“黃髮”，老年人頭髮變白，久後又變黃。黃髮是長壽的一種象徵。《尚書·秦誓》：“尚猷詢兹黃髮，則罔所愆。”

②“齯（ní）齒”，也作“兒齒”。老年人牙齒落盡後，又重新生出細小的牙齒，這種牙齒稱“齯齒”或“兒齒”。齯齒是長壽的一種象徵。《詩經·魯頌·閟宮》：“既多受祉，黃髮兒齒。”（祉：福。）

③“鮐（tái）”，海魚名，體呈圓筒形。“鮐背”，或作“台背”。老人多駝背，古時用“鮐（兒）背”代指年老或老人。《方言》一：

“鮐，老也。……秦晉之郊，陳兖之會曰耇鮐。”《詩經·魯頌·閟宫》：“黄髮台背，壽胥與試。”（胥：緣。與：給予。試：用。）鄭箋：“黄髮台背，皆壽徵也。”

④“耇（gǒu）”，年老，老年人。《詩經·小雅·南山有臺》：“樂只君子，遐不黄耇。”（遐：何。）俞樾《群經平議》：“耇即痀之異文，皆受義於句。”（痀：駝背。句：音 gōu，即勾，彎曲。）

1.18　允②、孚③、亶④、展⑤、諶⑥、誠、亮⑦、詢⑧，信①也。

①“信”，言語真實。引申為誠實，講信用；相信。又引申為確實，實在。

②“允”，誠實，講信用。《方言》一：“允、訦、恂、展、諒、穆，信也。齊魯之間曰允。燕代東齊曰訦。宋衛汝潁之間曰恂。荆吴淮汭之間曰展。……衆信曰諒。《周南》《召南》《衛》之語也。”《詩經·小雅·車攻》：“允矣君子，展也大成。”（展：確實。）引申為確實，實在。《詩經·鄘風·定之方中》：“卜云其吉，終然允臧。”（臧：善。）

③“孚”，誠信，信用。《詩經·大雅·下武》：“永言配命，成王之孚。”（配命：合乎天意。成王：周成王。）又：相信，信服；使相信，使信服。《左傳·莊公十年》：“小信未孚，神弗福也。”

④“亶（dǎn）”，忠誠。《尚書·盤庚中》：“〔盤庚〕乃話民之弗率，誕告用亶。”（話：會集。率：遵循。）引申為誠然，實在。《詩經·小雅·常棣》：“是究是圖，亶其然乎?”（究：研究。圖：考慮。）

⑤“展”，誠實。參看注②。《國語·楚語下》：“展而不信，愛而不仁。”引申為確實，實在。《詩經·鄘風·君子偕老》：“展如之人兮，邦之媛也。”（之人：此人。）

⑥“諶（chén）”，通“訦”。相信，信任。參看注②。《尚書·咸有一德》：“嗚呼！天難諶，命靡常。”孔傳：“以其無常，故難信。”又：誠實，講信用。《詩經·大雅·蕩》：“天生烝民，其命匪諶。”

（烝：衆。）

⑦“亮”，通“諒”。誠信。參看注②。《孟子·告子下》：“君子不亮，惡乎執？”

⑧“詢”，通“恂（xún）”。或作“恂”。誠信，確實，參見注②。《左傳·哀公二年》：“樂丁曰：‘《詩》曰：“爰始爰謀，爰契我龜。”’謀協，以故兆詢可也。”楊伯峻注：“詢，信也。”

1.19　展、諶、允、慎[①]、亶，誠也。

①“慎”，謹慎，慎重。引申為確實，實在。《詩經·小雅·巧言》：“昊天已威，予慎無罪。”

1.20　謔、浪、笑、敖，戲謔[①]也。

①“戲謔（xuè）”，嘲弄取笑。《詩經·衛風·淇奧》：“善戲謔兮，不為虐兮。”〔案〕這一條舊説是解釋《詩經·邶風·終風》中“謔浪笑敖，中心是悼”的。《終風》中“謔浪笑敖”可釋為戲謔，但“謔”“浪”“笑”“敖”四個詞單獨使用時，詞義有區别。“謔”，開玩笑。“浪”，放蕩。“笑”，譏笑。“敖（ào）”，通“傲”，傲慢。

1.21　粤[②]、于、爰[③]，曰[①]也。爰、粤，于[④]也。

①“曰”，句首、句中助詞，無義。《詩經·秦風·渭陽》：“我送舅氏，曰至渭陽。”《詩經·小雅·角弓》：“雨雪浮浮，見晛曰流。”（晛：太陽的熱氣。）

②“粤”，或寫作“越”。在先秦古籍中一般寫作“越”。句首、句中助詞，無義。《尚書·微子》：“殷遂喪，越至于今。”《史記·周本紀》：“粤詹雒、伊，毋遠天室。”（詹：到達。雒：洛。）又：介詞，到，在。《尚書·大誥》：“有大艱于西土，西土人亦不静，越兹蠢。”又：連詞，與。《尚書·大誥》：“大誥爾多邦，越爾御事。”“粤”與

“曰”音同，與“于”“於”音近。用作句首、句中助詞時，與“曰”“于”及下一條的“於”相同；用作介詞、連詞時，與“于”及下一條的“於”相同。

③“爰”，句首、句中助詞，無義。《詩經·邶風·擊鼓》：“爰居爰處，爰喪其馬。”《尚書·盤庚上》：“我王來，既爰宅于兹。”又：介詞，及。《尚書·盤庚下》：“盤庚既遷，奠厥攸居，乃正厥位，綏爰有衆。”（奠：安定。厥：其，指臣民。攸：所。綏：安撫。）又：連詞，與，於是。《尚書·顧命》：“太保命仲桓、南宫毛，俾爰齊侯吕伋……逆子釗于南門之外。”（逆：迎。）“爰”與“曰”“粤”“于”“於”音近，“爰”用作句首、句中助詞時，與“曰”“粤”“于”及下一條的“於”相同。用作介詞、連詞時，與“于”及下一條的“於”相同。

④“于”，介詞，可譯為“在”“對”“從”“給”“向”“對于”等。《詩經·大雅·旱麓》：“鳶飛戾天，魚躍于淵。”又：連詞，與。《尚書·多方》：“時惟爾初，不克敬于和，則無我怨。”又：句首、句中助詞，無義。《詩經·大雅·江漢》：“于疆于理，至于南海。”《詩經·小雅·六月》：“王于出征，以佐天子。”“于”“曰”音近，“于”用作句首、句中助詞時，與“曰”相同。

1.22　爰、粤、于、那②、都③、繇④，於①也。

①“於（yú）”，介詞。上古時“於”和“于”音近，用作介詞時，用法基本相同。“于”產生較早，甲骨文中已有，《詩經》《尚書》《周易》等書中多用“于”。“於”產生較晚，多用於戰國以後古籍中。又：句首、句中助詞，無義。《詩經·大雅·靈臺》：“王在靈沼，於牣魚躍。”（牣：滿，指水滿。）《左傳·昭公四年》：“亡於不暇，又何能濟？”又：嘆詞，讀 wū，表呼聲或贊嘆。《尚書·堯典》：“僉曰：‘於！鯀哉。’”（僉：都。）

②“那（nuó）”，介詞，對於。《國語·越語下》：“吴人之那不穀，亦又甚焉。”

③“都”，嘆詞，表示贊嘆。《尚書·皋陶謨》：“皋陶曰：‘都！在知人，在安民。’”

④“繇（yóu）”，通“由”。介詞，從，用。《吕氏春秋·貴當》：“不可强求，必繇其道。”

1.23　佮②、郃③、盍④、翕⑤、仇⑥、偶、妃⑦、匹⑧、會，合①也。

①“合”，閉，合攏。引申為聚集，會合，和合，匹配；配偶，伴侣。

②“佮（gě）”，會合。方言俗語“佮縫”“佮伙”中的“佮”就是這種意義。

③“郃（hé）”，即“合”。秦漢間，“合”用作水名、地名，字加“邑”旁成“郃”。

④“盍（hé）”，覆蓋。引申為聚合。《周易·豫》：“勿疑，朋盍簪。”（簪：疾速。）

⑤“翕（xī）”，閉合，收斂。《周易·繫辭上》：“夫坤，其静也翕，其動也辟。”（辟：開。）引申為聚合。《詩經·小雅·常棣》：“兄弟既翕，和樂且湛。”（湛：長久。）

⑥“仇（qiú）”，伴侣，配偶。《詩經·周南·兔罝》：“赳赳武夫，公侯好仇。”《詩經·周南·關雎》：“窈窕淑女，君子好逑。”《禮記·緇衣》引作“君子好仇”。

⑦“妃（fēi）”，配偶。《左傳·桓公二年》：“嘉耦曰妃，怨耦曰仇。”又讀 pèi，通“配”。匹配，婚配。《左傳·文公十四年》：“子叔姬妃齊昭公，生舍。”

⑧“匹”，配偶，力量相當、相匹配。《左傳·僖公二十三年》：“秦、晉，匹也。何以卑我？”又：伴侣，配偶。《楚辭·懷沙》：“懷質抱情，獨無匹兮。”

1.24 仇、讎①、敵②、妃、知③、儀④，匹也。

①“讎（chóu）”，同“讐”。用言語對答。引申為相當的，對手仇敵。《左傳·僖公五年》：“無戎而城，讐必保焉。”（戎：兵患。城：築城。）“讐”和“仇”音同義通，後代常通用。

②“敵”，相當，匹敵。《孫子兵法·謀攻》：“倍則分之，敵則能戰之。”

③“知”，相當，匹敵。《詩經·檜風·隰有萇楚》：“夭之沃沃，樂子之無知。”（夭：草木茂盛。沃沃：光澤、茂盛的樣子。）

④“儀”，匹配。《國語·周語上》：“〔房后〕協於丹朱，丹朱憑身以儀之，生穆王焉。”韋昭注：“協，合也。憑，依也。儀，匹也。”又：配偶。《詩經·鄘風·柏舟》：“髧彼兩髦，實維我儀。”（髧：髦下垂的樣子。髦：下垂至眉的短髮。）

1.25 妃、合、會，對也。妃，媲①也。

①“媲（pì）”，匹配，配偶。《說文》：“媲，妃也。”錢坫斠詮：“今通用‘配’。”

1.26 紹①、胤②、嗣、續、纂③、緌④、績⑤、武⑥、係⑦，繼也。

①“紹”，接續，繼承。《尚書·盤庚上》：“天其永我命于茲新邑，紹復先王之大業。”

②“胤（yìn）”，後代。《左傳·隱公十一年》：“夫許，大岳之胤也。”引申為延續，繼承。《尚書·洛誥》：“予乃胤保大相東土。”（保：指太保召公。相：視察。）

③“纂（zuǎn）”，通“纘（zuǎn）”，繼承，繼續。《國語·周語上》：“時序其德，纂修其緒。”

④“緌（ruí）”，帽帶結在頷下的下垂部分。

⑤“績”，績麻。引申為接續，繼承。《左傳・昭公元年》：“子盍亦遠績禹功而大庇民乎！”

⑥“武”，足迹。參見3.91。引申為接續，繼承。《詩經・大雅・下武》：“下武維周，世有哲王。”（下：後代。哲：聰明正直。）

⑦“係”，捆绑，束縛。引申為連接，聯繫。《周易・隨》：“係小子，失丈夫。”

1.27　忥[2]、謚[3]、溢[4]、蟄[5]、慎[6]、貉[7]、謐[8]、顗[9]、頠[10]、密[11]、寧，静[1]也。

①“静”，静止。引申為安静，平静，寂静，静默，沉著，冷静，穩重。

②“忥”，音 xì。〔案〕這個字古代經傳中未見。王念孫認為“忥”通“塈（xì）”，是休息的意思。見《廣雅疏證》卷二上。可供參考。

③“謚”，音 shì。〔案〕“謚”，謚號。古代經傳中未見“謚”有“静”的意思。朱駿聲《説文通訓定聲》認為這裏的“謚”是“謐”的訛字，形近而誤。黄侃《爾雅音訓》：“謚、溢、謐同字並見，皆當作侐，静也。”（侐：音 xù，清静，沉寂。）二説可作參考。

④“溢”，通“謐（mì）”。謹慎。《詩經・周頌・維天之命》：“假以溢我，我其收之。”毛傳：“假，嘉，溢，慎。”鄭箋：“謂以嘉美之道，戒慎于我。”“溢”表示戒慎的意思，與静義相通。“假以溢我”，《説文》“誐”字下引作“誐以謐我”。段注：“許所稱蓋三家詩。‘誐’‘謐’皆本義，‘假’‘溢’皆假借也。然‘謐’‘溢’並見《釋詁》，可知周時已有此二本之殊矣。”〔案〕“溢”本無静義。“溢”與“謐（mì）”音近，又分别在不同版本的同一首詩同一句中出現，因此《爾雅》的編著者將二字一起列入本條中。

⑤“蟄（zhé）”，動物冬眠，藏伏起來，不食不動。藏伏含有安静的意思。《吕氏春秋・孟春紀》：“東風解凍，蟄蟲始振。”

⑥“慎”，謹慎，慎重。郝疏：“上文云〔慎〕誠也。誠、謹俱安

静之意。慎猶順也。凡恭慎而柔順者，其人必沉静。”慎與静義相通。

⑦“貉（mò）”，通“貊（mò）”。清静。《詩經·大雅·皇矣》：“貊其德音，其德克明。”《釋文》：“‘貉’本又作‘貊’。”

⑧“謐（mì）”，安寧，安静。《素問·五運行大論》：“其政為謐。”

⑨“顗（yì）”，謹慎莊重的樣子。《説文》：“顗，謹莊貌。”謹慎莊重與安静義相通。

⑩“頠（wěi）”，通“姽（guǐ）”。閒静美好的樣子。

⑪“密”，隱蔽處，秘密。《周易·繫辭》：“聖人以此洗心，退藏于密。”引申為寂静，静默。《莊子·達生》：“〔顔闔〕入見曰：‘稷之馬將敗。’公密而不應。”

1.28 隕、磒①、湮②、下、降、墜、摽③、蘦④，落也。

①“磒（yǔn）”，同“隕”。從高處墜落。《説文》“磒”字下引《左傳》：“磒石於宋五。”“磒”，今本《左傳·僖公十六年》作“隕”。

②“湮（yān）”，沉没，埋没。《國語·周語下》：“絶後無主，湮替隸圉。”（主：祭主。替：廢。圉：養馬人。）

③“摽（biào）”，墜落。《詩經·召南》有《摽有梅》篇。

④“蘦（líng）”，通“零”。飄落，凋落。《楚辭·遠游》：“悼芳草之先零。”王逸注：“古本‘零’作‘蘦’。”

1.29 命、令、禧①、畛②、祈③、請④、謁⑤、訊⑥、誥⑦，告也。

①“禧（xǐ）”，舊讀 xī。〔案〕表示告義的“禧”，現存上古典籍中未見。翟灝《爾雅補郭》：“禧，福也。此釋為告，謂告福求福也……《説文》解禧為‘禮吉’。禮之吉者，莫大於祭。祭必有祝告神。或疑《説文》‘吉’字即‘告’之訛。”

②“眕（zhěn）”，致意，祝告。《禮記·曲禮下》：“臨諸侯，眕於鬼神。”

③“祈”，向上天或神明禱告請求。《尚書·召誥》：“王其德之用，祈天永命。”

④“請”，謁見。引申為請求。又為告訴。《儀禮·鄉射禮》：“主人答再拜，乃請。”鄭注：“請，告也，告賓以射事。”

⑤“謁（yè）”，稟告，陳説。《儀禮·覲禮》：“侯氏北面而立，告聽事，擯者謁諸天子。”（擯：通“儐”。儐者，指接待賓客的人。）

⑥“訊”，本或作“誶（suì）”。詢問。引申為告訴。《詩經·小雅·雨無正》：“凡百君子，莫肯用訊。”鄭箋：“訊，告也。衆在位者，無肯用此相告語。”

⑦“誥”，告訴，一般用於上告下；告誡。《國語·楚語》：“近臣諫，遠臣謗，輿人誦，以自誥也。”（輿人：衆人。誦：述説。）

1.30　永①、悠②、迥③、違④、遐⑤、逷⑥、闊⑦，遠也。永、悠、迥、遠，遐也。

①“永”，水流長。引申為長遠，久遠。《詩經·周南·卷耳》：“我姑酌彼金罍，維以不永懷。”（金罍：酒器。）

②“悠”，遥遠，長久。《國語·吴語》：“吾道路悠遠。”

③“迥（jiǒng）”，遠。在先秦古籍中，通作“泂”或“坰”。如“泂酌彼行潦”（《詩經·大雅·泂酌》），“在坰之野”（《詩經·魯頌·駉》）。在漢代以後的古籍中纔見“迥”字，如《史記·司馬相如列傳》：“邇陜游原，迥闊泳沫。”裴駰《集解》引《漢書音義》曰：“恩德比之於水，近者游其原，遠者浮其沫。”

④“違”，離開，離别。引申為遠。《左傳·僖公九年》：“天威不違顔咫尺。”杜預注：“言天鑒察不遠，威嚴常在顔面之前。”

⑤“遐（xiá）”，遥遠，久遠。《尚書·多士》：“我乃明致天罰，移爾遐逖。”（逖：遠。）《詩經·小雅·鴛鴦》：“君子萬年，宜其遐

福。”引申為疏遠，遠離。《詩經・小雅・白駒》：“毋金玉爾音，而有遐心。”

⑥“逷（tì）”，同“逖（tì）”。遠。《説文》：“逷，古文逖。”《左傳・襄公十四年》：“猶殽志也，豈敢離逷？”（殽：指殽地之戰。）

⑦“闊”，疏遠。《詩經・邶風・擊鼓》：“于嗟闊兮，不我活兮！”鄭箋：“軍棄其約，離散相遠，故吁嗟嘆之。”

1.31 虧[①]、壞、圮[②]、垝[③]，毀也。

①“虧”，缺損，缺少。引申為損傷，毀壞。《左傳・昭公九年》：“君之卿佐，是為股肱。股肱或虧，何痛如之？”

②“圮（pǐ）”，坍塌，毀壞。《釋文》引孫炎曰：“圮，岸毀也。”引申為毀滅，斷絶。《尚書・堯典》：“方命圮族。”

③“垝（guǐ）”，壞牆。《管子・霸形》：“東山之西，水深滅垝。”引申為坍塌，毀壞。《詩經・衛風・氓》：“乘彼垝垣，以望復關。”

1.32 矢[②]、雉[③]、引[④]、延[⑤]、順[⑥]、薦[⑦]、劉[⑧]、繹[⑨]、尸[⑩]、旅[⑪]，陳[①]也。

①“陳”，陳列，排列；陳設，擺設；陳述，述説。

②“矢”，陳列。《春秋・隱公五年》：“春，公矢魚於棠。”引申為陳述。《尚書・大禹謨》：“皋陶矢厥謨。”（謨：謀劃。）

③“雉（zhì）”，古代計算城牆面積的單位，長三丈，高一丈，為一雉。《左傳・隱公元年》：“都城過百雉，國之害也。”後引申為城牆。雉今有陳列的意思。又：郝疏等認為“雉”與表陳列義的“矢”通，可作參考。

④“引”，開弓。引申為延長，伸展。《周易・繫辭上》：“引而伸之，觸類而長之。”又引申為陳述，陳列。《左傳・文公六年》：“陳之藝極，引之表儀。”（藝極：指准則。表儀：指法度。）

⑤“延”，伸展，延續。引申為陳述。《國語·晉語七》：“使張老延君譽於四方。”

⑥“順”，順序，次序。見1.9注④。引申為陳列，陳述。《儀禮·士冠禮》：“洗有篚，在西，南順。”（篚：盛物竹器。）

⑦“薦（jiàn）”，進獻。特指進獻祭品，參看1.46注⑤。引申為陳列，陳設。《禮記·雜記》：“凡侍祭喪者，告賓祭，薦而不食。”又引申為陳述。《左傳·昭公二十年》：“其祝、史薦信，無愧心矣。”杜預注：“君有功德，祝史陳說之，無所愧。”

⑧“劉”，兵器名。引申為殺戮，誅殺。上古時偶爾用於表陳義。王引之《經義述聞》：“《逸周書》敘曰：‘文王唯庶邦之多難……作劉法。’劉法者，陳法也。”

⑨“繹（yì）”，抽絲。引申為陳列，陳述。《詩經·小雅·車攻》：“赤芾金舄，會同有繹。”（芾：蔽膝。舄：鞋。會同：諸侯朝見天子。）

⑩“尸”，屍體。後作“屍”。引申為陳列屍體（以示衆）。《國語·晉語六》：“殺三郤而尸諸朝。”又：像屍體一樣直挺挺地躺著。《論語·鄉黨》：“寢不尸，居不客。”

⑪“旅”，軍隊。引申為陳列。《詩經·小雅·賓之初筵》：“籩豆有楚，殽核維旅。”（籩、豆：古代盛食物的器具。楚：排列整齊的樣子。殽、核：指肉類菜類食品和果品。）

1.33 尸②、職③，主①也。

①“主”，掌管，主持。

②“尸”，古代祭祀時代替祖先受祭的活人。引申為主持，主管。《詩經·召南·采蘋》：“誰其尸之？有齊季女。”

③“職”，執事，主管。《左傳·僖公二十六年》：“載在盟府，大師職之。”

1.34 尸②，寀①也。寀、寮④，官③也。

①“寀（cǎi）”，經史諸子等書中寫作“采”。先秦時，卿大夫受封的土地。因可采取賦税以供己用，所以稱“采”。引申為官職。尹桐陽《爾雅義證》：“寀，采地。人臣因官食粟，故采可訓為官。”

②“尸”，主持，執掌（見上條注②），與官職義相關。

③“官”，官府。引申為官職，官位。《荀子·正論》：“量能而授官。”又：官吏，官員。《周易·繫辭下》：“百官以治，萬民以察。”

④“寮（liáo）”，同“僚”。官職。《左傳·文公七年》：“同官為寮，吾嘗同寮，敢不盡心乎？”

1.35　績[2]、緒[3]、采[4]、業、服[5]、宜[6]、貫[7]、公[8]，事[1]也。

①“事”，事情，事業；官職，職務；從事，擔當，事奉，服事。

②“績”，成績，功業。《左傳·哀公元年》：“遂滅過、戈，復禹之績。”

③“緒”，前人遺留下來的事業。《詩經·魯頌·閟宫》：“至于文武，纘大王之緒。”（纘：繼續。）

④“采”，先秦時卿大夫的封地。卿大夫掌管封地的政務，引申為政事，辦理政務。《尚書·堯典》：“帝曰：‘疇咨若予采？’”孔傳：“采，事也。復求誰能順我事者。”

⑤“服”，從事，做（某事）。《詩經·周頌·噫嘻》：“亦服爾耕，十千維耦。”又：擔當，承受。《孟子·離婁上》：“故善戰者服上刑。”又：事情，職務。《禮記·學記》：“不學雜服，不能安禮。”《詩經·大雅·蕩》：“曾是在位，曾是在服。”

⑥“宜”，合適，適宜。引申為事宜。《禮記·月令》：“天子乃與公卿大夫共飭國典，論時令，以待來歲之宜。”

⑦“貫”，事奉，服事。《詩經·魏風·碩鼠》：“三歲貫女，莫我肯顧。”又：事情，事例。《論語·先進》：“仍舊貫，如之何？”

⑧“公”，通“功”。事情。《詩經·大雅·江漢》：“肇敏戎公，用

錫爾祉。”

1.36　永、羕②、引、延、融③、駿④，長①也。

①“長（cháng）”，長久，長遠；延長。

②“羕（yàng）”，水流很長的樣子，同“永”。《詩經·周南·漢廣》：“江之永矣。”《説文》據《韓詩》引作“江之羕矣”。

③“融”，長遠。《方言》一：“融，長也。宋衛荆吴之間曰融。”《詩經·大雅·既醉》：“昭明有融，高朗令終。”（令：善。）

④“駿”，高大的良馬。引申為大。參看1.3注⑭。又：引申為長。《詩經·小雅·雨無正》：“浩浩昊天，不駿其德。”

1.37　喬①、嵩②、崇③，高也。崇，充也。

①“喬”，高。多用以形容樹木。《詩經·周南·漢廣》：“南有喬木，不可休息。”

②“嵩（sōng）”，山高大的樣子。與“崧”音義同。先秦著作中用“崧”。如《詩經·大雅·崧高》：“崧高維嶽，駿極于天。”毛傳：“崧，高貌。山大而高曰崧。”漢碑及漢人著作中始見“嵩”字。後“嵩”專指五嶽中的中嶽。

③“崇”，山高。引申為崇高；尊崇，推崇。《尚書·武成》：“崇德報功。”又引申為充滿。《儀禮·大射儀》：“主人不崇酒，以虚爵降奠于篚。”

1.38　犯②、奢③、果④、毅⑤、剋⑥、捷、功⑦、肩⑧、堪⑨，勝①也。

①“勝（shèng）”，勝利，戰勝，超過。又：力能擔當，經得起（舊讀 shēng）。

②“犯”，觸犯，欺凌，侵犯。引申為制服，經得起。《韓非子·解

老》："人無毛羽，不衣則不犯寒。"

③"奢"，奢侈。《老子》二十九章："是以聖人去甚，去奢，去泰。"含有過分、超過的意思。

④"果"，古本作"惈（guǒ）"。得勝。郭注："陵犯、誇奢、果毅，皆得勝也。《左傳》曰：'殺敵為果。'"

⑤"毅"，意志堅定。《左傳·宣公二年》："殺敵為果，致果為毅。"意志堅定與勝義相關。〔案〕本條中"毅"字當為衍文。周祖謨《爾雅校箋》："'毅'字蓋因郭注而衍。"

⑥"剋（kè）"，戰勝，取勝。《韓非子·初見秦》："是故秦戰未嘗不剋。"

⑦"功"，成效，功績。含有取勝的意思。

⑧"肩"，肩膀。引申為負荷，擔負。《左傳·襄公二年》："鄭成公疾，子駟請息肩於晉。"有所負荷，表明力能擔當，含有能勝任的意思。又引申為能够（做到）。《尚書·盤庚下》："式敷民德，永肩一心。"參看1.39。

⑨"堪"，本或作"戡"。經得起，能承受。《荀子·正論》："老者不堪其勞而休也。"

1.39　勝、肩、戡②、劉③、殺，克①也。

①"克"，能够。《尚書·堯典》："克明俊德，以親九族。"又：戰勝，攻破。《左傳·莊公十年》："彼竭我盈，故克之。"又引申為殺。《尚書·牧誓》："弗迓克奔，以役西土。"（迓：迎敵。奔：指奔來投降的人。役：助。）

②"戡（kān）"，攻克，平定。《尚書·西伯戡黎》："西伯既戡黎，祖尹恐，奔告于王。"

③"劉"，殺戮，征服。《方言》一："秦晉宋衛之間謂殺曰劉。晉之北鄙亦曰劉。"《尚書·君奭》："後暨武王誕將天威，咸劉厥敵。"

1.40　劉[①]、獮[②]、斬、刺，殺也。

①“劉”，殺。見上條注③。

②“獮（xiǎn）”，獨守獵，捕殺禽獸。《管子·小匡》：“秋以田曰獮。”（田：打獵。後寫作畋。）《國語·周語上》：“獮於既烝，狩於畢時。”（烝：進獻新穀。畢：指農事完畢。）

1.41　亹亹[①]、蠠没[②]、孟[③]、敦[④]、勗[⑤]、釗[⑥]、茂[⑦]、劭[⑧]、勔[⑨]，勉也。

①“亹亹（wěiwěi）”，勤勉不倦的樣子。《詩經·大雅·文王》：“亹亹文王，令聞不已。”（令聞：好聲譽。）

②“蠠没（mǐnmò）”，勤勉，努力。聯緜字。聲轉為“黽勉”“密勿”“懋慔”等。郝疏：“是皆古方俗語音轉字變而其義俱通者也。”其中以“黽勉”較為常見。

③〔案〕“孟”表勉義，在古籍中出現較晚，一般都以《文選·幽通賦》“盍孟晉以迨群兮”為例。對於《爾雅》本條中“孟”字，舊注或認為是“黽”的假借字，或認為是“蘉”的假借字。可供參考。

④“敦”，勤勉，努力。《禮記·曲禮上》：“博聞强識而讓，敦善行而不怠，謂之君子。”又：勉勵，督促。《孟子·公孫丑下》：“前日不知虞之不肖，使虞敦匠事。”

⑤“勗（xù）”，同“勖”。勉勵。《尚書·牧誓》：“爾所弗勗，其于爾躬有戮。”

⑥“釗（zhāo）”，勉勵。《方言》一：“釗，勉也。秦晉曰釗。”

⑦“茂”，通“懋（mào）”。勉力，努力。《尚書·皋陶謨》：“政事懋哉懋哉！”郭璞《爾雅注》引作“茂哉茂哉”。又：勸勉。《國語·周語上》：“先王之於民，茂正其德而厚其性。”

⑧“劭（shào）”，勸勉。《説文》：“劭，勉也。”《漢書·成帝紀》：“先帝劭農，薄其租税。”

⑨“勔（miǎn）”，勉勵。《方言》一：“釗、薄，勉也。自關而東周鄭之間曰勔釗。”郭璞注：“勔亦訓勉也。”〔案〕“勔”音義與“勉”同，當是“勉”的異體字。

1.42　騖[②]、務[③]、昏[④]、暋[⑤]，强[①]也。

①“强”，或作“彊”。竭力、盡力。又：强横，强暴；勉强。

②“騖（wù）”，通“務”。勉力從事。《莊子·外物》：“〔大魚〕騖揚而奮鬐。”（鬐：魚鰭。）成玄英疏：“揚其頭尾，奮其鱗鬐。”

③“務”，勉力從事。《荀子·成相》：“務本節用財無極。”

④“昏”，或作“㫘”。通“暋（mǐn）”。竭力。《尚書·盤庚上》：“不昏作勞，不服田畝。”（服：治。）

⑤“暋（mǐn）”，或作“敃”。竭力。見注④，又强横。《尚書·康誥》：“殺越人于貨，暋不畏死，罔弗憝。”（越：劫奪。憝：怨恨。）

1.43　卬[①]、吾、台[②]、予、朕[③]、身[④]、甫[⑤]、余、言[⑥]，我也。

①“卬（áng）”，我。《詩經·邶風·匏有苦葉》：“人涉卬否，卬須我友。”（須：等待。）“卬”（疑陽）與“吾”（疑魚）上古音近，是“吾”的方言變體。近現代學者有的認為“卬”即“俺”字的本原。

②“台（yí）”，我的。《尚書·湯誓》：“非台小子，敢行稱亂；有夏多罪，天命殛之。”（殛：殺。）“台”（餘之）與“余”（餘魚）、“予”（餘魚）上古音近，是“余”“予”的方言變體。

③“朕”，我，我的。在甲骨文、金文和先秦文獻中，除君王外其他身份的人也可自稱為朕。《楚辭·離騷》：“朕皇考曰伯庸。”自秦始皇以後，“朕”作為皇帝一人的自稱，一直沿用到清代。

④“身”，自身。引申為自稱之詞，我。《韓非子·五蠹》：“吾有老父，身死，莫之養也。”

⑤“甫”，古代在男子名字下加的美稱。也作“父”。如稱孔子為“尼甫”“尼父”。〔案〕古籍中未見“甫”有作第一人稱代詞的。郭注以《禮記·曲禮下》“臨諸侯，畛於鬼神，曰有天王某甫”作為“甫”訓“我”之例。“天王某甫”據孔疏：“某是天子之字，甫是男子美稱也。”“甫”不能視為第一人稱代詞，郭注例不當。

⑥〔案〕在上古漢語中，尚未發現“言”有用作第一人稱代詞的。在《詩經》中，用在動詞之前的“言”，如《周南·葛覃》“言告師氏，言告言歸”，毛傳、鄭箋訓“言”為“我”。實際上，這種用法的“言”，應視為動詞詞頭（一説為無義的助詞），不應視為第一人稱代詞。

1.44　朕、余、躬[①]，身也。

①“躬”，自身。《詩經·邶風·谷風》：“我躬不閱，遑恤我後！”（閱：容。遑：空閒。恤：憂慮。）又：親自。《左傳·成公十三年》：“文公躬擐甲胄……征東之諸侯。”（擐：穿著。）

1.45　台[②]、朕、賚[③]、畀[④]、卜[⑤]、陽[⑥]，予[①]也。

①“予（yú）”，第一人稱代詞，我。又：讀 yǔ，給予，賜予。〔案〕這一條是以“予”的兩種不同的意義（實為二詞）分別解釋兩組意義不同而排列在一起的被釋詞。這種情況舊稱“二義同條”。

②“台（yí）”，我。見 1.43 注②。

③“賚（lài）”，賜予，賞賜。《論語·堯曰》：“周有大賚，善人是富。”中古以後，可表示一般的贈送。

④“畀（bì）”，給予。《左傳·僖公二十八年》：“分曹衛之田以畀宋人。”

⑤“卜”，給予。《詩經·小雅·楚茨》：“卜爾百福。”

⑥〔案〕“陽”釋為“予”，注家多認為是第一人稱代詞的“予”。

如郭璞注引用《魯詩》“陽如之何”與“今巴濮之人自呼阿陽”為證。黄侃《爾雅音訓》認為：“‘陽’即今語之‘俺’，為‘余’之對轉，‘姎’之假借。”但也有人認為是指表示賜予義的“予”。如陳玉澍《爾雅釋例》認為“陽”是“賜”的假借字“鍚”字之訛。兩説可供參考。

1.46　肅②、延③、誘④、薦⑤、餤⑥、晉⑦、寅⑧、藎⑨，進①也。

①“進”，前進；進獻，奉獻；引進，推舉；進用，提拔；增進。

②“肅”，引進，引導。特指按禮儀恭敬地引進。《禮記·曲禮上》：“主人肅客而入。”

③“延”，引進，接引。《尚書·顧命》：“逆子釗于南門之外，延入翼室。”

④“誘”，引導。《論語·子罕》：“夫子循循然善誘人。”

⑤“薦”，進獻。《左傳·宣公十四年》：“誅而薦賄，則無及也。”特指祭祀時進獻（祭品）。《左傳·隱公三年》：“可薦於鬼神，可羞於王公。”（羞：進獻。）

⑥“餤（tán）”，進食，引申為增進，增加。《詩經·小雅·巧言》：“盜言孔甘，亂是用餤。”（盜：指進讒言的小人。）

⑦“晉”，進。《周易·晉》：“《彖》曰晉，進也。”孔疏：“‘晉，進也’者，以今釋古。古之晉字即以進長為義。恐後世不曉，故以進釋之。”

⑧“寅”，前進。郝疏：“寅者，《釋名》云：‘演也，演生物也。’《漢書·律曆志》云：‘引達於寅。’然則引導、演長俱進之意。”《詩經·小雅·六月》：“元戎十乘，以先啟行。”毛傳：“殷曰寅車，先疾也。”鄭箋：“寅，進也。”

⑨“藎（jìn）”，通“進”。進用。《詩經·大雅·文王》：“王之藎臣，無念爾祖。”

1.47　羞②、餞③、迪④、烝⑤，進①也。

①“進”，進獻，進用。《禮記·曲禮上》：“侍飲於長者，酒進則起。”

②“羞”，進獻（食品）。《左傳·隱公三年》：“可薦於鬼神，可羞於王公。”（薦：獻。）

③“餞（jiàn）”，用酒食送行。《左傳·昭公十六年》：“鄭六卿餞宣子於郊。”含有進獻食品的意思。

④“迪”，進用，引進。《詩經·大雅·桑柔》：“維此良人，弗求弗迪。”又：引導，開導。《尚書·太甲》：“旁求俊彦，啟迪後人。”引導、開導，含有使進之意。

⑤“烝”，冬祭。引申為進獻。《詩經·周頌·豐年》：“為酒為醴，烝畀祖妣。”（畀：給予。）又：進用。《詩經·小雅·甫田》：“攸介攸止，烝我髦士。”（攸：乃。介：休息。髦：俊。）

1.48　詔②、亮③、左、右④、相⑤，導①也。詔、相、導、左、右、助，勴⑥也。亮、介⑦、尚⑧，右也。左、右，亮也。

①“導”，指引，引導；教導，開導；勉勵。

②“詔（zhào）”，告誡，教導。《周禮·秋官·大行人》：“若有大喪，則詔相諸侯之禮。”又：幫助，輔助。《周禮·天官·大宰》：“以八柄詔王馭群臣。”秦漢以後，“詔”專指皇帝頒發的文書命令。

③“亮”，通“涼（liàng）”“諒”。輔佐。《毛詩》中《大雅·大明》：“涼彼武王。”《釋文》説：“‘涼’，本亦作‘諒’，《韓詩》作‘亮’。”輔佐與引導義有關聯。

④“左”“右”，“佐”“佑”的本字。都有幫助、輔助的意思。《墨子·雜守》：“吏各舉其步界中財物可以左守備者，上。”（步：當作部。）《左傳·襄公十年》：“王叔陳生與伯輿争政，王右伯輿。”“左”

“右”，幫助，輔助。《國語·晉語四》：“〔晉公子〕父事狐偃，師事趙衰，而長事賈佗……此三人者實左右之。”幫助、輔助合有引導的意思。

⑤“相（xiàng）”，輔佐，扶助。《左傳·昭公元年》：“樂桓子相趙文子。”又：引導。《國語·楚語上》：“問誰相禮，則華元、駟騑。”（駟騑：指公子騑。）

⑥“勴（lǜ）”，贊助，勉勵。郭注：“勴謂贊勉。”邢疏：“《說文》云：‘勴，助也。’不以力助，以心助也。”〔案〕根據《爾雅》釋詞條例，訓釋詞當為常用詞。“勴”是僻詞，在本條中應在“助”字之上。黃侃《爾雅音訓》：“此文應以‘助也’統上諸字……此唐以來傳本倒植也。”

⑦“介”，傳賓主之言的人。引申為佐助。《詩經·豳風·七月》：“為此春酒，以介眉壽。”

⑧“尚”，尊重；保佑，幫助。引申為輔佐。《詩經·大雅·抑》：“肆皇天弗尚。”（肆：所以。）

1.49　緝熙②、烈③、顯④、昭⑤、晧⑥、熲⑦，光①也。

①“光”，日光，亮光；光明，明亮；明顯，顯著。

②“緝熙”，光明。《詩經·大雅·文王》：“穆穆文王，於緝熙敬止。”毛傳：“緝熙，光明也。”

③“烈”，火勢猛。引申為光明，顯赫。《國語·晉語九》：“君有烈名。”

④“顯”，明顯，顯著。《墨子·非命下》：“天有顯德，其行甚章。”（章：顯明。）

⑤“昭”，明亮。《詩經·大雅·雲漢》：“倬彼雲漢，昭回于天。”（倬：高遠。雲漢：銀河。回：轉。）引申為明顯，顯著。《詩經·小雅·鹿鳴》：“我有嘉賓，德音孔昭。”（孔：甚。）

⑥“晧（hào）”，同“皓”。光亮，光明。《荀子·賦》：“皓天不復，憂無疆兮。”

⑦“熲（jiǒng）”，火光，光亮。《詩經・小雅・無將大車》：“無思百憂，不出于熲。”鄭箋：“思衆小事以為憂，使人蔽暗不得出於光明之道。”

1.50　劼①、鞏、堅、篤②、掔③、虔④、膠⑤，固也。

①“劼（jié）”，或作“硈（qià）”。牢固。郝疏：“劼者，硈之假音也。”《釋文》：“劼，或作硈。”參見2.134。《尚書・酒誥》：“汝劼毖殷獻臣。”孔傳：“汝當固慎殷之善臣，信用之。”

②“篤（dǔ）”，厚實，深厚。參看1.80。引申為牢固，堅定。《禮記・中庸》：“明辨之，篤行之。”

③“掔（qiān）”，堅固。郝疏：“《説文》：‘掔，固也。’……讀若《詩》：‘赤舄掔掔。’今《詩》作‘赤舄幾幾’。蓋‘幾’‘掔’聲轉字通。”

④“虔”，恭敬而有誠意。《詩經・大雅・韓奕》：“虔共爾位。”表示恭敬而有誠意的“虔”，含有牢固的意思。

⑤“膠”，本指某些具有黏性的物質，引申有牢固、堅固的意思。《詩經・小雅・隰桑》：“既見君子，德音孔膠。”

1.51　疇①、孰，誰也。

①“疇（chóu）”，通“誰”。《尚書・堯典》：“帝曰：‘疇若予工？’”（若：善。）

1.52　暀暀①、皇皇②、藐藐③、穆穆④、休⑤、嘉、珍、禕⑥、懿⑦、鑠⑧，美也。

①“暀（wàng）”，同“旺”。《説文》：“暀，光美也。”“暀暀”，明亮美盛的樣子。《詩經・魯頌・泮水》：“烝烝皇皇。”毛傳：“烝烝，厚也。皇皇，美也。”鄭箋：“‘皇皇’當作‘暀暀’。”

②“皇皇”，美盛鮮明的樣子。《詩經·大雅·假樂》：“穆穆皇皇，宜君宜王。”

③“藐藐（miǎomiǎo）”，高遠的樣子。引申為美好的樣子。《詩經·大雅·崧高》：“寢廟既成，既成藐藐。”毛傳：“藐藐，美貌。”

④“穆穆”，儀容、言語美好的樣子。《禮記·曲禮下》：“天子穆穆，諸侯皇皇。”

⑤“休”，美，善，喜慶。《左傳·宣公三年》：“德之休明，雖小，重也。”（小：指鼎小。）

⑥“褘”，當作“禕”。禕（yī），美好。禕禕，同“委委”，美好的樣子。參看3.20注①。

⑦“懿（yì）”，美，美好。多指德行。《詩經·周頌·時邁》：“我求懿德。”

⑧“鑠（shuò）”，通“爍（shuò）”。輝煌，光亮的樣子。《詩經·周頌·酌》：“於鑠王師。”（於：嘆詞。）又：形容眼睛美好的樣子。《方言》二：“好目謂之順，……宋衛韓鄭之間曰鑠。”郭注：“言光明也。”

1.53 諧、輯①、協，和也。關關②、噰噰③，音聲和也。勰④、燮⑤，和也。

①“輯”，和諧，安定。《國語·魯語上》：“契為司徒而民輯。”

②“關關”，鳥和鳴聲。《詩經·周南·關雎》：“關關雎鳩，在河之洲。”

③“噰噰（yōngyōng）”，同“雝雝”“廱廱”。鳥聲和鳴。《楚辭章句·九辯》：“鴈雝雝而南游兮。”《文選》中此句作“鴈噰噰而南游兮”。

④“勰（xié）”，同“協”，和諧，協調一致。尹桐陽《爾雅義證》：“勰，字本作恊，同思之和也。從劦從思，會意。經傳尟用之者……蓋古者均以協代勰之用也。”

⑤“燮（xié）”，和諧，和順。《尚書·洪範》：“彊弗友剛克，燮友柔克。”（友：親近。克：勝。）

1.54　從②、申③、神④、加、弼⑤、崇⑥，重①也。

①“重（zhòng）”，厚重。引申為重要，貴重；重視，看重；崇尚，尊重。又讀chóng，重疊，重複。

②“從（cóng）”，跟隨，聽從。《左傳·莊公十年》：“戰則請從。”引申為隨從者。《尚書·冏命》：“其侍御僕從。罔匪正人。”隨從含有尊重的意思。

③“申”，重複，一再。《尚書·堯典》：“申命羲叔宅南交。”

④“神”，天神，神靈。引申為尊重。《荀子·非相》：“寶之珍之，貴之神之。”

⑤“弼（bì）”，輔佐，輔佐的人。古代輔佐君主的大臣有多人，“弼”會有重疊的意思。

⑥“崇”，高。引申為厚、重。《尚書·盤庚中》：“高后丕乃崇降罪疾。”（高后：前代君王。丕：大。）又：尊崇，崇尚。《左傳·僖公七年》：“且夫合諸侯，以崇德也。”

1.55　㱿①、悉、卒、泯②、忽③、滅、罄④、空、畢、罊⑤、殲、拔、殄⑥，盡也。

①“㱿（què）”，瘠薄、枯瘠。《管子·地員》：“五粟之狀……剛而不㱿。”引申為簡陋、儉薄。《莊子·天下》：“其生也勤，其死也薄，其道不㱿。”瘠薄、儉薄與“盡”義近。又：郭注：“㱿，今直語耳。”表“盡”義的“㱿”可能是方言俗語詞。

②“泯（mǐn）”，消滅。《詩經·大雅·桑柔》：“亂生不夷，靡國不泯。”（夷：平。）

③“忽”，絶滅。《詩經·大雅·皇矣》：“是伐是肆，是絶是忽。”

④“罄（qìng）”，器中空。引申為用盡，完結。《詩經·小雅·天保》：“罄無不宜，受天百祿。”

⑤“罊（qì）”，《説文》：“罊，器中盡也。”《爾雅》郭注：“今江東呼厭極為罊。”

⑥“殄（tiǎn）”，斷絶，滅絶。《詩經·大雅·桑柔》：“不殄心憂。”鄭箋：“殄，絶也。”

1.56 苞①、蕪②、茂，豐也。

①“苞”，草木叢生，茂盛。《詩經·大雅·行葦》：“牛羊勿踐履，方苞方體。”（體：成形。）

②“蕪（wú）”，田地荒廢，長滿野草。《釋文》：“〔蕪〕蕃滋生長也。”《老子》五十三章：“田甚蕪，倉甚虚。”野草蕃滋生長含有豐盛的意思。

1.57 揫①、斂、屈②、收、戢③、蒐④、裒⑤、鳩⑥、樓⑦，聚也。

①“揫（jiū）”，聚集。《方言》二：“自關而西，秦晉之間……斂物而細謂之揫。”《慎子·外篇》：“氣之揫斂而有質者為陰，舒散而有氣者為陽。”

②“屈”，彎曲。引申為收斂，聚合。《詩經·魯頌·泮水》：“順彼長道，屈此群醜。”（醜：衆。）

③“戢（jí）”，收藏兵器。引申為收斂。《詩經·周頌·時邁》：“載戢干戈，載櫜弓矢。”（櫜：弓套。）

④“蒐（sōu）”，通“搜”。搜求。引申為聚集。《左傳·成公十六年》：“蒐乘、補卒、秣馬、利兵。”

⑤“裒（póu）”，聚集。《詩經·小雅·常棣》：“原隰裒矣，兄弟求矣。”（原：原野。隰：低濕的地方。）

⑥“鳩”，通“勼（jiū）”。聚集。《左傳·襄公二十五年》：“度山林，鳩藪澤。”（藪：草多水少的湖澤。）

⑦“樓”，當作“摟”。“摟”，聚集。郭注：“摟猶今言拘（gōu）摟，聚也。”《孟子·告子下》：“五霸者，摟諸侯以伐諸侯者也。”

1.58 肅②、齊③、遄④、速、亟⑤、屢⑥、數⑦、迅，疾①也。

①“疾”，快，急速。引申為敏捷。

②“肅”，峻急，急速。《國語·齊語》：“是故其父兄之教不肅而成。”又：敏捷。《左傳·成公二年》：“有先君之明與先大夫之肅，故捷。”

③“齊”，敏捷。《荀子·修身》：“齊給便利，則節之以動止。”（給：指口齒伶俐。）

④“遄（chuán）”，疾速。《詩經·鄘風·相鼠》：“人而無禮，胡不遄死？”

⑤“亟（jí）”，急速，趕快。《左傳·隱公十一年》：“我死，乃亟去之。”

⑥“屢”，屢次，常常。引申為快速。《禮記·樂記》：“臨事而屢斷，勇也。”

⑦“數（shuò）”，疾速。《莊子·天地》：“挈水若抽，數如泆湯。”（挈：提起。泆：水滿而漫溢。）

1.59 寁①、駿②、肅、亟、遄，速也。

①“寁（zǎn）”，又讀 jié。快，急速。《詩經·鄭風·遵大路》：“無我惡兮，不寁故也。”

②“駿”，良馬。引申為急速。《詩經·周頌·噫嘻》：“駿發爾私，終三十里。”（私：指私田。）

1.60 壑①、阬阬②、滕③、徵④、隍⑤、漮⑥，虛也。

①“壑（hè）”，水溝，大水坑。《禮記·郊特牲》：“土反其宅，水歸其壑。”又：山谷，坑地。《孟子·滕文公上》：“其親死，則舉而委之于壑。”

②“阬阬”二字其一為衍文。“阬（kēng）”，同“坑”。洼地，溝，池。《莊子·天運》：“在谷滿谷，在阬滿阬。”

③“滕”，水向上升涌。引申為信口開河。《周易·咸》：“象曰……滕口説也。”孔疏：“所競者口，無復心實，故曰滕口説也。”

④“徵”，通“懲”。升騰。引申為清虛。《周易·損》：“君子以懲忿窒欲。”“懲”《釋文》作“徵”。《釋文》：“徵，直升反，止也。鄭云：猶清也。劉云：懲，清也。”

⑤“隍”，没有水的護城壕。《周易·泰》：“象曰：城復于隍，其命亂也。”

⑥“漮（kāng）”，空虛。《説文》十三：“漮，水虛也。”段注：“康者，穀皮中空之謂，故從康之字皆訓為虛。”

1.61 黎①、庶②、烝③、多、醜④、師⑤、旅⑥，衆也。

①“黎”，衆多。《詩經·大雅·桑柔》：“民靡有黎，具禍以燼。”高亨注：“言民多死於禍亂，不復如前日之衆多。”又：民衆。《詩經·小雅·天保》：“群黎百姓，徧為爾德。”

②“庶”，衆，多。《莊子·漁父》：“陰陽不和，寒暑不時，以傷庶物。”又：平民。《左傳·昭公三十二年》：“三後之姓，於今為庶。”

③“烝”，衆多。《詩經·大雅·烝民》：“天生烝民，有物有則。”

④“醜”，通“儔”。同類，類别。引申為衆。《詩經·大雅·緜》：“乃立冢土，戎醜攸行。”（冢土：火社。）毛傳：“戎：大。醜：衆。”

⑤“師”，古代軍隊二千五百人為一師。引申為軍隊，又引申為衆人。《尚書·堯典》：“師錫帝曰：‘有鰥在下，曰虞舜。’”《史記·五帝

本紀》作："衆皆言於堯曰：'有矜在民間，曰虞舜。'"

⑥"旅"，古代軍隊五百人為一旅。引申為軍隊，又引申為衆人。《左傳·昭公三年》："且小人近市，朝夕得所求，小人之利也，敢煩里旅？"

1.62 洋①、觀②、裒③、衆、那④，多也。

①"洋"，衆多。《詩經·魯頌·閟宫》："萬舞洋洋，孝孫有慶。"顔師古《匡謬正俗》卷六："山東俗謂衆為洋。"

②"觀"，通"貫"。穿連。引申為衆多。《詩經·小雅·采緑》："維魴及鱮，薄言觀者。"鄭箋："觀，多也。"

③"裒（póu）"，聚集。引申為衆多。《詩經·周頌·般》："敷天之下，裒時之對。"（敷：遍。時：此。對：朝拜。）

④"那（nuó）"，多。《詩經·小雅·桑扈》："不戢不難，受福不那。"（戢：收斂。難：意為謹慎。）

1.63 流①、差②、柬③，擇也。

①"流"，通"求"。尋求。引申為選擇。《詩經·周南·關雎》："參差荇菜，左右流之。"

②"差（chāi）"，選擇。《詩經·小雅·吉日》："吉日庚午，既差我馬。"毛傳："差，擇也。"

③"柬"，後作"揀"。選擇。《荀子·修身》："安燕而血氣不惰，柬理也。"（安燕：安逸。理：合理。）

1.64 戰①、慄、震②、驚、戁③、竦④、恐、慴⑤，懼也。

①"戰"，恐懼，顫抖。《吕氏春秋·審應》："公子年二十而相，見老者而使之戰，請問孰病哉？"

②"震"，震動。引申為震驚，驚恐。《逸周書·作雒》："又作師

旅，臨衛政殷，殷大震潰。”朱右曾校釋：“震懼。”

③“戁（nǎn）”，恐懼。《詩經·商頌·長發》：“不戁不竦，百禄是總。”

④“竦（sǒng）”，通“悚（sǒng）”。驚懼。《詩經·商頌·長發》：“不震不動，不戁不竦。”毛傳：“戁恐。竦，懼也。”

⑤“慴（shè）”，同“懾（shè）”。恐懼，害怕。《莊子·達生》：“是故遻物而不慴。”（遻，同“迕”，逆。）

1.65　痡②、瘏③、虺頹④、玄黄⑤、劬勞⑥、咎⑦、顇⑧、瘽⑨、瘉⑩、鰥⑪、戮⑫、癙⑬、癵⑭、痙⑮、痒⑯、疧⑰、疵⑱、閔⑲、逐⑳、疚㉑、痗㉒、瘥㉓、痱㉔、擅㉕、瘵㉖、瘼㉗、癠㉘，病①也。

①“病”，疾病，生病。引申為過度勞累，擔心、憂慮，處境困苦，過失、缺點。

②“痡（pū）”，過度疲勞。《詩經·周南·卷耳》：“我馬瘏矣，我僕痡矣。”

③“瘏（tú）”，勞累過度。例見注②。

④“虺頹（huītuí）”，“頹”，或作“隤”“穨”。過度勞累。《詩經·周南·卷耳》：“陟彼崔嵬，我馬虺隤。”

⑤“玄黄”，本指黑黄色。詞義引申形容生病的樣子。《詩經·周南·卷耳》：“陟彼高岡，我馬玄黄。”朱熹集傳：“玄馬而黄，病極而變色也。”

⑥“劬（qú）勞”，辛勤勞苦，勞累。《詩經·小雅·蓼莪》：“哀哀父母，生我劬勞。”

⑦“咎（jiù）”，過失，罪過。《詩經·小雅·北山》：“或湛樂飲酒，或慘慘畏咎。”（湛：喜樂。慘慘：心中愁苦不安的樣子。）

⑧“顇（cuì）”，同“瘁（cuì）”，通“悴（cuì）”。勞累，困苦。《荀子·王霸》：“必自為之然後可，則勞苦秏顇莫甚焉。”（秏：耗。）

⑨“瘽（qín）”，通“懃（qín）”，或作“懃”。勞困致病。邵疏：“瘽為勞劇之病也。”

⑩“瘉（yù）”，勞困而病。《詩經·小雅·正月》：“父母生我，胡俾我瘉。”毛傳：“瘉，病也。”又：同“愈”，病好。《漢書·高帝紀上》：“漢王疾瘉，西入關至櫟陽。”

⑪“鰥（guān）”，通“瘝（guān）”。本或作“瘝”。處境困苦。《尚書·堯典》：“有鰥在下，曰虞舜。”

⑫“戮（lù）”，羞辱。《公羊傳·莊公三十二年》：“不從吾言，而不飲此，則必為天下戮笑。”

⑬“癙（shǔ）”，鬱致病。《釋文》：“舍人云：‘癙、癵、痵、痒皆心憂憊之病也。’孫炎云：‘癙者，畏之病也。’”《山海經·中山經》：“〔脱扈之山〕有草焉……名曰植楮，可以已癙。”

⑭“癵（luán）”，同“臠（luán）”，積憂成病，肌體消瘦。郝疏：“舍人云：‘癵，心憂憊之病也。’蓋積憂成病，骨體瘦臞。”

⑮“痵（lǐ）”，同“悝（lǐ）”。憂鬱致病。參看1.66注③。

⑯“痒”，憂鬱致病。《詩經·小雅·正月》：“哀我小心，癙憂以痒。”毛傳：“癙、痒皆病也。”又：癰瘡。《周禮·天官·疾醫》：“夏時有痒疥疾。”又泛指病害。《詩經·大雅·桑柔》：“降此蟊賊，稼穡卒痒。”

⑰“疷”，本或作“疧（qí）”，當作“疧”。憂鬱致病。《詩經·小雅·白華》：“之子之遠，俾我疧兮。”（一本作“疷”。）

⑱“疵（cī）”，小病。《素問·木病論》：“民病温疫，疵廢風生。”引申為瑕疵，缺點。《韓非子·大體》：“不吹毛而求小疵。”

⑲“閔”，憂患。《詩經·邶風·柏舟》：“覯閔既多，受侮不少。”（覯：遭遇。）又：憂慮。《孟子·公孫丑上》：“宋人有閔其苗之不長而揠之者。”

⑳“逐”，通“疛（zhǒu）”。腹病。王引之《經義述聞》：“‘逐’字古有胄音，故與‘疛’通也。”

㉑“疚（jiù）”，久病。《韓非子·顯學》：“無饑饉疾疚禍罪之殃。”

引申為憂慮。《詩經·小雅·大東》："既往既來，使我心疚。"又：内心痛苦。《論語·顔淵》："内省不疚，夫何憂何懼？"

㉒"痗（mèi）"，憂病。《詩經·衛風·伯兮》："願言思伯，使我心痗。"

㉓"瘥（cuó）"，疫病。《左傳·昭公十九年》："寡君之二三臣，札瘥夭昏。"杜注："大死曰札，小疫曰瘥，短折曰夭，未名曰昏。"又：讀 chài，病愈。上古時寫作"差"。《方言》三："南楚病愈者謂之差，或謂之間。"中古以後，表病愈義的"瘥"纔較為常用。

㉔"痱（féi）"，中風病。《靈樞經·熱病》："痱之為病也，身無痛者，四肢不收，智亂不甚，其言微知，可治。"

㉕"瘽（dàn）"，通"癉（dàn）"。積勞成疾。《禮記·緇衣》："《詩》云：'上帝板板，下民卒瘽。'"（板板：邪僻，反常。）"瘽"今本《詩經·大雅·板》作"癉"。

㉖"瘵（zhài）"，病。郭注："今江東呼病曰瘵。"又：勞累而病。《詩經·大雅·瞻卬》："邦靡有定，士民其瘵。"鄭箋："士卒與民皆勞病。"

㉗"瘼（mò）"，病。郭注："東齊〔呼病〕曰瘼。"又：疾苦。《詩經·小雅·四月》："亂離瘼矣，爰其適歸？"（爰：何。適：往。）

㉘"癠（jì）"，病。《禮記·玉藻》："親癠，色容不盛，此孝子之疏節也。"鄭注："癠，病也。"

1.66　恙①、寫②、悝③、盱④、繇⑤、慘⑥、恤⑦、罹⑧，憂也。

①"恙（yàng）"，憂慮。《戰國策·齊策四》："歲亦無恙耶？民亦無恙耶？"

②"寫"，通"癙（shǔ）"，憂愁。王引之《經義述聞》："寫當讀為鼠。《小雅·雨無正》篇'鼠思泣血'，箋曰：'鼠，憂也。'義本於《爾雅》也。……寫字古讀若'零露湑兮'之'湑'，與'鼠'字聲近

而通。字或作‘瘋’……《小雅》之‘鼠’即《爾雅》之‘寫’，古字多通假。”《管子・白心》：“卧名利者寫生危。”

③“悝（kuī，又讀lǐ）”，憂傷。《詩經・大雅・雲漢》：“瞻卬昊天，云如何里？”《釋文》：“里，如字，憂也。本亦作‘瘇’，《爾雅》作‘悝’，並同。”

④“盱（xū）”，通“吁（xū）”。憂慮。《詩經・小雅・都人士》：“我不見兮，云何盱矣。”

⑤“繇（yáo）”，或作“摇”，通“愮（yáo）”。憂愁。《方言》十：“愮，又憂也。”參看3.70。

⑥“慘”，通“懆（cǎo）”。憂愁。《詩經・小雅・白華》：“念子懆懆，視我邁邁。”《釋文》：“〔懆懆〕愁不申也。亦作慘慘。”

⑦“恤（xù）”，憂慮。《詩經・小雅・蓼莪》：“無父何怙？無母何恃？出則銜恤，入則靡至。”

⑧“罹（lí）”，遭遇（不幸、災禍等）。引申為憂患。《詩經・王風・兔爰》：“我生之後，逢此百罹。”

1.67　倫②、勩③、邛④、敕⑤、勤、愉⑥、庸⑦、瘽⑧，勞①也。

①“勞”，用力，辛勤勞動。引申為勤勞，勞苦，勤勉，功勞。又：慰勞（舊讀lào）。

②〔案〕以“勞”釋“倫”，各家説法不一。或説“倫者，理也。理治事務者必勞”；或説“倫”通“愉”；或説“倫”與“熏”“勳”通；或説“倫”與“淪”“輪”相通。“倫”表“勞”義古籍中尚未見到，各家説法都缺乏文獻資料的證明。存疑。

③“勩（yì）”，勞苦。《詩經・小雅・雨無正》：“正大夫離居，莫知我勩。”（正大夫：即上大夫。）

④“邛（qióng）”，憂，病。《詩經・小雅・巧言》：“匪其止共，維王之邛。”（匪：非。共：供職。）鄭箋：“邛，病也。小人好為讒佞，

既不供其職事，又為王作病。”

⑤“敕（chì）”，當作“勑（lài）”。慰勞，勉勵。古籍中多作“來”。參看1.68注②。

⑥“愉”，通“瘉（yù）”。勞困而病。參看1.65注⑩。

⑦“庸”，勞苦。《詩經·王風·兔爰》：“我生之初，尚無庸。”又：功勞。《尚書·皋陶謨》：“明庶以功，車服以庸。”

⑧“癉（dàn）”，因勞苦而致病。《説文·疒部》：“癉，勞病也。”參看1.65注㉕。

1.68 勞、來②、强③、事④、謂⑤、翦⑥、篲⑦，勤①也。

①“勤”，勤勞，勞苦；努力，盡力；慰勞，勸勉。

②“來（lài）”，慰勞，勸勉。《詩經·小雅·大東》：“東人之子，匡之直之。”毛傳：“來，勤也。”馬瑞辰《毛詩傳箋通釋》：“古以勤勞為勤，慰其勤勞亦為勤，故傳訓來為勤。”

③“强（qiǎng）”，竭力，盡力。《戰國策·趙策四》：“太后不肯，大臣强諫。”竭力、盡力與勤義通。

④“事”，從事，治理，事奉。引申為勤勞。《韓非子·外儲説左上》：“用咫尺之木，不費一朝之事，而引三十石之任。”

⑤“謂”，盡心竭力。《晏子春秋·内篇諫下》：“故節於身，謂於民。”

⑥“翦（jiǎn）”，剪斷，剪齊。參看2.38注③。郝疏：“段氏玉裁説云：翦之言盡也，謂盡力之勤也。”

⑦“篲（huì）”，掃帚，打掃。含有勤意。郝疏：“段氏玉裁説云：篲謂灑埽之勤也。”

1.69 悠②、傷③、憂，思①也。

①“思”，思考，思索。引申為想念，懷念；希望，打算。又特指

憂思，悲傷。

②“悠”，思念。郝疏：“上文悠訓遠（見1.30注②），此訓思者，遠之思也。”《詩經·周南·關雎》：“悠哉悠哉，輾轉反側。”毛傳：“悠，思。”鄭箋：“思之哉！思之哉！言己誠思之。”

③“傷”，憂思，悲傷。《詩經·周南·卷耳》：“我姑酌彼兕觥，維以不永傷。”

1.70　懷、惟①、慮、願②、念、惄③，思也。

①“惟”，思考，考慮。《說文》：“惟，凡思也。”《楚辭·九章·抽思》：“數惟蓀之多怒兮。”（蓀：香草，比喻君王。）

②“願”，思念，想念。《詩經·邶風·終風》：“寤言不寐，願言則嚏。”（言：詞尾，相當於“焉”。）鄭箋：“願，思也。”又：希望，想要。《楚辭·九章·惜誦》：“願陳志而無路。”

③“惄（nì）”，憂思。《詩經·小雅·小弁》：“我心憂傷，惄焉如擣。”毛傳：“惄，思也。”參看2.128注①。

1.71　禄、祉①、履②、戩③、祓④、禧⑤、褫⑥，祜⑦，福也。

①“祉（zhǐ）”，幸福。《詩經·大雅·皇矣》：“既受帝祉，施于孫子。”

②“履”，通“禮”。福。《說文·示部》：“禮，履也，所以事神致福也。”引申為福。參看2.67注③，2.68注①。

③“戩（jiǎn）”，幸福，吉祥。《詩經·小雅·天保》：“天保定爾，俾爾戩穀。”毛傳：“戩，福。穀，禄。”

④“祓（fú）”，古代為去災求福而舉行的祭祀。《左傳·僖公六年》：“武王親釋其縛，受其璧而祓之。”

⑤“禧（xǐ）”，幸福，吉祥。《說文》：“禧，禮吉也。”段注：“行禮獲吉也。”〔案〕本條郭璞注：“褫、禧書傳不見，其義未詳。”“禧”

雖見於《説文》，但未見其他上古古籍。在上古古籍中，一般都使用與“禧”同義的“釐”或“喜”。中古以後，“禧”纔逐漸在古籍中出現。

⑥“禠（sī）”，福。張衡《東京賦》：“祈禠禳災。”

⑦“祜（hù）”，福，大福。《詩經·小雅·信南山》：“曾孫壽考，受天之祜。”

1.72 禋①、祀、祠②、蒸③、嘗④、禴⑤，祭也。

①“禋（yīn）”，祭名。將犧牲玉帛置於燃燒的柴堆上，升煙以祭天。《周禮·春官·大宗伯》：“以禋祀祀昊天上帝。”又泛稱祭祀。《國語·周語上》：“不禋於神，而求福焉，神必禍之。”

②“祠”，春祭。《説文》：“春祭曰祠，物品少，多文辭也。”《詩經·小雅·天保》：“禴祠烝嘗，于公先王。”毛傳：“春曰祠，夏曰禴，秋曰嘗，冬曰烝。公，事也。”又：泛稱祭祀。《禮記·月令》：“〔季夏之月〕以祠宗廟社稷之靈，以為民祈福。”

③“蒸”，或作“烝”。冬祭。《國語·魯語下》：“社而賦事，蒸而獻功。”韋注：“社，春分祭社也。事，農桑之屬也。冬祭曰蒸。蒸而獻五穀布帛之屬也。”又：泛稱祭祀。《楚辭·天問》：“何獻蒸肉之膏，而后帝不若。”（膏：肥厚的肉。若：善。）

④“嘗”，秋祭。以新收穫的五穀祭祀祖先。《禮記·祭統》：“凡祭有四時：春祭曰礿，夏祭曰禘，秋祭曰嘗，冬祭曰烝。”又：泛稱祭祀。《禮記·月令》：“〔季冬之月〕天子親往，乃嘗魚，先薦寢廟。”

⑤“禴（yuè）”，或作“礿（yào）”，祭名。殷商稱春祭，周代稱夏祭。《周易·萃》：“引吉無咎，孚乃利用禴。”王弼注：“禴，殷春祭名也，四時祭之省者也。”參看本條注②。

1.73 儼①、恪②、祗③、翼④、諲⑤、恭、欽⑥、寅⑦、熯⑧，敬也。

①“儼（yǎn）”，恭敬，莊重。《詩經·陳風·澤陂》：“有美一人，碩大且儼。”

②“恪（kè）”，謹慎，恭敬。邢疏：“恪者，心敬也。”《國語·周語中》：“以恪守業則不懈。”

③“祇（zhī）”，恭敬。《尚書·金縢》：“四方之民，罔不祇畏。”《史記·魯周公世家》作“四方之民，罔不敬畏”。

④“翼”，輔助。引申為恭敬。《逸周書·程典》：“慎下必翼上。”

⑤“諲（yīn）”，通“禋（yīn）”。祭祀。引申為恭敬。《左傳·桓公六年》：“親其九族，以致其禋祀。”

⑥“欽”，恭敬，敬重。《尚書·堯典》：“欽若昊天。”《史記·五帝本紀》引作“敬順昊天”。

⑦“寅”，通“夤（yín）”。小心恭敬。《尚書·堯典》：“夙夜惟寅，直哉惟清。”

⑧“熯（rǎn）”，通“戁（nǎn）”。敬懼。《詩經·小雅·楚茨》：“我孔熯矣，式禮莫愆。”（愆：差錯。）毛傳：“熯，敬也。”鄭箋：“言我孝子甚能恭敬矣。”

1.74　朝、旦、夙[①]、晨、晙[②]，早也。

①“夙（sù）”，早晨。《詩經·召南·行露》：“豈不夙夜，謂行多露。”引申為（時間）早。《詩經·大雅·雲漢》：“祈年孔夙，方社不莫。”鄭箋：“我祈豐年甚早，祭四方與社又不晚。”

②“晙（jùn）”〔案〕這個字古代經傳中未見。郭注：“晙亦明也。”邵疏：“晙者，大明也。與‘旦’‘晨’之義同。”錢大昕《潛研堂文集·答問七》：“晙者，明之早也。”可作參考。

1.75　頍[②]、竢[③]、替[④]、戾[⑤]、底[⑥]、止、徯[⑦]，待[①]也。

①“待”，等待。引申為接待，款待。又引申為留住，使止息。

②“頚（xū）”，先秦古籍中通作“須”。等待。《詩經·邶風·匏有苦葉》：“人涉卬否，卬須我友。”《魯詩》“須”作“頚”。《説文》：“頚，待也。”段注：“今字多作‘需’‘須’，而‘頚’廢矣。”

③“竢（sì）”，同“俟（sì）”。等待。《國語·晉語四》：“質將善，而賢良贊之，則濟可竢也。”（贊：導。）

④“替”，廢棄，廢止。參看1.89注⑥。引申為停止。《莊子·則陽》：“與世偕行而不替。”

⑤“戾（lì）”，止息，安定。參看1.89注⑦。

⑥“底（dǐ，舊讀zhǐ）”，終止，止息。《左傳·昭公二十六年》：“兹不穀……竄在荆蠻，未有攸底。”（不穀：王侯自稱的謙詞。攸：所。）

⑦“徯（xī）”，等待。郭注：“《書》曰：‘徯我后。’今河北人語亦然。”

1.76　噊②、幾③、烖④、殆⑤，危①也。

①“危”，危險，危害。又：幾乎，將要。《楚辭·離騷》：“阽余身其危死兮，覽余初其猶未悔。”又通“詭”，欺詐。《管子·大匡》：“工賈出入不應父兄，承事不敬，而違老治危，行此三者，有罪無赦。”

②“噊（yù）”，同“譎（jué）”。詭詐。王引之《經義述聞》：“‘噊’，蓋‘譎’之别體。‘危’則‘詭’之假借字也。”

③“幾（jī）”，危險。《荀子·堯問》：“女以魯國驕人，幾矣。”又：表示接近，將要。《周易·小畜》：“月幾望。”（望：指月圓。）

④“烖（zāi）”，同“災”。自然發生的火災。引申為災害，禍患。《周禮·春官·大宗伯》：“以弔禮哀禍烖。”

⑤“殆”，危險。《孫子兵法·謀攻》：“知彼知己，百戰不殆。”

1.77　譏②，汔①也。

①“汽”，通“幾”。接近。表示這種意義的“汽”，古籍中一般寫作“汔”。《詩經·大雅·民勞》：“民亦勞止，汔可小康。”《説文》“汔”字下引作“《詩》曰‘汽可小康’”。

②“譏（qì）”，通作“幾（jī）”。接近。《吕氏春秋·大樂》：“有知不見之見、不聞之聞、無狀之狀者，則幾於知之矣。”

1.78 治②、肆③、古④，故①也。

①“故”，原因，緣由。引申為原來的，舊時的；本來，從前。又：虚化為連詞，因此，所以。

②“治”，當為“始”。當初，原來。尹桐陽《爾雅義證》：“《荀子·正論》：‘治古無肉刑而有象刑。’治古猶始古，上世也。”

③“肆”，連詞，所以。《尚書·無逸》：“治民祇懼，不敢荒寧，肆中宗之享國七十有五年。”“肆”，《史記·魯周公世家》作“故”。

④“古”，通“故”。原來的，舊時的。《詩經·邶風·日月》：“乃如之人兮，逝不古處。”毛傳：“古，故也。”

1.79 肆②、故，今①也。

①“今”，連詞，所以。《尚書·湯誓》：“夏德若兹，今朕必往。”

②“肆”，連詞，所以。參看上條注③。

1.80 惇②、亶③、祜④、篤、掔⑤、仍⑥、肶⑦、埤⑧、竺⑨、腹⑩，厚①也。

①“厚”，與“薄”相對。引申為重，大，多，深，濃。又：敦厚，厚道，看重，優待，增益，加深等。

②“惇（dūn）”，敦厚，誠信。《方言》七：“惇，信也。燕曰惇。”《國語·周語上》：“吾聞夫犬戎樹惇。”韋昭注：“言犬戎立性惇樸。”

③“亶（dǎn）”，誠信，忠厚。邢疏：“亶者，誠之厚也。”《國語·周語下》：“亶厥心，肆其靖之。”

④“祜（hù）”，大福。邢疏：“怙者，福厚也。”參看1.71注⑦。

⑤“掔（qiān）”，堅固。參看1.50注③。郝疏：“掔之為言堅也。又言腆也。腆訓豐滿，堅為密緻，皆有厚意，故又訓厚矣。”

⑥“仍”，重複，頻繁。與厚義近。《國語·周語下》：“晉仍無道而鮮冑，其將失之矣。”

⑦“肶（pí）”，同“膍（pí）”。牛羊等反芻動物的胃。引申為厚。《詩經·小雅·采菽》：“樂只君子，福禄膍之。”膍，《释文》引《韓詩》作“肶”。

⑧“埤（pí）”，增加。《説文》：“埤，增也。”段注：“凡從卑之字，皆取自卑加高之意。”《詩經·邶風·北門》：“政事一埤益我。”毛傳：“埤，厚也。”

⑨“竺（dǔ）”，篤厚。《楚辭·天問》：“稷維元子，帝何竺之？”王逸注：“竺，一作篤。”

⑩“腹”，《説文·肉部》：“腹，厚也。”“腹”因厚大而得名。引申為厚。《禮記·月令》：“〔季冬之月〕冰方盛，水澤腹堅，命取冰。”

1.81　載②、謨③、食④、詐，僞①也。

①“僞（wěi，舊讀wèi）”，人為的，人做的。《荀子·性惡》：“可學而能，可事而成之在人者，謂之僞。”引申為虚假，欺詐。《國語·晉語三》：“僞言誤衆，死。”

②“載（zài）”，事業，事情。《尚書·堯典》：“有能奮庸熙帝之載，使宅百揆亮采，惠疇？”周秉鈞注解：“此言有能進用推廣帝堯之事業，使之居百揆之官領導政事者，誰乎？”事情都是人做的，載與僞義相通。

③“謨（mò）”，計謀，謀劃。參看1.13注⑪。計謀、計劃均為人所作為，謨與僞義相同。

④“食”，吃。引申為作為，用力。再引申為虛偽，作假。《逸周書·皇門》：“媚夫有邇無遠，乃食蓋善夫。”《爾雅》郝疏：“《書》意蓋言佞媚之人，以飾詐作偽，掩蓋善士。”

1.82　話、猷②、載③、行④、訛⑤，言①也。

①“言”，説，講；話，言語。有時特指誓言、盟辭。《禮記·曲禮上》：“史載筆，士載言。”鄭注：“言，謂會同盟要之辭。”又用作句首、句中助詞，無義。《詩經·召南·草蟲》：“陟彼南山，言采其蕨。”

②“猷（yóu）”，計謀，謀略。參看1.13注⑫。計謀、謀略需要通過口語或書面語表達，有言義。又：句中助詞，無義。《尚書·盤庚上》：“予告汝訓汝，猷黜乃心，無傲從康。”（黜：除去。乃：你們的。心：指私心。康：安逸。）

③“載（zǎi）”，記載。有時特指盟誓之辭。《周禮·秋官·司盟》：“司盟，掌盟載之法。凡邦國有疑會同，則掌其盟約之載及其禮儀。”又：句首、句中助詞，無義。《詩經·秦風·小戎》：“言念君子，載寢載興。”

④“行（xíng）”，傳布，散布，流傳。含有言義。據郭注“今江東通謂語為行”推測，表言語義的“行”可能是方言詞。

⑤“訛（é）”，訛誤。引申為謡言。郭注：“世以妖言為訛。”《詩經·小雅·沔水》：“民之訛言，寧莫之懲。”

1.83　遘②、逢，遇①也。遘、逢、遇，遻③也。遘、逢、遇、遻，見也。

①“遇”，相逢，不期而會。《公羊傳·隱公八年》：“春，宋公、衛侯遇于垂。”引申為遇上，遭受。《左傳·襄公三年》：“子重病之，遂遇心疾而卒。”

②“遘（gòu）”，遭遇。《尚書·金縢》：“惟爾元孫某，遘厲虐

疾。”（元：長。厲：惡。）又：通作“覯（gòu）”，遇見，看見。《詩經·豳風·九罭》：“我覯之子，衮衣繡裳。”（衮：古代帝王或三公穿的禮服。）

③“逆（è）”，通作“遻（è）”。意外遇見。《説文》：“遻，相遇驚也。”引申泛指遇到。

1.84 顯②、昭③、覲④、釗⑤、覿⑥，見①也。

①“見（jiàn）”，看見，相見（會見，遇見，拜見，接見）。引申為遇到，遭遇。又讀 xiàn，出現，顯現；顯示，顯露。

②“顯”，明顯，顯著。引申為顯示，顯露。《詩經·大雅·大明》：“造舟為梁，不顯其光。”（不，通“丕”，大。）又：看見。《詩經·周頌·敬之》：“天維顯思，命不易哉。”

③“昭”，明亮，明顯。引申為顯示，彰明。《左傳·定公四年》：“是使之職事於魯，以昭周公之明德。”

④“覲（jìn）”，古代諸侯秋天朝見天子稱覲。引申為朝見（帝王）。《穀梁傳·僖公五年》：“天子微，諸侯不享覲。”又引申為拜見（尊者、長者）。《左傳·昭公十六年》：“宣子私覲於子產。”

⑤“釗（zhāo）”，通“昭”。明顯、顯著。引申為見。《尚書·武成》：“惟其士女，篚厥玄黄，昭我周王。”《爾雅》郭注引逸《書》作“釗我周王”。

⑥“覿（dì）”，見，相見。《公羊傳·莊公二十四年》：“覿者何？見也。”

1.85 監①、瞻②、臨③、涖④、頫⑤、相⑥，視也。

①“監（jiàn）”，甲骨文字形象人俯身低頭向盤中水面照看。本義為察看，引申為視察。《尚書·太甲上》：“天監厥德，用集大命，撫綏四方。”又，讀 jiān，監視，督察。《吕氏春秋·達鬱》：“王使衛巫監謗

者。”

②“瞻（zhān）”，往上或往前看。《詩經·邶風·雄雉》：“瞻彼日月，悠悠我思。”引申為瞻仰，敬視。《詩經·大雅·桑柔》：“維此惠君，民人所瞻。”又引申為觀察，察看。《禮記·月令》：“瞻肥瘦，察物色，必比類。”

③“臨”，從高處往低處看。《荀子·勸學》：“不臨深谿，不知地之厚也。”引申為監視。《左傳·宣公七年》：“冬，盟於黑壤。王叔桓公臨之，以謀不睦。”

④“涖（lì）”，或作“莅”“蒞”。到，來臨。《詩經·小雅·采芑》：“方叔涖止，其車三千。”引申為臨視，監視。《儀禮·士喪禮》：“族長涖卜。”

⑤“頫（tiào）”，同“覜（tiào）”，本或作“覜”。諸侯聘問相見之禮。《左傳·昭公五年》：“朝聘有珪，享覜有璋。”含有視義。

⑥“相（xiàng）”，仔細看，觀察。《詩經·大雅·公劉》：“相其陰陽，觀其流泉。”

1.86　鞠①、訩②、溢，盈也。

①“鞠”，通“匊（jū）”。滿握。引申為滿盈、窮極。《詩經·小雅·節南山》：“昊天不傭，降此鞠訩。”（傭：均。訩：禍亂。）

②“訩（xiōng）”〔案〕對本條“訩”字，古今學者有兩種看法：一種認為是衍文，如臧鏞堂、阮元、王念孫等；另一種認為“訩”有盈義，如邵晉涵、郝懿行、黄侃等。兩種看法都缺乏足够的説服力。存疑。

1.87　孔②、魄③、哉④、延⑤、虚⑥、無⑦、之⑧、言⑨，間①也。

①“間（jiàn）”，上古古籍中，寫作“閒”。讀 jiàn，表示縫隙、空

隙、間隔、隔閡等義。《説文》:“是,隙也。從門月。”段注:“壁際也。引申之,凡有兩邊有中者皆謂之隙。隙謂之閒……凡罅縫皆曰閒,其為有兩有中一也。”又讀 jiān,表示中間,裏面的意思。在本條中,“間”用空隙、間隔、中間義解釋“孔”“魄”“延”“虚”四詞;又用“間”説明虚詞“哉”和用如虚詞的“無”“之”“言”在語詞、語句中所處的“言之間”的位置和作用。

②“孔”,小洞,孔穴。含有中間、在内的意思。又用作修飾或限制動詞和形容詞的副詞,表示甚、很的意思。位於詞語之間。如《詩經·小雅·賓之初筵》:“酒既和旨,飲酒孔偕。”(旨:味美。偕:嘉。)

③“魄”,古代指人體中依附於形體而顯現的精神。郝疏:“人始生而體魄具,耳目口鼻皆開竅於陰而為魄之所藏也。”“月之空缺陰映蔽光謂之為魄。《書》‘哉生魄’亦其義也。”“魄”含有空隙義。

④“哉”,語氣詞,表示感嘆、祈使、肯定等語氣。用於句中或語句之間。《説文》:“哉,言之間也。”段注:“凡兩者之際曰間,一者之竟亦曰間,一之竟即兩之際也。言之間易人多用‘哉’字。”《論語·憲問》:“君子哉若人!尚德哉若人!”《詩經·大雅·文王有聲》:“作邑于豐,文王烝哉!”(烝:君。)

⑤“延”,間斷,間隔。王引之《經義述聞》:“延者,息之間也。《大誥》:‘天降割於我家,不少延。’延者,息也。謂禍亂不少間也。”

⑥“虚”,洞孔,空隙。引申指薄經處。《孫子·虚實》:“水之行避高而趨下,兵之行避實而擊虚。”

⑦“無”,没有。引申為空隙。《老子》:“鑿户牖以為室,當其無,有室之用。”

⑧“之”用作助詞,可譯為“的”或不譯。如《孟子·離婁上》:“人之患在好為人師。”《左傳·哀公十一年》:“二子之不欲戰也宜。”用作連詞,相當於“與”“而”。如《戰國策·趙策》:“若鬼侯之鄂侯、文王,紂之三公也。”《老子》一章:“玄之又玄,衆妙之門。”上古時,“之”有時用於人的姓名之間,如“介之推”。這些用法的“之”,即位

於詞語之間。

⑨“言”，用作連詞。相當於“而”。如《詩經·小雅·瓠葉》：“君子有酒，酌言嘗之。”又用作動詞詞頭（一説為無義的助詞），參見1.43注⑥。這些用法的“言”，都位於詞語之間。

1.88　瘞[②]、幽[③]、隱、匿、蔽、竄[④]，微[①]也。

①“微”，隱蔽，藏匿。《左傳·哀公十六年》：“白公奔山而縊，其徒微之。”引申為幽深、奥妙。《周易·繫辭下》：“君子知微知彰。”

②“瘞（yì）”，埋祭品或屍體，有使隱藏之義。《詩經·大雅·雲漢》：“上下奠瘞，靡神不宗。”毛傳：“上祭天，下祭地，奠其禮，瘞其物。”

③“幽”，昏暗。引申為隱蔽，隱晦。《荀子·正論》：“上幽險，則下漸詐矣。”（漸：欺。）楊倞注：“幽，隱也。”

④“竄（cuàn）”，逃匿。《國語·周語上》：“我先王不窋，用失其官，而自竄于戎狄之間。”引申為隱藏。《左傳·定公四年》：“天誘其衷，致罰於楚，而君又竄之，周室何罪。”

1.89　訖、徽[②]、妥[③]、懷[④]、安、按[⑤]、替[⑥]、戾[⑦]、底[⑧]、廢[⑨]、尼[⑩]、定、曷[⑪]、遏，止[①]也。

①“止”，停止，止息。引申為禁止，阻止。

②“徽（huī）”，繩索。《周易·坎》：“係用徽、纆，寘於叢棘。”（徽：三股的繩。纆：兩股的繩。）繩索是用來捆綁、束縛人或物的。“徽”含有使停止、禁止（活動、行動）的意思。

③“妥”，安坐。參看1.166。安坐與止義相通。

④“懷”，來到，（人心）歸向。參看1.5注⑦。含有止義。

⑤“按”，用手向下壓。引申為抑制，遏止。《吕氏春秋·期賢》：“衛以十人者按趙之兵。”

⑥“替”，廢棄，廢止。《左傳·僖公七年》：“君盟替矣。”引申為停止，斷絶，滅絶。參看1.75注④，2.82注①。

⑦“戾（lì）”，止息，安定。《詩經·小雅·雨無正》：“周宗既滅，靡所止戾。”

⑧“底（dǐ）”，物體的最下的部分。引申為停滯，止住。《左傳·襄公二十九年》：“取而不貪，處而不底，行而不流。”

⑨“廢”，本或作“厎（dǐ，舊讀zhǐ）”，當作“厎”。厎，終止，止息。參看1.75注⑥。

⑩“尼”，阻止，止息。《孟子·梁惠王上》：“行或使之，止或尼之。”

⑪“曷（è）”，通“遏（è）”。阻止，遏止。《詩經·商頌·長發》：“有虔秉鉞，如火烈烈，則莫我敢曷。”《荀子·議兵》和《漢書·刑法志》引作“則莫我敢遏。”

1.90　豫②、射③，厭①也。

①“厭”，吃飽。後作“饜”。引申為滿足。《左傳·隱公元年》：“姜氏何厭之有?”引申為厭倦，厭惡。《論語·憲問》：“義然後取，人不厭其取。”

②“豫”，安樂。參見1.10注⑤。引申為滿足。《楚辭·九章·惜誦》：“行婞直而不豫兮，鮌功用而不就。”（婞：剛强。）

③“射（yì）”，通“斁（yì）”。厭惡，厭棄。《詩經·大雅·抑》：“神之格思，不可度思，矧可射思。”（格：來。度：揣度。）

1.91　烈①、績，業也。

①“烈”，火勢猛。引申為光明，顯赫，參看1.49注③。又引申為功績，功業。《詩經·周頌·武》：“於皇武王，無競維烈!”（於：音wū，嘆詞。競：强盛。）

1.92　績、勳，功也。

1.93　功、績、質[②]、登[③]、平[④]、明[⑤]、考[⑥]、就，成[①]也。

①“成”，完成，實現；成功。引申為：成就，成績；成熟，茂盛；和解，媾和；平定，安定。

②“質”，平定，安定。《詩經・大雅・抑》：“質爾人民，謹爾侯度。”鄭箋：“平爾萬民之事，慎爾為君之法度。”

③“登”，升，上。引申為莊稼成熟。《孟子・滕文公上》：“五穀不登。”又：完成，實現。《詩經・大雅・崧高》：“登是南邦，世執其功。”毛傳：“登，成也。”鄭箋：“成法度於南邦，世世執其政事，傳子孫也。”

④“平”，安定。《荀子・天論》：“上明則政平。”又：平定，平息。《詩經・小雅・常棣》：“喪亂既平，既安且寧。”又：和解，媾和。《左傳・僖公二十四年》：“宋及楚平，宋成公如楚。”

⑤“明”，明白，明顯，明智。引申為成就。《周易・隨》：“有孚在道以明，何咎？”王弼注：“心有公誠，著信在道，以明其功何咎之有？”

⑥“考”，完成。《逸周書・職方》：“各脩平乃守，考乃職事。”又特指宫廟落成。《春秋・隱公五年》：“九月，考仲子之宫。”

1.94　梏[①]、梗[②]、較[③]、頲[④]、庭[⑤]、道[⑥]，直也。

①“梏（jué）”，通“覺”。正直。《詩經・大雅・抑》：“有覺德行，四國順之。”毛傳：“覺，直也。”《禮記・緇衣》引《詩》“覺”作“梏”。

②“梗”，植物的枝或莖。引申為挺直，正直。《楚辭・九章・橘頌》：“淑離不淫，梗其有理兮。”（離：麗。）

③“較（jué）”，直。郭注：“正直也。”《尚書大傳》卷二：“覺兮

較兮。”鄭玄注：“較兮，謂直道者。”

④“頲（tǐng）”，通“挺”“侹”。挺直。陳晉《爾雅學》：“梁啟超説《雅》義，每從音原以求字原。今以廷為音原，廷者，直也。於是庭也、頲也、侹也、挺也……皆可因廷之音，得直之義矣。”

⑤“庭”，通“挺”。挺直。《詩經・小雅・大田》：“播厥百穀，既庭且碩。”毛傳：“庭，直也。”俞樾《群經平議》：“庭當讀為梃……庭挺同聲，故得通用。”

⑥“道”，道理，規律。引申為正直。《荀子・不苟》：“君子大心則敬天而道，小心則畏義而節。”章詩同注：“道，正直。”

1.95 密[①]、康[②]，静也。

①“密”，寂静。參看1.27注⑪。

②“康”，安定，安寧。《詩經・商頌・烈祖》：“自天降康，豐年穰穰。”（穰穰：衆多的樣子。）鄭箋：“天於是下平安之福。”安定、安寧與静義通。

1.96 豫[①]、寧、綏[②]、康、柔[③]，安也。

①“豫”，安樂，安逸。《尚書・金縢》：“既克商二年，王有疾，弗豫。”

②“綏（suí）”，安，安撫。《詩經・周頌・桓》：“綏萬邦，婁豐年。”（婁：通“屢”。）

③“柔”，懷柔，安撫。《尚書・堯典》：“柔遠能邇。”

1.97 平、均[②]、夷[③]、弟[④]，易[①]也。

①“易”，平坦；平易，平和。又：交易，交换。交易、交换含有均等的意思。

②“均”，平均，均匀。《詩經・小雅・北山》：“大夫不均，我從

事獨賢。”（賢：指勞苦。）

③“夷”，平坦。《老子》五十三章：“大道甚夷，而民好徑。”又：平易。《詩經·小雅·節南山》：“君子如夷，惡怒是違。”毛傳：“夷，易也。”又：使之平，平均。《左傳·昭公十七年》：“五雉為五工正，利器用，正度量，夷民者也。”杜注：“夷，平也。”孔疏：“所以平均下民也。”

④“弟（tì）”，通“悌”。敬順兄長。含有和易、平易的意思。《詩經·大雅·泂酌》：“豈弟君子，民之父母。”《釋文》：“豈，樂也。弟，易也。”《吕氏春秋·不屈》引作“愷悌君子”。

1.98　矢[②]，弛[①]也。弛，易[③]也。

①“弛”，放鬆弓弦。引申為鬆懈，解除。《左傳·昭公三十二年》：“弛周室之憂。”又：放縱。《管子·輕重甲》：“弛牝虎充市，以觀其驚駭。”又：延緩。《吕氏春秋·開春》：“請弛期更日。”又：毀壞。《國語·魯語上》：“文公欲弛孟子之宅。”又：通“施”，施行。《禮記·孔子閒居》：“弛其文德，協此四國。”

②“矢”，通“施”，施行。《詩經·大雅·江漢》：“矢其文德，洽此四國。”毛傳：“矢，施也。”又：通“弛”。毀壞。《詩經·大雅·皇矣》：“陟我高岡，無矢我陵。”

③“易”，簡易。引申為簡慢，懈怠。《禮記·樂記》：“外貌斯須不莊不敬，則易慢之心入之矣。”簡慢、懈怠含有鬆懈、放縱的意思。

1.99　希[①]、寡、鮮[②]，罕也。鮮，寡也。

①“希”，同“稀”，稀少。《論語·公冶長》：“伯夷、叔齊不念舊惡，怨是用希。”

②“鮮（xiǎn）”，少。《左傳·宣公二年》：“夫如是，則能補過者鮮矣。”

1.100 酬[②]、酢[③]、侑[④]，報[①]也。

①“報”，報答，回報。《詩經·大雅·抑》：“投我以桃，報之以李。”

②“酬”，客人給主人祝酒後，主人再次給客人敬酒。《儀禮·鄉飲酒禮》：“主人實觶酬賓。”（觶：酒器。）引申為報謝。《左傳·昭公二十七年》：“為惠已甚，吾無以酬之。”

③“酢（zuò）”，客人回敬主人酒。《詩經·大雅·行葦》：“或獻或酢，洗爵奠斝。”（奠：放置。斝：酒杯。）鄭箋：“進酒於客曰獻，客答之曰酢。”《廣韵》引《蒼頡篇》：“主答客曰酬，客報主人曰酢。”引申為酬報，報謝。《詩經·小雅·楚茨》：“神保是格，報以介福。萬壽攸酢。”（格：來。介：大。）

④“侑（yòu）”，主人勸客人吃喝。《詩經·小雅·楚茨》：“以妥以侑，以介景福。”（妥：安坐。）引申為酬謝，報答。《國語·晉語四》：“王饗醴，命公胙侑。”韋昭注：“謂既食，以束帛侑公。”

1.101 毗劉[②]，暴樂[①]也。

①“暴樂（bóluò）”，本或作“爆爍（bóluò）”。聯緜字。剥落，形容樹木枝葉稀疏的樣子。

②“毗（pí）劉”，聯緜字。形容樹木枝葉枯落稀疏的樣子。與“仳離”“披離”“茀離”等音近義同。郝疏：“毗劉、暴樂，蓋古方俗之語，不論其字，吸取其聲。”

1.102 覭髳[②]，茀離[①]也。

①“茀（fú）離”，草木衆多的樣子。聯緜字。郭注：“茀離即彌離，彌離猶蒙蘢耳。”

②“覭髳（míngméng）”，草木叢生的樣子。聯緜字。郝疏：“覭髳雙聲，茀離疊韻，亦古方俗之語，取其聲不論其字者。”

1.103　蠱①、謟②、貳③，疑也。

①“蠱（gǔ）”，誘惑。《墨子·非儒下》：“孔某盛容修飾以蠱世。”

②“謟（tāo）”，疑惑。《左傳·哀公十七年》：“天命不謟。”

③“貳”，不專一，有二心。引申為懷疑。《荀子·解蔽》：“故心枝則無知，傾則不精，貳則疑惑。”

1.104　楨②、翰③、儀④，榦①也。

①“榦（gàn）”，本或作“幹”。築牆時豎立在兩旁的木柱。《睡虎地秦墓竹簡·秦律雜抄》：“工擇榦，榦可用而久以為不可用，貲二甲。”（貲：罰。）引申為主幹。《韓非子·揚權》：“根幹不革，則動泄不失矣。”（革：變革。）

②“楨（zhēn）”，築牆時豎立在兩端的木柱。《尚書·費誓》：“峙乃楨榦。”（峙：聳立。）引申為支柱，骨幹。《詩經·大雅·文王》：“王國克生，維周之楨。”

③“翰”，通“幹”。支柱，骨幹。《詩經·大雅·崧高》：“維申及甫，維周之翰。”（申：申伯。甫：甫侯。）

④“儀”，通“檥（yǐ）”。立木。《説文》：“檥，榦也。”段注：“《釋詁》曰：‘楨、翰、儀，榦也。’許所據《爾雅》作檥也。人儀表曰榦，木所立表亦為榦，其義一也。”

1.105　弼②、棐③、輔、比④，俌①也。

①“俌（fǔ）”，輔助，輔佐。通作“輔”。《説文》：“俌，輔也。”段注：“謂人之俌，猶車之輔也。”（輔：綁在車輪外側用以增强載重力的兩條直木）

②“弼（bì）”，矯正弓弩的工具。引申為輔佐，輔正。《尚書·益

稷》："予違，汝弼。汝無面從，退有後言。"孔傳："我違道，汝當以義輔正我。"又指輔佐的人。《國語·越語下》："〔吴王〕信讒喜優，憎輔遠弼。"

③"棐（fěi）"，輔助，輔導。《尚書·康誥》："天畏棐忱，民情大可見。"

④"比"，緊靠，親密。引申為比附，輔助。《周易·比》："彖曰：比，吉也。比，輔也，下順從也。"

1.106 疆、界②、邊、衛③、圉④，垂①也。

①"垂"，邊疆，邊境。《荀子·臣道》："邊境之臣處，則疆垂不喪。"（處：任用。）表示這種意義的"垂"，後來寫作"陲"。引申為邊。《莊子·逍遥游》："鵬之背，不知其幾千里也；怒而飛，其翼若垂天之雲。"

②"界"，田界，地界。引申為邊界，國界。《孟子·公孫丑下》："域民不以封疆之界，固國不以山谿之險。"

③"衛"，保衛，守護。引申為邊陲，邊遠地區。《周禮·夏官·職方氏》："方千里曰王畿，其外方五百里曰侯服……又其外五百里曰衛服。"鄭注："服，服事天子也。"賈疏："言衛者，為王衛禦。"

④"圉（yǔ）"，邊境。《左傳·隱公十一年》："寡人之使吾子處此，不唯許國之為，亦聊以固吾圉也。"

1.107 昌②、敵③、彊④、應、丁⑤，當①也。

①"當（dāng）"，對著，向著。引申為對等，相當；擔任，充當；遭逢，遇到；强壯，壯盛；應當。又讀 dǎng，擋住，抵擋。又讀 dàng，適宜，恰當。

②"昌"，美，善，正當。《尚書·皋陶謨》："禹拜昌言。"（拜：拜受，接受。）

③“敵”，相當，匹敵。《孫子兵法·謀攻》：“敵則能戰之，少則能逃之。”又：抵擋，對抗。《孟子·梁惠王下》：“此匹夫之勇，敵一人者也。”

④“彊（qiáng）”，同“强”。壯健。《左傳·僖公十五年》：“張脈僨興，外彊中乾。”（僨興：意為突起。）又：盛壯，强盛。《左傳·昭公五年》：“羊舌四族，皆彊家也。”

⑤“丁”，强壯，壯盛。《管子·輕重戊》：“衆鳥居其上，丁壯者胡丸操彈居其下。”又：遭逢，遇到。《詩經·大雅·雲漢》：“上帝不臨，秏斁下土，寧丁我躬。”（斁：敗壞。寧：寧可。我躬：我身。）又：後代。“丁憂”“丁艱”之“丁”即此義。

1.108　浡②、肩③、摇④、動、蠢⑤、迪⑥、俶⑦、厲⑧，作①也。

①“作”，起身、起來。引申為興起、産生；建造，製作；從事或進行（某事、某活動）；擔任，充當；振作。

②“浡（bó）”，興起。《孟子·梁惠王上》：“天油然作雲，沛然下雨，則苗浡然興之矣。”

③“肩”，負擔，擔任。參看1.38注⑧。

④“摇”，摇動。《左傳·昭公二十三年》：“三國敗，諸侯之師乃摇心矣。”

⑤“蠢”，昆蟲爬動。引申為動作。《方言》十三：“蠢，作也。”郭璞注：“謂動作也。”《莊子·天地》：“〔至德之世〕民如野鹿……蠢動而相使，不以為賜。”又引申為騷亂，動亂。《尚書·大誥》：“有大艱于西土，西土之人亦不静，越兹蠢。”

⑥“迪”，行，實行。《尚書·皋陶謨》：“允迪厥德。”（允：確實。厥：其，指古代賢明君王。）

⑦“俶（chù）”，作，建造。《詩經·大雅·崧高》：“有俶其城，寢廟既成。”

⑧“厲”，振作。《戰國策·齊策六》：“〔田單〕明日乃厲氣循城，立於矢石之所。”

1.109　兹、斯、咨①、呰②、已③，此也。

①“咨（zī）”，通“兹”。此。郝疏：“咨者，與兹音近同字通。魏孔《羨碑》云：‘咨可謂命世大聖，千載之師表者已。’咨即兹也。”

②“呰（zǐ）”，此。郭注：“‘呰’‘已’皆方俗異語。”鄭樵注：“‘呰’‘已’與‘此’皆音相近，方俗之語有重輕耳。”

③“已（yǐ）”，此。參看注②。《論語·陽貨》：“飽食終日，無所用心，難矣哉！不有博弈者乎？為之猶賢於已。”

1.110　嗟②、咨③，𧪽①也。

①“𧪽（jiē）”，古“嗟”字。郭注：“今河北人云𧪽歎。音兔罝（之罝）。”（罝：jiē，捕獸的網。）〔案〕《爾雅》的主要内容之一是以今釋古，據此，本條似當作“𧪽、咨，嗟也”。

②“嗟（jiē）”，嘆詞。表呼唤、感嘆、贊嘆等。《尚書·費誓》：“嗟！人無嘩，聽命！”《詩經·周南·卷耳》：“嗟我懷人，寘彼周行。”《楚辭·九章·橘頌》：“嗟爾幼志，有以異兮。”

③“咨（zī）”，嘆詞。表感嘆、贊嘆等。《詩經·大雅·蕩》：“文王曰咨，咨女殷商，匪上帝不時，殷不用舊。”（時：善。）《論語·堯曰》：“堯曰：咨！爾舜！天之曆數在爾躬，允執厥中。”

1.111　閑②、狎③、串④、貫⑤，習①也。

①“習”，練習，學習。引申為熟習，習慣。

②“閑”，通“嫺（xián）”，熟習。《左傳·莊公二十三年》：“赦其不閑於教訓。”

③“狎（xiá）”，熟習，習慣。《國語·周語中》：“未狎君政，故

未承命。”韋昭注：“狎，習也。”

④“串（guàn）”，通“貫”。習慣。《荀子·大略》：“國法禁拾遺，惡民之串以無分得也。”（無分得：不是本分所應得。）

⑤“貫”，學習，複習。《國語·魯語下》：“士朝受業，晝而講貫，夕而習復。”韋昭注：“貫，習也。”又：熟習，熟練。《左傳·襄公三十一年》：“譬如田獵，射御貫，則能獲禽。”又：習慣，後作“慣”。《孟子·滕文公下》：“我不貫與小人乘。”

1.112　曩①、塵②、佇③、淹④、留，久也。

①“曩（nǎng）”，從前，過去。一般表示過去較久的時間。《韓非子·外儲説左下》：“寡人曩不知子，今知矣。”

②“塵”，通“陳”。時間長久。郝疏：“今登萊閒人謂時之久者，或曰烝日，或曰鎮日，或曰塵日。謂年亦曰烝年、鎮年、塵年，皆古音也。”

③“佇（zhù）”，久立。《詩經·邶風·燕燕》：“瞻望弗及，佇立以泣。”

④“淹”，沉浸。引申為久留，滯留。《楚辭·離騷》：“日月忽其不淹兮，春與秋其代序。”又：時間長久。《公羊傳·宣公十二年》：“王師淹病矣，君請勿許也。”

1.113　逮②、及③、暨④，與①也。

①“與”，參與。《左傳·僖公三十二年》：“蹇叔之子與師。”又：介詞，跟，同。《左傳·襄公十四年》：“我諸戎飲食衣服不與華同。”又：連詞，和，同。《論語·子罕》：“子罕言利與病與仁。”

②〔案〕“逮”，可用作介詞，表示到……時，趁……時，趕上及至等義。“逮”和“與”雖都可釋為“及”，但所表示的是“及”的不同意義。本條以“與”釋“逮”欠妥。

③“及”，至，到。《國語·晉語一》：“大罰將及。”引申為參與。《春秋·文公十六年》：“季孫行父會齊侯於陽穀，齊侯弗及盟。”杜注：“及，與也。”又：介詞。跟，同，到。《詩經·衛風·氓》：“及爾偕老。”《荀子·法行》：“及其得也必以餌。”又：連詞。和，與。《公羊傳·隱公元年》：“公及邾婁儀父盟於眛。及者何？與也。會、及、暨，皆與也。”

④“暨（jì）”，至，到。《莊子·列禦寇》：“列子提屨，跣而走，暨乎門。”又：連詞。和，與。《春秋·定公十年》：“宋公之弟辰暨宋仲佗、石彄出奔陳。”

1.114 騭②、假③、格④、陟⑤、躋⑥、登，陞①也。

①“陞（shēng）”，同“升”。登，上升。引申為晉升，升遷。

②“騭（zhì）”，通“陟”。升，登。郭注：“《方言》曰：魯衛之間曰騭，梁益曰格。”黄侃《爾雅音訓》：“段玉裁説‘陟’與‘騭’古今字。”《尚書·洪範》：“惟天陰騭下民。”《釋文》引馬融注：“騭，升也。”

③“假（xiá）”，通“遐”。遠。古代人死，諱稱“登遐”或“登假”，意為仙去。《禮記·曲禮下》：“告喪，曰天王登假。”

④“格”，通“狢（gé）”。登，升。《尚書·吕刑》：“絶地天通，罔有降格。”楊樹達《尚書易解》：“格，降升也。格，同假，《釋詁》：升也。罔有降格，絶其相通。”

⑤“陟（zhì）”，登。《詩經·周南·卷耳》：“陟彼高岡，我馬玄黄。”又為上升。《大戴禮記·夏小正》：“魚陟負冰。陟，升也。”引申為天，特指帝王去世。《尚書·康王之誥》：“惟新陟王畢協賞罰，戡定厥功。”（戡：能够。）又：晉升，提拔。《尚書·堯典》：“三載考績，三考黜陟幽明。”

⑥“躋（jì）”，登，升。《方言》一：“躋，登也。東齊海岱之間謂之躋。”《公羊傳·文公二年》：“躋者何？升也。”

1.115　揮①、盝②、歇③、涸，竭也。

①“揮”，拋灑，甩出。《禮記·曲禮上》：“飲玉爵者弗揮。”《釋文》：“何云：‘振去餘酒曰揮。’”拋灑、甩出含有使盡的意思。

②“盝（lù）”，通“漉（lù）”。滲漏以去水。引申為使乾涸。《周禮·考工記·㡛氏》：“清其灰而盝之，而揮之。”

③“歇”，停止，止息。《左傳·宣公十二年》：“得臣猶在，憂未歇也。”又：竭盡。《老子》三十九章：“神無以靈，將恐歇；谷無以盈，將恐竭。”

1.116　挋①、拭②、刷，清也。

①“挋（zhèn）”，擦、揩。《禮記·喪大記》：“沐用瓦盤，挋用巾。”擦、揩，含有清除（污垢）的意思。

②“拭（shì）”，摩擦使乾淨。《儀禮·聘禮》：“賈人北面坐，拭圭。”

1.117　鴻②、昏③、於④、顯⑤、間⑥，代①也。

①“代”，代替；替換；交替，輪換。

②“鴻”，鴻鵠，大雁。“鴻”釋為“代”，上古古籍中未見。邢疏：“鴻雁之屬，九月而南，正月而北，是知其時運而更代南北也。”郝疏：“鴻者，往來之代也。”“鴻”與“代”意義有關。

③“昏”，同“昏”。天色剛黑的時候。昏是白天和黑夜相更迭的時候。含有交替的意思。

④〔案〕“於”，無代替、交替義。用作介詞，與名詞、代詞組成介賓詞組，用在謂語動詞之前或之後，表示有關的對象、處所、時間、方向、原因等。郝疏説：“凡言‘於’者，以此於彼，以彼於此，於字皆居中間。”説明“於”在句中的位置和作用，不能説明“於”有

“代”義。以“代”釋“於”不妥。

⑤“顯”，明，光明。“顯”釋為“代”，上古古籍中未見。郝疏：“顯者，明也。明者，昏之代也。”本條中“顯”訓代與上面“昏”訓代一樣，都是説明含有交替的意思。

⑥“間（jiàn）”，輪流更換。《尚書·益稷》：“合止柷敔，笙鏞以間。”（柷、敔、鏞，均為樂器名。）

1.118 饁[②]、饟[③]，饋[①]也。

①“饋（kuì）”，以食物送人。《左傳·桓公六年》：“於是諸侯之大夫戍齊，齊人饋之餼。”（餼：生肉。）引申為贈送。《論語·鄉黨》：“朋友之饋，雖車馬，非祭肉不拜。”

②“饁（yè）”，給在田裏耕作的人送飯。《詩經·豳風·七月》：“同我婦子，饁彼南畝。”

③“饟（xiǎng）”，同“餉”。送食物給人。《説文》：“饟，周人謂餉曰饟。”《商君書·墾令》：“無得為罪人請於吏而饟食之，則奸民無主。”

1.119 遷、運[①]，徙也。

①“運”，運行，轉動。《周易·繫辭上》：“日月運行，一寒一暑。”又：移動。《逸周書·史記》：“民運於下。”孔晁注：“運，移也。”

1.120 秉[①]、拱[②]，執也。

①“秉”，一把莊稼。引申為手拿著。《詩經·邶風·簡兮》：“左手執籥，右手秉翟。”（籥：一種管樂器。翟：野鷄羽毛。）又引申為主持，掌握。《詩經·小雅·節南山》：“秉國之均，四方是維。”（均：通“鈞”，製作圓形陶器所用的轉輪。比喻國家政權。）又：執行。《左

傳·閔公元年》："猶秉周禮。"

②"拱"，兩手在胸前相合。引申為兩手合圍，兩手共持一物。《國語·吴語》："行頭皆官師，擁鐸拱稽。"（行：行列。鐸：軍中發號令用的大鈴。稽：戟。一説指士兵名册。）

1.121　廞②、熙③，興①也。

①"興（xīng）"，起來。引申為興起，發動；興盛。

②"廞（xīn）"，興起，發動。《周禮·春官·笙師》："大喪，廞其樂器。"鄭注："廞，興也。興謂作之。"

③"熙"，光明。引申為興盛。《尚書·堯典》："庶績咸熙。"《史記·五帝本紀》作"衆功皆興"。

1.122　衛①、蹶②、假③，嘉也。

①"衛"，通"褘""偉"。美好。"衛"表美好義，上古古籍中未見，當是方俗語詞。鄭樵注："今時俗訝其物則曰衛。"郝疏："今登萊人嘉其物曰麾，亦曰褘，亦曰偉，三者音轉，語有輕重耳。衛訓為嘉，皆其證也。"

②"蹶（guì）"，嘉美。《詩經·大雅·緜》："文王蹶厥生。"（生：姓。指百官。）

③"假（xià）"，嘉，美。《詩經·大雅·假樂》："假樂君子，顯顯令德。"《禮記·中庸》引作"嘉樂君子"。

1.123　廢、税②、赦，舍①也。

①"舍（shè）"，放置，捨棄；罷，廢止；開釋，赦免。

②"税（tuō）"，通"挩（tuō）""脱"。或寫作"脱""説"。周祖謨《爾雅校箋》："'税'，《釋文》同。唐寫本作'脱'。"解脱。《禮記·文王世子》："文王有疾，武王不税冠帶而養。"《釋文》："税，本

亦作‘脱’。又作‘説’。”又：釋放。《吕氏春秋·慎大》：“乃税馬於華山，税牛於桃林。馬弗復乘，牛弗復服。”（服：役使。）

1.124 棲遟[②]，憩[③]、休、苦[④]，㕒[⑤]、齂[⑥]、呬[⑦]，息[①]也。

①“息”，呼吸，氣息。引申為休息，止息，嘆息。

②“棲遟”，游息。郭注：“棲遟，游息也。”邢疏：“舍人曰：‘棲遟，行步之息。’”《詩經·陳風·衡門》：“衡門之下，可以棲遟。”馬瑞辰《毛詩傳箋通釋》：“棲遟，疊韻字。”

③“憩（qì）”，或作“愒”。休息。《詩經·召南·甘棠》：“蔽芾甘棠，勿翦勿敗，召伯所憩。”（蔽芾：樹木茂盛的樣子。）

④“苦（gǔ）”，通“盬（gǔ）”。止息。《詩經·唐風·鴇羽》：“王事靡盬，不能蓺稷黍。”王引之《經義述聞》五：“〔《爾雅》〕‘苦，息也。’‘苦’讀與‘靡盬’之‘盬’同。”

⑤“㕒（kuì）”，通“喟（kuì）”。嘆息。郭注：“㕒、齂、呬皆氣息貌。”郝疏：“㕒者，喟之假音也。”

⑥“齂（xiè）”，鼻息，鼾聲。《説文》：“齂，卧息也。”

⑦“呬（xī）”，喘息，休息。郭注：“今東齊呼息為呬也。”

1.125 供、峙[②]、共[③]，具[①]也。

①“具”，供置，陳設。引申為具備，備辦。《左傳·隱公元年》：“繕甲兵，具卒乘，將襲鄭。”

②“峙（zhì）”，通“庤（zhì）”。儲備。《尚書·費誓》：“我惟征徐戎，峙乃糗糧。”（糗糧：乾糧。）

③“共（gōng）”，供給，供應。後作“供”。《左傳·僖公四年》：“爾貢包茅不入，王祭不共，無以縮酒。”（縮酒：滲酒，祭祀儀式之一。）

1.126　憮[①]、憐[②]、惠[③]，愛也。

①“憮（wù）”，撫愛，憐愛。郭注：“憮，韓鄭語今江東通呼為憐。”

②“憐”，憐愛，喜愛。《莊子·秋水》：“夔憐蚿，蚿憐蛇。”（夔：神話中獨足獸名。蚿：多足蟲。）《方言》一：“憐，愛也。汝潁之間曰憐，宋魯之間曰牟，或曰憐。憐，通語也。”

③“惠”，仁愛。《詩經·邶風·北風》：“惠而好我，攜手同行。”

1.127　娠[①]、蠢[②]、震、戁[③]、妯[④]、騷[⑤]、感[⑥]、訛[⑦]、蹶[⑧]，動也。

①“娠（shēn）”，懷孕，胎動。《説文》：“娠，女妊身動也。”段注：“妊而身動曰娠，別詞也。渾言之則妊娠不別。”

②“蠢”，動作，動亂。參看1.108注⑤。

③“戁（nǎn）”，恐懼。

④“妯（chōu）”，激動，不平静。《方言》六：“妯，擾也。人不静曰妯……齊宋曰妯。”《詩經·小雅·鼓鐘》：“淮有三洲，憂心且妯。”

⑤“騷”，騷動，動亂。《國語·鄭語》：“王室方騷。”

⑥“感（gǎn）”，觸動。《莊子·山木》：“睹一異鵲……感周之顙而集於栗林。”（周：指莊周。顙：額頭。）又：感動。《周易·咸》：“聖人感人心而天下和平。”

⑦“訛（é）”，通“吪（é）”，行動，活動。《詩經·小雅·無羊》：“或降于阿，或飲于池，或寢或訛。”

⑧“蹶（guì）”，動。宋玉《風賦》：“蹶石伐木，梢殺林莽。”又：動亂，擾亂。《詩經·大雅·板》：“天之方蹶，無然泄泄。”毛傳：“蹶，動也。”陳奂傳疏：“蹶訓動，猶擾亂也。”

1.128 覆②、察、副③，審①也。

①“審”，詳知。引申為仔細觀察，研究，考察，審察。

②“覆”，翻倒，翻轉。引申為察看，審察。《左傳・定公四年》：“〔載書〕藏在周府，可覆視也。”

③“副（pì）”，破開，剖析。《詩經・大雅・生民》：“不坼不副，無菑無害。”（坼：破裂。菑：通“災”。）朱熹集傳：“坼、副皆裂也。”破開、剖析與審察義有相通之處。

1.129 契①、滅、殄②，絶也。

①“契”，用刀刻。《吕氏春秋・察今》：“楚人有涉江者，其劍自舟中墜於水，遽契其舟，曰：‘是吾劍之所從墜。’”（遽：急速。）引申為割斷。郭注：“今江東呼刻斷物為契斷。”

②“殄（tiǎn）”，斷絶，滅絶。參見1.55注⑥。

1.130 郡②、臻③、仍④、迺⑤、侯⑥，乃①也。

①“乃”，人稱代詞：你，你的；他的。如《左傳・僖公十二年》：“余嘉乃勳。”又：副詞。表示然後、僅、剛、却、竟然等義。如《文子・微明》：“事或欲利之，適足以害之；或欲害之，乃足以利之。”又：通“仍”。屢次，重複。《國語・吴語》：“吴晉争長未成。邊遽乃至，以越亂告，吴王懼。”（遽：送信的傳車。）又：連詞。於是，而且，如果。如《尚書・費誓》：“乃越逐不復，汝則有常刑。”又：助詞。無義。《尚書・大禹謨》：“帝德評選駝，乃聖乃神，乃武乃文。”

②“郡”，通作“窘”。頻仍，重複。《詩經・小雅・正月》：“終其永懷，又窘陰雨。”鄭箋：“窘，仍也。”王引之《經義述聞》：“《法言・孝至篇》：‘龍堆以西，大漠以北，郡勞王師，漢家不為也。’郡者，仍也。仍者，重也，數也。言數勞王師於荒服之外，漢家不為也。”

③“臻”，重複，一再。朱駿聲《説文通訓定聲》：“臻猶仍也。”

《墨子·尚同中》:“飄風苦雨,薦臻而至者,此天之降罰也。”

④“仍”,重複,頻繁。參看1.80注⑥。

⑤“迺(nǎi)”,同“乃”。先秦時多用作連詞。如《詩經·大雅·公劉》:“瞻彼溥原,迺陟南岡。”漢代以後用作代詞、副詞纔多一些。如《史記·陸賈列傳》:“高帝罵之曰:‘迺公居馬上而得之,安事《詩》《書》!’”《史記·酈食其列傳》:“臣聞其下迺有藏粟甚多。”

⑥“侯”,句首、句中助詞,無義。《詩經·小雅·六月》:“侯誰在矣,張仲孝友。”《詩經·小雅·十月之交》:“擇三有事,亶侯多藏。”(三有事:即三有司。亶:指糧倉。)

1.131　迪②、繇③、訓④,道①也。

①“道(dào)”,道路。引申為道理、準則。《荀子·天論》:“循道而不貳,則天不能禍。”又:讀dǎo,引導,教導。《論語·子張》:“夫子之得邦家者,所謂立之斯立,道之斯行,綏之斯來,動之斯和。”(綏:安撫。)表示引導、教導義的“道”,後來寫作“導”。

②“迪”,教導,引導。《尚書·康誥》:“矧今民罔迪不適。”(罔:無。適:善。)又:道理,準則。《楚辭·九章·懷沙》:“易初本迪兮,君子所鄙。”

③“繇(yóu)”,通“猷(yóu)”。道理,法則。《詩經·小雅·巧言》:“秩秩大猷,聖人莫之。”(秩秩:有次序的樣子。莫:通“謨”,謀劃。)王先謙《詩三家義集疏》:“三家‘猷’作‘繇’。”

④“訓”,教導,教誨。《左傳·桓公十三年》:“君撫小民以信,訓諸司以德。”又:典範,準則。《詩經·大雅·烝民》:“古訓是式,威儀是力。”(式:效法。力:勤,勉力。)

1.132　僉①、咸、胥②,皆也。

①“僉(qiān)”,都,全。《方言》七:“僉、胥,皆也。自山而

東，五國之郊曰僉，東齊曰胥。”《尚書・舜典》：“帝曰：‘咨，四岳！有能典朕三禮？’僉曰：‘伯夷。’”

②“胥（xū）”，都，全。方言詞，見注①。《詩經・小雅・角弓》：“爾之教矣，民胥傚矣。”

1.133 育②、孟③、耆④、艾⑤、正⑥、伯⑦，長①也。

①“長（zhǎng）”，生長，成長；撫育，養育；年老，老年人；排行第一的，居首位的；長官、首領。

②“育”，養育。《詩經・大雅・生民》：“載生載育，時維后稷。”又：生長，成長。《禮記・中庸》：“致中和，天地位焉，萬物育焉。”

③“孟”，兄弟姊妹中排行第一的，和“伯”同義。細分，則嫡長（正妻所生）稱“伯”，庶長（非正妻所生）稱“孟”。《詩經・鄭風・有女同車》：“彼美孟姜，洵美且都。”毛傳：“孟姜，齊之長女。”又：一年四季中每季的第一個月稱“孟”。《吕氏春秋》十二紀中，“孟春”“孟夏”“孟秋”“孟冬”，均指各季度中的第一個月。又：居首位的。《吕氏春秋・正名》：“齊湣王，周室之孟侯也。”

④“耆（qí）”，六十歲的老人。《禮記・曲禮上》：“六十曰耆，指使。”也泛指老年人，年老。《詩經・魯頌・閟宫》：“俾爾昌而大，俾爾耆而艾。”

⑤“艾”，五十歲的老人。《禮記・曲禮上》：“五十曰艾，服官政。”孔疏：“年至五十，氣力已衰，髮蒼白如艾也。”也泛指老年人。《方言》六：“艾，長老也。東齊魯衛之間，凡尊老謂之傁（叟），或謂之艾。”《荀子・致士》：“耆艾而信，可以為師。”又：養育，養護。《詩經・小雅・南山有臺》：“樂只君子，保艾爾後。”毛傳：“艾養；保，安也。”

⑥“正（zhèng）”，長官。郭注：“正、伯皆官長。”《吕氏春秋・孟春紀》：“是月也，命樂正入學習舞。”高誘注：“樂正，樂官之長也。”又：嫡長（正妻所生的長子）。《穀梁傳・隱公四年》：“諸侯與正

而不與賢也。”范甯集解：“雍曰：‘正謂嫡長也。’”又：讀 zhēng，農曆每年的第一個月。《春秋·隱公元年》：“春，王正月。”

⑦“伯（bó）”，排行第一的。《尚書·吕刑》：“伯父、伯兄、仲叔、季弟、幼子、童孫，皆聽朕言。”又：統領一方的長官。《周禮·春官·大宗伯》：“以九儀之命正邦國之位：壹命受職……八命作牧，九命作伯。”又：讀 bà，通“霸”，春秋時諸侯的盟主。《韓非子·難四》：“桓公，五伯之上也。”

1.134　艾，歷也。①

①〔案〕本條歷來注家看法不一。一説艾由年長義引申有經歷義。如郭注：“長者多更歷。”一説“艾”“歷”義近。如郝疏：“按‘歷’有經久之義。與‘艾’訓長老其義又近也。”又一説本條應與下條合併。俞樾《群經平議·爾雅》：“‘也’字衍文。古本與下文合為一條，其文曰：‘艾、歷、厤、秭、算，數也。’”這些看法都有一定的道理，可供參考。

1.135　厤①、秭②、算，數也。

①“厤（lì）”，曆法，推算日、月、星辰的運行以定歲時節氣的方法。後作“曆”。《周易·革》：“君子以治曆明時。”引申為數。《管子·海王》：“終月大男食鹽五升少半，大女食鹽三升少半，吾子食鹽二升少半，此其大曆也。”

②“秭（zǐ）”，數位名。所指之數有十億、萬億、億億等不同説法。郭注：“今以十億為秭。”《説文》：“數億至萬曰秭。”《詩經·周頌·豐年》：“豐年多黍多稌，亦有高廩，萬億及秭。”毛傳：“數萬至萬曰億，數億至億曰秭。”

1.136　歷②，傅①也。

①“傅”，通“附”。附著。《左傳・僖公十四年》：“皮之不存，毛將安傅?”又：靠近，迫近。《詩經・小雅・菀柳》：“有鳥高飛，亦傅于天。”

②“歷”，經過，經歷。郝疏：“傅者，近也，箸也……歷者，過也，經也。凡所經過涉歷即為近箸。故歷訓傅也。”

1.137 艾[②]、歷[③]、覛[④]、胥[⑤]，相[①]也。

①“相（xiàng）”，仔細看、察看。引申為輔助，治理。又：讀xiāng，互相。

②“艾（yì）”，通“乂（yì）”。治理。《尚書・洪範》：“次六曰乂用三德。”（三德：指剛、柔、正直。）《漢書・五行志上》引作“次六曰艾用三德”。

③“歷”，察看。《楚辭・離骚》：“歷吉日乎吾將行。”

④“覛（mì）”，察看。《國語・周語上》：“古者太史順時覛土。”

⑤“胥（xū）”，察看，觀察。《詩經・大雅・公劉》：“篤公劉，于胥斯原。”又：輔助。《方言》六：“胥，輔也。吴越曰胥。”又：互相。《詩經・小雅・角弓》：“兄弟昏姻，無胥遠矣。”鄭箋：“胥，相也。骨肉之親當相親信，無相疏遠。”

1.138 乂[①]、亂[②]、靖[③]、神[④]、弗[⑤]、淈[⑥]，治也。

①“乂（yì）”，治理。《尚書・堯典》：“下民其咨，有能俾乂。”

②“亂”，治理亂絲。引申為治理。《尚書・盤庚中》：“兹予有亂政同位。”孔傳：“亂，治也。此我有治政之臣同位。”〔案〕本條據“亂”的本義和近引申義以“治”釋“亂”。後來“亂”由表示治理義轉為應被治理的對象，即紊亂、無秩序的事物。由此引申，又表示雜亂、混亂、昏亂、動亂、叛亂等義。“亂”的詞義轉移後，與“治”詞義相反。

③“靖”，安定，平定，治理。《詩經·小雅·菀柳》：“俾予靖之，後予極焉。”毛傳：“靖，治也。”

④“神”，治理。《荀子·王制》：“上以飾賢良，下以養百姓而安樂之。夫是之謂大神。”王引之《經義述聞》：“大神亦為大治也。”

⑤“弗”，通“祓（fú）”。用祭祀除去不祥。《詩經·大雅·生民》：“克禋克祀，以弗無子。”鄭箋：“弗之言祓也。……以祓除其無子之災，而得其福也。”王先謙《詩三家義集疏》：“三家弗作祓。”

⑥“淈（gǔ）”，通“汩（gǔ）”。治理、疏通。郭注：“‘淈’《書序》作汩，音同耳。”郝疏：“淈者，汩之假音也。《説文》云：汩，治水也。”《玉篇·水部》：“淈，亦汩字。”

1.139 頤②、艾③、育，養①也。

①“養”，生育，養育，撫養，保養。又：生長，成長。

②“頤（yí）”，保養。《周易·序卦》：“頤者，養也。”

③“艾”，養育。《方言》一：“胎，養也。汝潁梁宋之間曰胎，或曰艾。”《詩經·小雅·南山有臺》：“樂只君子，保艾爾後。”

1.140 汱①、渾②、隕，墜也。

①“汱”，或作“汰（tài）”，即“汏”。淘洗，衝洗。《儀禮·士喪禮》：“祝淅米于堂。”鄭注“淅，汏也”。淘洗、衝洗與墜落義相關。

②“渾”，水濆涌聲。郝疏：“渾者，水流之墜也。《説文》云：‘混流聲也。一曰洿下貌。’洿下亦沉墜之義也。”（洿下：停積不流的水。）

1.141 際②、接③、翜④，捷①也。

①“捷”，敏捷，迅速。又：通“接”。連接，接續。郭注：“捷為相接續也。”

②“際”，兩牆相接處。引申為交接，會合，交際。《莊子·則陽》：“〔衛靈公〕田獵畢弋，不應諸侯之際。”

③“接（jiē）”，交接，連續，繼承。又：讀 jié，通“捷”。迅速。《荀子·大略》：“先事慮事謂之接，接則事優成。”楊倞注：“接讀為捷，速也。”

④“翜（shà）”，飛得很快。《説文》：“翜，捷也。飛之疾也。”段注：“今俗語霎時者，當作此。”

1.142 毖①、神②、溢③，慎也。

①“毖（bì）”，謹慎，慎重。《詩經·周頌·小毖》：“予其懲而毖後患。”

②“神”，通“慎”。謹慎。《逸周書·寶典》：“行之以神，振之以寶，順之以事，明衆以備。”朱右曾校釋：“神，慎也。”

③“溢”，通“謐（mì）”，謹慎。參看 1.27 注④。

1.143 鬱陶①、繇②，喜也。

①“鬱陶（yùyáo）”，喜而未暢。《孟子·萬章上》：“象往入舜宫，舜在牀琴。象曰：‘鬱陶思君爾。’忸怩。”

②“繇（yóu）”，喜。郭注：“《禮記》曰：‘人喜則斯陶，陶斯詠，詠斯猶。’猶即繇也，古今字耳。”

1.144 馘②、穧③，獲①也。

①“獲”，出獵所得禽獸。引申為俘獲。又：通“穫”。收穫莊稼。

②“馘（guó）”，截耳，戰争中割取敵人的左耳以計功叫“馘”。所割的左耳也叫“馘”。《詩經·魯頌·泮水》：“矯矯虎臣，在泮獻馘。”

③“穧（jì）”，收割穀物，收穫。已割未收的莊稼也稱“穧”。《詩

經・小雅・大田》："彼有不穫稚，此有不斂穧。"孔疏："穧者，禾之鋪而未束者。"

1.145　阻、艱，難也。

1.146　剡[①]、䂮[②]，利也。

①"剡（yǎn）"，鋭利。《楚辭・九章・橘頌》："曾枝剡棘，圓果摶兮。"（曾：層。棘：橘枝刺。摶：圓。）王逸注："剡，利也。"

②"䂮（lüè）"，刀劍刃。引申為鋒利。通作"略"。《詩經・周頌・載芟》："有略其耜，俶載南畝。"《釋文》："略，字書作䂮。"

1.147　允[②]、任[③]、壬[④]，佞[①]也。

①"佞（nìng）"，能説會道。引申為巧言諂媚。《論語・衛靈公》："放鄭聲，遠佞人。"

②"允"，答應，許諾。引申為用言語取悦於人。《逸周書・寶典》："六，展允干信。"（展：施展。干：干犯。信：誠信。）

③"任（rén）"，通"壬"。奸佞。《尚書・堯典》："惇德允元，而難任人。"（允：信任。元：指善人。難：拒絶。）

④"壬（rén）"，大。引申為巧言諂媚，奸佞。《尚書・皋陶謨》："何畏乎巧言令色孔壬。"《史記・夏本紀》作"何畏乎巧言善色佞人"。

1.148　俾[②]、拼[③]、抨[④]，使[①]也。俾、拼、抨、使，從[⑤]也。

①"使"，派遣，支使。引申為使用，驅使。又為聽從，順從。《詩經・小雅・雨無正》："云不可使，得罪于天子；亦云可使，怨及朋友。"鄭箋："不可使者，不正不從也。可使者，雖不正從也。"

②"俾（bǐ）"，使，令。《詩經・魯頌・閟宮》："俾爾熾而昌，俾

爾壽而臧。”又：順從。《尚書・君奭》：“海隅出日，罔不率俾。”王引之《經義述聞》：“俾者，從也。”

③“拼（pīn）”，或作“抨（pēng）”，使。《詩經・大雅・桑柔》：“民有肅心，荓云不逮。”毛傳：“荓，使也。”《釋文》：“本或作‘拼’，同使也。”又：通“并”，隨從。《説文》：“并，相從也。”使令有使相從之義，兩者義有關聯。

④“抨（bēng）”，派遣，支使。《釋文》：“字又作伻，音同，使人也。《洛誥》云‘伻來以圖’，伻即使也。”〔案〕“抨”未見有表“從”義的。可能是因為被派遣、被支使與聽衆、順從義有關聯，所以在本條中以“從”釋“抨”。

⑤“從（cóng）”，跟隨，聽從。又：讀 zòng，通“縱”。放縱。《禮記・曲禮上》：“欲不可從。”放縱與支使、派遣義相通。

1.149 儴②、仍③，因①也。

①“因”，依靠、憑藉。《左傳・僖公三十年》：“因人之力而敝之，不仁。”又：沿襲。《論語・為政》：“殷因於夏禮。”

②“儴（ráng）”，因襲。《新語・至德》：“儴道者衆歸之。”

③“仍”，因襲，沿襲。《論語・先進》：“仍舊貫，如之何？”

1.150 董①、督②，正也。

①“董”，督察，監督。引申為督正，端正。《楚辭・九章・涉江》：“余將董道而不豫兮。”王逸注：“董，正也……言己雖見先賢執忠被害，猶正身直行，不猶豫而狐疑也。”

②“督”，監察，監督。引申為督正，矯正。《周禮・春官・大祝》：“禁督逆祀命者。”鄭注：“督，正也。正王之所命，諸侯之所祀，有逆者則刑罰焉。”

1.151　享②，孝①也。

①“孝”，祭，祭祀。《論語·泰伯》：“菲飲食而致孝乎鬼神。”又：善事父母。《論語·學而》：“孝弟也者，其為人之本與?”

②“享”，把祭品供獻給祖先、鬼神。《説文》：“享，獻也。”《尚書·盤庚上》：“兹予大享于先王。”

1.152　珍①、享②，獻也。

①“珍”，珍貴的物品。珍貴的物品是古代奉獻的禮物，“珍”與“獻”義相關。一説“珍”通“眕”，致。俞樾《群經平議·爾雅》：“‘珍’與‘眕’通。《釋言》曰：‘眕，致也。’即此經‘珍’字。‘眕’為致，故‘珍’為獻，文異而義通。”

②“享”，把祭品供獻給祖先、鬼神。參看1.151注②。又：進獻，貢獻。《周禮·考工記·玉人》：“璧琮九寸，諸侯以享天子。”

1.153　縱①、縮②，亂也。

①“縱”，放縱，恣肆。《左傳·僖公三十三年》：“一日縱敵，數世之患也。”放縱、恣肆與亂義相關。

②“縮”，捆束。引申為收縮，退縮。收縮、退縮與亂義相關。郭注：“縱放、掣縮，皆亂法也。”《説文》：“縮，亂也。”段注：“《通俗文》云：‘物不申（伸）曰縮。’不申則亂，故曰亂也。”

1.154　探①、篡②、俘，取也。

①“探”，摸取。郭注：“探者，摸取也。”《論語·季氏》：“見善如不及，見不善如探湯。”引申為探測，探求。《周易·繫辭上》：“探賾索隱，鈎深致遠。”（賾：深奥。）

②“篡（cuàn）”，用不正當手段奪取。《方言》一：“自關而西，

秦晉之間，凡取物而逆謂之篡。”《墨子·天志上》：“處大家不篡小家。”（家：大夫的封地。）特指臣奪君位。《孟子·萬章上》：“而居堯之宫，逼堯之子，是篡也，非天與也。”

1.155　徂①、在，存也。

①“徂”，音 cú。〔案〕“徂，存也”，學者們多認為是解釋《詩經·鄭風·出其東門》“匪我思且”的，但看法不一。鄭樵注、郝疏認為“匪我思且”的“且”為“存”義，“徂”通“且”，因而有“存”義。戴震《毛鄭詩考證》認為“且”通“徂”，表向往義。兩説均無確證。另外，朱熹《詩集傳》、陳奂《詩毛氏傳疏》認為“且”是句末語氣詞，則與“徂”無關。“徂，存也”的“徂”，有可能是先秦時的方言俗語詞，音 cú，表存義，《爾雅》的編著者用“徂”記録下來的。

1.156　在①、存②、省③、士④，察也。

①“在”，觀察，審察。《尚書·堯典》：“在璿璣玉衡，以齊七政。”（璿璣玉衡：以玉裝飾的天體觀測儀器。七政：日、月和五大行星。）

②“存”，問候，省視。引申為察看，審察。《荀子·修身》：“見善，修然必以自存也；見不善，愀然必以自省也。”（修然：嚴謹貌。愀然：憂懼貌。）

③“省（xǐng）”，察看，考察。《説文》：“省，視也。”《國語·魯語下》：“〔諸侯〕晝考其國職，夕省其典刑。”

④“士”，執法官。又稱士師，主管審察獄訟。郭注：“士，理官，亦主聽察。”《尚書·舜典》：“汝作士，五刑有服，五服三就。”（服：用。三就：指三處執行。）

1.157　烈①、枿②，餘也。

①“烈”，樹木砍伐後重生的枝芽。《方言》一：“烈、枿，餘也。陳鄭之間曰枿，晉衛之間曰烈，秦晉之間曰肄曰烈。”

②“枿（niè）”，同“蘖（niè）”。樹木被砍伐後留下的根株或重生的枝芽。《尚書·盤庚上》：“若顛木之有由蘖。”《釋文》：“蘖，本又作枿。”

1.158　迓[①]，迎也。

①“迓（yà）”，迎接。《公羊傳·成公二年》：“客或跛或眇，於是使跛者迓跛者，使眇者迓眇者。”（眇：一眼瞎。）

1.159　元[①]、良[②]，首也。

①“元”，頭。《左傳·僖公三十三年》：“〔先軫〕免冑入狄師，死焉。狄人歸其元。”引申為長（zhǎng），為首的。《詩經·魯頌·閟宮》：“建爾元子，俾侯于魯。”《公羊傳·隱公元年》：“元年者何？君之始年也。”

②〔案〕“良”在古籍中未見有表示“首”義的，但有表示“長”義的。《廣雅·釋詁》四下：“元、良……，長也。”王念孫《疏證》：“《齊語》云：‘四里為連，連為之長。十里為鄉，鄉有良人。’是良與長同義。婦稱夫曰良人，義亦同也。”以首釋良可能與此有關。

1.160　薦[②]、摯[③]，臻[①]也。

①“臻（zhēn）”，至，到達。參看1.5注①。引申為重複，一再。參看1.130注③。

②“薦”，獻，進獻祭品。《周易·豫》：“殷薦之上帝，以配祖考。”獻和至義相通。又：通“洊”。一再，屢次。《詩經·大雅·雲漢》：“天降喪亂，饑饉薦臻。”毛傳：“薦，重；臻，至也。”

③“摯（zhì）”，至，到。郭注：“摯，至也。”《尚書·西伯戡

黎》:“大命不摯。”《史記·殷本紀》作“大命胡不至”。

1.161 賡①、揚②，續也。

①“賡（gēng）”，連續，繼續。《尚書·皋陶謨》:“乃賡載歌曰:‘元首明哉！肱股良哉！庶事康哉！’”

②“揚”，通“永”“羕”。長，長遠。（依黄侃説，見《爾雅音訓》。）引申為延長，繼續。《尚書·洛誥》:“以予小子揚文武烈。”（烈：事業。）

1.162 祔②、祪③，祖①也。

①“祖”，宗廟。《周禮·考工記·匠人》:“左祖右社，面朝後市。”鄭注:“祖，宗廟。”又：祖先。

②“祔（fù）”，新死者在祖廟附祭於先祖的一種祭祀。《左傳·僖公三十三年》:“凡君薨，卒哭而祔。”杜注:“以新死者之神，祔之於祖。”

③“祪（guǐ）”，已毀廟的遠祖。郭注:“祪，毀廟主。”

1.163 即②，尼①也。

①“尼（nì）”，本或作“昵（nì）”。通作“昵”。從後靠近，親熱。引申為相近，親近。《尸子》:“悦尼而來遠。”

②“即”，就食。引申為靠近。《儀禮·士冠禮》:“將冠者即筵坐。”

1.164 尼①，定也。

①“尼（nì，又讀nǐ）”，止息。《山海經·大荒北經》:“〔相繇〕食于九土，其所歍所尼，即為源澤。”（歍：嘔吐。）又：阻止。《孟

子·梁惠王下》:“行或使之,止或尼之。”止息、阻止(使止息)與“定”義相通。

1.165　邇[①]、幾[②]、暱[③],近也。

①“邇(ěr)”,(空間或時間距離)近。《詩經·鄭風·東門之墠》:“其室則邇,其人甚遠。”引申為接近。《穀梁傳·莊公十八年》:“以公之追之,不使戎邇於我也。”又:淺近。《詩經·小雅·小旻》:“維邇言是聽,維邇言是爭。”朱熹集傳:“其所聽而争者,皆淺末之言。”

②“幾(jī)”,將近,接近。《周易·小畜》:“月幾望。”

③“暱(nì)”,同“昵”。本或作“昵”。親昵,親近。《左傳·隱公元年》:“不義不暱,厚將崩。”

1.166　妥[①],安坐也。

①“妥”,安穩,安定,安坐。《儀禮·士相見禮》:“妥而後傳言。”鄭注:“妥,安坐也。傳言,猶出言也。”

1.167　貉[②]、縮[③],綸[①]也。

①“綸(lún)”,繩索。《禮記·緇衣》:“王言如絲,其出如綸。”孔疏:“綸麤於絲。”引申為絞合繩索。《詩經·小雅·采緑》:“之子于釣,言綸之繩。”馬瑞辰《毛詩傳箋通釋》:“綸為繩名,亦為糾繩之稱。”

②“貉”,本或作“絡”。當作“絡”。“絡”,纏繞。《楚辭·招魂》:“秦篝齊縷,鄭綿絡些。”王逸注:“絡,縛也。”纏繞、捆縛與繩索義有關聯。又據《方言》五“繘(汲水的繩索),自關而東,周洛韓魏之間謂之綆,或謂之絡”,説明在有的方言中,“絡”有繩索義。

③“縮”,當作“縮”。“縮”,用繩索捆束。參看6.9。

1.168　貉[①]、嗼[②]、安，定也。

①“貉（mò）”，通“貊（mò）”。安静，安定。參看1.27注⑦。

②“嗼（mò）”，本或作“莫”。静默。《吕氏春秋·首時》：“飢馬盈廄嗼然，未見芻也。”黄侃《爾雅音訓》：“貉嗼音義並同，實一字也。”

1.169　伊[②]，維[①]也。伊、維，侯[③]也。

①“維”，句首、句中助詞，無義。《詩經·大雅·皇矣》：“維此王季，帝度其心。”《詩經·豳風·鴟鴞》：“予維音嘵嘵。”（嘵嘵：因恐懼而發的叫聲。）

②“伊”，句首、句中助詞，無義。《詩經·豳風·東山》：“不可畏也，伊可懷也。”《尚書·文侯之命》：“惟祖惟父，其伊恤朕躬。”

③“侯”，句首、句中助詞，無義。《詩經·小雅·四月》：“山有嘉卉，侯栗侯梅。”鄭箋：“侯，維也。”參看1.130注⑥。

1.170　時[②]、寔[③]，是[①]也。

①“是”，這，這個，這樣。

②“時”，通“是”。這，這個。《尚書·湯誓》：“時日曷喪，予及汝皆亡。”《史記·殷本紀》作“是日何時喪，予與女皆亡”。

③“寔（shí）”，此，這。《公羊傳·桓公三年》：“寔來者何？猶曰是人來也。”

1.171　卒[②]、猷[③]、假[④]、輟[⑤]，已[①]也。

①“已”，停止，完成，完畢；太甚；已經。

②“卒”，完畢，終結。《詩經·邶風·日月》：“父兮母兮，畜我

不卒。”

③“猷（qiú）”，通“酋”。終盡。參看1.172注②。

④“假（gé）”，通“格”。到，止。《尚書·堯典》：“格于上下。”《説文》引作“假于上下”。

⑤“輟（chuò）”，中止，停止。《論語·微子》：“耰而不輟。”（耰：播種後，用土覆蓋種子。）

1.172　求①、酋②、在③、卒、就④，終也。

①“求”，終。《詩經·大雅·下武》：“王配于京，世德作求。”鄭箋：“作為。求，終。武王配行三后之道於鎬京者，以其世世積德，庶為終成其大功也。”

②“酋（qiú）”，終盡。《詩經·大雅·卷阿》：“豈弟君子，俾爾彌爾性，似先公酋矣。”毛傳：“酋，終也。”朱熹集傳：“言使爾終其壽命，似先君善始而善終也。”

③“在”，終，終結。《左傳·昭公十三年》：“令德之不知，同福之不受，將何以在？”翟灝《爾雅補郭》：“在，終也……言何以終其位。”

④“就”，達到，完成。《戰國策·齊策四》：“三窟已就，君姑高枕為樂矣。”又：終結。《國語·越語下》：“先人就世，不穀即位。”韋昭注：“就世，終世也。”

1.173　崩①、薨②、無禄③、卒、徂落④、殪⑤，死也。

①“崩”，山倒塌。又特稱帝王死。《穀梁傳·隱公三年》：“三月庚戌，天王崩。高曰崩，厚曰崩，尊曰崩。天子之崩，以尊也。”

②“薨（hōng）”，死。周代以後稱諸侯之死。《國語·晉語八》：“平公薨。”秦漢以後，也用於稱高級官員的死亡。

③“無禄”，即“不禄”。郝疏：“無禄，猶言無福，亦謂遭死喪

也。”先秦時稱士之死。《禮記·曲禮下》：“天子死曰崩，諸侯曰薨，大夫曰卒，士曰不禄，庶人曰死。”孔疏：“不禄者，士禄以代耕，而今遂死，是不終其禄。”又為諸侯、大夫死亡訃文上的謙稱。《禮記·雜記上》：“君訃於他國之君，曰寡君不禄……大夫訃於同國，適者曰某不禄。”

④“徂（cú）落”，本或作“殂落”。死亡。《孟子·萬章上》：“二十有八載，放勳乃徂落，百姓如喪考妣。”（放勳：堯名。）

⑤“殪（yì）”，死亡。《左傳·定公八年》：“射子鉏，中頰，殪。”《楚辭·九歌·國殤》：“左驂殪兮右刃傷。”

釋言第二

這一篇和《釋詁》一樣，也是用今語解釋古語，用雅言解釋方言。但常用詞較多，一條中被釋詞一般比《釋詁》少。

2.1　殷①、齊②，中也。

①"殷"，居中，當中。《尚書・禹貢》："江漢朝宗于海，九江孔殷。"孔傳："江於此州界分為九道，甚得地勢之中。"《史記・夏本紀》作"九江甚中"。

②"齊"，通"臍"。肚臍。《左傳・莊公六年》："若不早圖，後君噬齊。"引申為中央，居中。《列子・周穆王》："四海之齊，謂中央之國。"又引申為適中。《管子・正世》："治莫貴於得齊，制民急則民迫……緩則縱。"

2.2　斯①、誃②，離也。

①"斯"，劈開。《詩經・陳風・墓門》："墓門有棘，斧以斯之。"引申為分離。《方言》七："斯，離也。齊陳曰斯。"《莊子・則陽》："斯而析之，精至於無倫，大至於不可圍。"又：距離，離開。《列子・黄帝》："〔華胥民之國〕不知斯齊國幾千萬里。"

②"誃（yí）"，離開，脱離。《説文》："誃，離别也。……周景王作洛陽誃臺。"徐鍇《繫傳》："誃臺，猶别館也。"

2.3　謖①、興，起也。

①“謖（sù）”，起來，起立。《禮記·祭統》：“尸謖，君與卿四人餕。”（尸：祭祀時代表死者受祭的人。餕：吃剩餘的食物。）

2.4　還、復，返也。

2.5　宣①、徇②，徧也。

①“宣”，通，暢達。引申為普遍，周遍。《詩經·大雅·公劉》：“既庶既繁，既順乃宣。”（順：安。）

②“徇（xùn）”，通“旬”。古人用天干記日，從甲到癸十日為一旬，周而復始。引申為周遍。《説文》：“旬，徧也。”《史記·五帝本紀》：“〔黄帝〕幼而徇齊，長而敦敏，成而聰明。”司馬貞《索隱》：“言黄帝幼而才智周徧，且辯給也。”

2.6　馹②、遽③，傳①也。

①“傳（zhuàn）”，驛站。又指傳遞文書、傳達命令的車馬。《左傳·成公五年》：“梁山崩，晉侯以傳召伯宗。”

②“馹（rì）”，驛站專用的車馬。《左傳·文公十六年》：“楚子乘馹，會師於臨品。”

③“遽（jù）”，送信的快車或快馬。《左傳·僖公三十二年》：“使遽告於鄭。”

2.7　幪②、荒③，奄①也。

①“奄（yǎn）”，覆蓋，包括。《詩經·周頌·執競》：“自彼成康，奄有四方。”（成康：西周成王、康王。）

②“幪”，覆蓋，包，裹。《左傳·昭公十三年》：“晉人執季孫意如，以幕幪之。”（幕：幕布。）

③“荒”，野草掩蓋了田地。引申為掩蓋，覆蓋。《詩經·周南·樛木》：“南有樛木，葛藟荒之。”毛傳：“荒，奄也。”

2.8　告①、謁②，請也。

①“告”，告訴，報告。引申為請求。《國語·魯語上》：“國有饑饉，卿出告糴。”

②“謁（yè）”，稟告，陳説。《禮記·月令》：“先立春三日，太史謁之天子曰：‘某日立春。’”引申為請求。《左傳·昭公十六年》：“宣子有環，其一在鄭商。宣子謁諸鄭伯，子産弗與。”

2.9　肅①、噰②，聲也。

①“肅”，恭敬，莊重。“肅肅”，象聲詞，表示鳥羽蟲翅振動聲。《詩經·小雅·鴻雁》：“鴻鴈于飛，肅肅其羽。”

②“噰（yōng）”，同“雝（yōng）”。和諧。《詩經·召南·何彼襛矣》：“曷不肅雝？王姬之車。”毛傳：“肅，敬。雝，和。”“噰噰”，鳥聲和鳴。參看1.53注③。

2.10　格①、懷②，來也。

①“格”，來。參看1.5注⑤。

②“懷”，（人心）歸向，來到。參看1.5注⑦。

2.11　畛①、底②，致也。

①“畛（zhěn）”，祝告，致意。參看1.29注②。

②“底（dǐ，舊讀zhǐ）”，到，致。《尚書·禹貢》：“覃懷底績。”（覃懷：地名。）《史記·夏本紀》作“覃懷致功”。

2.12　恀①、怙②，恃也。

①“恀（shì）”，依賴，憑藉。《荀子·非十二子》：“儉然恀然。”（儉然：卑謙的樣子。）楊倞注：“恀然，恃尊長之貌。”

②“怙（hù）”，依仗，憑藉。《左傳·定公四年》：“無怙富，無恃寵。”

2.13　律②、遹③，述①也。

①“述”，遵循，依照。《禮記·中庸》：“父作之，子述之。”

②“律”，法律，規則。引申為遵循。《禮記·中庸》：“上律天時，下襲水土。”

③“遹（yù）”，遵循，依照。《尚書·康誥》：“今民將在祗遹乃文考。”（在：察看。祗：敬。乃：你的。文：指周文王。考：父。）

2.14　俞②、盒③，然①也。

①“然”，對，是的。表示肯定的回答。

②“俞”，對，是的。表示肯定的回答。《尚書·堯典》：“帝曰：‘俞，予聞，如何？’”《史記·五帝本紀》作“然，朕聞之，其如何？”

③“盒（dá）”，古“答”字，本或作“荅”。對答。經傳中一般都寫作“答”或“荅”。《論語·憲問》：“夫子不答。”《廣雅·釋詁》：“對，盒也。”

2.15　豫②、臚③，敘①也。

①“敘”，秩序，次序。引申為排列次序，使有次序。參看1.9注①。又引申為陳述，敘說。

②“豫”，通“敘”。次序，按次序。邢疏：“事豫備者，亦有敘也。”《禮記·祭義》：“祭之日，君牽牲，穆答君，卿大夫序從。”鄭

注："穆，子姓也。答，對也。序，以次第從也。序或為豫。"

③"臚（lú）"，傳述。《國語·晉語六》："風聽臚言於市。"韋注："風，采也。臚，傳。采聽商旅所傳善惡之言。"傳述和陳述、敘說義相通。

2.16　庶幾②，尚①也。

①"尚"，也許可以。用於表示祈使、希冀、猜測等。《周易·損》："象曰：'已事遄往，尚合志也。'"（遄：快，迅速。）在卜筮命辭中"尚"的這種用法較為多見。《左傳·昭公十三年》："初，靈王卜曰：'余尚得天下！'"

②"庶幾（jī）"，也許可以，差不多。《左傳·襄公二十六年》："〔椒舉〕曰：'庶幾赦余！'"

2.17　觀②、指，示①也。

①"示"，給人看，告訴人。《老子》："國之利器不可以示人。"引申為指示，顯示。《禮記·禮運》："刑仁講讓，示民有常。"

②"觀"，仔細看。《說文》："觀，諦視也。"段注："凡以我諦視物曰觀，使人得以諦視我亦曰觀，猶之以我見人，使人見我皆曰視。"引申為給人看，顯示。《國語·周語上》："先王耀德不觀兵。"

2.18　若①、惠②，順也。

①"若"，順從。《穀梁傳·莊公元年》："不若於道者，天絶之也。"

②"惠"，仁愛，寬厚。引申為柔和，柔順，順從。《詩經·邶風·燕燕》："終溫且惠，淑慎其身。"毛傳："惠，順也。"

2.19　敖①、幠②，傲也。

①“敖（ào）”，傲慢。後作“傲”。《詩經·周頌·絲衣》：“不吳不敖，胡考之休。”（吳：喧嘩。胡：故，所以。考：長壽。休：美。）

②“憮（hū）”，怠慢。《禮記·投壺》：“魯令弟子辭曰：‘毋憮毋敖。’”鄭注：“憮，敖，慢也。”怠慢與傲慢義相通。

2.20　幼、鞠①，稚也。

①“鞠”，引申為幼小。《尚書·康誥》：“兄亦不念鞠子哀，大不友于弟。”

2.21　逸①、諐②，過也。

①“逸”，放縱。引申為過失。《尚書·盤庚上》：“予亦拙謀，作乃逸。”蔡沈集傳：“逸，過失也。”

②“諐（qiān）”，同“愆”。過失，過錯。《詩經·大雅·抑》：“淑慎爾止，不愆于儀。”（止：舉止。）《禮記·緇衣》引作：“淑慎爾止，不諐于儀。”

2.22　疑②、休③，戾①也。

①“戾”，至，到。參看1.5注⑥。引申為止息，安定。參看1.89注⑦。

②“疑（níng）”，通“凝”。安定，止息。郭注：“戾，止也。疑者，亦止。”《詩經·大雅·桑柔》：“靡所止疑，云徂何往？”毛傳：“疑，定也。”

③“休”，休息，停止。《吕氏春秋·上農》：“敬時愛日，非老不休，非疾不息。”

2.23　疾②、齊③，壯①也。

①“壯”，强健。引申為疾，迅速。《莊子·徐無鬼》：“百工有器械之巧，則壯。”《釋文》：“李云：‘壯，猶疾也。’”

②“疾”，快，急速。參看1.58注①。

③“齊”，敏捷。參看1.58注③。

2.24　悈[①]、褊[②]，急也。

①“悈（jiè）”，心急，緊張。郝疏：“悈者，心之急也。……通作戒。《詩》‘我是用急’，《鹽鐵論·繇役篇》作‘我是用戒’。戒即悈也。……戒俱悈字之省。”

②“褊（biǎn）”，衣服狹小。引申為心地狹窄，氣量狹小。《詩經·魏風·葛屨》：“維是褊心，是以為刺。”與急義通。

2.25　貿[②]、賈[③]，市[①]也。

①“市”，交易物品的市場。引申為做買賣。也可單指購買或出賣。

②“貿”，交易，做買賣。《吕氏春秋·上農》：“是故丈夫不織而衣，婦人不耕而食，男女貿功以長生。”高誘注：“貿，易也。”

③“賈（gǔ）”，做買賣。《韓非子·五蠹》：“長袖善舞，多錢善賈。”也可單指購買或出賣。《左傳·昭公二十九年》：“平子每歲賈馬。”杜注：“賈，買也。”《詩經·邶風·谷風》：“既阻我德，賈用不售。”鄭箋：“如賣物之不售。”

2.26　厞[①]、陋[②]，隱也。

①“厞（fěi）”，隱蔽。《儀禮·士虞禮》：“几在南，厞用席。”鄭注：“厞，隱也。”

②“陋”，邊遠，偏僻。引申為隱匿。《尚書·堯典》：“明明揚側陋。”孫星衍《尚書今古文注疏》：“側陋為隱匿。”

2.27 遏[②]、遾[③]，逮[①]也。

①“逮（dài）”，趕上，達到。《荀子·堯問》：“魏武侯謀事而當，群臣莫能逮。”

②“遏（è）”，到。郭注：“東齊曰遏，北燕曰遾，皆相及逮。”《方言》七：“蝎、噬，逮也。東齊曰蝎，北燕曰噬。逮，通語也。”“蝎”與“遏”“遾”與“噬”音義同。

③“遾（shì）”，或作“噬（shì）”。通作“逝”。方言詞。及，到。見注②。

2.28 征[①]、邁[②]，行也。

①“征”，遠行。《詩經·召南·小星》：“肅肅宵征，夙夜在公。”

②“邁”，出行，遠行。《説文》：“邁，遠行也。”《詩經·小雅·小宛》：“我日斯邁，而月斯征。”鄭箋：“邁、征，皆行也。”

2.29 圮[①]、敗[②]，覆也。

①“圮（pǐ）”，坍塌，毀壞。引申為毀滅，斷絶。參看1.31注②。毀滅與覆没、顛覆義相通。

②“敗”，毀壞，敗壞。《韓非子·難一》：“法敗則國亂。”引申為使毀壞，使敗壞、失敗，戰敗。與顛覆、傾覆、覆没義相通。

2.30 荐[①]、原[②]，再也。

①“荐”，重複，接連。《國語·魯語上》：“饑饉荐降。”

②“原”，再，兩次。《禮記·文王世子》：“命膳宰曰：‘末有原。’”孔疏：“末，猶勿也。原，再也，勿有所再進。”《周禮·夏官·馬質》和《淮南子·泰族訓》中的“原蠶”（夏秋第二次孵化的蠶），《史記·高祖本紀》中的“原廟”（正廟之外另立的廟）的“原”都表

示再的意義。

2.31　撫[①]、敉[②]，撫也。

①“撫”，當作“憮（fǔ）”。“憮”通“撫”。安撫，愛撫。《方言》一：“憮，愛也。韓鄭曰憮。”又：“憮，愛也。宋衛邠陶之間曰憮，或曰俺。”

②“敉（mǐ）”，安撫。《尚書·洛誥》：“四方迪亂，未定于宗禮，亦未克敉公功。”（迪：導。亂：治。）阮元《校勘記》：“古本敉作撫。”

2.32　臞[②]、脙[③]，瘠[①]也。

①“瘠（jí）”，人或動物瘦弱。《左傳·襄公二十一年》：“楚子使醫視之，復曰：‘瘠則甚矣，而血氣未動。’”杜注：“瘠，瘦也。”

②“臞（qú）”，或作“癯”。消瘦。《韓非子·解老》：“子夏內戰而臞。”

③“脙（xiū）”，瘦。郭注：“齊人謂瘠瘦為脙。”

2.33　桄[①]、熲[②]，充也。

①“桄（guāng）”，本或作“光”。充盛。郝疏：“桄者，《説文》云：‘充也。’通作‘光’。《釋文》：‘桄，孫作光。’《書》：‘光被四表。’傳云：‘光，充。’本《爾雅》為訓也。”

②“熲（jiǒng）”，火光明亮。參看1.49注⑦。明亮與充盛義相通。

2.34　屢、暱[②]，亟[①]也。

①“亟（qì）”，屢次。《左傳·成公十六年》：“吾先君之亟戰也，有故。”又：通“昵”。昵愛，親近。《方言》一：“亟，愛也。東齊海

岱之間曰亟。自關而西，秦晉之間，凡相敬愛謂之亟。”

②“暱（nì）”，親近。《左傳·襄公三年》：“若背之，是棄力與言，與誰暱我。”參看1.165注③。

2.35 靡①、罔②，無也。

①“靡（mǐ）”，無，没有。《詩經·邶風·泉水》：“有懷于衛，靡日不思。”

②“罔（wǎng）”，無，没有。《詩經·大雅·思齊》：“神罔時怨，神罔時恫。”（恫：悲痛。）

2.36 爽①，差也。爽，忒②也。

①“爽”，差錯，過失。《詩經·衛風·氓》：“女也不爽，士貳其行。”鄭箋：“我心於女故無差貳。”

②“忒（tè）”，差錯。《孫子兵法·形篇》：“不忒者，其所措必勝。”

2.37 佴①，貳也。

①“佴（èr）”，相次，隨後。《墨子·經説上》：“佴與人遇，人衆惰。”（惰：同“遁”。）

2.38 劑②、翦③，齊①也。

①“齊（qí）”，整齊。引申為整治。《論語·為政》：“道之以政，齊之以刑。”（道：引導。一説治理。）又：讀jì，調和，調配。後作“劑”。《韓非子·定法》：“醫者齊藥也。”

②“劑”，剪斷，剪齊。郭注：“南方人呼剪刀為劑刀。”又：調節，調和。《左傳·昭公二十年》：“宰夫和之，齊之以味。”《後漢書·

劉粱傳》引作“以劑其味”。

③“翦（jiǎn）”，剪斷。引申為修剪。《儀禮·既夕禮》：“馬不齊髦。”鄭注：“齊，翦也。”修剪含有使整齊的意思。

2.39　饙②、餾③，稔①也。

①“稔（rěn）”，通作“餁（rèn）”“飪”。煮熟。郝疏：“稔者，飪之假音也。”

②“饙（fēn）”，或作“餴（fēn）”，蒸飯。《詩經·大雅·泂酌》：“挹彼注兹，可以餴饎。”（挹：取。饎：做酒菜。）徐鍇《說文解字繫傳》引作“可以饙饎”。

③“餾（liù）”，把涼了的熟食品再蒸熱。郭注：“饙熟為餾。”朱駿聲《說文通訓定聲·孚部》：“米一蒸曰饙，再蒸曰餾。”

2.40　媵①、將②，送也。

①“媵（yìng）”，古代諸侯女兒出嫁時陪嫁的人。《公羊傳·莊公十九年》：“媵者何？諸侯娶一國，則二國往媵之。”引申為送，陪送。《楚辭·九歌·河伯》：“波滔滔兮來迎，魚鄰鄰兮媵女。”王逸注：“媵，送也。”

②“將”，送行。《詩經·邶風·燕燕》：“之子于歸，遠于將之。”

2.41　作、造，為也。

2.42　餥①、餱②，食也。

①“餥（fēi）”，吃。用麥粥招待客人。《方言》一：“餥，食也。陳楚之間相謁而食麥饘謂之餥。”（饘：稠粥。）

②“餱（hóu）”，同“糇（hóu）”。乾糧。《詩經·大雅·公劉》：

“乃積乃倉，乃裹餱糧。”

2.43 鞫①、究②，窮也。

①“鞫（jū）”，窮困。《詩經·大雅·雲漢》：“鞫哉庶正，疚哉冢宰。”鄭箋：“鞫，窮也。疚，病也。”又：窮盡。《詩經·小雅·小弁》：“踧踧周道，鞫為茂草。”（踧踧：平坦的樣子。）毛傳：“鞫，窮也。”

②“究”，窮盡。《莊子·盜跖》：“窮美究勢，至人之所不得逮，賢人之所不能及。”

2.44 滷②、矜③、鹹④，苦①也。

①“苦”，苦味。引申為勞苦，困苦。

②“滷（lǔ）”，或作“鹵”。不生長穀物的鹽碱地。《左傳·襄公二十五年》：“辨京陵，表淳鹵。”（京：高。表：樹立標幟。淳：鹹。）

③“矜（guān）”，通“瘝（guān）”。病。引申為困苦。《詩經·小雅·何草不黄》：“何草不玄！何人不矜！”

④“鹹”，鹽的味道。郝疏：“鹹極必苦。”鹹與苦義通。

2.45 干①、流②，求也。

①“干（gān）”，請求，求取。《論語·為政》：“子張學干禄。”何晏注：“干，求也。”

②“流”，通“求”。尋求。《詩經·周南·關雎》：“參差荇菜，左右流之。”

2.46 流②，覃①也。覃，延也。

①“覃（tán）”，長。引申為延長，延及。《詩經·大雅·蕩》：

“内奰于中國，覃及鬼方。”（奰：壓迫。）

②“流”，水流。引申為延續不斷地移動。《禮記·樂記》：“流而不息，合而同化。”孔疏：“言天地萬物流動不息，合會齊同而變化者也。”

2.47 佻[②]，偷[①]也。

①“偷”，不厚道，刻薄。《論語·泰伯》：“故舊不遺，則民不偷。”引申為苟且，怠惰。《商君書·農戰》：“善為國者，倉廩雖滿不偷於農。”

②“佻（tiāo）”，同“恌（tiāo）”。苟且，輕薄。《詩經·小雅·鹿鳴》：“視民不恌，君子是則是傚。”（視：示，向……表示。）《左傳·昭公十年》引作“視民不佻”。

2.48 潛[①]，深也。潛、深，測[②]也。

①“潛”，隱在水下。引申為深。《荀子·大略》：“雨小，漢故潛。”梁啟超釋：“這是説，雨雖小，可是積少成多，能使漢水深。”又為測量水的深淺。《莊子·田子方》：“上窺青天，下潛黄泉。”

②“測”，測量水的深度。《説文》：“測，深所至也。”王筠《説文句讀》：“謂測其深之幾何也。”引申為測量。《周禮·地官·大司徒》：“以土圭之灋測土深。”（灋：法。）

2.49 穀[②]、鞠[③]，生[①]也。

①“生”，生育，養育。生活，生存。

②“穀”，莊稼和糧食的總稱。引申為養育，養活。《詩經·小雅·甫田》：“以祈甘雨，以介我稷黍，以穀我士女。”（介：長大。）又引申為生，活著。《詩經·王風·大車》：“穀則異室，死則同穴。”

③“鞠”，通“育”。生育，養育。《方言》一：“鞠，養也。陳楚

韓鄭之間曰鞠。"《詩經·小雅·蓼莪》:"父兮生我,母兮鞠我。"

2.50 啜[2],茹[1]也。

①"茹",吃。《方言》七:"茹,食也。吴越之間凡貪飲食者謂之茹。"《孟子·盡心下》:"舜之飯糗茹草也,若將終身焉。"(飯:吃。糗:乾飯。)

②"啜(chuò)",嚐,吃。《禮記·檀弓下》:"啜菽飲水,盡其歡,斯之謂孝。"

2.51 茹[2]、虞[3],度[1]也。

①"度(duó)",測量,計算。《孟子·梁惠王上》:"度,然後知長短。"引申為揣度,估計。《詩經·小雅·巧言》:"他人有心,予忖度之。"

②"茹",揣度,估計。《詩經·小雅·六月》:"玁狁匪茹,整居焦穫,侵鎬及方。"鄭箋:"言玁狁之來侵,非其所當度為也。"

③"虞",意料,揣度。《左傳·僖公四年》:"不虞君之涉吾地也。"

2.52 試[1]、式[2],用也。

①"試",使用,任用。《孟子·滕文公上》:"吾他日未嘗學問,好馳馬試劍。"

②"式",通"試",使用。《詩經·商頌·長發》:"帝命式于九圍。"(九圍:九州。)

2.53 誥[2]、誓[3],謹[1]也。

①"謹",小心謹慎。引申為嚴禁,防止。《詩經·大雅·民勞》:

“無縱詭隨，以謹無良。”又：慎重，重視。《孟子·梁惠王上》：“謹庠序之教，申之以孝悌之義。”

②“誥（gào）”，告訴。一般用於上告下。參看1.29注⑦。引申為告誡，警诫。《國語·楚語上》：“近臣諫，遠臣謗，輿人誦，以自誥也。”（輿：衆。誦：述説。）也指告誡的文書。如《尚書》有《康誥》《酒誥》《洛誥》等。

③“誓”，用言辭相約束。也指告誡將士或互相約束的言辭。《説文》：“誓，約束也。”段注：“凡自表不食言之辭皆曰誓，亦約束之意也。”〔案〕誥書和誓言都是用言辭告誡約束人的，需要慎重、重視，因而用“謹”來解釋。

2.54 競②、逐③，彊①也。

①“彊”，同“强”，强有力。參看1.107注④。又：讀qiǎng，竭力，盡力。《淮南子·修務訓》：“名可務立，功可彊成。”

②“競”，强，强勁。《左傳·宣公元年》：“於是晉侯侈，趙宣子為政，驟諫而不入，故不競於楚。”又：争逐，競争。《商君書·錯法》：“功賞明，則民競於功。”

③“逐”，追逐，引申為競争。《左傳·昭公元年》：“自無令王，諸侯逐進。”又：繁盛，强盛。《管子·地員》：“其山之淺，有蘢與斥，群木安逐，條長數大。”王念孫《讀書雜志》：“《爾雅》曰：‘逐，彊也。’言群木於是彊盛也。”

2.55 禦①、圉②，禁也。

①“禦”，阻止。《左傳·昭公四年》：“寵可禦乎？”

②“圉（yǔ）”，牢獄。通“禦”，抵禦，阻止。《莊子·繕性》：“其來不可圉，其去不可止。”《釋文》：“圉，本又作禦。”

2.56　窒[①]、薶[②]，塞也。

①“窒（zhì）”，阻塞，堵塞。《莊子·秋水》：“梁麗可以衝城而不可以窒穴。”（梁麗：即欂欐。屋棟。）

②“薶（mái）”，省作“貍（mái）”，後作“埋”。埋藏。《周禮·春官·大宗伯》：“以貍沈祭山林川澤。”（沈：用牲與玉幣沉於水來祭祀。）埋與填塞義相通。

2.57　黼[②]、黻[③]，彰[①]也。

①“彰”，文采美盛鮮明。《尚書·伊訓》：“聖謨洋洋，嘉言孔彰。”（謨：謀略。洋洋：衆多的樣子。孔：甚。）

②“黼（fǔ）”，古代禮服上黑與白相間如斧形的花紋。《荀子·哀公》：“黼衣黻裳者不茹葷。”

③“黻（fú）”，古代禮服上黑與青相間呈亞形的花紋。《詩經·秦風·終南》：“君子至止，黻衣繡裳。”毛傳：“黑與青謂之黻，五色備謂之繡。”

2.58　膺[②]、身[③]，親[①]也。

①“親”，親身，親自。

②“膺（yīng）”，胸。引申為自身。《禮記·少儀》：“掃席前曰拚，拚席不以鬣，執箕膺擖。”（鬣：掃帚。箕：畚箕。擖：箕舌。）陳澔《禮記集説》：“執箕而拚，則以箕舌向己胸前，不可持向尊者也。”

③“身”，自身，自己。參看1.43注④。引申為親自。《墨子·號令》：“若能身捕罪人若告之吏，皆構之。”（構：賞。）

2.59　愷悌，發也。[①]

①〔案〕“愷（kǎi）悌”，或作“豈弟”。在古籍中表示和樂平易

的意思。舊注多認為這一條是解釋《詩經·齊風·載驅》中“魯道有蕩，齊子豈弟”中“豈弟”的。《載驅》毛傳訓“豈弟”為樂易，即和樂平易。鄭箋：“此豈弟猶言發夕也。”認為詩中這一句的“豈弟”和同詩上一章“齊子發夕”的“發夕”意思相同。“發夕”，毛傳等釋為“自夕發至旦”。馬瑞辰《毛詩傳箋通釋》釋為：“以其天已將明而日尚未出，謂之發夕。”犍為舍人、李巡、孫炎、邢昺等人注釋《爾雅》本條時，均采用鄭箋之説。邵疏、郝疏等認為“發”有明、行兩義。“愷悌”或“豈弟”表示“自夕”發“至旦”或天將明出發之類的意思，在古籍中尚未見到。存疑。

2.60　髦士[①]，官也。

①“髦（máo）”，長俊的毛髮。“髦士”，可以擔任官職的英俊傑出之士。《詩經·大雅·棫樸》：“奉璋峨峨，髦士攸宜。”鄭箋：“士，卿士也。”（奉：捧。峨峨：衣冠端正的樣子。）

2.61　畯[②]，農夫[①]也。

①“農夫”，也稱農大夫，掌管農事的官。《詩經·周頌·噫嘻》：“率時農夫，播厥百穀。”鄭箋：“能率是主田之吏農夫，使民耕田而種百穀也。”（時：這些。）

②“畯（jùn）”，掌管農事的官“田畯”的簡稱。《詩經·豳風·七月》：“同我婦子，饁彼南畝，田畯至喜。”毛傳：“田畯，田大夫也。”（饁：送飯。）

2.62　蓋[①]、割，裂也。

①“蓋”，通“割”，本或作“害”。傷害。《尚書·呂刑》：“鰥寡無蓋。”

2.63 邕②、支③，載①也。

①“載”，裝載，承載。又：通“戴”，加在頭上。引申為擁戴。《韓非子·功名》：“人主者，天下一力以共戴之，故安。”

②“邕（yōng）”，或作“擁”。擁抱，圍，裹。引申為擁護，護持。《楚辭·九歌·少司命》：“竦長劍兮擁幼艾。”（竦：執持。艾：老，老年人。）擁護與擁戴義相通。

③“支”，支撐，支持。《左傳·定公元年》：“天之所壞，不可支也。”支撐、支持與承載義相通。

2.64 諈諉②，累①也。

①“累（lèi）”，牽連，連累。引申為煩勞，付託。《莊子·秋水》：“莊子釣於濮水，楚王使大夫二人往先焉。曰：‘願以境內累矣。’”

②“諈諉（zhuìwěi）”，囑託，煩勞。郭注：“以事相屬累為諈諉。”一說“諈”“諉”為同義的方言詞。邢疏：“謂相累及也。孫炎曰：‘楚人曰諈，秦人曰諉。’”

2.65 漠①、察②，清也。

①“漠”，清靜，淡泊無為。《莊子·知北游》：“澹而靜乎！漠而清乎！”（澹：恬淡。）

②“察”，仔細看。引申為清楚，明晰。《韓非子·問辯》：“今聽言觀行，不以功用為之的彀，言雖至察，行雖至堅，則忘發之說也。”（的彀：目標，標準。）

2.66 庇②、庥③，廕①也。

①“廕（yīn）”，同“蔭”。樹蔭。《左傳·昭公元年》：“趙孟視蔭。”引申為遮蓋，庇護。《左傳·文公七年》：“公族，公室之枝葉也；

若去之，則本根無所庇廕矣。”

②“庇（bì）”，遮蔽，庇護。《左傳・文公七年》：“葛藟猶能庇其本根，故君子以為比。”

③“庥（xiū）”，樹蔭。郭注：“今俗語呼樹蔭為庥。”

2.67　穀[②]、履[③]，祿[①]也。

①“祿”，福。《詩經・商頌・玄鳥》：“殷受命咸宜，百祿是何。”（何：擔負，承受。）又：俸祿。《韓非子・人主》：“有功者受重祿。”

②“穀”，莊稼和糧食的總稱。古代用糧食作為官吏的俸祿，所以穀又可表示俸祿。《詩經・小雅・天保》：“天保定爾，俾爾戩穀。”（戩：福。）毛傳：“穀，祿也。”

③“履”，福。《詩經・周南・樛木》：“樂只君子，福履綏之。”毛傳：“履，祿。綏，安也。”

2.68　履[①]，禮也。

①“履”，踩，踐踏。引申為實踐，執行。“禮”“履”音近。儒家學者認為禮是實踐的，所以在經典中，有時“履”又表示禮儀義。《詩經・商頌・長發》：“率履不越，遂視既發。”（率：循。遂：隨。發：明白。）

2.69　隱[②]，占[①]也。

①“占”，占卜，用龜甲、蓍草推算吉凶。引申為預測，估計。《墨子・號令》：“度食不足，令民各自占家五種石升數。”（五種：五穀。）

②“隱”，審度。《管子・禁藏》：“是故君子上觀絕理者以自恐也；下觀不及者以自隱也。”尹知章注：“隱，度也。度己有不及之事當效之也。”

2.70 逆[①]，迎也。

①“逆”，迎，迎接。《方言》一：“逢、逆，迎也。自關而東曰逆，自關而西或曰迎，或曰逢。”《左傳·成公十四年》：“宣伯如齊逆女。”(如：到……去。)

2.71 憯[②]，曾[①]也。

①“曾(zēng)”，竟，竟然，表示事出意外。《論語·先進》：“吾以子為異之問，曾由與求之問。”(由、求：指孔子的學生子路和冉有。)

②“憯(cǎn)”，竟然。《詩經·小雅·節南山》：“民言無嘉，憯莫懲嗟。”

2.72 增，益[①]也。

①“益”，增加。《周易·雜卦》：“損益，盛衰之始也。”

2.73 窶[①]，貧也。

①“窶(jù)”，貧困。《一切經音義》卷一引《蒼頡篇》：“無財曰貧，無財備禮曰窶。”《詩經·邶風·北門》：“終窶且貧，莫知我艱。”

2.74 薆[①]，隱也。

①“薆(ài)”，隱蔽，掩蔽。《楚辭·離騷》：“衆薆然而蔽之。”一說“薆”與“僾”通。“僾”見下條。

2.75 僾[②]，唈[①]也。

①“唈(yì)”，同“悒(yì)”。氣不順暢，憂悶不樂。《說文》：

"悒，不安也。"段注："其字古通作'邑'，俗作'唈'。《爾雅》云：'僾，唈也。'謂憂而不得息也。""唈"常與"僾"連用。《荀子·禮論》："悼詭唈僾而不能無時至焉。"（悼詭：變異。）

②"僾（ài）"，呼吸不順暢，鬱悶。《詩經·大雅·桑柔》："如彼溯風，亦孔之僾。"（溯：向。）

2.76　基[②]，經[①]也。基，設也。

①"經"，規劃，經營。《詩經·大雅·靈臺》："經始靈臺，經之營之。"（始：通"治"，治理。）

②"基"，地基，牆脚。《説文》："基，牆始也。"打地基是建房的開始。參看1.1。引申為謀劃。參看1.13注⑭。又引申為規劃，經營。《尚書·康誥》："周公初基作新大邑于東國洛。"

2.77　祺[①]，祥也。祺，吉也。

①"祺（qí）"，吉祥的徵兆。邢疏："舍人曰：祺，福之祥。謂徵祥也。祥即吉之先見者也。"引申為吉祥。《詩經·大雅·行葦》："壽考維祺，以介景福。"（考：老。維：句中助詞，無義。介：助。景：大。）又："祺，祥也"的"祺"，一本作"禎"。黄侃《爾雅音訓》："《詩·維清》'維周之禎'，傳：'禎，祥也。'正義引《釋言》文。是'祺'一本作'禎'。《説文》亦作'禎，祥也'。"

2.78　兆[②]，域[①]也。

①"域"，疆界，境地。引申為封邑，邦國。有時特指墓地。《詩經·唐風·葛生》："葛生蒙棘，蘞蔓于域。"

②"兆"，通"垗（zhào）"。本一作"垗"。祭壇四周的邊界，引申為墓地。《左傳·哀公二年》："素車樸馬，無入於兆。"

2.79 肈[2]，敏[1]也。

①“敏”，迅速，敏捷。引申為勤勉，努力。《禮記·中庸》：“人道敏政，地道敏樹。”

②“肈（zhào）”，同“肇（zhào）”。開始。參看1.1注④。又：謀劃。參看1.13注⑬。又：勤勉。《詩經·大雅·江漢》：“肇敏戎公，用錫爾祉。”馬瑞辰《毛詩傳箋通釋》：“《爾雅·釋言》：‘肇，敏也。’《説文》：‘敏，疾也。’肇敏連言，即訓肇為敏。”聞一多《爾雅新義》：“肇敏與劭敏聲近義同……義猶黽敏也。”（黽敏：勤勉，努力。）

2.80 挾[1]，藏也。

①“挾（xié）”，夾持。引申為懷抱，擁有。又引申為懷藏，隱藏。邢疏：“謂隱藏物也。《史記》：‘秦有挾書之律。’”《莊子·齊物論》：“旁日月，挾宇宙。”成玄英注：“挾，懷藏也。”

2.81 浹[2]，徹[1]也。

①“徹”，穿透，貫通。《左傳·成公十六年》：“潘尫之黨與養由基蹲甲而射之，徹七札焉。”（養由基：善射者名。七札：七層革甲。）引申為透徹。又引申為通達，通曉。《國語·周語中》：“若本固而功成，施徧而民阜，乃可以長保民矣，其何事不徹？”（阜：富足。）韋昭注：“徹，達也。”

②“浹（jiā）”，浸漬。引申為遍及，周遍。又引申為通達。《荀子·解蔽》：“其所以貫理焉雖億萬，已不足以浹萬物之變，與愚者若一。”（貫：學習。已：終。）

2.82 替[1]，廢也。替，滅也。

①“替”，廢棄，廢除。《尚書·大誥》：“予惟小子，不敢替上帝

命。”引申為斷絶，滅絶。《國語·晉語三》：“君之冢嗣其替乎?”（冢嗣：太子。）

2.83　速②，徵①也。徵，召也。

①“徵”，徵召，徵聘。多指君召臣。《戰國策·楚策四》：“〔襄王〕於是使人發騶，徵莊辛於趙。”

②“速”，招請。《周易·需》：“有不速之客三人來。”又：招致。《詩經·召南·行露》：“誰謂女無家，何以速我獄。”（女：通“汝”。獄：訴訟。）

2.84　琛①，寶也。

①“琛（chēn）”，珍寶。《詩經·魯頌·泮水》：“憬彼淮夷，來獻其琛。”（憬：遠行。）

2.85　探，試也。

2.86　髦①，選也。髦，俊也。

①“髦（máo）”，長俊的毛髮。引申為英俊傑出。郭注：“士中之俊，如毛中之髦。”參看2.60。又：選拔。《詩經·大雅·思齊》：“古之人無斁，譽髦斯士。”（斁：厭倦。）

2.87　俾①，職也。

①“俾（bǐ）”，使，令；順從。參看1.148注②。使、令、順從與職務義有關聯。郭注：“使供職。”郝疏：“從順、使、令皆與職義近。以從順為職，職之卑者也；以使令為職，職之尊者也。”

2.88　紕[①]，飾也。

①"紕（pí）"，在衣帽、旗幟等上面鑲飾緣邊。《禮記·雜記下》："〔韠〕紕以爵韋六寸。"（韠：古代祭服皮製的蔽膝。爵韋：色赤而微黑的皮革。）又：指冠服的緣飾。《禮記·玉藻》："縞冠素紕，既祥之冠也。"（祥：喪祭名。）

2.89　淩[②]，慄[①]也。慄，慼[③]也。

①"慄"，恐懼。《莊子·人間世》："匹夫猶未可動，而況諸侯乎！吾甚慄之。"又：戰慄。《詩經·秦風·黄鳥》："臨其穴，惴惴其慄。"

②"淩"，通"悽（líng）"。當作"悽"，驚怖，戰慄。邢疏："淩悽音義同。"《淮南子·兵略訓》："諸侯莫不慴悽。"

③"慼（qī）"，通"蹙（cù）"。縮，局縮不伸貌。局縮不伸與恐怕、戰慄義有相通之處。

2.90　蠲[①]，明也。茅[②]，明也。明，朗[③]也。

①"蠲（juān）"，顯示，顯明。《左傳·襄公十四年》："惠公蠲其大德。"杜注："蠲，明也。"

②"茅"，通"旄"。竿頂用旄牛尾為飾的旌旗。行軍時為前導，起標志、表明情況的作用。《左傳·宣公十二年》："軍行，左轅，右追蓐，前茅慮無。"（慮無：思慮所未有之事。意為預防意外之事發生。）

③"朗"，明亮。《詩經·大雅·既醉》："昭明有融，高朗令終。"毛傳："朗，明也。"

2.91　猷[②]，圖[①]也。猷，若[③]也。

①"圖"，謀劃，圖謀。《詩經·小雅·常棣》："是究是圖。"（究：研究。）

②“猷（yóu）”，謀劃，打算。參看1.13注⑫。又：同“猶”。如，像。《詩經・召南・小星》：“抱衾與裯，寔命不猶。”（衾：被。裯：單被。寔：實。）《爾雅》郭注引作“寔命不猷”。

③“若”，如，像。《荀子・議兵》：“以桀詐堯，譬之若以卵投石。”

2.92　偁[①]，舉也。

①“偁（chēng）”，同“稱”。稱揚，舉起。《説文》：“偁，揚也。”段注：“凡古偁舉、偁謂字皆如此作。”《尚書・牧誓》：“稱爾戈，比爾干，立爾矛，予其誓。”（比：按次序排好。）“稱爾戈”，郭璞《爾雅注》引作“偶爾戈”。

2.93　稱[①]，好也。

①“稱（chēng）”，讚許，稱頌。《國語・周語中》：“君子不自稱也，非以讓也，惡其蓋人也。”讚許、稱頌含有認為美好、良好的意思。又：讀chèng。符合，適宜。《荀子・富國》：“德必稱位，位必稱禄，禄必稱用。”符合、適宜與好義有相通之處。

2.94　坎[②]、律[③]，銓[①]也。

①“銓（quán）”，稱量物體輕重的器具。引申為稱量。又：衡量。《説文》：“銓，衡也。”《國語・吴語》：“不智，則不知民之極，無以銓度天下之衆寡。”（極：準則。）

②“坎”，通“科”。科可表法律、準則等義。如“科條”表法律條文，“科斷”表依法判决。法律、準則等都是衡量事物的標準，與銓義相通。

③“律”，古代音樂中用來定音的管狀器具。用律管定出來的音，也叫律。又：表示法律、準則的意義，與銓義相通。

2.95　矢[①]，誓也。

①“矢”，通“誓”。發誓。《詩經·鄘風·柏舟》：“之死矢靡它。”

2.96　舫[①]，舟也。

①“舫（fǎng）”，相並連在一起的船。《戰國策·楚辭一》：“舫船載卒，一舫載五十人。”鮑彪注：“舫，併船也。”也指在水上行駛的竹木筏。

2.97　泳[①]，游也。

①“泳”，游泳，在水中潛行。《詩經·周南·漢廣》：“漢之廣矣，不可泳思。”毛傳：“潛行為泳。”

2.98　迨[①]，及也。

①“迨（dài）”，同“逮”。及，等到，趁著。《方言》三：“迨、遝，及也。東齊曰迨。”《詩經·小雅·伐木》：“迨我暇矣，飲此湑矣。”（湑：清酒。）

2.99　冥[②]，幼[①]也。

①“幼”，通“窈（yǎo）”。幽深，深遠。郝疏：“幼者，窈之假音也。《説文》云：‘窈，深遠也。’窈從幼聲，因省作幼。故《詩·斯干》傳：‘冥，幼也。’”

②“冥（míng）”，（宮室）深暗。《詩經·小雅·斯干》：“噲噲其正，噦噦其冥。”（噲噲：寬敞明亮的樣子。噦噦：深而暗的樣子。）毛傳：“正，長也。冥，幼也。”陳奐傳疏：“幼，古窈字。長讀平聲。長者廣大，幼者深遠，皆言宮室之長大深遠，非謂人之長幼也。”

2.100　降，下也。

2.101　傭[①]，均也。

①“傭（chōng）”，均等，公平。《詩經·小雅·節南山》：“昊天不傭，降此鞠訩。”（鞠：窮，極。訩：禍亂。）

2.102　强[①]，暴也。

①“强”，本或作“彊”。健壯，强大，强盛。又引申為强暴，强横。《老子》五十五章：“心使氣曰强。”陳鼓應注：“强，逞强暴。”

2.103　窕[②]，肆[①]也。肆，力[③]也。

①“肆”，（力量、才智等）充分展示。《論語·陽貨》：“古之狂也肆，今之狂也蕩。”何晏集解：“包曰：肆，極意敢言。”又：放肆，縱恣。《韓非子·八説》：“人主肆意陳欲曰亂。”又：盡力，努力。《墨子·兼愛下》：“而有道肆相教誨。”

②“窕（tiǎo）”，過分，虛假。《方言》十：“窕，淫也。沅湘之間謂之窕。”（淫：過度。）《韓非子·外儲説右上》：“疑之母親疑，以疑為能相萬乘所不窕也。”（疑：人名。）

③“力”，盡力，努力。《荀子·榮辱》：“然而人力為此而寡為彼，何也？”

2.104　俅[①]，戴也。

①“俅（qiú）”，帽上有裝飾的樣子。《説文》：“俅，冠飾也。”《詩經·周頌·絲衣》：“絲衣其紑，載弁俅俅。”（紑：衣服清潔的樣子。載：戴。弁：帽。）

2.105　瘞②，幽①也。

①“幽”，幽深，隱蔽。《儀禮·士喪禮》：“度兹幽宅，兆基無有後艱。”（幽宅：墳墓。）

②“瘞（yì）”，埋藏，埋葬。《詩經·大雅·雲漢》：“上下奠瘞，靡神不宗。”（宗：尊奉。）毛傳：“上祭天，下祭地，奠其禮，瘞其物。”

2.106　氂②，罽①也。

①“罽（jì）”，氈類毛織品。邢疏：“罽者，織毛為之，若今之毛氍毹，以衣馬之帶鞅也。”（氍毹：毛毯。鞅：套在牛馬頸上的皮帶。）《逸周書·王會》：“請令以丹青、白旄、紕罽……為獻。”（紕：古代氐族人製的獸毛織物。）

②“氂（máo）”，同“氂”。長毛。邢疏：“毛氂所以為罽。舍人曰：‘氂謂毛罽也。胡人績羊毛而作衣。’”

2.107　烘②，燎①也。煁④，烓③也。

①“燎（liáo）”，放火焚燒。

②“烘”，燒。《詩經·小雅·白華》：“樵彼桑薪，卬烘于煁。”（卬：我。）

③“烓（wēi）”，古時一種可移動的爐竈。郝疏：“按此火爐，蓋如今燒炭所用。郭云：‘三隅竈’者，蓋如今風爐，形如筩（筒），缺其上，口為三角以受風，謂之風竈。形制大小隨人所為，舟車皆可攜帶，故《説文》謂之行竈也。”

④“煁（chén）”，古時一種可移動的爐竈。例見注②。

2.108　陪②，朝①也。

①“朝（cháo）”，朝見。指位卑者朝見位尊者。最常見的是臣下朝見君主。《孟子·公孫丑下》：“孟子將朝王。”又指小國國君朝見大國國君。《春秋·隱公十一年》：“滕侯、薛侯來朝。”（滕侯、薛侯：春秋時滕、薛兩個小國的國君。朝：指朝見魯國國君。）

②“陪”，重疊的土堆。引申為增益。又引申為輔佐、輔佐之臣。《詩經·大雅·蕩》：“爾德不明，以無陪無卿。”朝見時，位尊者居於主位，位卑者居於陪位。所以臣子朝見君王稱侍朝，稱陪位。陪與朝意義有關聯。

2.109 康②，苛①也。

①“苛”，小草。引申為繁細，煩瑣。《莊子·天下》：“君子不為苛察。”又引申為苛刻，狠虐。《禮記·檀弓下》：“苛政猛於虎也。”

②“康”，通“糠”，穀皮。《爾雅·釋器》：“康謂之蠱。”參看6.17。邵疏：“康、苛皆細小之物，故假借以為煩碎之名。”又：通“苛”，苛刻。王樹枏《爾雅説詩》：“此釋《唐風·蟋蟀》‘無已大康’。……‘無已大康’謂無太苛刻也。康為苛，非康樂之康。詩人之意謂不可太儉，應思其所居之事。”

2.110 樊②，藩①也。

①“藩”，籬笆。《周易·大壯》：“羝羊觸藩，羸其角。”（羝羊：公羊。羸：困住。）引申為邊緣，外圍。《莊子·大宗師》：“吾願游於其藩。”

②“樊”，籬笆。《詩經·小雅·青蠅》：“營營青蠅，止于樊。”（營營：蒼蠅飛來飛去的叫聲。）引申為邊緣，外圍。《莊子·則陽》：“夏則休於山樊。”

2.111 賦②，量①也。

①“量（liàng）”，斗斛之類的量器。用作動詞，讀 liáng。計量、測量、衡量。《莊子·胠篋》：“為之斗斛以量之，則並與斗斛而竊之。”

②“賦”，田地稅，也泛指賦稅。《周禮·天官·大宰》：“以九賦斂財賄。”又：徵收或繳納賦稅。《周禮·地官·閭師》：“以時徵其賦。”又：授予官職。《國語·晉語四》：“公屬百官，賦職任功。”徵收、繳納賦稅需計量其數，授官需衡量德才，賦典、量意義有關聯。

2.112 粻②，糧①也。

①“糧”，乾糧。《荀子·議兵》：“贏三日之糧，日中而趨百里。”（贏：擔負。）引申為穀類，糧食。《商君書·靳令》：“民有餘糧。”

②“粻（zhāng）”，糧食。郭注：“今江東通言粻。”《詩經·大雅·崧高》：“以峙其粻，式遄其行。”（峙：儲備。遄：快。）

2.113 庶②，侈①也。庶，幸③也。

①“侈（chǐ）”，衆，多。《管子·侈靡》：“善而末事起，不侈，本事不得立。”（末事：商業。本事：農業。）

②“庶”，衆多。參看 1.61 注②。又：表示希望或揣測，也許，差不多。《左傳·桓公六年》：“君姑修政而親兄弟之國，庶免於難。”

③“幸”，希望，期望。《楚辭·九辯》：“霜露慘悽而交下兮，心尚幸其弗濟。”（濟：成。）

2.114 筑①，拾也。

①“筑（zhù，舊讀 zhú）”，或作“築”，通作“築”。拾取。《尚書·金縢》：“凡大木所偃，盡起而築之。”《釋文》：“築，本亦作筑。謂築其根。馬云：筑，拾也。”

2.115 奘②，駔①也。

①“駔（zǎng）”，壯馬。引申為粗大。郭注：“今江東呼大為駔。駔猶麤也。”（麤：粗。）《管子·侈靡》：“上信而賤文，好緣而好駔。”郭沫若等集校：“丁士涵云：‘駔，猶麤。’沫若案：‘好緣而好駔，當作好緣而嫌駔。’”

②“奘（zàng）”，壯大。《方言》一：“秦晉之間凡人之大謂之奘，或謂之壯。”

2.116 集，會[①]也。

①“會”，會合，聚會。參看1.23。

2.117 舫[②]，泭[①]也。

①“泭（fú）”，同“桴（fú）”。竹筏，木筏。《楚辭·九章·惜往日》：“乘泛泭以下流兮，無舟楫而自備。”王逸《章句》：“編竹木曰泭。楚人曰泭，秦人曰撥也。”參看12.20。

②“舫”，參看2.96。

2.118 洵[①]，均也。洵，龕[②]也。

①“洵（xún）”，通“旬”。周遍。《詩經·大雅·桑柔》：“菀彼桑柔，其下侯旬。”（菀：樹木茂盛的樣子。侯：助詞，無義。）毛傳：“旬，言陰均（指樹蔭均布）也。”孔疏：“《釋言》云：‘旬，均也。’李巡曰：‘洵，徧之均也。’則旬是均之義。”又：通“恂”。確實，實在。《詩經·鄭風·溱洧》：“洧之外，洵訏且樂！”（訏：大。）《釋文》：“洵，《韓詩》作‘恂’。”

②“龕（kān）”，容納，盛受。《方言》六：“龕，受也。揚越曰龕。受，盛也。猶秦晉言容盛也。”又：通“堪”。勝任，能承擔。錢大昕《答問》：“龕與堪通。洵本訓信，信與堪義相因，信其堪斯任也。”《逸周書·祭公》：“周克龕紹成康之業，以將天命。”（克：能。紹：繼

承。成康：周成王、康王。將：秉承。）龕與洵義有相通之處。

2.119 逮②，遝①也。

①“遝（tà）”，及，達到。郭注：“〔逮〕今荆楚人皆云遝。”《方言》三：“迨、遝，及也。東齊曰迨，關之東西曰遝，或曰及。”《墨子·迎敵祠》：“城之外，矢之所遝。”孫詒讓《閒詁》：“遝，舊本作還。王（念孫）云：‘還當為遝，謂矢之所及也。’”

②“逮（dài）”，及，達到。參看2.27注①。

2.120 是②，則①也。

①“則”，準則。參看1.14。又：法則，參看1.15。

②“是”，字本作“昰”。《説文》：“是，直也。從日正。”段注：“天下之物莫正於日也。”本義為直，正。“是”在古書中常表示正確或認為是正確的意思。《論語·陽貨》：“偃之言是也。”《墨子·尚同上》：“國君之所是，必皆是之。”是與則義相通。

2.121 畫②，形①也。

①“形”，形體，形狀，容貌。引申為表現，表露。《荀子·勸學》：“行無隱而不形。”

②“畫”，劃分，劃分界綫。《孫子兵法·虛實》：“我不欲戰，畫地而守之。”又：圖畫，繪畫。《儀禮·鄉射禮》：“大夫布侯，畫以虎豹。”（侯：箭靶。）劃分界綫、描繪形貌，都是將事物的形象表現出來。

2.122 賑②，富①也。

①“富”，財物多，富裕。也指財物，財富。《周禮·天官·大宰》：“九曰藪，以富得民。”（藪：湖澤。）鄭注：“富謂藪中材物。”

②“賑（zhèn）”，用財物救濟。《管子·輕重丁》：“發其積藏出其財物，以賑貧病。”賑與富意義有關聯。

2.123　局[①]，分也。

①“局”，部分，分部。《禮記·曲禮上》：“左右有局，各司其局。”（司：掌管。）鄭注：“局，部分也。”

2.124　懠[①]，怒也。

①“懠（qí）”，憤怒。《詩經·大雅·板》：“天之方懠，無為夸毗。”（夸毗：卑躬屈膝奉承人。）毛傳：“懠，怒也。”《釋文》：“懠，疾怒也。”

2.125　偞[①]，聲也。

①“偞（xiè）”，象聲詞，形容細小的聲音。《釋文》：“動草聲也。”邢疏：“言聲音偞偞然也。”

2.126　葵[②]，揆[①]也。揆，度[③]也。

①“揆（kuí）”，度量，考察。《詩經·鄘風·定之方中》：“揆之以日，作于楚室。”毛傳：“揆，度也。度日出入以知東西。”又：道理，準則。《孟子·離婁下》：“先聖後聖，其揆一也。”又：揣度。《楚辭·離騷》：“皇覽揆余初度兮，肇錫余以嘉名。”（皇：皇考，死去的父親。覽：觀察。度：時節，指出生的年月。肇：始。錫：通“賜”。）

②“葵”，通“揆”。度量，考察。《詩經·小雅·采菽》：“樂只君子，天子葵之。”陳奐傳疏：“言天子揆度諸侯之德，而厚予之以福禄也。”

③“度（dù）”，法度，準則。《尚書·太甲中》：“欲敗度，縱敗

禮。”又：讀 duó，丈量，計算。《孟子·梁惠王上》：“度，然後知長短。”又：推測，估計。《詩經·小雅·巧言》：“他人有心，予忖度之。”

2.127　逮[②]，及[①]也。

①“及”，趕上，到。又：介詞，跟，同。參看 1.113 注③。又：趁……的時候。《左傳·僖公二十二年》：“彼衆我寡，及其未既濟也，請擊之。”

②“逮”，趕上，達到。又：介詞，趁……的時候。《左傳·定公四年》：“逮吴之未定，吾取其分焉。”杜注：“與吴共分楚地。”

2.128　惄，飢也。[①]

①〔案〕《方言》一：“惄，憂也。自關而西秦晉之間，凡志而不得，欲而不獲，高而有墜，得而中亡謂之濕，或謂之惄。”又：“惄，思也。秦晉或曰慎。凡思之貌亦曰慎，或曰惄。”“惄（nì）”，没有飢餓的意思。注家多以為本條是釋《詩經·周南·汝墳》“未見君子，惄如調飢”的。（“調”為“朝”的借字。）“惄如朝飢”，意思是説思念在外的丈夫，好像早晨腹中飢餓一樣難受。毛傳：“惄，飢意也。”本條以“飢”釋“惄”，是比喻心情，而非解釋詞義。

2.129　眕[①]，重也。

①“眕（zhěn）”，穩重，慎重。《左傳·隱公三年》：“憾而能眕者，鮮矣。”杜注：“恨則思亂，不能自安自重。”

2.130　獵[②]，虐[①]也。

①“虐”，殘暴，暴虐。《尚書·吕刑》：“惟作五虐之刑曰法。”

又：殘害，殘殺。《左傳・文公十五年》："君子之不虐幼賤，畏於天命也。"

②"獮"，獮取、捕捉禽獸。引申為虐待，殘害。《國語・吴語》："今大夫國子興其衆庶，以犯獮吴國之所徒。"

2.131 土[①]，田也。

①"土"，土地。指已耕種的土地時，與田同義。郝疏："土為田之大名，田為已耕之土，對文則别，散則通也。"《詩經・大雅・崧高》："王命召伯，徹申伯土田。"高亨注："徹，治也。徹土田是用周代的徹法劃定田地疆界，制定賦稅。"

2.132 戍[②]，遏[①]也。

①"遏（è）"，抑制，阻止。《孫子兵法》："餌兵勿食，歸師勿遏。"

②"戍"，防守邊疆，阻止敵人入侵。《左傳・莊公八年》："齊侯使連稱、管至父戍葵丘。"（連稱、管至父：齊國的大夫。）

2.133 師[②]，人[①]也。

①"人"，人衆，衆人。《穀梁傳・莊公十七年》："齊人執鄭詹。人者衆辭也。"

②"師"，軍隊，引申為人衆，衆人。參看1.61注⑤。

2.134 硈[②]，鞏[①]也。

①"鞏"，牢固，堅固。《周易・革》："鞏用黄牛之革。"王弼注："鞏，固也。"

②"硈（qià）"，石堅硬。本或作"硞（què）"。《説文》："硈，

石堅也。”石堅硬與牢固義相通。

2.135　棄[①]，忘也。

①“棄”，拋棄。引申為忘記。《左傳·昭公十三年》：“南蒯、子仲之憂，其庸可棄乎?”（其庸：豈。）

2.136　囂[②]，閑[①]也。

①“閑（xián）”，通“閒（xián）”。閒暇，清閒。《荀子·解蔽》：“是以闢耳目之欲，而遠蚊蝱之聲，閑居静思則通。”（闢：屏除。）

②“囂（xiāo）”，喧嘩。“囂囂”“囂然”，從容閒暇的樣子。郭注：“囂然，閑暇貌。”《孟子·盡心上》：“人知之，亦囂囂；人不知，亦囂囂。”趙岐注：“囂囂，自得無欲之貌也。”

2.137　謀，心也。[①]

①〔案〕本條説明“謀”（謀慮，謀劃）和“心”（内心，思想，感情）的關繫。郭注：“謀慮以心。”《尚書·洪範》：“汝則有大疑，謀及乃心，謀及卿士，謀及庶人，謀及卜筮。”（則：若。）黄侃《爾雅音訓》：“此釋《書》‘謀及乃心’。‘心’‘思’通言不别，謀既訓思，故謀亦訓心。”

2.138　獻[②]，聖[①]也。

①“聖”，通達事理。引申為具有最高智慧和道德。《尚書·洪範》：“聰作謀，睿作聖。”（睿：思慮深遠。）孔傳：“於事無不通謂之聖。也指道德智能極高超的人。《論語·子罕》：“固天將縱之將聖，又多能也。”

②“獻”，通“賢”。指有才能和有道德的賢人。《尚書·皐陶謨》：

“萬邦黎獻，共惟帝臣。”孔傳：“獻，賢也。萬邦衆賢共為帝臣。”

2.139 里②，邑①也。

①“邑”，人群居住的地方。所指户數多寡不一。如《荀子·大略》：“〔禹〕過十室之邑必下。”（室：家。）《論語·公冶長》：“子曰：‘求也，千室之邑，百乘之家，可使為之宰也。’”

②“里”，人群居住的地方。所指户數多寡不一。如《周禮·地官·遂人》：“五家為鄰，五鄰為里。”《管子·度地》：“百家為里。”陳晉《爾雅學》：“《周禮》《論語》之邑，或云三十家，或云十室，其數皆不同，故邑、里為通稱也。”

2.140 襄①，除也。

①“襄”，通“攘（rǎng）”。除去。《詩經·鄘風·牆有茨》：“牆有茨，不可襄也！”（茨：蒺藜。）

2.141 振，古也。①

①〔案〕本條注家均認為是解釋《詩經·周頌·載芟》中“振古如兹”的。毛傳：“振，自也。”鄭箋：“振亦古也。”《爾雅》的解釋與鄭箋同。《爾雅》郭注、邢疏、郝疏均釋“振”為久，故。如按《爾雅》各注家及鄭玄的解釋，則“振古如兹”句義不通。且在其他古籍中未見有“振”表示古、久意義的。如按毛傳解釋，這句意為“自古如此”，則文從字順。王引之認為：“蓋《爾雅》本作‘振，自也’。‘自’字古文作𦣹，形與古相似，因訛為古。”見《經義述聞》二十七。毛王之説較為合理。

2.142 懟①，怨也。

①“懟（duì）”，怨恨。《穀梁傳·莊公三十一年》：“財盡則怨，力盡則懟。”

2.143 縭[②]，介[①]也。

①“介”，疆界，界限。後作“界”。引申為處於兩者之間。《左傳·襄公九年》：“天禍鄭國，使介居二大國之間。”

②“縭（lí）”，鞋上鑲嵌絲帶作裝飾。《説文》：“縭，以絲介履也。”段注：“介者，畫也，謂以絲介畫履間為飾也。”又指古代女子繫結蔽膝的帶子。《詩經·豳風·東山》：“親結其縭，九十其儀。”聞一多《風詩類鈔》：“縭，蔽膝之繫帶，結縭即結蔽膝也。”

2.144 號[②]，謼[①]也。

①“謼（hū）”，同“呼”。大聲喊叫。郭注：“今江東皆言謼。”《詩經·大雅·蕩》：“式號式呼，俾晝作夜。”（式：助詞，無義。）《釋文》：“呼……崔本作謼。”

②“號（háo）”，大聲喊叫。《詩經·魏風·碩鼠》：“樂郊樂郊，誰之永號。”（永：長。）毛傳：“號，呼也。”

2.145 凶[②]，咎[①]也。

①“咎（jiù）”，災禍。《左傳·昭公八年》：“是宫也成，諸侯必叛，君必有咎。”

②“凶”，不吉利，災禍。《詩經·王風·兔爰》：“我生之後，逢此百凶。”鄭箋：“百凶者，王構怨連禍之凶。”

2.146 苞[②]，稹[①]也。

①“稹（zhěn）”，草木叢生。郭注：“今人呼物叢緻者為稹。”邢

疏："孫炎曰：'物叢生曰苞，齊人名曰稹。'"

②"苞"，草木叢生，茂盛。參看1.56注①。

2.147　逜[②]，寤[①]也。

①"寤（wù）"，通"牾（wǔ）"。逆，倒著。《左傳・隱公元年》："莊公寤生，驚姜氏。"

②"逜（wù）"，抵觸，迕逆。《鶡冠子・天則》："下之所逜，上之可蔽。"

2.148　顁[②]，題[①]也。

①"題"，額頭。《楚辭・招魂》："雕題黑齒，得人肉以祀。"（雕：刻畫。）

②"顁（dìng）"，也作"定"。額。《詩經・周南・麟之趾》："麟之定。振振公姓。"毛傳："定，題也。"《釋文》："定，都佞反。字書作顁。"（麟：麒麟。振振：子孫衆多、興旺的樣子。公姓：公子。）

2.149　猷[①]、肯[②]，可也。

①"猷（yóu）"，同"猶"。可，可以。《詩經・魏風・陟岵》："上慎旃哉！猶來無棄。"毛傳："猶，可也。"郭璞《爾雅注》引作"猷來無棄"。

②"肯"，許可，願意。《左傳・文公十六年》："請盟，齊侯不肯。"

2.150　務[①]，侮也。

①"務（wǔ）"，通"侮"。侮辱，欺負。《詩經・小雅・常棣》："兄弟鬩于牆，外禦其務。"（鬩：争吵。）《左傳・僖公二十四年》引作

“外禦其侮”。

2.151　貽[2]，遺[1]也。

①“遺（yí）”，遺留。《荀子·勸學》：“不聞先王之遺言，不知學問之大也。”又：讀wèi，給予，贈送。《左傳·隱公元年》：“小人有母，皆嘗小人之食矣，未嘗君之羹，請以遺之。”

②“貽（yí）”，同“詒（yí）”，贈送，送給。《詩經·邶風·静女》：“静女其孌，貽我彤管。”又：遺留，留給。《詩經·周頌·思文》：“貽我來牟。”（來：小麥。牟：大麥。）

2.152　貿[1]，買也。

①“貿”，交易，做買賣。參看2.25注②。有時貿可單指買或賣。《詩經·衛風·氓》：“匪來貿絲，來即我謀。”根據上下文文意可釋“貿”為“買”。

2.153　賄[1]，財也。

①“賄（huì）”，財物。邢疏：“財帛總名賄。”《詩經·衛風·氓》：“以爾車來，以我賄遷。”毛傳：“賄，財。”

2.154　甲[1]，狎也。

①“甲（xiá）”，通“狎”。親近。《詩經·衛風·芄蘭》：“芄蘭之葉，童子佩韘。雖則佩韘，能不我甲。”毛傳：“甲，狎也。”《釋文》：“〔甲〕《韓詩》作狎。”（芄蘭：草名。韘：象骨做成的拉弓用的決，俗名板指。）

2.155　茭[2]，雞[1]也。茭，蘮[3]也。

①“騅（zhuī）”，毛色蒼白混雜的馬。參看 19.14 注⑪。本條用“騅”説明菼的顏色。郭注：“菼，草色如騅，在青白之間。”

②“菼（tǎn）”，初生的蘆荻，顔色灰白。參看 13.194 注③。《詩經・王風・大車》：“大車檻檻，毳衣如菼。”毛傳：“菼，鵻（騅）也，蘆之初生者也。”鄭箋：“菼，薍也。”（檻檻：車行的聲音。毳衣：繡花衣裳。）

③“薍（wàn）”，初生的蘆荻。參看 13.194 注③。阮元《校勘記》：“此係《釋艸》文誤入。”

2.156　粲[①]，餐也。

①“粲（cān）”，通“餐”。飯食。《詩經・鄭風・緇衣》：“適子之館兮，還予授子之粲兮！”（適：往。館：館舍。還：回去。）

2.157　渝[①]，變也。

①“渝”，改變，變動。《詩經・鄭風・羔裘》：“彼其之子，舍命不渝。”毛傳：“渝，變也。”

2.158　宜[②]，肴[①]也。

①“肴（yáo）”，做熟的魚肉等。引申為吃做熟的魚肉等。

②“宜”，甲骨文作，金文作，與“俎”同字。用作名詞，表示切肉用的砧板。用作動詞，意為吃肉。《詩經・鄭風・女曰鷄鳴》：“弋言加之，與子宜之。”毛傳：“宜，肴也。”（弋：用帶繩子的箭射。加：射中。之：代野鴨與雁。與：為。）

2.159　夷[①]，悦也。

①“夷”，愉快，喜悦。《詩經・鄭風・風雨》：“既見君子，云胡

不夷?"

2.160　顛[①]，頂也。

①"顛"，頭頂。《詩經·秦風·車鄰》："有車鄰鄰，有馬白顛。"引申指高而直立的物體頂部。《詩經·唐風·采苓》："采苓采苓，首陽之顛。"（首陽：山名。）

2.161　耋[①]，老也。

①"耋（dié）"，老年。郝疏："耋無正訓，故有六十、七十、八十之異，要為老壽之稱則同。"《詩經·秦風·車鄰》："今者不樂，逝者其耋。"（逝者：他日。）

2.162　輶[①]，輕也。

①"輶（yóu）"，古代一種輕便車。引申為輕。《詩經·大雅·烝民》："德輶如毛，民鮮克舉之。"

2.163　俴[①]，淺也。

①"俴（jiàn）"，淺，薄。《詩經·秦風·小戎》："小戎俴收，五楘梁輈。"（小戎：輕便的兵車。收：車前後兩頭的横木。五楘：五色花紋的皮帶。梁輈：彎曲的車轅。）

2.164　綯[②]，絞[①]也。

①"絞"，兩股相交扭成的繩索。《儀禮·喪服傳》："絞帶者，繩帶也。"賈公彥疏："以絞麻為繩作帶，故云絞帶也。"

②"綯（tāo）"，繩索。《詩經·豳風·七月》："晝爾于茅，宵爾索綯。"

2.165　訛[①]，化也。

①“訛（é）”，通“吪（é）”。變化，改變。《詩經·小雅·節南山》：“式訛爾心，以畜萬邦。”

2.166　跋[②]，躐[①]也。疐[④]，跲[③]也。

①“躐（liè）”，踐踏。《楚辭·九歌·國殤》：“凌余陣兮躐余行。”王逸注：“躐，踐也。”

②“跋（bá）”，踐踏。《詩經·豳風·狼跋》：“狼跋其胡。”（胡：獸頸下垂的肉。）

③“跲（jiá）”，絆倒。鄭樵注：“躐，前倒。跲，後倒。”《吕氏春秋·不廣》：“鼠前而兔後，趨則跲，走則顛。”

④“疐（zhì）”，通“躓（zhì）”。本或作“躓”。跌倒，絆倒。《詩經·豳風·狼跋》：“狼跋其胡，載疐其尾。”

2.167　烝[②]，塵[①]也。

①“塵”，通“陳”。時間長久。參看 1.112 注②。

②“烝”，長久。《詩經·豳風·東山》：“蜎蜎者蠋，烝在桑野。”鄭箋：“蠋蜎蜎然特行，久處桑野，有似勞苦者。”

2.168　戎[②]，相[①]也。

①“相（xiàng）”，幫助，輔佐，扶助。

②“戎”，相助。郭注：“謂佐助。”《詩經·小雅·常棣》：“每有良朋，烝也無戎。”鄭箋：“當急難之時，雖有善同門來久也，猶無相助己者。”

2.169　飫[①]，私也。

①“飫（yù）”，古代家族的私宴。《詩經・小雅・常棣》：“儐爾籩豆，飲酒之飫。”（儐：陳列。籩豆：盛食物的器具。）毛傳：“飫，私也。”

2.170　孺[②]，屬[①]也。

①“屬（shǔ）”，親屬。《孟子・離婁下》：“夫章子，豈不欲有夫妻子母之屬哉？”

②“孺”，親屬相親睦。邢疏：“李巡云：‘孺，骨肉相親屬也。’”《詩經・小雅・常棣》：“兄弟既具，和樂且孺。”

2.171　幕，暮[①]也。

①“暮”，本字為“莫（mù）”。日落時。日落則天色漸黑，如用幕布覆蓋，所以郝疏認為：“《爾雅》古本作‘幕，莫’，聲義相兼。”有的注家則認為“莫”通“幕”，帳幕。本條“暮”用“莫”的通假義釋“幕”。可供參考。

2.172　煽[②]，熾[①]也。熾，盛也。

①“熾（chì）”，火旺。《韓非子・内儲説下》：“奉熾爐炭，肉盡赤紅。”引申為旺盛、昌盛。《詩經・小雅・六月》：“玁狁孔熾，我是用急。”

②“煽（shān）”，火熾旺。引申為熾盛。《詩經・小雅・十月之交》：“艷妻煽方處。”毛傳：“煽，熾也。”（艷妻：指天子的寵妃。）

2.173　柢[②]，本[①]也。

①“本”，草木的根或莖幹。《國語・晉語一》：“伐木不自其本，

必復生。”引申為根本，基礎。

②“柢（dǐ）”，樹根。《老子》五十九章：“是謂深根、固柢，長生、久視之道。”引申為事物的根基。

2.174　窕②，閒①也。

①“閒（xián）”，也作“閑”。空閒。《管子·山國軌》：“山田閒田。”又：閒暇。《楚辭·九歌·湘君》：“交不忠兮怨長，期不信兮告余以不閒。”

②“窕（tiǎo）”，空隙。《荀子·賦》：“充盈大宇而不窕。”引申為空閒，閒暇。

2.175　淪②，率①也。

①“率（shuài）”，甲骨文作，中像繩索，兩端絞緊，兩旁像麻枲之餘。本義為繩索。引申為牽引，牽連。又引申為相繼，相率。《詩經·魯頌·閟宫》：“莫不率從，魯侯之功。”鄭箋：“率從，相率從於中國也。”

②“淪”，沉没，陷入。引申為牽連。《詩經·小雅·雨無正》：“若此無罪，淪胥以鋪。”毛傳：“淪，率也。”鄭箋：“胥，相。鋪，徧也。言王使此無罪者見牽率相引而徧得罪也。”

2.176　罹②，毒①也。

①“毒”，禍患。《尚書·盤庚上》：“汝不和吉言于百姓，惟汝自生毒。”孔疏：“不和百官，必將遇禍，是公卿自生毒害。”

②“罹（lí）”，憂患，苦難。參看1.66注⑧。

2.177　檢①，同也。

①“檢”，等同。《管子·山權數》：“北郭有掘闕而得龜者，此檢數百里之地也。”尹知章注：“檢，猶比也。以此龜為用者，其數可比百里之地。”

2.178　郵[①]，過也。

①“郵”，通“尤”。古本作“尤”。過失，罪過。《詩經·小雅·賓之初筵》：“是曰既醉，不知其郵。”

2.179　遜[②]，遯[①]也。

①“遯（dùn）”，同“遁”。逃。引申為隱避。《尚書·說命下》：“台小子舊學于甘盤，既乃遯于荒野。”（台：我。甘盤：殷賢臣。）

②“遜（xùn）”，逃遁。《尚書·微子》：“吾家耄，遜于荒。”孔傳：“在家不堪耄亂，故欲遯出於荒野。”

2.180　斃[②]，踣[①]也。僨[④]，僵[③]也。

①“踣（bó）”，向前仆倒，倒下。《國語·魯語下》：“桀奔南巢，紂踣於京。”

②“斃”，仆倒，倒下。《左傳·哀公二年》：“鄭人擊簡子中肩，斃於車中。”

③“僵”，向後倒下，倒下。《戰國策·燕策一》：“妾知其藥酒也，進之則殺主父，言之則逐主母，乃陽僵棄酒。”（陽：假裝。）

④“僨（fèn）”，倒仆，倒覆。《左傳·隱公三年》：“鄭伯之車僨于濟。”

2.181　畛[②]，殄[①]也。

①“殄（tiǎn）”，斷絶，滅絶。參看1.55注⑥、1.129注②。

②“畛（zhěn）”，田間的道路。郝疏：“畛者，田界之盡也。”《周禮·地官·遂人》：“十夫有溝，溝上有畛。”引申為界限。《莊子·齊物論》：“夫道未始有封，言未始有常，為是而有畛也。”成玄英疏：“畛，界畔也。”田界、界限與斷絕義有相通之處。

2.182　曷[②]，盍[①]也。

①“盍（hé）”，用作副詞，表示反問或疑問。相當於“何不”。《論語·公冶長》：“顏淵、季路侍。子曰：‘盍各言爾志?’”用在“不”前，表示為甚麼、怎麼的意思。《管子·小稱》：“盍不起為寡人壽乎?”（壽：祝酒。）

②“曷（hé）”，多見於《詩》《書》等較早的先秦文獻中。用作副詞，表示反問或疑問，相當於“何不”。《詩經·唐風·有杕之杜》：“中心好之，曷飲食之?”

2.183　虹[②]，潰[①]也。

①“潰”，水衝破堤壩。引申為離散，散亂。《左傳·文公三年》：“凡民逃其上曰潰。”

②“虹”，通“訌（hòng）”。惑亂，迷亂。《詩經·大雅·抑》：“彼童而角，實虹小子。”（童：指小牛小羊。角：長角。）高亨注：“虹，通訌，惑亂。”

2.184　隌[②]，闇[①]也。

①“闇（àn）”，閉門。引申為黑暗。《莊子·讓王》：“今天下闇，周德衰。”

②“隌（àn）”，同“暗”，光綫不足，黑暗。郭注：“隌然，冥貌。”又：錢大昕說：“〔隌〕本當為‘陰’。《論語》‘高宗諒陰’，鄭訓‘陰’為‘闇’，《説文》亦訓‘陰’為‘闇’，皆據此文。古書

‘陰’與‘音’通。《左傳》‘鹿死不擇音’是也。本借‘音’為‘陰’，後人妄加阜旁。”見《潛研堂文集》卷十。可供參考。

2.185　暱[①]，膠也。

①“暱（nì）”，黏。《方言》二：“暱，黏也。齊魯青徐自關而東或曰暱。”《戰國策·趙策三》：“夫膠漆至暱也，而不能合遠。”

2.186　孔[①]，甚也。

①“孔”，很，甚。《詩經·豳風·東山》：“其新孔嘉，其舊如之何？”

2.187　厥[①]，其也。

①“厥（jué）”，代詞。相當於其，那。“厥”在甲骨、金文中常見，《尚書》和《詩經》等早期作品中用得也較多，在春秋戰國以後的古籍中，除仿古者外，一般不用。《尚書·大誥》：“厥父菑，厥子乃弗肯播。”（菑：開荒。）

2.188　戛[①]，禮也。

①“戛（jiá）”，常禮，常法。參看1.14注⑨。

2.189　闍[①]，臺也。

①“闍（dū）”，城門上用土築的高臺。《詩經·鄭風·出其東門》：“出其闉闍，有女如荼。”

2.190　囚，拘[①]也。

①“拘”，拘禁，逮捕。《尚書·酒誥》：“盡執拘以歸于周。”（執：捉拿。）

2.191　攸[1]，所也。

①“攸”，放在動詞前面，和動詞組成名詞性詞組，用法和“所”相同。僅用於上古。《周易·坤》：“君子有攸往，先迷後得，主利。”

2.192　展[2]，適[1]也。

①“適（shì）”，適合，符合。又：讀 dí，親厚器重。《論語·里仁》：“君子之於天下也，無適他，無莫也。”皇侃義疏引范甯曰：“適、莫，猶厚、薄也。”

②“展”，伸展，舒展。與適義有相通之處。郭注：“得自伸展，皆適意。”又：通“亶（dǎn）”，厚，重。《國語·魯語下》：“古者分同姓以珍玉，展親也。”

2.193　鬱[1]，氣也。

①“鬱（yù）”，草木繁茂。引申為聚集，凝聚。又用於形容氣盛的樣子。《詩經·大雅·雲漢》：“旱既大甚，蘊隆蟲蟲。”（蘊：悶熱。蟲蟲：指熱氣薰蒸的樣子。）《釋文》：“蘊，本作煴。《韓詩》作鬱。”

2.194　宅[1]，居也。

①“宅”，住宅。引申為居住。《詩經·大雅·文王有聲》：“考卜維王，宅是鎬京。”（考卜：查考占卜。鎬京：地名。）又：居官，任職。《尚書·堯典》：“有能奮庸熙帝之載，使宅百揆。”（熙：興盛。帝：指堯。載：事業。百揆：總理國政之官。）

2.195 休[2]，慶[1]也。

①“慶”，慶賀，引申為吉慶，幸福。《周易·坤》：“積善之家，必有餘慶。”

②“休”，美，善，喜慶。《國語·楚語下》：“明德以昭之，和聲以聽之，以告徧至，則無不受休。”韋昭注：“至，神至也。休，慶也。”參看1.52注⑤。

2.196 祈[1]，叫也。

①“祈”，向上天或神鬼求禱。《詩經·小雅·甫田》：“以祈甘雨，以介我稷黍。”（介：借為丐，祈求。）古代祈禱要大聲呼叫。郭注：“祈祭者叫呼而請事。”“祈”含有叫義。

2.197 濬[1]、幽，深也。

①“濬（jùn）”，挖深、疏通水道。引申為深。《詩經·商頌·長發》：“濬哲維商，長發其祥。”

2.198 哲[1]，智也。

①“哲”，聰明，有才能。《方言》一：“哲，知也。齊宋之間謂之哲。”《詩經·大雅·瞻卬》：“哲夫成城，哲婦傾城。”（傾：敗壞。）

2.199 弄[1]，玩也。

①“弄”，用手玩弄。引申為戲弄，作弄。《左傳·襄公四年》：“浞行媚於內，而施賂於外，愚弄其民，而虞羿於田。”（虞：通“娛”，娛樂。田：打獵。）

2.200 尹②，正①也。皇③、匡④，正也。

①“正”，不偏不斜，端正。引申為匡正，糾正。又：長官。參看1.133注⑥。

②“尹”，治理，主管。引申為長官。《尚書·皐陶謨》：“庶尹允諧。”（庶：衆。允：確實。）

③“皇”，通“匡”。匡正，扶正。《詩經·豳風·破斧》：“周公東征，四國是皇。”毛傳：“皇，匡也。”

④“匡”，方正，端正。引申為扶正。《論語·憲問》：“管仲相桓公，霸諸侯，一匡天下，民到於今受其賜。”又：糾正。《左傳·襄公十四年》：“善則賞之，過則匡之，患則救之，失則革之。”

2.201 服②，整①也。

①“整”，整理，整治。《詩經·大雅·常武》：“整我六師，以修我戎。”朱熹集傳：“整治其從行之六軍，修其戎事。”

②“服”，從事，做。引申為整治。《尚書·盤庚上》：“若農服田，力穡乃亦有秋。”（秋：指秋收。）

2.202 聘①，問也。

①“聘”，問候，訪問。《詩經·小雅·采薇》：“我戍未定，靡使歸聘。”（靡：無人。）又：特指諸侯之間或天子與諸侯之間派遣使者問候。《禮記·曲禮下》：“諸侯使大夫問於諸侯曰聘。”《穀梁傳·隱公九年》：“天王使南季來聘。”《禮記·王制》：“諸侯之於天子也，比年一小聘，三年一大聘，五年一朝。”鄭注：“比年，每年也。小聘使大夫，大聘使卿，朝則君自行。”

2.203 愧，慙①也。

①“慙（cán）”，同“慚”。羞愧。《吕氏春秋·勸學》：“上至於天子，朝之而不慙。”

2.204 殛[②]，誅[①]也。

①“誅”，譴責，責備。引申為懲罰。《韓非子·奸劫弒臣》：“聖人之治國也，賞不加於無功，而誅必行於有罪者也。”又引申為殺戮。用於上殺下，有道殺無道，誅殺有罪者，含有褒義。《孟子·梁惠王下》：“聞誅一夫紂矣，未聞弒君也。”

②“殛（jí）”，誅殺。《左傳·昭公七年》：“昔堯殛鯀於羽山。”有時表示懲罰。《尚書·康誥》：“爽惟天其罰殛我，我其不怨。”楊筠如覈詁：“罰殛連文，殛亦猶罰也。”

2.205 克[①]，能也。

①“克”，能够。參看1.39注①。

2.206 翌[②]，明[①]也。

①“明”，今之次（指時間）。《左傳·昭公七年》：“其明月，子産立公孫泄及良止以撫之。”《論語·微子》：“明日，子路行，以告。”

②“翌（yì）”，明、次（指時間）。郭注：“《書》曰：‘翌日乃瘳。’”今本《尚書·金縢》作“王翼日乃瘳”。孔疏：“翼，明。《釋言》文。”

2.207 訩[②]，訟[①]也。

①“訟”，争論，争辯。《尚書·盤庚上》：“今汝聒聒……予弗知乃所訟。”（聒聒：吵鬧。乃：汝。）

②“訩（xiōng）”，争訟，争辯。《詩經·魯頌·泮水》：“不告于

訩，在泮獻功。”鄭箋：“訩，訟也。”

2.208　晦②，冥①也。

①“冥”，昏暗。《説文》：“冥，幽也。”參看2.99注②。又：指夜晚。《詩經·小雅·斯干》：“噲噲其正，噦噦其冥。”（噲噲：寬敞明亮的樣子。正：指白晝。噦噦：深暗的樣子。）

②“晦”，昏暗。《楚辭·九章·涉江》：“山峻高以蔽日兮，下幽晦以多雨。”又：夜晚。《楚辭·天問》：“自明及晦，所行幾里？”又：用於稱農曆每月的最後一天。

2.209　奔②，走①也。

①“走”，跑。《韓非子·五蠹》：“兔走觸株，折頸而死。”又：逃跑。《孟子·梁惠王上》：“棄甲曳兵而走。”

②“奔”，快跑。《詩經·小雅·小弁》：“鹿斯之奔，維足伎伎。”（斯：助詞，無義。伎伎：四足飛奔的樣子。）又：敗逃，逃亡。《左傳·僖公五年》：“晉滅虢，虢公醜奔京師。”

2.210　逡①，退也。

①“逡（qūn）”，退却，退讓。《楚辭·九章·思美人》：“遷逡次而勿驅兮。”（次：臨時住宿。）

2.211　疐②，仆①也。

①“仆（pū）”，向前倒下。朱駿聲《説文通訓定聲》：“前覆為仆，後仰曰偃。”又：泛指倒下。《素問·經脈別論》：“度水跌仆，喘出於腎與骨。”

②“疐（zhì）”，跌倒，絆倒。參看2.166注④。

2.212 亞[①]，次也。

①“亞”，排在第二或次一等的。《論語·微子》：“大師摯適齊，亞飯干適楚，三飯繚適蔡，四飯缺適秦。”（亞飯：君主進食時第二次奏樂勸食的樂師。）《左傳·文公六年》：“先君是以愛其子，而仕諸秦為亞卿焉。”又：次於。《左傳·襄公十九年》：“圭嬀之班亞宋子而相親也。”（圭嬀、宋子：鄭穆公妾。班：位次。）杜預注：“亞，次也。”

2.213 諗[①]，念也。

①“諗（shěn）”，通“念”。思念。《詩經·小雅·四牡》：“是用作歌，將母來諗。”

2.214 屆[②]，極[①]也。

①“極”，至，到達。參看1.5注②。

②“屆（jiè）”，至，到達。《詩經·小雅·小弁》：“譬彼舟流，不知所屆。”

2.215 弇[②]，同[①]也。弇，蓋也。

①“同”，共同，相同，聚集。

②“弇（yǎn）”，或作“奄（yǎn）”。覆蓋，遮蔽。《墨子·耕柱》：“是猶弇其目而祝於叢社也。”又：承襲，沿襲。《荀子·賦》：“法舜、禹而能弇跡者邪?”楊倞注：“弇，襲也。”承襲、沿襲與同義相通。

2.216 恫[①]，痛也。

①“恫（tōng）”，哀痛，痛苦。《詩經·大雅·思齊》：“神罔時

怨，神罔時恫。”（罔：無。時：是，此。）顔師古《匡謬正俗》六：“今痛而呻者，江南俗謂之呻唤，關中俗謂之呻恫，……太原俗謂恫唤。”

2.217　握[②]，具[①]也。

①“具”，器具，用具。

②“握”，或作“屋”。食器。《詩經·秦風·權輿》：“夏屋渠渠。”（夏：大。渠渠：大的樣子。）陸錦燧《讀爾雅日記》：“〔《權輿篇》〕疑三家異文有作‘握’者，《爾雅》蓋釋三家詩之‘夏握’也。”“夏屋”，俞樾《群經平議》：“古鼎彝之屬往往刻宫室之象……或亦鼎彝之屬，上刻夏屋之形，故即以名之。”聞一多《風詩類鈔》：“夏屋，蓋食器、房俎之類，狀如屋，故名。”（房俎：周時祭器。）

2.218　振[②]，訊[①]也。

①“訊”，通“迅”。急速，振奮。《禮記·樂記》：“治亂以相，訊疾以雅。”孔疏：“雅為樂器名。舞者訊疾，奏此雅器以節之。”

②“振”，振奮，奮起。《詩經·周頌·振鷺》：“振鷺于飛，于彼西雝。”（雝：水澤。）

2.219　鬩[②]，恨[①]也。

①“恨”，本或作“很”，當作“很”。違逆，不聽從。《國語·吴語》：“今王將很天而伐齊。”韋昭注：“很，違也。”引申為争訟。《禮記·曲禮上》：“很毋求勝，分毋求多。”鄭注：“很，鬩也，謂争訟也。”

②“鬩（xì）”，争吵，争鬥。《詩經·小雅·常棣》：“兄弟鬩于牆，外禦其務。”（務：通“侮”。）毛傳：“鬩，很也。”孔疏：“很者，忿争之名。”

2.220 越[①]，揚也。

①“越”，越過。引申為高揚。《禮記·聘義》：“叩之，其聲清越以長。”又引申為發揚、宣揚。《國語·晉語八》：“宣其德行，順其憲則，使越於諸侯。”

2.221 對[②]，遂[①]也。

①“遂”，順應，符合。《國語·周語下》：“如是，而鑄之金，磨之石，繫之絲木，越之匏竹，節之鼓而行之，以遂八風。”（八風：八方之風。）韋昭注：“遂，順也。”

②“對”，相當，相配。《周易·無妄》：“先王以茂對時育萬物。”孔疏：“茂，盛也。對，當也。言先王以此無妄（至誠）盛事，當其無妄之時，育養萬物也。”

2.222 燬[①]，火也。

①“燬（huǐ）”，火，烈火焚燒。《詩經·周南·汝墳》：“魴魚赬尾，王室如燬。”（赬：紅色。王室：指國事。）毛傳：“燬，火也。”《釋文》：“〔燬〕音毀。或云楚人齊人謂火曰燬。”

2.223 懈，怠[①]也。

①“怠”，鬆懈，怠惰。《商君書·弱民》：“兵民怠而國弱。”

2.224 宣[②]，緩[①]也。

①“緩”，舒緩，鬆，寬。

②“宣”，散發。《左傳·昭公元年》：“於是乎節宣其氣。”（節：節制。）寬緩有放縱之義，與散發義相通。一説“宣”通“絙

(huán)”，綬帶。《説文》：“絙，緩也。”段注認為“緩”為“綬”的誤字，本條當作“宣（絙），綬也”。可供參考。

2.225　遇，偶也。①

①“遇，偶也”，古本作“偶，遇也”。當作“偶，遇也”。“遇”，碰見。《禮記·曲禮下》：“諸侯未及期相見曰遇。”“偶”，合。參看1.23。碰見與會合義相通。

2.226　曩②，曏①也。

①“曏（xiàng）”，或作“鄉”“嚮”。表示過去的時間，一般為過去不久的時間。《左傳·莊公三十二年》：“公疾，問後於叔牙。對曰：‘慶父材。’問於季友。對曰：‘臣以死奉般。’公曰：‘鄉者牙曰慶父材。’”有時“曏”也表示過去較久遠的時間。《吕氏春秋·察今》：“病變而藥不變，曏之壽民，今為殤子矣。”

②“曩（nǎng）”，表示過去的時間，一般為過去較久遠的時間。參看1.112注①。有時“曩”也表示過去不久的時間。《韓非子·難一》：“韓獻子將斬人，郤獻子聞之，駕往救之。比至，則已斬之矣。……其僕曰：‘曩不將救之乎！’”

2.227　偟①，暇也。

①“偟（huáng）”，本作“皇”，經典通作“遑（huáng）”，閒暇。《詩經·召南·殷其靁》：“何斯違斯，莫敢或遑。”（靁：古雷字。違：離去。）毛傳：“遑，暇也。”《釋文》：“本或作‘偟’，音黄，暇也。”

2.228　宵，夜也。

2.229 懊[②]，忨[①]也。愒[③]，貪也。

①“忨（wán）”，貪愛。《説文》：“忨，貪也。”段注：“貪者，欲物也。忨與玩、翫義皆略同。”《國語·晉語八》：“今忨日而潵歲，怠偷甚矣。”（潵：曠廢。）

②“懊（yù）”，貪愛。郭注：“謂愛忨。”《國語·鄭語》：“申吕方强，其隩愛太子，亦必可知也。”王引之《經義述聞》：“隩與懊同。愛懊一聲之轉。”

③“愒（kài）”，貪戀，貪求。《左傳·昭公元年》：“主民，翫歲而愒日。”杜注：“翫、愒皆貪也。”

2.230 榰[①]，柱也。

①“榰（zhī）”，通作“支”。支撑房屋的立柱下的木基或石基。引申為支柱，支撑。《國語·周語下》：“天之所支不可壞也，其所壞亦不可支也。”韋昭注：“支，柱也。”

2.231 裁[①]，節也。

①“裁”，剪裁，引申為節制，控制。《周易·繫辭上》：“化而裁之謂之變。”孔疏：“陰陽變化而相裁節之謂之變也。”

2.232 竝[②]，併[①]也。

①“併（bìng）”，同“併”。並行、並列。《禮記·祭義》：“行肩而不併。”孔疏：“行肩而不併者，謂老少並行，言肩臂不得併行，少者差退在後。”

②“竝”，古“並”字。並行，並列。《荀子·儒效》：“鄉也混然塗之人也，俄而竝乎堯禹，豈不賤而貴矣哉！”（鄉：從前。混然：無知的樣子。塗：通“途”，路途。）

2.233　卒②，既①也。

①“既”，窮盡，完了。《穀梁傳·桓公三年》：“既者，盡也。”《莊子·應帝王》：“吾與汝既其文，未既其實。”成玄英注：“既，盡也。”

②“卒”，完畢，終結。參看1.171注②、1.172。

2.234　悰①，慮也。

①“悰（cóng）”，謀慮。陳晋《爾雅學》：“郭注：‘謂謀慮也。’此與《釋詁》‘慮’字義同。悰者，《説文》：‘慮也。’《玉篇》：‘悰，謀也，慮也。’皆雅義也。”

2.235　將②，資①也。

①“資（zī）”，通“賫（jī）”。把東西送給人，資助。《莊子·大宗師》：“意而子見許由。許由曰：‘堯何以資汝?’”（意而子：莊子假託的寓言人物。）

②“將（jiāng）”，送。《周禮·春官·大史》：“及將幣之日，執書以詔王。”鄭注：“將，送也。詔王，告王以禮事。”賈疏：“幣謂璧帛之等。”又：奉獻，進獻。《詩經·小雅·鹿鳴》：“吹笙鼓簧，承筐是將。”高亨今注：“承，捧也。將，獻也。”

2.236　黹②，紩①也。

①“紩（zhì）”，縫。用針綫連綴。《晏子春秋·諫下》：“古者嘗有紩衣攣領而王天下者。”

②“黹（zhǐ）”，縫紉，刺繡。《周禮·春官·司服》：“祭社稷五祀，則希冕。”鄭注：“希讀為絺，或作黹。”賈疏：“黹，紩也，謂刺繒為繡。”

2.237 遞②，迭①也。

①“迭（dié）”，更替，輪流。《莊子·天運》：“四時迭起，萬物循生。”

②“遞”，交替，順次更迭。《吕氏春秋·蕩兵》：“五帝固相與争矣，遞興廢勝者用事。”

2.238 矧①，況也。

①“矧（shěn）”，況且，何況。《詩經·小雅·伐木》：“相彼鳥矣，猶求友聲。矧伊人矣，不求友生？”

2.239 廩②，廯①也。

①“廯（xiǎn）”，少，鮮（xiǎn）。王引之《經義述聞》：“《説文》無‘廯’字，自漢以前亦無謂倉廩為廯者。舍人本作‘鮮’，訓廩為少鮮，是也。”

②“廩（lǐn）”，少。《公羊傳·文公十三年》：“周公盛……群公廩。”（盛：指將新穀堆滿祭器。）徐彦疏：“廩謂全是故穀，但在上少有新穀，財得相連而已，故謂之廩。廩者，希少之名。”

2.240 逭①，逃也。

①“逭（huàn）”，逃避。《尚書·太甲中》：“天作孽，猶可違；自作孽，不可逭。”

2.241 訊①，言也。

①“訊（xùn）”，詢問。《詩經·小雅·正月》：“召彼故老，訊之占夢。”毛傳：“訊，問也。”引申為告訴。參看1.29注⑥。

2.242　間，俔也。①

①這一條當作“俔，間也”。“間（jiàn）”，也作“閒”。間隔。含有間或、有時的意思。“俔（xiàn）”，間或見到。《説文》：“俔，諭也。一曰間見也。”陳晉《爾雅學》：“間者，不常也。俔者，不常見也。俔有間之義。”

2.243　沄，沆也。①

①〔案〕“沄”“沆”單用，今本先秦古籍中未見。“沆（hàng）”，大水。“沄（yún）”，通“澐（yún）”，大波浪。繆楷《爾雅稗疏》：“沄者，‘澐’之假音也。雲字之古文作‘云’。故假‘沄’為‘澐’。《説文》：‘澐，江水之大波謂之澐。’又云：‘沆，莽沆，大水也。’澐與沆皆為水大義，故以為釋。”

2.244　干②，扞①也。

①“扞（hàn）”，保衛，護衛。後作“捍”。《尚書・文侯之命》：“汝多修，扞我于艱。”

②“干（gān）”，盾牌。《方言》九：“盾自關而東或謂之瞂，或謂之干，關西謂之盾。”引申為捍衛。又，讀gàn。《詩經・周南・兔罝》：“赳赳武夫，公侯干城。”《左傳・成公十二年》引此詩句解釋為“此公侯之所以扞城其民也”。

2.245　趾①，足也。跸③，刖②也。

①“趾”，足，本字為“止”。甲骨文作，象人足形。《詩經・豳風・七月》：“四之日舉趾。”（四之日：夏曆二月。）

②“刖（yuè）”，砍，斷。又指砍掉脚的酷刑。《韓非子・和氏》：“王以和為誑，而刖其左足。”

③“跰（fèi）”，同“剕（fèi）”。斷足。古代五刑之一。《尚書·呂刑》：“剕辟疑赦，其罰倍差。”（辟：罪。倍差：不到劓罰的一倍。）

2.246 襄[①]，駕也。

①“襄”，通“驤（xāng）”。馬。引申為駕（車）。《詩經·鄭風·大叔于田》：“兩服上襄，兩驂鴈行。”（服：轅馬。驂：駕車時位於兩旁的馬。）鄭箋：“襄，駕也。”王引之《經義述聞》：“上者，前也。上襄，猶言並駕於車前。”

2.247 忝[①]，辱也。

①“忝（tiǎn）”，羞辱，有愧於。《詩經·小雅·小宛》：“夙興夜寐，無忝爾所生。”

2.248 燠[②]，煖[①]也。

①“煖（nuǎn）”，同“暖”。温暖。《孟子·盡心上》：“五十非帛不煖，七十非肉不飽。”

②“燠（yù）”，熱，暖。郭注：“今江東通言燠。”《穀梁傳·桓公十四年》：“無冰，時燠也。”

2.249 塊[②]，堛[①]也。

①“堛（bì）”，土塊。《儀禮·既夕禮》：“坐用塊。”鄭注：“塊，堛也。古文坐為役。”賈疏：“孫氏云：‘堛，土塊也。’”

②“塊”，土塊。《釋文》：“本作甴。《説文》云：‘塊，俗甴字也。’甴，一名堛。”《左傳·僖公二十三年》：“〔重耳〕乞食於野人，野人與之塊。”（野人：農夫。）

2.250　將[②]，齊[①]也。

①“齊（jī）”，通“齎（jī）”。送給人財物。

②“將”，送，進奉。《詩經・小雅・楚茨》：“或剥或亨，或肆或將。”（亨：烹飪。肆：陳列。將：捧持供獻。）

2.251　餬[②]，饘[①]也。

①“饘（zhān）”，稠粥。《説文・食部》：“饘，糜也。周謂之饘，宋謂之餬。”《禮記・檀弓上》：“饘粥之食。”孔疏：“厚曰饘，希曰粥。”

②“餬（hú）”，稠粥。郭注：“餬，糜也。”邢疏：“餬、饘、鬻、糜，相類之物。稠者曰糜，淖者曰鬻。餬、饘是其别名。”（淖：稀泥漿狀。）

2.252　啟[①]，跪也。

①“啟”，通“跽（jì）”。長跪，即雙膝著地，兩脚後伸，上身挺直。《左傳・襄公八年》：“敝邑之衆，夫婦男女，不遑啟處，以相救也。”杜注：“遑，暇也。啟，跪也。”

2.253　矈[①]，密也。

①“矈（mián）”。〔案〕“矈”字在現存先秦西漢文獻中未見。《説文》：“矏（矈），目旁薄緻宀宀也。”段注：“宀宀，微密之皃。目好者必目旁肉好，乃益見目好……引申為凡密之偁也。”《詩經・大雅・載芟》“緜緜其麃”，意為細緻地除草。“矈”與毛詩中的“緜”音同，又都有細密義。“矈”有可能在三家詩中用作“緜”的借字。

2.254　開，闢[①]也。

①“闢（pì）”，本或作“辟”。開啟，打開；開拓，開墾。

2.255　袍②，襺①也。

①“襺（jiǎn）”，本或作“繭”。内絮新絲緜的袍子。邢疏：“繭是袍之别名。謂新緜著袍者也。”也泛指内絮絲緜的長衣。《左傳・襄公二十一年》：“方暑，闕地，下冰而牀焉；重繭，衣裘，鮮食而寢。”（闕：通“掘”。重：兩層。鮮：少。）

②“袍”，内絮絲緜的長衣。和“襺”相對時，指内絮有舊絲緜的袍子。《詩經・秦風・無衣》：“豈曰無衣？與子同袍。”毛傳：“袍，襺也。”孔疏：“純著新緜名為襺，雜用舊絮名為袍。”

2.256　障②，畛①也。

①“畛（zhěn）”，田間的道路，界限。參看2.181注②。

②“障”，阻塞，阻隔。《吕氏春秋・貴直》：“欲聞枉而惡直言，是障其源而欲其水也，水奚自至？”（枉：錯誤，過失。）又：堤防，堤壩。《吕氏春秋・愛類》：“禹於是疏河決江，為彭蠡之障。”高誘注：“障，堤防也。”阻隔、堤防等義，與界限義相通。

2.257　靦②，姡①也。

①“姡（huó）”，人面目可見的樣子。邢疏：“郭云：‘面姡然。’孫炎曰：‘靦，人面姡然。’《説文》曰：‘靦，面見人。’‘姡，面靦也。’然則‘靦’與‘姡’皆面見人之貌。”

②“靦（tiǎn）”，面目可見的樣子。《詩經・小雅・何人斯》：“為鬼為蜮，則不可得。有靦面目，視人罔極。”（蜮：古代傳説中一種害人的動物。視：給人看。罔：無。極：限期。）毛傳：“靦，姡也。”鄭箋：“使女為鬼為蜮也，則女誠不可得見也。……女乃人也，相視無有極時，終必與女相見。”

2.258　鬻[②]，糜[①]也。

①“糜（mí）”，粥。一般指稠粥。《禮記·問喪》：“水漿不入口，三日不舉火，故鄰里為之糜粥以飲食之。”孔疏：“糜厚而粥薄。”

②“鬻（zhōu）”，“粥”的本字。粥，或指稀的粥。《左傳·昭公七年》：“饘於是，鬻於是，以餬余口。”孔疏：“餬、饘、鬻、糜，相類之物。稠者曰糜，淖者曰鬻，餬、饘是其别名。”

2.259　舒[①]，緩也。

①“舒”，遲緩，舒緩。《穀梁傳·桓公十四年》：“聽遠音者，聞其疾而不聞其舒。”

2.260　翢[②]，纛[①]也。纛，翳[③]也。

①“纛（dào）”，古代用羽毛或牦牛尾、野雞尾做成的扇形或傘形舞具。也指帝王車上用羽毛做的裝飾物。《周禮·地官·鄉師》：“及葬，執纛。”“纛”含有遮蓋義。

②“翢（dào）”，同“翿（dào）”，經典中通作“翿”。頂上用羽毛做裝飾的旗子。舞者手持做舞具。也用來做帝王車上的裝飾物。《詩經·王風·君子陽陽》：“君子陶陶，左執翿，右招我由敖。”毛傳：“陶陶，和樂貌。翿，纛也，翳也。”（由敖：游遨。）

③“翳（yì）”，用羽毛製成的車蓋。《山海經·海外西經》：“〔夏后啟〕左手操翳，右手操環。”引申為遮蔽，掩蓋。《楚辭·離騷》：“百神翳其備降兮。”王逸注：“翳，蔽也。”

2.261　隍[②]，壑[①]也。

①“壑（hè）”，深溝，大水坑。參看1.60注①。也指護城河。

《詩經·大雅·韓奕》:“實墉實壑,實畝實藉。”孔疏:“墉者城也。壑即城下之溝。”

②“隍”,没有水的護城壕。參看1.60注⑤。

2.262 芼[2],搴[1]也。

①“搴(qiān)”,拔取,采取。《楚辭·離騷》:“朝搴阰之木蘭兮。”(阰:山名。)

②“芼(mào)”,拔取,擇取。《詩經·周南·關雎》:“參差荇菜,左右芼之。”

2.263 典[2],經[1]也。

①“經”,常行的義理、法制、原則。《禮記·中庸》:“凡為天下國家有九經。”又:可作為典範的重要著作。《荀子·勸學》:“其數則始乎誦經,終乎讀禮。”楊倞注:“數,術也。經謂《詩》《書》,禮謂典禮之屬也。”

②“典”,常道、準則。《周禮·天官·大宰》:“大宰之職,掌建邦之六典。”鄭注:“典,常也,經也,法也。”又:典籍,典範性書籍。《左傳·昭公十二年》:“是能讀三墳、五典、八索、九丘。”杜注:“皆古書名。”

2.264 威[1],則也。

①“威”,威力,威嚴,刑罰。引申為法則,儀則。《詩經·周頌·有客》:“既有淫威,降福孔夷。”(淫:大。孔:甚。夷:平安。)毛傳:“威,則。”鄭箋:“既有大則,謂用殷正朔行其禮樂,如天子也。”

2.265 苛[2],妎[1]也。

①“妎（hài）”，通“齘（xiè）”。發怒。《説文》：“齘，齒相切也。”《方言》二：“齘、苛，怒也。小怒曰齘，陳謂之苛。”《廣雅·釋詁》：“齘、苛，怒也。”王念孫疏證：“《爾雅》：‘苛，妎也。’‘妎’與‘齘’同，苛、妎皆怒也。”

②“苛”，發怒。方言詞，見注①。又：通“呵（hē）”“訶（hē）”。譴責、責問。《周禮·夏官·射人》：“不敬者，苛罰之。”鄭注：“苛謂詰問也。”譴責、責問與發怒義有關聯。

2.266　芾[①]，小也。

①“芾（fèi）”，幼小的樣子。郭注：“芾者，小貌。”《詩經·召南·甘棠》：“蔽芾甘棠，勿翦勿伐。”（蔽：微小。翦：剪去枝葉。伐：砍去樹幹。）

2.267　迷，惑[①]也。

①“惑”，迷惑。《韓非子·忠孝》：“恍惚之言，恬淡之學，天下之惑術也。”

2.268　狃[②]，復[①]也。

①“復”，通“複”，重複，反覆。

②“狃（niǔ）”，習慣，習以為常。《詩經·鄭風·大叔于田》：“將叔無狃，戒其傷女。”（將：請。女：通“汝”。）習慣與重複義相通。

2.269　逼，迫也。

2.270　般[②]，還[①]也。

①“還”，返回，回來。《詩經·小雅·何人斯》：“爾還而入，我心易也。”（易：和悦。）鄭箋：“還，行返也。”又：讀 xuán，旋轉。《莊子·庚桑楚》：“夫尋常之溝，巨魚無所還其體。”《釋文》：“還，音旋。回也。”

②“般（bān）”，回，還。通作“班”。《左傳·襄公十八年》：“有班馬之聲，齊師其遁。”《爾雅》郭注引作“般馬之聲”。又：讀 pán，回旋，盤旋。《周易·屯》：“乘馬班如。”《釋文》：“子夏傳云：‘相牽不進貌。’鄭本作‘般’。”

2.271 班②，賦①也。

①“賦”，授予，給予。《國語·晉語四》：“公屬百官，賦職任功。”

②“班”，分發，賞賜。《尚書·堯典》：“班瑞于群后。”（瑞：用作憑證的玉器。后：君。）

2.272 濟①，渡也。濟，成也。濟，益也。

①“濟”，過河，渡過。《左傳·文公三年》：“秦伯伐晉，濟河焚舟。”引申為成功，成就。《左傳·成公六年》：“聖人與衆同欲，是以濟事。”又：增益，增加。《左傳·桓公十一年》：“盍請濟師於王？”（盍：何不。）杜注：“濟：益也。”

2.273 緡②，綸①也。

①“綸（lún）”，青絲綬帶。又指釣魚用的繩帶。《詩經·小雅·采緑》：“之子于釣，言綸之繩。”鄭箋：“之子，是子也。謂其君子也。于，往也。綸，釣繳也。”

②“緡（mín）”，釣魚的繩。郭注：“緡，繩也。江東謂之綸。”《詩經·召南·何彼穠矣》：“其釣維何？維絲伊緡。”毛傳：“緡，綸

也。”

2.274　辟②，歷①也。

①“歷”，古字作“厤”，治理。《莊子·天下》：“〔惠施〕厤物之意。”《釋文》：“厤，古歷字。一本作歷物之意分別治說之。”

②“辟（bì）”，治理。《尚書·金縢》：“我之弗辟，無以告我先王。”《釋文》：“辟，治也。”

2.275　漦②，盝①也。

①“盝（lù）”，通“漉（lù）”。滲漏去水。參看1.115注②。

②“漦（chí）”，魚龍之類的涎沫。郭注：“漉漉出涎沫。”《國語·鄭語》：“卜請其漦而藏之。”韋昭注：“漦，龍所吐沫。”涎沫慢慢順流而下，與滲漏去水相似。

2.276　寬，綽①也。

①“綽（chuò）”，寬綽，和緩。《詩經·衛風·淇奧》：“寬兮綽兮，猗重較兮。”（猗：依。重較：車箱兩旁的橫木。）

2.277　衮②，黻①也。

①“黻（fú）”，古代禮服上繡的黑與青相間呈亞形的花紋。這裏指黻服。

②“衮（gǔn）”，古代帝王及上公穿的繡有卷龍的禮服。郭注：“衮衣有黻文。”《周禮·春官·司服》：“公之服，自衮冕而下，如王之服。”

2.278　華②，皇①也。

①“皇”，通“葟（huáng）”，草木花。邢疏：“草木之華一名皇。”參看13.195。

②“華（huā）”，花。《詩經·周南·桃夭》：“桃之夭夭，灼灼其華。”（夭夭：茂盛而美麗的樣子。灼灼：鮮亮的樣子。）

2.279　昆[②]，後[①]也。

①“後”，（先）後。引申為後代，子孫。《詩經·大雅·瞻卬》：“無忝皇祖，式救爾後。”（忝：有愧於。皇祖：祖先。式：助詞，無義。）

②“昆”，（先）後。《尚書·大禹謨》：“官占惟先蔽志，昆命于元龜。”孔疏：“帝王立卜占之官，故曰官占。蔽，斷。昆，後也。官占之法先斷人志，後命于元龜。”引申為後嗣，子孫。《國語·晉語二》：“天降禍於晉國，讒言繁興，延及寡君之紹續昆裔。”韋昭注：“紹，繼也。續，嗣也。昆，後也。裔，末也。”

2.280　彌[①]，終也。

①“彌（mí）”，終，盡。《詩經·大雅·卷阿》：“豈弟君子，俾爾彌爾性。”毛傳：“彌，終也。”

釋訓第三

這一篇主要是解釋描寫事物情貌的詞語。被釋詞多是疊音詞，其中大部分是《詩經》中的詞語。“訓”，解釋詞義。這裏指需要解釋的詞語。

3.1　明明①、斤斤②，察也。

①“明明”，明智、明察的樣子。多用於歌頌帝王或神靈。《詩經·大雅·常武》：“赫赫明明，王命卿士。”（赫赫：威武的样子。）

②“斤斤”，明察的樣子。《詩經·周頌·執競》：“自彼成康，奄有四方，斤斤其明。”（成：周成王。康：周康王。奄：乃。）毛傳：“斤斤，明察也。”

3.2　條條①、秩秩②，智也。

①“條條”，有條理、有秩序的樣子。《春秋繁露·如天之為》：“其在人者亦宜行而無留，若四時之條條然也。”《爾雅》郝疏：“條兼暢達、分理諸義，皆與‘智’通。”

②“秩秩”，有順序的樣子。引申為明智的樣子。《詩經·小雅·巧言》：“秩秩大猷，聖人莫之。”（猷：謀略。莫：通“謀”，謀劃。）

3.3　穆穆①、肅肅②，敬也。

①“穆穆”，容止端莊恭敬。《詩經·周頌·雝》：“相維辟公，天子穆穆。”（相：助祭的人。辟公：諸侯。）

②“肅肅”，恭敬的樣子。《詩經·大雅·思齊》：“雝雝在宫，肅肅在廟。”（雝雝：和悦的樣子。）

3.4　諸諸[1]、便便[2]，辯也。

①〔案〕《爾雅》舊注有的根據《説文·言部》“諸，辯也”，釋“諸諸”為“言辭辯給”，即有口才；有的認為“辯”與“辨”通，“諸”表示衆多非一，有辨别、别異的意思。查經傳中未見“諸”或“諸諸”有表示“言辭辯給”的，衆多非一和辨别意義不相同，在經傳中也未見有“諸諸”表示辨别意義的。存疑。

②“便便”，形容言語明白流暢。《論語·鄉黨》：“其在宗廟朝廷，便便言，唯謹爾。”

3.5　肅肅[1]、翼翼[2]，恭也。

①“肅肅”，參看3.3注②。

②“翼翼”，恭敬謹慎的樣子。《詩經·大雅·大明》：“小心翼翼，昭事上帝。”

3.6　廱廱[1]、優優[2]，和也。

①“廱廱（yōngyōng）”，字亦省作“雝雝”“邕邕”，或作“噰噰”。形容和樂的樣子。《楚辭·九辯》：“鴈廱廱而南游兮。”王逸注：“雄雌和樂，群戲行也。”

②“優優”，寬和。《詩經·商頌·長發》：“敷政優優，百禄是遒。”（敷：施。遒：聚。）毛傳：“優優：和也。”

3.7　兢兢[2]、憴憴[3]，戒[1]也。

①“戒”，戒慎，警惕，防備。

②“兢兢（jīngjīng）”，小心謹慎。《詩經·小雅·小旻》：“戰戰兢兢，如臨深淵，如履薄冰。”

③“憴憴（shéngshéng）”，本或作“繩繩”。小心謹慎。《管子·宙合》：“故君子繩繩乎慎其所先。”

3.8　戰戰[①]、蹌蹌[②]，動也。

①“戰戰”，恐懼顫抖的樣子。《詩經·小雅·小宛》：“戰戰兢兢，如履薄冰。”

②“蹌蹌（qiāngqiāng）”，步趨從容有節奏的樣子。《詩經·大雅·公劉》：“蹌蹌濟濟，俾筵俾几。”（濟濟：多而整齊的樣子。俾：擺。）

3.9　晏晏[①]、温温[②]，柔也。

①“晏晏”，温和柔順。《詩經·衛風·氓》：“總角之宴，言笑晏晏。”（總角：古代少年的頭髮紮成兩個抓髻，形似牛角，稱總角。這裏指兒童時代。宴：快樂。）

②“温温”，温柔和氣。《詩經·小雅·賓之初筵》：“賓之初筵，温温其恭。”鄭箋：“温温，柔和也。”

3.10　業業[②]、翹翹[③]，危[①]也。

①“危”，危險。又：憂懼，不安。

②“業業”，擔心害怕的樣子。《尚書·皐陶謨》：“兢兢業業，一日二日萬幾。”（一日二日：天天。萬幾：變化萬端。）

③“翹翹”，危險的樣子。《詩經·豳風·鴟鴞》：“予室翹翹，風雨所漂摇。”

3.11　惴惴[①]、憢憢[②]，懼也。

①“惴惴（zhuìzhuì）”，擔憂恐懼的樣子。《詩經·小雅·小宛》：“惴惴小心，如臨于谷。”

②“憢憢（xiāoxiāo）”，“憢”同“嘵（xiāo）”，本或作“嘵”。“憢憢”“嘵嘵”，因恐懼而發出的聲音。《詩經·豳風·鴟鴞》：“予維音嘵嘵。”毛傳：“嘵嘵，懼也。”

3.12　番番[①]、矯矯[②]，勇也。

①“番番（bōbō）”，勇武的樣子。《詩經·大雅·嵩高》：“申伯番番，既入于謝。”（謝：地名。）

②“矯矯”，勇武的樣子。《詩經·魯頌·泮水》：“矯矯虎臣，在泮獻馘。”鄭箋：“矯矯，武貌。”

3.13　桓桓[①]、烈烈[②]，威也。

①“桓桓（huánhuán）”，威武的樣子。《尚書·牧誓》：“勗哉夫子！尚桓桓。”（勗：勉勵。夫子：對人的敬稱。）

②“烈烈”，威武的樣子。《詩經·小雅·黍苗》：“烈烈征師，召伯成之。”

3.14　洸洸[①]、赳赳[②]，武也。

①“洸洸（guāngguāng）”，勇武的樣子。《詩經·大雅·江漢》：“江漢湯湯，武夫洸洸。”（湯湯：水勢大的樣子。）毛傳：“洸洸，武貌。”

②“赳赳（jiūjiū）”，雄壯勇武的樣子。《詩經·周南·兔罝》：“赳赳武夫，公侯干城。”（干城：比喻捍衛者。）

3.15　藹藹[②]、濟濟[③]，止[①]也。

①“止”，止息。引申為聚集，衆多。

②“藹藹（ǎiǎi）”，衆多的樣子。《詩經·大雅·卷阿》：“藹藹王多吉士。”

③“濟濟（jǐjǐ）”，衆多的樣子。《詩經·大雅·旱麓》：“瞻彼旱麓，榛楛濟濟。”（榛楛：叢生的雜木。）

3.16　悠悠[①]、洋洋[②]，思也。

①“悠悠”，深思，憂思。《詩經·秦風·渭陽》：“我送舅氏，悠悠我思。”

②“洋洋（yángyáng）”，或作“養養”。多思的樣子，憂思的樣子。《禮記·中庸》：“使天下之人齊明盛服，以承祭祀，洋洋乎如在其上，如在其左右。”（齊：齋戒。明：指沐浴使潔净。）

3.17　蹶蹶[①]、踖踖[②]，敏也。

①“蹶蹶（guìguì）”，動作敏捷的樣子。《詩經·唐風·蟋蟀》：“好樂無荒，良士蹶蹶。”（無：毋，不要。荒：放縱。）朱熹集傳：“蹶蹶，動而敏於事也。”

②“踖踖（jíjí）”，敏捷而又恭敬的樣子。《詩經·小雅·楚茨》：“執爨踖踖，為俎孔碩，或燔或炙。”（執爨：拿柴草在竈裹燒。）孔疏：“其當執爨竈之人，皆踖踖然敬慎於事而有容儀矣。”

3.18　薨薨[①]、增增[②]，衆也。

①“薨薨（hōnghōng）”，蟲群飛聲。《詩經·周南·螽斯》：“螽斯羽，薨薨兮！”（螽斯：蝗類昆蟲。）朱熹集傳：“薨薨，群飛聲。”

②“增增”，衆多的樣子。《詩經·魯頌·閟宫》：“公徒三萬，貝胄朱綅，烝徒增增。”（綅：繩。烝：衆。）毛傳：“增增，衆也。”

3.19 烝烝②、遂遂③，作①也。

①“作”，起，興起，振作。

②“烝烝”，興盛的樣子。《詩經·魯頌·泮水》：“烝烝皇皇，不吴不揚。”（皇皇：美好的樣子。吴：争吵。揚：傷害。）

③“遂遂”，跟隨而行的樣子。《禮記·祭義》：“及祭之後，陶陶遂遂，如將復入然。”（陶陶：驅馳的樣子。）鄭注：“遂遂，相隨行之貌。”

3.20 委委①、佗佗②，美也。

①“委委（wēiwēi）”，或作“褘褘”。行步雍容自得的樣子。邢疏：“孫炎曰：‘委委，行之美也。佗佗，長之美也。’……是皆佳麗美艷之貌也。”《詩經·鄘風·君子偕老》：“委委佗佗，如山如河。”

②“佗佗（tuótuó）”，體態優美的樣子。見注①。

3.21 忯忯①、惕惕②，愛也。

①“忯忯（qíqí）”，愛悦。邢疏：“李巡曰：‘忯忯’，和適之愛也。”

②“惕惕（tìtì）”，憂勞。《詩經·陳風·防有鵲巢》：“誰侜予美，心焉惕惕。”（侜：欺騙。予美：我的美人。）毛傳：“惕惕，猶忉忉也。”陳奂傳疏：“惕惕，亦憂勞之意，故云猶忉忉也……《爾雅》：‘惕惕，愛也。’郭注：‘《詩》云：心焉惕惕，韓詩以為悦人，故言愛也。’案：愛者，謂愛君，君受讒賊所誑，故君子憂勞之心惕惕然。《爾雅》釋經義，毛傳釋字義也。”

3.22 偁偁①、格格②，舉也。

①〔案〕“偁（chēng）”，同“稱”。稱揚，舉起。參看2.92注①。

“偁偁”，應仍有稱揚、舉起之類的意思。但現有古籍中未發現“偁”或“稱”有連用表舉義的情況。“偁偁”有可能是方言俗語詞。

②“格格”，或作“閣閣”。揚起。《詩經·小雅·斯干》：“約之閣閣，椓之橐橐。”（約：束縛。閣閣：木板由下向上一塊塊地連接。椓：築。橐橐：用杵舂土的聲音。）《周禮·考工記·匠人》鄭注引作“約之格格”。

3.23　蓁蓁②、孽孽③，戴①也。

①“戴”，把東西加在頭上，或用頭頂著。引申為加於物上。含有增加的意思。

②“蓁蓁（zhēnzhēn）”，草木茂盛的樣子。《詩經·周南·桃夭》：“桃之夭夭，其葉蓁蓁。”（夭夭：形容茂盛。）毛傳：“蓁蓁，至盛貌。”陳晉《爾雅學》：“至盛而云戴者，言其荷戴於桃枝也。”

③“孽孽（nièniè）”，同“蘖蘖”。華麗的裝飾。《詩經·衛風·碩人》：“庶姜孽孽，庶士有朅。”（庶姜：指衆陪嫁和送嫁的姜姓女子。士：指護送新娘的諸臣。朅：威武的樣子。）本條用“戴”來說明“孽孽”表示華麗的穿戴。

3.24　懕懕①、媞媞②，安也。

①“懕懕（yānyān）”，或作“厭厭”。安閒的樣子。《詩經·小雅·湛露》：“厭厭夜飲，不醉無歸。”《説文·心部》引作“懕懕夜飲。”

②“媞媞（títí）”，或作“提提”。安適的樣子。《詩經·魏風·葛屨》：“好人提提。”毛傳：“提提，安諦也。”《爾雅》邢疏、《楚辭·七諫·怨世》王逸注引《詩》都作“好人媞媞”。馬瑞辰《毛詩傳箋通釋》：“提為媞之假借……媞媞為安諦，又為美好。”

3.25 祁祁[①]、遲遲，徐也。

①“祁祁（qíqí）”，舒緩的様子。《詩經·小雅·大田》：“有渰萋萋，興雨祁祁。”毛傳：“渰，雲興貌。萋萋，雲行貌。祁祁，徐也。”

3.26 丕丕[①]、簡簡[②]，大也。

①“丕丕”，盛大，巨大。《尚書·立政》：“率惟謀從容德，以並受此丕丕基。”孔傳：“並受此大大的基業。”

②“簡簡”，大的様子。《詩經·周頌·執競》：“降福穰穰，降福簡簡。”（穰穰：多的様子。）毛傳：“簡簡，大也。”

3.27 存存[①]、萌萌[②]，在也。

①“存存”，保全、育成已經存在的事物。《周易·繫辭上》：“成性存存，道義之門。”

②“萌萌”，或作“蕳蕳”，當作“篚篚（jiǎnjiǎn）”。陸錦燧《讀爾雅日記》：“篚，讀若簡。殆《詩》‘降福簡簡’（見《周頌·執競》）三家異文有作‘篚’者……然則‘簡’為本字，‘篚’為假字。《雅》訓其釋三家詩之‘降福篚篚’與。”

3.28 懋懋、慔慔，勉也。[①]

①〔案〕“懋（mào）”，勤勉，努力。但“懋懋”“慔慔（mùmù）”表勉義，今本上古古籍中尚未見到。洪頤煊《讀爾雅録》：“《釋訓》一篇，專為釋《詩》而作。其間有不在今《詩》者，蓋三家傳本有異同也。‘慔慔’當為《楚茨》‘君婦莫莫’之異文。”黄侃《爾雅音訓》：“懋懋或即《詩》‘勉勉我王’之異文。”存疑。

3.29 庸庸[②]、慅慅[③]，勞[①]也。

①“勞”，勞苦，慰勞，功勞。參看1.67注①。

②〔案〕“庸”有功勞的意義（參看1.67注⑦）。在古籍中如果兩個“庸”字連用表示“勞”義時，則兩者所表示的具體意義是不相同的。前一“庸”字為動詞，表示酬勞、任用；後一“庸”字為名詞，表示有功勞的人。“庸庸”連用意思是酬報有功勞的人。《荀子·大略》：“親親、故故、庸庸、勞勞，仁之殺也。”楊倞注：“庸，功也。庸庸、勞勞，謂稱其功勞，以報有功勞者。”《爾雅》把“庸庸”這個動賓詞組當作疊音詞（重言），和疊音詞排列在一起；舊注按重言進行解釋都是欠妥的。

③“慅慅（sāosāo，又讀 cǎocǎo）”，或作“草草”。心中憂愁的樣子。《詩經·小雅·巷伯》：“驕人好好，勞人草草。”毛傳：“草草，勞心也。”陳奐傳疏：“草讀為慅，假借字也。”

3.30 赫赫[①]、躍躍[②]，迅也。

①“赫赫”，顯赫盛大的樣子。郭注：“〔赫赫、躍躍〕皆盛疾之貌。”邢疏：“孫炎云：‘赫赫，顯著之迅。’”《詩經·大雅·常武》：“赫赫明明，王命卿士。”赫赫與奮迅義相關。

②“躍躍（tìtì）”，同“趯趯（tìtì）”。跳得很快的樣子。《詩經·小雅·巧言》：“躍躍毚兔，遇犬獲之。”（毚兔：狡猾的兔子。）朱熹集傳：“躍躍，跳疾貌。”

3.31 綽綽[①]、爰爰[②]，緩也。

①“綽綽（chuòchuò）”，寬裕的樣子。《詩經·小雅·角弓》：“此令兄弟，綽綽有裕。”（裕：財富多。毛傳：“綽綽，寬也。”“寬”與“緩”義相通。）

②“爰爰（yuányuán）”，舒緩的樣子。《詩經·王風·兔爰》：“有兔爰爰，雉離于羅。”（離：遭逢。羅：網。）

3.32 坎坎、壿壿，喜也。[①]

①這一條是解釋《詩經·小雅·伐木》“坎坎鼓我，蹲蹲舞我”的。“坎坎”，擊鼓的聲音。“蹲蹲（cúncún）”同“壿壿（cúncún）”，本或作“墫墫”。舞蹈的樣子。“喜”是説明坎坎擊鼓、蹲蹲起舞的原因，而不是解釋“坎坎”“蹲蹲”這兩個詞的。

3.33 瞿瞿[②]、休休[③]，儉[①]也。

①“儉”，行為約束而有節制。《説文》：“儉，約也。”段注：“約者，纏束也。儉者，不敢放侈之意。”

②“瞿瞿（jùjù）”，謹慎勤勉的樣子。《詩經·唐風·蟋蟀》：“好樂無荒，良士瞿瞿。”毛傳：“瞿瞿然，顧禮義也。”

③“休休”，安閒自得，快樂而有節制的樣子。《詩經·唐風·蟋蟀》：“好樂無荒，良士休休。”朱熹集傳：“休休，安閒之貌。樂而有節，不至於淫，所以安也。”

3.34 旭旭[②]、蹻蹻[③]，憍[①]也。

①“憍（jiāo）”，同“驕”。驕傲、驕矜。《楚辭·九章·抽思》：“憍吾以其美好兮，敖朕辭而不聽。”

②“旭旭”，得意驕傲的樣子。陸錦燧《讀爾雅日記》：“旭旭，即毛詩《巷伯篇》之‘驕人好好’。古音‘旭’讀若‘好’……‘旭’‘好’音同，故可通假……疑三家異文有作‘驕人旭旭’者。”

③“蹻蹻（jiǎojiǎo）”，驕縱的樣子。《詩經·大雅·板》：“老夫灌灌，小子蹻蹻。”（灌灌：情意懇切的樣子。）

3.35 夢夢[①]、訰訰[②]，亂也。

①“夢夢（méngméng）”，頭腦昏亂，神志不清。《詩經·大雅·

抑》："視爾夢夢，我心慘慘。"孔疏："孫炎曰：'夢夢，昏昏之亂也。'"

②"訰訰（zhūnzhūn）"，或作"諄諄（zhūnzhūn）"，遲鈍昏亂的樣子。尹桐陽《爾雅義證》："'訰''諄'，古今字。《詩·抑》'誨爾諄諄'，《中庸》郭注引作'訰訰'，謂誨爾多而有雜亂之意。"《左傳·襄公三十一年》："且年未盈五十，而諄諄焉如八九十者，弗能久矣。"

3.36　懪懪①、邈邈②，悶也。

①"懪懪（bóbó）"，本或作"暴暴（bóbó）"。煩悶。段注《說文》："暴，大呼自冤也。"大呼自冤義與煩悶義有關聯。傳世古籍中未見"懪懪"或"暴暴"，可能是三家詩中的用詞。

②"邈邈（miǎomiǎo）"，或作"藐藐"。通作"藐藐"。憂悶。邢疏："舍人曰：'藐藐'，憂悶也。"陸錦燧《讀爾雅日記》："'邈'即'藐'之俗體。藐、悶一聲之轉，'藐'即'悶'之假借字。"《詩經·大雅·抑》："誨爾諄諄，聽我藐藐。"

3.37　儚儚②、洄洄③，惛①也。

①"惛（hūn）"，不明白，糊塗。《孟子·梁惠王上》："吾惛，不能進於是矣。"

②"儚儚（méngméng）"，或作"懜懜"。昏昧。《說文》："懜，不明也。"與3.35注①"夢夢"義通。

③"洄洄（huíhuí）"，或作"襛襛"。通"佪佪"。昏亂的樣子。王符《潛夫論·救邊》："佪佪潰潰，當何終極？"（潰潰：壞亂。）

3.38　版版②、盪盪③，僻①也。

①"僻"，邪僻。偏離正道。

②"版版"，或作"板板"。乖戾，不正常。《詩經·大雅·板》：

"上帝板板，下民卒癉。"（上帝：借指周王。癉：病，勞苦。）《後漢書·董卓傳》李賢注引作"上帝版版"。

③"盪盪"，本或作"蕩蕩"。法度混亂廢壞的樣子。《詩經·大雅·蕩》："蕩蕩上帝，下民之辟。"（上帝：借指周王。辟：君主。）

3.39　爞爞①、炎炎，薰也。

①"爞爞（chóngchóng）"，或作"蟲蟲"。熱氣薰蒸的樣子。《詩經·大雅·雲漢》："旱既大甚，蘊隆蟲蟲。"毛傳："蘊蘊而暑，隆隆而雷，蟲蟲而熱。"

3.40　居居①、究究②，惡也。

①"居居"，憎惡而疏遠的樣子。《詩經·唐風·羔裘》："羔裘豹袪，自我人居居。"（袪：衣袖。）毛傳："居居，懷惡不相親比之貌。"

②"究究"，心懷惡意不相親近的樣子。《詩經·唐風·羔裘》："羔裘豹褎，自我人究究。"（褎：袖。）毛傳："究究猶居居也。"一說"究究"，態度傲慢的樣子。聞一多《風詩類鈔》："究究，仇仇。仇仇，傲也。"

3.41　仇仇①、敖敖②，傲也。

①"仇仇（qiúqiú）"，傲慢無禮的樣子。《詩經·小雅·正月》："執我仇仇，亦不我力。"

②"敖敖（àoào）"，本或作"謷謷"。通"謷謷""囂囂"。自以為是，不肯聽人説話的樣子。《詩經·大雅·板》："我即爾謀，聽我囂囂。"毛傳："囂囂，謷謷也。"王符《潛夫論·明忠》引作"聽我敖敖"。

3.42　佌佌①、瑣瑣②，小也。

①“佌佌（cǐcǐ）”，卑微、渺小。《詩經·小雅·正月》：“佌佌彼有屋，蔌蔌方有穀。”（蔌蔌：鄙陋的樣子。）

②“瑣瑣”，人品卑微、平庸、渺小的樣子。《周易·旅》：“旅瑣瑣，斯其所取災。”

3.43　悄悄②、慘慘③，愠①也。

①“愠（yùn）”，含怒，怨恨。引申為愁恨。郭注：“〔悄悄、慘慘〕皆賢人愁恨。”

②“悄悄”，憂愁的樣子。《詩經·邶風·柏舟》：“憂心悄悄，愠于群小。”

③“慘慘”，當作“懆懆（cǎocǎo）”。憂悶的樣子。《詩經·大雅·抑》：“視爾夢夢，我心慘慘。”毛傳：“慘慘，憂不樂也。”孔疏：“李巡曰：‘慘慘，憂怒之愠。’”陳奐傳疏：“‘慘慘’，當作‘懆懆’。懆懆，憂也。”馬瑞辰《毛詩傳箋通釋》：“魏晉間避武帝（曹操）諱，凡從喿之字，多改從參。”

3.44　痯痯②、瘐瘐③，病①也。

①“病”，疾病，生病。引申為勞累，憂慮。郭注：“皆賢人失志懷憂病也。”

②“痯痯（guǎnguǎn）”，疲勞的樣子。《詩經·小雅·杕杜》：“檀車幝幝，四牡痯痯。”（幝幝：破舊的樣子。）

③“瘐瘐（yǔyǔ）”，或作“庾庾”“愈愈”。憂懼的樣子。《詩經·小雅·正月》：“憂心愈愈，是以有侮。”陳晉《爾雅學》：“《釋文》：‘本作庾。’然‘瘐’‘庾’‘愈’當俱為‘瘉’之借用字。”“瘉”，勞困而病。參見1.65注⑩。

3.45　殷殷①、惸惸②、忉忉③、慱慱④、欽欽⑤、京京⑥、忡

忡[7]、惙惙[8]、怲怲[9]、弈弈[10]，憂也。

①“殷殷”，本或作“慇慇（yīnyīn）”。憂傷的樣子。《詩經·邶風·北門》：“出自北門，憂心殷殷。”

②“惸惸（qióngqióng）”，同“煢煢（qióngqióng）”，本或作“煢煢”。憂慮的樣子。《詩經·小雅·正月》：“憂心惸惸，念我無禄。”又：孤獨無依的樣子。《左傳·哀公十六年》：“俾屏余一人在位，煢煢余在疚。”

③“忉忉（dāodāo）”，憂愁思念的樣子。《詩經·齊風·甫田》：“無思遠人，勞心忉忉。”

④“慱慱（tuántuán）”，憂勞不安的樣子。《詩經·檜風·素冠》：“棘人欒欒兮，勞心慱慱兮！”（棘人：有急難的人。欒欒：消瘦。）

⑤“欽欽”，憂思難忘的樣子。《詩經·秦風·晨風》：“未見君子，憂心欽欽。”

⑥“京京”，大憂，憂慮不止。《詩經·小雅·正月》：“念我獨兮，憂心京京。”毛傳：“京京，憂不去也。”

⑦“忡忡（chōngchōng）”，憂慮不安的樣子。《詩經·召南·草蟲》：“未見君子，憂心忡忡。”

⑧“惙惙（chuòchuò）”，憂鬱的樣子。《詩經·召南·草蟲》：“未見君子，憂心惙惙。”

⑨“怲怲（bǐngbǐng）”，非常憂慮的樣子。《詩經·小雅·頍弁》：“未見君子，憂心怲怲。”毛傳：“怲怲，憂盛滿也。”

⑩“弈弈（yìyì）”，通“奕奕”。憂愁的樣子。《詩經·小雅·頍弁》：“未見君子，憂心弈弈。”

3.46 畇畇，田也。[1]

①從這一條開始到3.55，收集解釋了《詩經》雅、頌部分一些有關農業生産的疊音詞。包括從平整土地到收穫，吃新糧的全部過程。

“田”，耕種。“畇畇（yúnyún）”，整治田地，使之平坦整齊。《詩經·小雅·信南山》：“畇畇原隰，曾孫田之。”（曾孫：周人對祖先之神的自稱。）

3.47　畟畟[2]，耜[1]也。

①“耜（sì）”，翻土用的農具。引申為用耜翻地。《周禮·秋官·薙氏》：“冬日至而耜之。”鄭注：“耜之，以耜測凍土剗之。”

②“畟畟（cècè）”，耜刃鋒利的樣子。《詩經·周頌·良耜》：“畟畟良耜，俶載南畝。”（俶：起土。載：翻草。）孔疏：“畟畟文連良耜，則是刃利之狀。”一說“畟畟”指耕犂翻土前進的樣子。《說文》：“畟，治稼畟畟進也。《詩》曰：‘畟畟良耜。’”

3.48　郝郝[1]，耕也。

①“郝郝（shìshì）”，或作“澤澤（shìshì）”，通“釋釋”。翻地時土塊散碎的樣子。《詩經·周頌·載芟》：“載芟載柞，其耕澤澤。”（載：開始。芟：拔草。柞：砍除樹木。）《釋文》：“澤澤音釋釋，注同。《爾雅》作‘郝’，音同。云耕也。”

3.49　繹繹[1]，生也。

①“繹繹（yìyì）”，本或作“驛驛”。接連不斷。指禾苗出土的樣子。《詩經·周頌·載芟》：“驛驛其達，有厭其傑。”（厭：受足地氣。傑：指特出的禾苗。）朱熹集傳：“驛驛，苗生貌。”《釋文》：“《爾雅》作‘繹繹’云：生也。”

3.50　穟穟[1]，苗也。

①“穟穟（suìsuì）”，禾苗茂盛的樣子。《詩經·大雅·生民》：

“荏菽旆旆，禾役穟穟。”（荏菽：大豆。旆旆：茂盛的樣子。禾役：禾尖。）毛傳：“穟穟，苗好美也。”

3.51 緜緜[2]，穮[1]也。

①“穮（biāo）”，耘田除草。《左傳·昭公元年》：“譬如農夫，是穮是蓘，雖有饑饉，必有豐年。”（蓘：培土附苗根。）

②“緜緜”，連續不斷的樣子。一説仔細精密的樣子。《詩經·周頌·載芟》：“厭厭其苗，緜緜其麃。”孔疏：“孫炎曰：‘緜緜，言詳密也。’郭璞曰：‘芸不息也。’”（麃：耘田。）

3.52 挃挃[1]，穫也。

①“挃挃（zhìzhì）”，收割穀物聲。《詩經·周頌·良耜》：“穫之挃挃，積之栗栗。”

3.53 栗栗[1]，衆也。

①“栗栗（lìlì）”，通“秩秩”，聚積很多的樣子。《詩經·周頌·良耜》：“穫之挃挃，積之栗栗。”毛傳：“栗栗，衆多也。”

3.54 溞溞[2]，淅[1]也。

①“淅（xī）”，淘洗（米）。《儀禮·士喪禮》：“祝淅米於堂，南面，用盆。”（祝：主管喪事的官員。）

②“溞溞（sāosāo）”，或作“叟叟”“溲溲”。淘米聲。《詩經·大雅·生民》：“釋之叟叟，烝之浮浮。”（烝：用蒸氣加熱。浮浮：通“烰烰”，熱氣上升的樣子。）毛傳：“釋，淅米也。叟叟，聲也。”《釋文》：“叟，所留切。字又作‘溲’，淘水聲也。”

3.55　烰烰②，烝①也。

①“烝”，火氣或熱氣上升。引申為用蒸氣加熱。後作“蒸”。《説文》：“烝，火氣上行也。”參看3.54注②。

②“烰烰（fúfú）”，或作“浮浮”。熱氣上升的樣子。《説文》：“烰，烝也。從火，孚聲。《詩》曰：‘烝之烰烰。’”參看3.54注②。

3.56　俅俅②，服也①。

①“服”，使用。在衣著方面指穿（衣）、戴（帽）等。《墨子·節用中》：“夏服絺綌之衣，輕且凊。”（絺綌：粗細葛布。凊：涼。）

②“俅俅（qiúqiú）”，冠飾華美的樣子。《詩經·周頌·絲衣》：“絲衣其紑，載弁俅俅。”（紑：衣服鮮潔的樣子。載：通“戴”。弁：古代貴族男子穿禮服時戴的帽子。）

3.57　峨峨，祭也。①

①本條是解釋《詩經·大雅·棫樸》中“奉璋峨峨”的。“峨峨”，端莊嚴肅的樣子。用來形容祭祀時助祭大臣們的儀容。

3.58　鍠鍠①，樂也。

①“鍠鍠（huánghuáng）”，或作“喤喤”。形容聲音洪亮而和諧。《詩經·周頌·執競》：“鐘鼓喤喤，磬筦將將。”（筦：指管樂器。將將：鏘鏘，象聲詞。）《爾雅》郝疏：“鍠者，《説文》云：‘鐘聲也。’引《詩》‘鐘鼓鍠鍠’。《漢書·禮樂志》及《風俗通》引《詩》亦作‘鍠’……毛詩借作‘喤’。”

3.59　穰穰①，福也。

①“穰穰（rǎngrǎng）”，衆多的樣子。在《詩經》中表示福多的

樣子。《詩經·周頌·執競》："降福穰穰，降福簡簡。"毛傳："穰穰，衆也。簡簡，大也。"又讀 rángráng，禾穀豐收的樣子。《詩經·商頌·烈祖》："自天降康，豐年穰穰。"豐收也是有福的表現。

3.60　子子孫孫，引無極也。①

①"子子孫孫"，子孫後代，世世代代。《頌鼎》："子子孫孫永寶用。"《尚書·梓材》："惟王子子孫孫永保民。""引"，延續。"極"，盡頭。

3.61　顒顒卬卬，君之德也。①

①由這一條開始到 3.74，都不是一般地解釋詞義，而是說明《詩經》中一些叠音詞在詩歌中的興喻之意的。這一條是解釋《詩經·大雅·卷阿》中"顒顒卬卬"的。"顒顒（yóngyóng）"，令人肅然起敬的樣子。"卬卬（ángáng）"，氣宇軒昂的樣子。《卷阿》中的"顒顒卬卬"是用令人肅然起敬、氣宇軒昂，來形容君主的美德。

3.62　丁丁、嚶嚶，相切直也。①

①這一條是解釋《詩經·小雅·伐木》中"伐木丁丁，鳥鳴嚶嚶"的。"丁丁（zhēngzhēng）"，伐木聲。"嚶嚶（yīngyīng）"，鳥鳴聲。"切"，切磋。"直"，使正直，督正。詩以伐木起興，以鳥鳴求友，比喻人類也應彼此友愛，互相切磋、督正。

3.63　藹藹、萋萋，臣盡力也。噰噰喈喈，民協服也。①

①這一條是解釋《詩經·大雅·卷阿》中"藹藹王多吉士"和"菶菶萋萋""雝雝喈喈"的。"藹藹"，濟濟，衆多。詩意是可供君子（周王）役使的吉士（指賢臣）衆多。"菶菶（pěngpěng）"和"萋萋"

都表示梧桐生長茂盛。“雝雝（yōngyōng）”，同“噰噰”，和諧的聲音。“喈喈（jiējiē）”，鳥和鳴聲。詩中“雝雝喈喈”指鳳凰鳴聲和諧。詩意是梧桐樹生長茂盛，鳳凰便來棲息，君有盛德，民衆便都順服。

3.64　佻佻、契契，愈遐急也。①

①這一條是解釋《詩經·小雅·大東》“佻佻公子”和“契契寤嘆”的。“佻佻（tiáotiáo）”，獨行嘆息的樣子。“契契”，憂苦的樣子。“寤”，醒著。“愈遐急”當作“遐愈急”。（從俞樾説，見《群經平議》。）

3.65　宴宴、粲粲，尼居息也。①

①“宴宴”，或作“燕燕”。安逸的樣子。《詩經·小雅·北山》：“或燕燕居息，或盡瘁事國。”“燕燕”，通“宴宴”。《詩經·小雅·大東》：“東人之子，職勞不來；西人之子，粲粲衣服。”（來：lài，慰勞。）“粲粲”，鮮艷華麗的樣子。“尼（nì）”，通“昵”，近。“尼居息”，指在京城近處悠閒安息。王樹枏《爾雅説詩》：“《北山》《大東》同是刺賦役不均之詩，故合二詩而釋之。”

3.66　哀哀、悽悽，懷報德也。①

①“哀哀”，悲傷不已。《詩經·小雅·蓼莪》：“哀哀父母，生我劬勞。”鄭箋：“哀哀者，恨不得終養父母，報其生長己之苦。”“悽悽”，通“萋萋”，本或作“萋萋”。草木生長茂盛的樣子。《詩經·小雅·杕杜》：“有杕之杜，其葉萋萋。王事靡盬，我心傷悲。”（杕：樹木孤立的樣子。靡盬：没有止息。）《爾雅》邵疏：“《杕杜》云：‘其葉萋萋’，下云‘憂我父母’。興喻之義與《蓼莪》同，故皆為懷報德也。”

3.67 儵儵、嘒嘒，罹禍毒也。[①]

①“儵儵（shūshū）”，通“悠悠”，憂思不已的樣子。《詩經·小雅·十月之交》：“悠悠我里，亦孔之痗。”（里：通“悝”，憂愁。孔：甚。痗：憂病。）此詩諷刺專政貴族亂政殃民，作者慨嘆自己無辜遭受迫害。“嘒嘒（huìhuì）”，蟬鳴聲。《詩經·小雅·小弁》：“菀彼柳斯，鳴蜩嘒嘒……心之憂矣，不遑假寐。”（菀：茂盛的樣子。斯：語氣詞。）“罹（lí）”，遭遇。這是一首無辜遭受父親迫害、有口難辯的兒子埋怨父親的詩。將“儵儵”“嘒嘒”解釋為遭遇禍毒，由這兩首詩文意而來。

3.68 晏晏、旦旦，悔爽忒也。[①]

①這一條是解釋《詩經·衛風·氓》“總角之宴，言笑晏晏，信誓旦旦，不思其反”的。（總角：指少年時。反：反覆，違背。）“晏晏”，温柔可愛的樣子。“旦旦”，誠懇的樣子。“爽”，差錯。“忒（tè）”，過錯，差失。這兩句詩描述的是一個被丈夫遺棄的女子，以悔恨交加的心情回想當初相愛時的情景。

3.69 臯臯、琄琄，刺素食也。[①]

①“臯臯（gāogāo）”，同“諕諕”，欺詐。《詩經·大雅·召旻》：“臯臯訿訿，曾不知其玷。”（訿訿：誹謗。玷：玉上的瑕疵。）“琄琄（xuànxuàn）”，或作“鞙鞙”。形容佩玉很美。《詩經·小雅·大東》：“鞙鞙佩璲，不以其長。”（璲：身上掛的玉片。）《釋文》：“鞙，字或作‘琄’。”鄭箋：“佩璲者，以瑞玉為佩……居其官職，非其才所長也。”古代以玉比德，所以君子必佩玉。有些貴族雖佩有美玉，但無美德，故以詩歌諷刺他們。

3.70 懽懽、愮愮，憂無告也。[①]

①“懽懽（guànguàn）”，本或作“灌灌”。情意懇切的樣子。《詩經·大雅·板》：“老夫灌灌，小子蹻蹻。”（蹻蹻：驕傲的樣子。）“愮愮（yáoyáo）”，本或作“摇摇”。心神不安的樣子。《詩經·王風·黍離》：“行邁靡靡，中心摇摇。知我者，謂我心憂，不知我者，謂我何求。”（邁：行。靡靡：行步遲緩的樣子。）馬瑞辰《毛詩傳箋通釋》：“摇摇，即愮愮之假借。”“懽懽”“愮愮”解釋為“憂無告也”是根據這兩首詩的文意而來的。

3.71　憲憲、洩洩，制法則也。[①]

①這一條是解釋《詩經·大雅·板》中“天之方難，無然憲憲；天之方蹶，無然泄泄”的。（難：降災難，指行暴虐之政。蹶：降動亂，指行邪僻之政。然：這樣。）“憲憲”，喜樂的樣子。“洩洩（yìyì）”，同“泄泄”，通“呭呭（yìyì）”。多言的樣子。《説文·口部》引《詩經·大雅·板》作“無然呭呭”。詩文意思是王行暴政，群臣不要順從王的意志，制作殘暴的法令。“憲憲”“洩洩”解釋為“制法則也”，由此而來。

3.72　謔謔、謞謞，崇讒慝也。[①]

①這一條是解釋《詩經·大雅·板》中“天之方虐，無然謔謔”和“多將熇熇，不可救藥”的。（虐：降災。比喻掌權者肆虐殘暴。多：指多做壞事。）“謔謔（xuèxuè）”，喜樂的樣子。“謞謞（hèhè）”，或作“熇熇”。火勢熾烈的樣子。“崇”，增長。“慝（tè）”，邪惡。詩文意思是王要行暴政，臣子不可助紂為虐。

3.73　翕翕、訿訿，莫供職也。[①]

①“翕翕（xīxī）”，本或作“潝潝”，彼此附和。陆錦燧《讀爾雅日記》：“《小旻篇》：‘潝潝訿訿’，《釋文》《正義》引《爾雅》皆作

'滄'……今郭本作'翕',當亦有所本。疑三家詩異文有作'翕'者。""訿訿(zǐzǐ)",誹謗,詆毁。《詩經·小雅·小旻》:"滄滄訿訿,亦孔之哀。"又《大雅·召旻》:"皋皋訿訿,曾不知其玷。"(皋皋:欺誑。)詩文意思都是説君王昏庸,小人糾合在一起為非作歹,曠廢職事,没有真正任事的賢臣。

3.74 速速、蹙蹙,惟逑鞫也。①

①"速速",或作"蔌蔌(sùsù)"。鄙陋的樣子。《詩經·小雅·正月》:"佌佌彼有屋,蔌蔌方有穀。"(佌佌:卑微渺小。)《後漢書·蔡邕傳》李注引《詩》作"速速方有穀"。"蹙蹙(cùcù)",局促不得舒展的樣子。《詩經·小雅·節南山》:"我瞻四方,蹙蹙靡所騁。"鄭箋:"我視四方土地日見侵削於夷狄,蹙蹙然,雖欲馳騁,無所之也。"高亨注:"蔌蔌,形容鄙陋。有穀,有糧食。二句言鄙陋小官都有吃有住,生活很好。""惟",思念。"逑(qiú)",通"尯(qiú)"。急迫。"鞫(jū)",窮困。詩文的意思是小人得勢,賢士被逼迫受窮困。"速速""蹙蹙"解釋為"惟逑鞫也",由此而來。

3.75 抑抑①,密也。秩秩②,清也。

①"抑抑",謙謹周密的樣子。《詩經·小雅·賓之初筵》:"其未醉止,威儀抑抑。"毛傳:"抑抑,慎密也。"

②"秩秩",有順序的樣子。明智的樣子。參看3.2注②。又引申為整飭有度,〔政治〕清明。《詩經·大雅·假樂》:"威儀抑抑,德音秩秩。"鄭箋:"秩秩,清也。"

3.76 甹夆,掣曳也。①

①這一條是解釋《詩經·周頌·小毖》"予其懲而毖後患,莫予荓蜂,自求辛螫"中的"荓蜂"的。"荓蜂(píngfēng)",同"甹夆"。

牽引扶持。《小毖》毛傳："毖，慎也。莽蜂，摩（掣）曳也。"孔疏："《釋訓》文。孫炎曰：'謂相掣曳入於惡也。彼作甹夆，古今字耳。'""掣曳（chèyè）"，拖拉，牽引。

3.77　朔，北方也。[①]

①"朔（shuò）"，北方。〔案〕《詩經》中衹有"朔方"，"朔"無單用者。本條如釋《詩經》，當作"朔方，北方也"。"朔"後脱"方"字。否則，則有可能錯簡，似應歸入《釋地》篇。

3.78　不俟[①]，不來也。

①"俟（sì）"，通"竢"。等待。"不俟"，不可等待。郭注："不可待是不復來。"《楚辭·九章·思美人》："竊快在中心兮，揚厥憑而不竢。"王逸《章句》："思舒憤懣無所待也。"

3.79　不遹[②]，不蹟[①]也。

①"蹟"，同"迹"。脚印。引申為道，法度。"不蹟"，不循法度。《詩經·小雅·沔水》："念彼不蹟，載起載行。"鄭箋："彼，彼諸侯也。諸侯不循法度，妄興師出兵。"

②"遹（yù）"，遵循，依照。參看1.12注②，2.13注③。

3.80　不徹[①]，不道也。

①"徹（chè）"，道路，軌轍。《詩經·小雅·十月之交》："天命不徹，我不敢傚我友自逸。"毛傳："徹，道也。"陳奂傳疏："天命不道，言天之令不循道而行，遂有日食震雷之變。"高亨注："徹，道，軌轍。此句言天命没有規律，即天命無常。"

3.81 勿念[①]，勿忘也。

①“勿念”的“勿”，助詞，没有否定的意思。“勿念”即“念”。這種用法的“勿”，有時也寫作“無”“毋”。《詩經·大雅·文王》：“無念爾祖，聿修厥德。”這種不表否定意義的“勿”“無”“毋”，主要出現在先秦和漢初的古籍中。

3.82 蕿[①]、諼[②]，忘也。

①“蕿（xuān）”，同“藼”“萱”。萱草。萱草即黄花菜。古人以為此草可以忘憂，俗名忘憂草。《詩經·衛風·伯兮》：“焉得諼草，言樹之背。”（背，通“北”，小瓦盆。）毛傳：“諼草令人忘憂。”《釋文》：“‘諼’，本又作‘萱’。”《爾雅》邢疏：“《伯兮篇》本或作蕿草。”

②“諼（xuān）”，通“萱”，忘記。《詩經·衛風·淇奥》：“有匪君子，終不可諼兮。”（匪：通“斐”，有文采。）毛傳：“諼，忘也。”

3.83 每有，雖也。[①]

①〔案〕這一條當作“每，雖也”，“有”為衍文。《莊子·庚桑楚》：“每發而不當。”《釋文》：“《爾雅》云‘每，雖也’。謂雖有發動，不中當。”在唐石經中，《爾雅》本條已誤增“有”字。今本《詩經·小雅·常棣》：“每有良朋，況也永歎。”鄭箋：“每有，雖也。”王引之《經義述聞》：“自唐石經誤增‘有’字，而《常棣》箋‘每，雖也’，俗本亦依誤本《爾雅》作‘每有，雖也’。”

3.84 饎[①]，酒食也。

①“饎（chì）”，酒食。《詩經·小雅·天保》：“吉蠲為饎，是用孝享。”（蠲：除去身上的垢污。享：祭獻。）

3.85　舞、號[2]，雩[1]也。

①“雩（yú）”，古代為求雨而舉行的一種邊舞蹈邊呼號的祭祀。邢疏：“孫炎云：‘雩之祭，有舞有號。’”《公羊傳・桓公五年》：“大雩者何？旱祭也。”何注：“雩，旱請雨祭名。……使童男女各八人舞而呼雩，故謂之雩。”

②“號（háo）”，大聲呼叫。《詩經・魏風・碩鼠》：“樂郊樂郊，誰之永號？”毛傳：“號，呼也。”

3.86　暨，不及也。[1]

①“暨（jì）”，及，到；和，與。參看 1.113 注④。“不及”的“不”為衍文。《昭明文選・赭白馬賦》及《文賦》李善注引《爾雅》均為“暨，及也”。王引之說：“‘不’字蓋涉下文‘蠢，不遜也’而衍。”見《經義述聞》二十七。

3.87　蠢[2]，不遜[1]也。

①“遜（xùn）”，逃遁。引申為退讓，辭讓。《尚書・堯典序》：“昔在帝堯……將遜于位，讓于虞舜。”又：謙遜，恭順。《呂氏春秋・士容》：“進退中度，趨翔閑雅，辭令遜敏。”高誘注：“遜，順也。”

②“蠢”，動，妄動。《詩經・小雅・采芑》：“蠢爾蠻荆，大邦為讎。”（讎：仇。）引申為不謙遜。郝疏：“蠢為妄動，故不遜順。”《尚書・大禹謨》：“蠢茲有苗，昏迷不恭。”（不恭：指不恭順王命。）

3.88　“如切如磋”，道學也。[1]“如琢如磨”，自脩也。[2]“瑟兮僩兮”，恂慄也。[3]“赫兮烜兮”，威儀也。[4]“有斐君子，終不可諼兮”，道盛德至善，民之不能忘也。[5]

①這一條是解釋《詩經・衛風・淇奧》“有匪君子，如切如磋，如

琢如磨。瑟兮僩兮，赫兮咺兮。有匪君子，終不可諼兮”的。同樣的解釋也見於《禮記·大學》。這裏不是解釋原文的表面意義，而是分别點明其内在含義。“切”，磨製骨器。“磋”，雕刻象牙。“如切如磋”，意思是在學習上共同商討研究。“道”，説。

②“琢”，雕刻玉器。“磨”，磨製寶石。“脩”，通“修”，修飾。指（學問、品行方面）學習和鍛煉。

③“瑟”，儀容莊重。“僩（xiàn）”，勇武威嚴。“恂（xún）”，恐懼。“慄”，戰慄。“恂慄”，指使人恐懼戰慄。

④“赫”，顯赫，光明。“烜（xuān）”，或作“咺”。盛大顯著。《淇奥》毛傳：“赫，有明德赫赫然。咺，威儀容止宣著也。”“威儀”，威嚴的儀容舉止。

⑤“斐”，文采。引申為文雅多才。“諼（xuān）”，忘記。“道”，説，講述。

3.89　“既微且尰”①，骭瘍為微②，腫足為尰。

①“既微且尰（zhǒng）”，《詩經·小雅·巧言》文。“尰”，同“瘇（zhǒng）”。脚腫。

②“骭（gàn）”，小腿骨，也指小腿。“瘍（yáng）”，瘡，潰爛。“微”，小腿潰瘍。

3.90　“是刈是濩”①，濩，煮之也。

①“是刈（yì）是濩（huò）”，《詩經·周南·葛覃》文。“是”，乃。“刈”，割取。“濩”，通“鑊（huò）”，本或作“鑊”。大鍋。引申為用鍋煮。

3.91　“履帝武敏”①，武，迹也；敏②，拇也。

①“履帝武敏”，《詩經·大雅·生民》文。相傳周始祖后稷的母

親姜嫄踏在大神足迹的拇指迹上，心有所動，因而懷孕生了后稷。“履”，踐踏。“帝”，上帝。

②“敏”，通“拇”。大脚指頭。

3.92 “張仲孝友”①，善父母為孝，善兄弟為友。

①“張仲孝友”，《詩經·小雅·六月》文。《爾雅》邢疏：“李巡云：‘張，姓。仲，字。其人孝，故稱孝友。’”

3.93 “有客宿宿”①，言再宿也。“有客信信”②，言四宿也。

①“有客宿宿”與下文“有客信信”均為《詩經·周頌·有客》文。“宿”，住宿一夜。“宿宿”，住了一夜又一夜，即住了兩夜。

②“信”，住宿兩夜。《左傳·莊公三年》：“凡師一宿為舍，再宿為信，過信為次。”“信信”，住了兩夜又住了兩夜，即住了四夜。

3.94 美女為媛①。

①“媛（yuán）”，美女。《詩經·鄘風·君子偕老》：“展如之人兮，邦之媛也。”（展，實在。）

3.95 美士為彦①。

①“彦（yàn）”，賢士，俊才。《詩經·鄭風·羔裘》：“彼其之子，邦之彦兮。”孔疏：“舍人云：‘國有美士，為人所言道。’”

3.96 “其虚其徐”①，威儀容止也。

①“其虚其徐”，《詩經·邶風·北風》文。今本《北風》作“其

虛其邪”。班固《幽通賦》曹大家注引《詩》作“其虛其徐”。“邪”通“徐”。“虛”和“徐”都表示從容緩慢的意思。《北風》鄭箋：“邪讀如徐。”孔疏：“孫炎曰：‘虛徐，威儀謙退也。’”

3.97 “猗嗟名兮”①，目上為名。

①《詩經·齊風·猗嗟》：“猗嗟名兮，美目清兮。”“猗嗟（yījiē）”，表示贊美的嘆詞。“名”，或作“眳”，目上眉睫之間。

3.98 “式微式微”①者，微乎微②者也。

①“式微式微”，《詩經·邶風·式微》文。“式”，助詞，無義。“微”，幽暗，不明。

②“微乎微”，郭注：“言至微。”《孫子兵法·虛實》：“微乎微乎，至於無形。”

3.99 之子①者，是②子也。

①“之”，此，這個。“子”，男女的通稱。“之子”，這個人。《詩經·周南·桃夭》：“之子于歸，宜其室家。”（于歸：出嫁。）

②“是”，此，這個。

3.100 “徒御不驚”①，輦者②也。

①“徒御不驚”，《詩經·小雅·車攻》文。“徒”，指步行拉車的人。“御”，御者，即駕車的人。“不”，通“丕”，大，很。“驚”，當作“警”。機警。

②“輦（niǎn）”，用人力推拉的車子。“輦者”，拉車的人。這裏指“徒”。

3.101 襢裼①，肉袒也。

①“襢（tǎn）”，同“袒（tǎn）”，脱衣露出上身。“裼（xī）”，脱去外衣，露出内衣或身體的一部分。“襢裼”，脱去上衣，裸露肢體。《詩經·鄭風·大叔于田》：“襢裼暴虎，獻于公所。”

3.102 暴虎，徒搏也。馮河，徒涉也。①

①“暴虎”“馮（píng）河”是古代的俗語。最早見於《周易》《詩經》。《詩經·小雅·小旻》：“不敢暴虎，不敢馮河。”（馮河：徒步涉水渡河。）〔案〕歷來都把“暴虎”解釋為徒手搏虎，《爾雅》舊注也都把“徒搏”的“徒”解釋為空手。今人裘錫圭認為“暴”的本字是“虣”，甲骨文作，象用戈搏虎。古代狩獵猛虎通常用車，“暴虎”是無車徒步搏虎，並不一定是不拿武器。徒步搏虎也是勇敢的行動。見《文物》1976年第12期。裘説雖與傳統説法有所不同，然有古文字依據，值得重視。

3.103 籧篨，口柔也。①

①“籧篨（qúchú）”，粗竹席。《方言》五：〔簟〕自關而西謂之簟，或謂之䈼，其粗者謂之籧篨。”引申為疾病名，不能俯身。《國語·晉語四》：“籧篨不可使俯，戚施不可使仰。”有時用以比喻看人眼色説話的人。《詩經·邶風·新臺》：“燕婉之求，籧篨不鮮。”鄭箋：“籧篨，口柔，常觀人顏色而為之辭，故不能俯也。”“口柔”，以言語媚人，奉承。〔案〕《新臺》中的“籧篨”，據聞一多考證，是蝦蟆、蟾蜍一類的動物。見聞一多《古典新義·詩新臺鴻字説》。癩蝦蟆形象醜惡，不能俯仰，《新臺》以癩蝦蟆比喻醜惡的衛宣公。這種解釋較舊説更為切合文意。

3.104 戚施，面柔也。①

①“戚施”，駝背，腰不能直。聞一多根據《韓詩》考證，戚施也是癩蝦蟆一類的動物。有時用以比喻諂諛獻媚的人。《詩經·邶風·新臺》：“燕婉之求，得此戚施。”毛傳：“戚施，不能仰者。”鄭箋：“戚施，面柔，下人以色，故不能仰也。”陳晉《爾雅學》：“戚施而俯者，見人則匿其面，若不勝其羞，故曰面柔，此皆喻其意，非字義如此解也。”

3.105　夸毗，體柔也。①

①“夸毗（pí）”，卑躬屈膝以取媚於人。《詩經·大雅·板》：“天之方懠，無為夸毗。”毛傳：“懠，怒也。夸毗，體柔人也。”孔疏：“李巡曰：‘屈己卑身求得於人曰體柔。’”

3.106　婆娑①，舞也。

①“婆娑（suō）”，盤旋起舞的樣子。《詩經·陳風·東門之枌》：“子仲之子，婆娑其下。”“舞”，説明舞者的狀貌，非釋“婆娑”詞義。

3.107　擗②，拊心①也。

①“拊（fǔ）”，拍，輕擊。“拊心”，撫胸，拍胸。《莊子·讓王》：“子列子入，其妻望之而拊心。”

②“擗（pǐ）”，本或作“辟”。撫心，拍胸。《孝經·喪親》：“擗踊哭泣，哀以送之。”（踊：同“踴”，向上跳，跳躍。）《禮記·檀弓下》：“辟踊，哀之至也。”孔疏：“撫心為辟，跳躍為踊。”

3.108　矜②、憐③，撫掩①之也。

①“撫掩”，當作“憮俺（wǔyān）”，安慰體恤。《方言》一：“憮、俺、憐、牟，愛也。韓鄭曰憮，晉衛曰俺。汝潁之間曰憐，宋魯

之間曰牟，或曰憐。憐，通語也。”又：“悛、憮、矜、悼、憐，哀也。齊魯之間曰矜……自楚之北郊曰憮，秦晉之間或曰矜，或曰悼。”

②“矜（jīn）”，憐憫，同情。《公羊傳·宣公十五年》：“君子見人之厄則矜之。”

③“憐”，憐憫，同情。《韓非子·用人》：“憂悲不哀憐。”又：喜愛，愛慕。參看1.126注②。

3.109　緎[①]，羔裘之縫也。

①“緎（yù）”，衣縫。《詩經·召南·羔羊》：“羔羊之革，素絲五緎。”毛傳：“緎，縫也。”《釋文》：“孫炎云：‘緎，縫之界域。’”這裏把“緎”解釋為“羔裘之縫”，是由《羔羊》詩“羔羊之革”而來的。又：“緎”，指紐扣扣入的絲繩做的扣套。《詩經·召南·羔羊》高亨注：“周代人的衣，一邊縫上五個（或三個）絲繩的紐子，古語叫做紽，今語叫做紐。另一邊縫上五個（或三個）絲繩的套兒，古語叫做緎，今語叫做扣。穿上衣的時候，把紽納入緎內。”可供參考。

3.110　殿屎[①]，呻也。

①“殿屎”，通“唸吚（diànxī）”，痛苦呻吟聲。《詩經·大雅·板》：“民之方殿屎，則莫我敢葵。”（葵：通“揆”，度量，揣測。）《說文》引作“民之方唸吚”。毛傳：“殿屎，呻吟也。”

3.111　幬謂之帳。[①]

①“幬（chóu）”，或作“裯”。牀帳。《楚辭·招魂》：“羅幬張些。”（些：語氣詞。）洪興祖補注：“幬，禪帳也。”

3.112　侜張[①]，誑也。

①“侜（zhōu）張”，或作“譸（zhōu）張”。欺誑。《尚書·無逸》：“民無或胥譸張為幻。”（胥：互相。幻：欺詐，惑亂。）《爾雅》郭注引作“無或侜張為幻”。一説本條當作“侜，張誑也”。“侜”，欺騙，蒙蔽。“張誑”，張狂，輕狂。《詩經·陳風·防有鵲巢》：“誰侜予美，心焉忉忉。”（予美：我的美人，指作者之妻。忉忉：憂愁的樣子。）毛傳：“侜，張誑也。”

3.113 誰昔[①]，昔也。

①“誰”，助詞，無義。郭注：“誰，發語辭。”《詩經·陳風·墓門》：“知而不已，誰昔然矣。”鄭箋：“誰昔，昔也。”

3.114 不辰[①]，不時也。

①“辰”，時刻，時運。“不辰”，不逢時。《詩經·大雅·桑柔》：“我生不辰，逢天僤怒。”（僤：盛。）

3.115 凡曲者為罶。[①]

①“罶（liǔ）”，一種捕魚用的竹簍，長筒形，有倒鬚，魚能進不能出。《詩經·小雅·魚麗》：“魚麗于罶，鱨鯊。”（麗：通“罹”，遭遇，指落入。）“曲者”，指用彎曲的竹篾編成的。〔案〕這一條似應歸入《釋器》篇有關捕魚工具條中。參見6.4。

3.116 鬼之為言歸也。[①]

①“之為言”，釋義兼注音的術語，表示被釋詞和訓釋詞詞義相通，而且有音同或音近的關繫，大致相當於現代漢語的“所謂……就是……”的意思。古代認為人死後為鬼，稱死為歸。《禮記·祭義》：“衆生必死，死必歸土，此之謂鬼。”《説文·鬼部》：“人所歸為鬼。”

釋親第四

這一篇是關於親屬稱謂的解釋。分為宗族、母黨、妻黨、婚姻四類。

(一) 宗族[①]

①“宗族”，父系的親屬。

4.1 父為考，母為妣。[①]

①“考”，父親。“妣（bǐ）”，祖母和祖母以上的女性祖先。《詩經·小雅·斯干》：“似續妣祖，築室百堵。”鄭箋：“妣，先妣姜嫄也。”又：指母親。本來父母不論生存或死亡都可以稱考妣。《尚書·堯典》：“帝乃殂落，百姓如喪考妣。”（帝：指堯。殂落：死。）後來衹稱死去的父母為考妣。《禮記·曲禮下》：“生曰父，曰母，曰妻；死曰考，曰妣，曰嬪。”

4.2 父之考為王父，父之妣為王母。[①]王父之考為曾祖王父，王父之妣為曾祖王母。[②]曾祖王父之考為高祖王父，曾祖王父之妣為高祖王母。[③]

①“王”，輩分尊大。郭注：“加王者，尊之。”“王父”，祖父。“王母”，祖母。《禮記·曲禮下》：“祭王父曰皇祖考，王母曰皇祖妣。”

②“曾”，重，指隔了兩代的親屬。“曾祖王父”，曾祖父。“曾祖王母”，曾祖母。

③“高”，宗族中在最上之稱。郭注：“高者，言最在上。”“高祖王父”，高祖父。“高祖王母”，高祖母。

4.3　父之世父、叔父為從祖祖父，父之世母、叔母為從祖祖母。[①]

①“世父”，大伯父。古代父和子一輩叫一世。祖父的嫡長子為祖父的繼承人，所以稱世父。後來“世父”成了伯父的通稱，不限於大伯父。“世母”，伯母。《儀禮·喪服》：“世父叔父何以期也？與尊者一體也。”“世母叔母何以亦期也？以名服也。”（期：喪服名，齊衰一年之服。尊者：指父親。）“從（cóng）”，同宗堂房（親屬）。“從祖祖父”，祖父的兄弟，即伯祖父、叔祖父。“從祖祖母”，祖父兄弟的妻子，即伯祖母、叔祖母。《國語·魯語下》：“公父文伯之母，季康子之從祖叔母也。”韋昭注：“祖父昆弟之妻也。”

4.4　父之晜弟[①]，先生為世父[②]，後生為叔父。

①“晜（kūn）”，同“翼”“昆”。本或作“昆”。兄。《説文》：“周人謂兄曰翼。”《詩經·王風·葛藟》：“终遠兄弟，謂他人昆。”“晜弟”，同“昆弟”，通作“昆弟”。兄弟。

②“世父”，父親的哥哥，伯父。

4.5　男子先生為兄，後生為弟。〔男子〕[①]謂女子先生為姊，後生為妹。

①“男子”二字據唐石經補。

4.6　父之姊妹為姑。

4.7 父之從父晜弟為從祖父。[①]父之從祖晜弟為族父。[②]族父之子相謂為族晜弟[③]。族晜弟之子相謂為親同姓。[④]

①“從父晜弟”，同祖父的兄弟。即堂兄弟。《儀禮・喪服》：“從父昆弟。”鄭注：“世父叔父之子也。”“從祖父”，堂伯父，堂叔父。《儀禮・喪服》：“從祖父母，報。”（報：指穿同樣的喪服。）

②“從祖晜弟”，同曾祖父的兄弟。《儀禮・喪服》：“從祖昆弟。”鄭注：“父之從父昆弟之子。”“族父”，同族兄弟之父。也泛指同族伯叔父。《儀禮・喪服》：“緦麻三月者……族父母。”

③“族晜弟”，同高祖父的兄弟。《儀禮・喪服》：“緦麻三月者……族昆弟。”胡培翬《儀禮正義》：“族昆弟者，高祖之玄孫，已之三從昆弟也。”

④“親同姓”，已出五服的同姓兄弟。郭注：“同姓之親，無服屬。”

4.8 兄之子、弟之子相謂為從父晜弟。

4.9 子之子為孫。孫之子為曾孫[①]。曾孫之子為玄孫[②]。玄孫之子為來孫[③]。來孫之子為晜孫[④]。晜孫之子為仍孫[⑤]。仍孫之子為雲孫[⑥]。

①“曾孫”，孫之子。又：自曾孫以下的統稱。《詩經・周頌・維天之命》：“駿惠我文王，曾孫篤之。”鄭箋：“曾，猶重也。自孫之子而下，事先祖皆稱曾孫。”

②“玄孫”，曾孫之子。郭注：“玄者，言親屬微昧也。”

③“來孫”，玄孫之子。郭注：“言有來往之親。”後來也用來泛稱遠孫。

④“晜孫”，或作“昆孫”。來孫之子。也用來泛稱遠孫。郭注：“晜，後也。《汲冢竹書》曰：‘不窋之晜孫。’”（不窋：周族始祖后稷

之子。)

⑤“仍孫”，或作“礽孫”。曻孫之子。又稱“耳孫”。也用來泛稱遠孫。

⑥“雲孫”，仍孫之子。也用來泛稱遠孫。郭注：“言輕遠如浮雲。”

4.10 王父之姊妹為王姑。曾祖王父之姊妹為曾祖王姑。高祖王父之姊妹為高祖王姑。父之從父姊妹①為從祖姑。父之從祖姊妹②為族祖姑。

①“從父姊妹”，同祖父的姊妹，即堂姊妹。《儀禮·喪服》：“（小功）從父姊妹。”鄭注：“父之昆弟之女。”

②“從祖姊妹”，同曾祖父的姊妹。

4.11 父之從父晜弟之母為從祖王母①。父之從祖晜弟之母為族祖王母。父之兄妻為世母，父之弟妻為叔母。②父之從父晜弟之妻為從祖母③。父之從祖晜弟之妻為族祖母④。

①“從祖王母”，即從祖祖母，伯祖母或叔祖母。

②“世母”，伯母。“叔母”，嬸母。《儀禮·喪服》：“世母、叔母何以亦期也？以名服也。”

③“從祖母”，父親堂兄弟之妻，即堂伯母或堂嬸母。

④“族祖母”，當作“族母”。胡培翬《儀禮正義》：“《爾雅》：‘父之從祖晜弟為族父。父之從祖晜弟之妻為族母。’今本《爾雅》作‘族祖母’，誤。”

4.12 父之從祖祖父為族曾王父，父之從祖祖母為族曾王母。

4.13 父之妾為庶母[①]。

①“庶”，衆。“庶母”，與父之正妻“嫡母”相對。《儀禮・喪服》：“大夫以上為庶母無服。”

4.14 祖，王父也。晜，兄也。

（二）母黨[①]

①“母黨”，母系的親屬。

4.15 母之考為外王父，母之妣為外王母。[①]母之王考為外曾王父，母之王妣為外曾王母。[②]

①“外王父”，外祖父。“外王母”，外祖母。因為是異姓，别於父族，所以稱“外”。通稱“外祖父”“外祖母”。《儀禮・喪服》：“為人後者為其姊妹適人者，為外祖父母。”

②“外曾王父”，外曾祖父。“外曾王母”，外曾祖母。

4.16 母之晜弟為舅，母之從父晜弟為從舅。

4.17 母之姊妹為從母[①]。從母之男子為從母晜弟，[②]其女子子為從母姊妹[③]。

①“從母”，母親的姐妹，即姨母。《儀禮・喪服》：“從母，丈夫婦人報。”鄭注：“從母，母之姊妹。”賈疏：“母之姊妹與母一體從於己母，而有此名，故曰從母。”

②“男子”，兒子。“從母晜弟”，姨表兄弟。

③“女子子”，女兒。顧炎武《日知録》六：“女子子謂己所生之

子若兄弟之子。言女子者，别於男子也。”（若：或。）“從母姊妹”，姨表姊妹。

（三）妻黨[①]

①“妻黨”，一般指妻族。《爾雅·釋親》中“妻黨”除男子對妻族親屬的稱謂以外，還包括男子對姑、舅、姊、妹之子，女子對兄弟之妻與子、姊妹之夫、夫兄弟之妻的稱謂。

4.18　妻之父為外舅，妻之母為外姑。[①]

①“外舅”，岳父。“外姑”，岳母。已婚婦女稱丈夫的父母為舅、姑（參看4.25），因而男子稱妻子的父母為外舅、外姑。

4.19　姑之子為甥，舅之子為甥，妻之晜弟為甥，姊妹之夫為甥。[①]

①“甥”，一般指姊妹之子。稱姑之子、舅之子、妻之兄弟和姊妹之夫為甥，這和母系社會婚姻形式有關。“甥”，本義為異姓所生。在甲骨文、金文中，“生”與“姓”通用。《爾雅》郭注：“甥猶生也。”鄭樵注：“甥、生一也。”在母系社會中，按母系血統定氏姓。在群婚制時代，世代通婚的兩個氏族之間，後代所謂的姑之子、舅之子、妻之兄弟、姊妹之夫，實際上指的是同一群男子。在非世代通婚的氏族中，這四種人也都是異姓所生，也都可以和本族女子通婚，所以可以通稱之為甥。衹有母之姊妹之子，因與自己同一氏族，不稱為甥，而稱之為“從母晜弟”。（見4.17）到了父系社會，姑之子等四種人有了外兄弟（姑之子）、内兄弟（舅之子）、妻兄弟、姊夫、妹夫等具體的不同的稱謂之後，就不再籠統地稱之為甥了。《左傳》中有“騅甥”“養甥”“陰飴甥”等詞，可能就是保留了對上述四種人稱甥的痕迹。後來，“甥”作

為對姊妹之子的稱謂，因為姊妹之子也是異姓所生。參看4.21。

4.20 妻之姊妹同出為姨[①]。女子謂姊妹之夫為私[②]。

①“同出”，指都已出嫁。《左傳·莊公十年》：“蔡哀侯娶於陳，息侯亦娶焉。息嬀將歸，過蔡。蔡侯曰：‘吾姨也。’”又：本篇下文有“女子同出，謂先生為姒，後生為娣”（見4.22），因而有的學者認為本條的“同出”指同嫁一夫。繆楷《爾雅稗疏》：“同出，本為同嫁一夫，因而推之，各嫁一夫者亦曰姨……今吴俗稱母之姊妹曰娘姨，父之妾曰姨娘。名雖不正，其源皆出自古。”可供參考。

②“私”，姊妹之夫。《詩經·衛風·碩人》：“東宫之妹，邢侯之姨，譚公維私。”毛傳：“妻之姊妹曰姨。姊妹之夫曰私。”孔疏：“孫炎曰：‘同出，俱已嫁也。私，無正親之言。’”

4.21 男子謂姊妹之子為出[①]。女子謂晜弟之子為姪[②]。謂出之子為離孫[③]。謂姪之子為歸孫[④]。女子子[⑤]之子為外孫。

①姊妹之子稱“出”，這是母系社會婚姻形式的遺迹。在母系社會中，由於實行族外婚，姊妹之子必須離開己氏族到外氏族去結婚，所以稱為“出”。“出”作為親屬稱謂在先秦古籍中偶爾還能見到。如《左傳·襄公二十五年》：“桓公之亂，蔡人欲立其出。”在父系社會中，從父家出嫁到外姓的是姊妹本人，而姊妹之子是不離開其父系氏族的，所以“出”作為一種親屬稱謂便逐漸為“甥”所代替。

②“姪”，後或作“侄”。先秦時一般是女子對兄弟之子的稱謂。《儀禮·喪服》：“姪者何？謂吾姑者，吾謂之姪。”説明“姪”是對“姑”而言的。女子稱兄弟之子為姪，這也和母系社會婚姻形式有關。在母系社會中，兩個通婚的氏族，“因兄弟出嫁到對方氏族，與對方氏族女子所生之子由於‘結婚組’的規定，一定要嫁到己氏族中來，故曰侄”。“侄”是至的意思。（參看郭沫若主編《中國通史》第一册第一編

第二章第二節）當時長期定居在己氏族的是女子，所以衹有女子纔稱兄弟之子為姪。到了父系社會，姪逐漸成為男子和女子對兄弟之子的共同稱謂，而且没有自外而至的意思了。

③〔案〕姊妹之孫，《左傳》中稱為“彌孫”或“從孫甥”，《爾雅》稱之為“離孫”。聯繫上文的“出”和下文與之相對的“歸孫”來看，“離孫”也應是母系社會的親屬稱謂。在母系社會中，出之子不生於己氏族，以輩分而論為孫，所以叫“離孫”。

④在母系社會中，姪由外氏族嫁到己氏族，姪之子又生於己氏族，所以稱為“歸孫”。《儀禮·喪服》：“父之姑。”鄭注：“歸孫為祖父之姊妹〔緦〕。”（緦：緦麻，古代五種喪服中最輕的一種。）

⑤“女子子”，見 4.17 注③。

4.22　女子同出，謂先生為姒，後生為娣。①

①“同出”，指同嫁一個丈夫。“先生”，指年長的。“姒”，音 sì。“後生”，指年幼的。“娣”，音 dì。郝疏：“娣姒即衆妾相謂之詞，不關嫡夫人在內。其嫡夫人則禮稱女君。”

4.23　女子謂兄之妻為嫂，弟之妻為婦。①

①〔案〕這裏説女子稱兄弟之妻為嫂、婦，實際上，在先秦古籍中男子也可稱兄弟之妻為嫂、婦，如《莊子·盜跖》：“昔者桓公小白殺兄入嫂，而管仲為臣。”

4.24　長婦謂稚婦為娣婦，娣婦謂長婦為姒婦。①

①“長（zhǎng）婦”，哥哥的妻子。“稚婦”，弟弟的妻子。“姒”和“娣”除了用作同夫諸妾的相互稱呼外（見 4.22），又為兄弟之妻相互之間的稱謂，後者為常用義。這裏稱“娣婦”和“姒婦”是為了和 4.22 條相區別。郭注：“今相呼先後，或云妯娌。”邵疏：“古之稱娣姒

者，猶今人稱妯娌也。兄妻稱弟妻曰妯娌，弟妻亦可稱兄妻曰妯娌。蓋晰言之，則兄妻為姒，弟妻為娣；合言之，則昆弟之妻統稱為娣姒；急言之，則但稱為姒。”

（四）婚姻[①]

①“婚姻”，指由婚姻關繫結成的親戚。

4.25　婦稱夫之父曰舅，稱夫之母曰姑。[①]姑舅在，則曰君舅、君姑；[②]没，則曰先舅、先姑。[③]謂夫之庶母為少姑。[④]

①“婦”，指已婚婦女。已婚婦女稱丈夫的父母為舅姑，來源於母系社會群婚的婚姻形式。“舅”本指母親的兄弟。“姑”本指父氏族中群父的群姊妹。長期通婚的兩個氏族之間，被稱作舅的母親的兄弟們，既是下一代男子的舅父，又是他們的妻父；或既是下一代女子的舅父，又是她們的夫父。被稱作姑的父親們的姊妹們，既是下一代男子的姑母，又是他們的妻母；或既是下一代女子的姑母，又是她們的夫母。（參看王玉哲《中國上古史綱》第一章第九節。）到了一夫一妻制時期，在姑舅表婚的情況下，舅和妻父或夫父，姑和妻母或夫母實際上是同一個人。沿用下來，在不是姑舅表婚的情況下，也稱妻父或夫父為舅，稱妻母或夫母為姑。《國語·魯語下》：“商聞之曰：古之嫁者，不及舅姑，謂之不幸。夫婦學於舅姑者，禮也。”

②“君舅”“君姑”，已婚婦女對丈夫在世的父母的敬稱。李雾《讀爾雅筆記》：“古人於所尊敬則謂之君。如君牙（周穆王大司徒名）、君奭（周代對召公奭的敬稱）、君陳（稱周公旦之子）是也。婦稱君舅君姑亦然。”（“君牙”“君奭”“君陳”在《尚書》中都用作篇名。）

③“没（mò）”，死。“先”，已經死去的。多指上一代或先輩。《國語·魯語下》：“〔公父文伯之母〕對曰：‘吾聞之先姑曰：君子能勞，後世有繼。’”

④“庶母”，父親的妾。“少（shào）姑”，婦女稱丈夫的母親為“姑”，因而稱丈夫的庶母為“少姑”。

4.26　夫之兄為兄公①，夫之弟為叔，夫之姊為女公②，夫之女弟為女妹③。

①“公”，對長輩或平輩男子的敬稱。

②“女公”，或作“女妐（zhōng）”，丈夫的姐姐。陸錦燧《讀爾雅日記》：“夫之姊年長於夫，故以公稱之。其加一‘女’字，所以别於夫之兄也。”

③“女妹”，當作“女叔”。《禮記·昏義》：“順於舅姑，和於室人。”鄭注：“室人，謂女妐、女叔、諸婦也。”孔疏：“女妐謂壻之姊也，女叔謂壻之妹。”

4.27　子之妻為婦。長婦為嫡婦①，衆婦為庶婦。

①“長（zhǎng）婦”，居首位的。“嫡婦”，嫡長子之妻。也稱冢婦。

4.28　女子子之夫為壻。

4.29　壻之父為姻，婦之父為婚。①

①〔案〕“婚”和“姻”是同義詞，都表示男女嫁娶的意思。“婚”，也寫作“昏”，多表示結婚，男女結為夫妻。班固《白虎通·嫁娶》：“婚姻者，何謂也？昏時行禮，故謂之婚也。”“姻”多表示由婚姻關繫而形成的親戚。《左傳·僖公五年》：“弦子奔黄，於是江、黄、道、柏方睦於齊，皆弦姻也。”杜注：“姻，外親也。”這兩個同義詞經常連用，在先秦時已成為雙音詞。《左傳·成公十三年》：“寡君不敢顧

昏姻。”“姻”在古書中有時專指男方的父親，壻家。《左傳·定公十三年》：“荀寅，范吉射之姻也。”杜注：“壻父曰姻。荀寅子娶吉射女。”因而古人就把與“姻”同義而且經常與“姻”連用的“婚”，解釋為女方的父親，婦家。《儀禮·士昏禮》：“若不親迎，則婦入三月，然後壻見，曰：‘某以得為外昏姻，請覿。’”鄭注：“女氏稱昏，壻氏稱姻。覿，見。”其實在古書中，“婚”一般並不專指女方的父親，“姻”也並非專指男方的父親。《左傳·襄公二十三年》：“公有姻喪。”孔疏：“姻是外親之總名。”（公：晉平公。姻喪：指晉平公之舅杞孝公之喪。）《左傳·昭公九年》：“王有姻喪。”杜注：“外親之喪。”

4.30　父之黨為宗族[①]，母與妻之黨為兄弟[②]。

①“黨”，親族。“宗”，祖廟，祭祀祖先的地方。引申為同一祖先的家族。“族”，家庭，同姓的親屬。“宗族”，在實行宗法制的父系社會裏，衹有同姓的父系親屬纔能稱為宗族。

②“兄弟”，指內外姻親，如舅之子為內兄弟，姑之子為外兄弟，妻之兄弟為婚兄弟等。

4.31　婦之父母，壻之父母，相謂為婚姻。兩壻相謂為亞[①]。

①“亞”，姊妹之夫的互稱。後作“婭（yà）”。俗稱連襟。郝疏：“亞者，《釋名》云：‘兩壻相謂曰亞。’言一人取姊，一人取妹，相亞次也。又並來至女氏門，姊夫在前，妹夫在後，亦相亞也。”《詩經·小雅·節南山》：“瑣瑣姻亞，則無膴仕。”（瑣瑣：人品卑微、平庸。姻：兒女親家。膴仕：高官厚祿。）毛傳：“兩壻相謂曰亞。”

4.32　婦之黨為婚兄弟，壻之黨為姻兄弟。

4.33　嬪[①]，婦也。

①“嬪（pín）”，婦人的美稱。《周禮·天官·大宰》：“七曰嬪婦。”鄭注：“嬪，婦人之美稱也。”又：為對已死妻子的美稱。例見4.1。

4.34　謂我舅者，吾謂之甥也。[①]

①“甥（shēng）”，姊妹之子，外甥。男子稱母親的兄弟為舅，男子稱姊妹之子為甥。又：女壻稱岳父、岳母為外舅、外姑（參看4.18），岳父、岳母稱女壻為甥。《孟子·萬章下》：“舜尚見帝，帝館甥於貳室。”（尚：上。館：使……住客舍。貳室：副宫。）趙岐注：“堯以女妻舜，故謂舜甥。”

附:《爾雅·釋親》宗族稱謂表

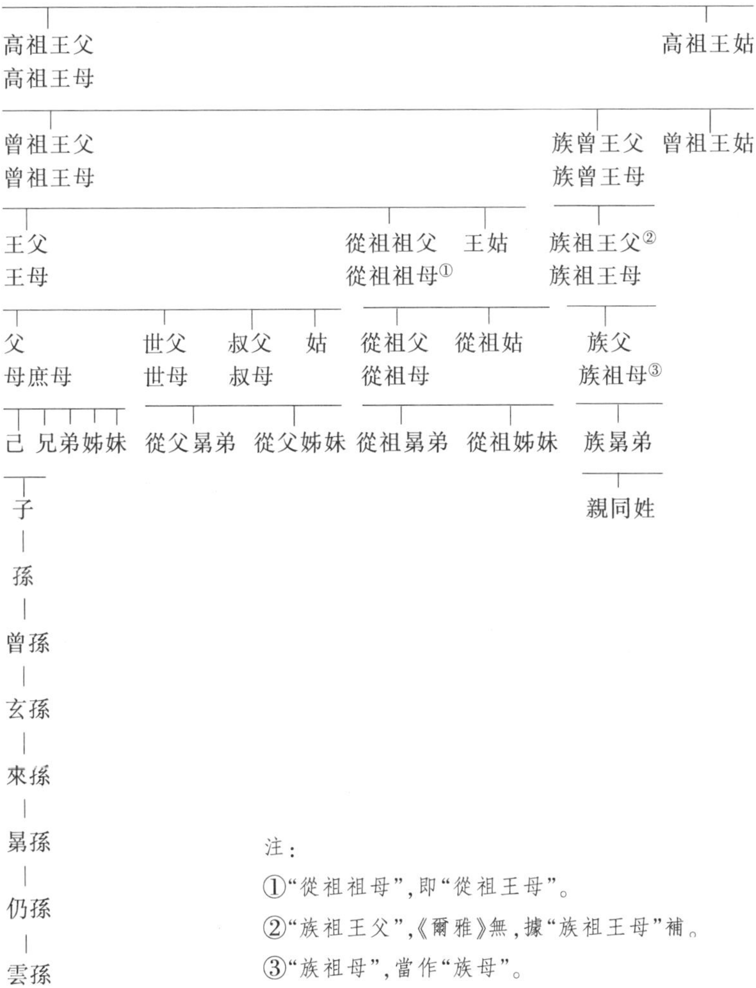

注:

①"從祖祖母",即"從祖王母"。

②"族祖王父",《爾雅》無,據"族祖王母"補。

③"族祖母",當作"族母"。

釋宫第五

這一篇是關於宫室建築以及與之有聯繫的道路、橋梁等名稱的解釋。

5.1 宫謂之室，室謂之宫。①

①“宫”和“室”在先秦時是同義詞，都是房屋、住宅的意思。《詩經·鄘風·定之方中》“作于楚宫”，“作于楚室”，楚宫和楚室義同。先秦時，不論貴賤，房屋、住宅都可稱宫。《禮記·内則》：“由命士以上，父子皆異宫。”（命士：受有爵命之士。）秦漢以後，“宫”專指帝王的宫殿，和“室”的意義有所區分。先秦時，“宫”“室”雖為同義詞，但分開説，“宫”指同一圍牆内所有的房屋，“室”則指其中一處住房或指内室。《論語·先進》：“由也，升堂矣，未入於室也。”

5.2 牖户之間謂之扆①，其内謂之家②。東西牆謂之序③。

①“牖（yǒu）”，窗。“扆（yǐ）”，或作“依”。宫殿中設在堂室門窗之間畫有斧形的屏風。也指門窗之間設置屏風的地方。《荀子·儒效》：“周公屏成王而及武王，履天子之籍，負扆而坐。”

②“家”，住人的地方。《詩經·大雅·緜》：“未有家室。”孔疏：“李巡曰：‘謂門以内也。’”

③“序”，指正堂的東西牆。《大戴禮記·主言》：“曾子懼，退負序而立。”孔廣森《大戴禮記補注》：“序，東西牆也。堂上之牆曰序，堂下之牆曰壁，室中之牆曰墉。”

5.3　西南隅謂之奥①，西北隅謂之屋漏②，東北隅謂之宧③，東南隅謂之窔④。

①“隅（yú）”，角落。這裏指室内的角落。“奥”，隱蔽的地方，指室内的西南角。古代室的門不在當中，而開在靠近東邊的地方。室内西南角因而成為最隱蔽的地方，所以叫奥。室内的奥是祭神的方位，也是尊長所居之處。《論語・八佾》：“與其媚於奥，寧媚於竈。”（奥、竈：指在奥或竈處所祭的神。）

②“屋漏”，室中西北角。古人設牀在室的北窗旁，因西北角開有天窗，日光可由天窗照射入室，所以稱為屋漏。《詩經・大雅・抑》：“相在爾室，尚不愧于屋漏。”

③“宧（yí）”，同“頤”，養。又稱室中東北角。古代庖厨食閣都在房屋的東北角，所以稱室中東北角為“宧”。

④“窔（yào）”，幽深。又稱室中東南角。東南角靠近門户，為門户所遮掩，光綫較弱。《儀禮・既夕禮》：“比奠，舉席埽室，聚諸窔。”

5.4　柣謂之閾①。棖謂之楔②。楣謂之梁③。樞謂之椳④。樞達北方謂之落時⑤，落時謂之戺⑥。

①“柣（zhì）”，門檻，門限。“閾（yù）”，門限。邢疏：“經傳諸注皆以閾為門限。謂門下横木，為内外之限也。俗謂之地柣，一名閾。”《左傳・僖公二十二年》：“婦人送迎不出門，見兄弟不踰閾。”孔疏：“孫炎曰：‘柣，門限也。’經傳諸注皆以閾為門限，謂門下横木為外内之限也。”

②“棖（chéng）”，門兩旁豎立的木柱，其作用為防止車過觸門。“楔”，音 xiē。《禮記・玉藻》：“士介拂棖。”（介：傳賓主之言的人。）孔疏：“棖謂門之兩旁長木，所謂門楔也。”

③“楣”，或作“相（mào）”。門框上的横木，上有孔連貫門樞。《楚辭・九歌・湘夫人》：“桂棟兮蘭橑，辛夷楣兮葯房。”（蘭橑：用木

蘭作屋椽。辛夷：香草。葯房：用白芷作房室。）

④“樞”，門臼，門上的轉軸。“椳”，音 wēi。《莊子・讓王》：“蓬户不完，桑以為樞。”

⑤“落時”，古時宫室撑持門樞之木。郝疏：“户在東南，其持樞之木或達於北方者名落時。落之言絡，連綴之意。”

⑥“扂（shì）”，或作“㞙”。門軸。

5.5　垝謂之坫[①]。牆謂之墉[②]。

①“垝（guì）”，堂角放置食物的土臺。“坫（diàn）”，堂角用以置藏物品的土臺。《禮記・内則》：“大夫於閣三，士於坫一。”孔疏：“士卑不得作閣，但於室中為土坫庋食也。”（庋：置放。）

②“墉（yōng）”，牆壁。《詩經・召南・行露》：“誰謂鼠無牙，何以穿我墉？”

5.6　鏝謂之杇[①]。椹謂之榩[②]。地謂之黝[③]。牆謂之堊[④]。

①“鏝（màn）”，本或作“槾”。泥工抹牆用的工具，俗稱瓦刀。郝疏：“鏝，古蓋用木，後世以鐵，今謂之泥匙。”又：用作動詞。泥牆、塗牆。“杇（wū）”，塗牆的工具。《説文・木部》：“杇，所以塗也。秦謂之杇，關東謂之槾。”又：塗飾、粉刷。《論語・公冶長》：“朽木不可雕也，糞土之牆不可杇也。”

②“椹（zhēn）”，砧板，砍木時墊在下面的木板。邢疏：“椹者，斫木所用以藉者之木名也。一名榩。”《戰國策・秦策三》：“今臣之胸不足以當椹質。”“榩（qián）”，本或作“虔”。木砧。又：椹、榩用作動詞，表示墊著木砧砍。《詩經・商頌・殷武》：“是斷是遷，方斫是虔。”（斫：砍。）

③“地”，塗飾地面。“黝（yǒu）”，黑色。《穀梁傳・莊公二十三年》：“天子諸侯黝堊。”

④“牆”，塗飾牆面。“堊（è）”，白色土。也指白色。《禮記·喪服大記》：“既練，居堊室，不與人居。”（練：指小祥祭，父母喪後周年的祭祀，因需穿練服，所以又稱練。）

5.7　樴謂之杙[①]，在牆者謂之楎[②]，在地者謂之臬[③]，大者謂之栱[④]，長者謂之閣[⑤]。

①“樴（zhí）”，木樁（zhuāng），木橛。“杙”，音 yì。邵疏：“凡木采於山去其枝條以待用者，俗稱為木料，古謂之橥，又謂之樴，又謂之杙。其狀不一，或邪而鋭，或大而長。其用至廣，雖棲雞罝兔亦皆用之。其在室中者，各隨所在而異其名。”《墨子·備梯》：“縣火，四尺一鉤樴。”（縣：懸。）《左傳·襄公十七年》：“以杙抉其傷而死。”（抉：挖，剔。）

②“楎（huī）”，釘在牆上的木橛。《禮記·内則》：“不敢縣於夫之楎椸，不敢藏於夫之篋笥。”（縣：懸。椸：衣架。篋笥：衣箱。）

③“臬（niè）”，或作“闑（niè）”。竪立在門中央地上的木柱或木橛。《禮記·玉藻》：“公事自闑西，私事自闑東。”

④“栱（gǒng）”，枓栱。我國傳統木結構建築中立柱和横梁之間的一種呈弓形的承重結構。栱為弧形木，枓是墊栱的方木塊。

⑤“閣”，設置在門扇旁防止已開門扇自動閉合的長木。《説文》：“閣，所以止扇也。”參看 5.19 注③。

5.8　闍謂之臺[①]，有木者謂之榭[②]。

①“闍（dū）”，城門上用土築的高臺。《詩經·鄭風·出其東門》：“出其闉闍，有女如荼。”（闉：城門外的甕城。荼：茅蘆之類的白花，野地多有。）毛傳：“闉，曲城。闍，城臺也。”

②“榭（xiè）”，建築在臺上衹有楹柱而没有牆壁的房子。《楚辭·招魂》：“層臺累榭，臨高山些。”

5.9　雞棲於弋為榤[①]，鑿垣而棲為塒[②]。

①“弋（yì）”，或作“杙”。小木樁。“榤（jié）”，同“桀”。雞棲息的木樁。《詩經·王風·君子于役》：“雞棲于桀，日之夕矣。”

②“垣（yuán）”，牆。“塒（shí）”，牆上挖洞做成的雞窩。《詩經·王風·君子于役》：“雞棲于塒，日之夕矣。”

5.10　植謂之傳，傳謂之突。[①]

①“植”，户植。門從外關閉後，插在門中用以加鎖的直木。又稱傳（chuán）或突。“突”，本或作“楔”。《墨子·備城門》：“門扇薄植皆鑿半寸。”（薄：壁柱。）

5.11　宎廇[①]謂之梁，其上楹謂之棁[②]。開謂之槉[③]。栭謂之楶[④]。棟謂之桴[⑤]。桷謂之榱[⑥]。桷直而遂[⑦]謂之閲，直不受檐[⑧]謂之交。檐謂之樀[⑨]。

①“宎廇（mángliù）”，屋的大梁。邵疏：“梁一名宎廇者，以其大而居中也。此為堂上之梁。其前橫列者為楣，承之者為楹柱。”

②“楹（yíng）”，廳堂的前柱，也泛指柱子。“其上楹”，指堂屋梁上的短柱。“棁”，音 zhuō。《論語·公冶長》：“臧文仲居蔡，山節藻棁。”（居蔡：使名蔡的大龜居住。節：枓栱。藻：指畫著藻草。）

③“開（biàn）”，又名“槉（jí）”。房屋立柱與橫梁之間呈弓形的承重結構。即我國傳統木結構建築的一種支承構件“斗拱”中的“拱”。

④“栭（ér）”，又名“楶（jié）”。在開之上支承棟梁的方木，即“斗拱”中的“斗”。郝疏：“然而楶與槉本一物而兩名。楶言其標，則槉言其本。謂之斗栱者，言方木似斗形，而拱承屋棟。”“斗拱”由斗和拱縱橫交錯層疊而成，逐層向外挑出，形成上大下小的托座。

⑤“棟”，房屋的正梁。“桴（fú）”，房屋的二梁。引申泛指棟梁。

《國語・魯語下》:“夫棟折而榱崩，吾懼壓焉。”

⑥“桷（jué）”，方形的椽子。“榱（cuī）”，椽子，放在檩條上架著屋面板和瓦片的圓木條。《説文》:“秦名為屋椽，周謂之榱，齊魯謂之桷。”《穀梁傳・莊公二十四年》:“刻桓宫桷。”《左傳・襄公三十一年》:“棟折榱崩，僑將厭焉。”（厭：通“壓”，被壓。）

⑦“遂”，通“達”。“桷直而遂”，指長而能直接達到屋檐的方形椽子。郭注：“謂五架屋際椽正相當。”

⑧“檐（yán）”，屋檐。“直不受檐”，指短而不能直達屋檐的方形椽子。

⑨“樀（dí）”，屋檐。邢疏：“屋檐一名樀，一名屋梠，又名宇，皆屋之四垂也。”

5.12　容[①]謂之防。

①“容”，障蔽物。《荀子・正論》:“居則設張容負依而坐。”（張：帳。負：背著。依：通“扆”，置於門窗間的屏風。）古代行射禮，用皮革做小屏風來容身防矢，所以容又稱防。

5.13　連謂之簃[①]。

①“連”，聯，接。這裏指堂樓閣邊的小屋。“簃（yí）”，當作“移”。郝疏：“《周逸書・作雒篇》云：‘設移旅楹。’孔晁注：‘承屋曰移。’然則《爾雅》古本作移，魏晉以後始加竹為簃。”故《太平御覽》一八四引《通俗文》:“連閣曰簃。”

5.14　屋上薄謂之筄[①]。

①“薄”，簾子。《莊子・達生》:“有張毅者，高門縣薄，無不走也。”（縣：懸掛。）“筄（yào）”，鋪在椽上瓦下的葦席或竹席。郝疏：“薄，即簾也，以葦為之，或以竹。屋上薄亦然。謂之‘筄’者，《玉

篇》云：‘笎，屋危也。’屋棟為危，以至高而得名。”

5.15 兩階間謂之鄉①。中庭之左右謂之位②。門屏之間謂之宁③。屏謂之樹④。

①“兩階間”，指堂的東西兩個臺階之間。“鄉（xiàng）”，向。這裏意思是君王南向接受群臣朝見的地方。

②“庭”，通作“廷”。堂前之地。“中庭”，帝王布施政令、接受朝見的地方。“位”，列位。這裏指群臣列位朝見君王的地方。《孟子·離婁下》：“禮，朝廷不歷位而相與言。”（歷：跨越。）

③“宁（zhù）”，同“宁”。古代殿門和屏風間，君王視朝時所站立的地方。《國語·楚語上》：“在輿有旅賁之規，位宁有官師之典。”韋昭注：“中庭之左右謂之位，門屏之間謂之宁。”（旅賁：勇士。規：勸諫。）

④“樹”，門屏，影壁。《禮記·郊特牲》：“臺門而旅樹。”鄭注：“旅，道也。屏謂之樹。樹，所以蔽行道。管氏樹塞門，塞猶蔽也。禮，天子外屏，諸侯内屏，大夫以簾，士以帷。”

5.16 閍謂之門①。正門謂之應門②。觀謂之闕③。

①“閍謂之門”句，疑《爾雅》古本當作“門謂之閍”。參看阮元《爾雅注疏校勘記》。“門”，指宗廟之門。“閍（bēng）”，或作“祊（bēng）”，宗廟之門。也指廟門内設祭的地方。《詩經·小雅·楚茨》：“祝祭于祊，祀事孔明。”孔疏：“《釋宫》云‘閍謂之門’。李巡曰：‘閍，廟門名。’”

②“應（yīng）門”，王宫的正門。《禮記·明堂位》：“九采之國，應門之外，北面東上。”孔疏：“李巡云：‘宫中南向大門，應门也。’應是當也。以當朝正門，故謂之應門。”

③“觀（guàn）”，宗廟或宫廷大門外兩旁的高建築物，中間有通

道。因兩旁為高建築物，中間的通道看起來好像一個缺口，所以又稱觀為“闕（què）”。《禮記·禮運》：“事畢，〔仲尼〕出游於觀之上。”鄭注：“觀，闕也。”孔疏：“孫炎云：‘宫門雙闕者，舊縣法象，使民觀之處。’”

5.17　宫中之門謂之闈①，其小者謂之閨②。小閨謂之閤③。衖門謂之閎④。

①“闈（wéi）”，王宫、宗廟的側門。《左傳·哀公十四年》：“子我歸，屬徒攻闈與大門。”（子我：人名。屬：集合。）

②“閨”，宫中小門。《公羊傳·宣公六年》：“有人荷畚自閨而出者。”

③“閤（gé）”，門旁小門。後與“閣”通用。郝疏：“按閨為特立之户，不在門旁。其閤必云‘門旁’不特立者，以閤又小於閨耳。《公羊·宣六年》疏引李巡曰：‘皆門户大小之異。’言於小之中又分大小也。古者閨閤連言，多不分别。”

④“衖（xiàng）”，同“巷”。小巷。“閎（hóng）”，巷門。《左傳·成公十七年》：“〔齊慶克〕與婦人蒙衣乘輦而入於閎。”杜注：“閎，巷門。”

5.18　門側之堂謂之塾①。

①“塾”，位於門内外東西兩側的堂屋。《尚書·顧命》：“先輅在左塾之前，次輅在右塾之前。”（輅：大車。）

5.19　橛謂之闑①。闔謂之扉②。所以止扉謂之閎③。

①“橛（jué）”，短木樁。這裏指門橛。“闑（niè）”，門橛。門中央地上竪立的短木，用以阻遏門扇。《説文》“闑”字段注：“古者門有二闑，二闑之間謂之中門。惟君行中門，臣由闑外。”《儀禮·士冠

禮》："布席於門中，闑西。"

②"闔（hé）"，門扇。《禮記·月令》："耕者少舍，乃修闔扇。"（扇：指竹葦做的門。）"扉（fēi）"，門扇。《左傳·襄公二十八年》："子尾抽桷擊扉三。"杜注："扉，門闔也。"

③"閎"，本或作"閣"，當作"閣"。"閣（gé）"，古代設置在門扇旁防止已開門扇自動閉合的長木。《左傳·襄公三十一年》："高其閈閣，厚其牆垣，以無憂客使。"（閈：門。閣：今本作閎。）

5.20　瓴甋謂之甓[①]。

①"瓴甋（língdì）"，長方形磚塊。郭注："今江東呼瓴甓。""甓（pì）"，磚。《詩經·陳風·防有鵲巢》："中唐有甓。"毛傳："中，中庭也。唐，堂塗也。甓，瓴甋也。"

5.21　宮中衖謂之壼[①]。廟中路謂之唐[②]。堂途謂之陳[③]。

①"衖（xiàng）"，巷。"壼（kǔn）"，宮中房舍間的巷道。邢疏："宮中衖閤間道名壼。孫炎曰：'巷舍間道也。'"

②"廟"，宗廟。"唐"，廟中道路。引申為庭中道路。《詩經·陳風·防有鵲巢》："中唐有甓。"毛傳："中，中庭也。唐，唐塗也。甓，瓴甋也。"馬瑞辰《毛詩傳箋通釋》："唐為廟中路，又為庭中道名。"

③"堂途"，堂下到門的通道。又稱陳。《詩經·小雅·何人斯》："彼何人斯？胡逝我陳？"毛傳："陳，堂途也。"

5.22　路[①]、旅[②]，途也。路、場[④]、猷[⑤]、行[⑥]，道[③]也。

①"路"，道路，路途。又：道理，正道。《尚書·洪範》："無有作惡，遵王之路。"（王：先王。）

②"旅"，道路。《尚書·禹貢》："蔡、蒙旅平。"王引之《經義述聞》："'蔡、蒙旅平'者，言二山之道已平治也。"

③“道”，道路。又：道理，法則。《周易·説卦》：“是以立天之道曰陰與陽，立地之道曰柔與剛，立人之道曰仁與義。”

④“場（cháng）”：道路。《墨子·備城門》：“除城場外，去池百步，牆垣樹木小大俱壞伐。”孫詒讓《閒詁》：“場，道也。謂城下周道。”

⑤“猷（yóu）”，道理，法則。參看1.131注③。

⑥“行（háng）”，道路。《詩經·周南·卷耳》：“嗟我懷人，寘彼周行。”朱熹集傳：“周行，大道也。”又：讀xíng。規律，道理。《周易·復》：“反復其道，七日來復，天行也。”孔疏：“陽氣絶滅之後，不過七日，陽氣復生，此乃天之自然之理，故曰天行也。”

5.23　一達①謂之道路，二達謂之歧旁②，三達謂之劇旁③，四達謂之衢④，五達謂之康⑤，六達謂之莊⑥，七達謂之劇驂⑦，八達謂之崇期⑧，九達謂之逵⑨。

①“達”，至，通達。

②“歧旁”，兩岔的道路。郭注：“歧道旁出也。”古籍中一般稱“歧”或“歧道”“歧路”。

③“劇旁”，通三面的大路。邢疏：“歧分三達者謂之劇旁。孫炎云：‘旁出歧多故曰劇。’”

④“衢”，四通八達的道路。《左傳·定公八年》：“林楚怒焉，及衢而騁。”

⑤“康”，廣大，寬闊。有時指大路。《晏子春秋·諫篇上》：“〔景公〕令趣駕追晏子……公驅及之康内。”

⑥“莊”，盛大。有時指大路。《晏子春秋·問篇下》：“異日，君過於康莊，聞甯戚歌，止車而聽之。”

⑦“驂（cān）”，駕車時位於兩旁的馬。“劇驂”，七面相通的大路。郭璞注：“三道交，復有一歧出者。”

⑧“崇期”，四通八達的道路。《釋名·釋道》：“八達曰崇期。崇，

充也。道多所通，人充滿其上，如共期也。”

⑨“逵（kuí）”，或作“馗”。四通八達的道路。《左傳·隱公十一年》：“子都拔棘以逐之，及大逵，弗及。”（子都：人名。棘：通“戟”。）〔案〕《釋宫》中一達至九達的道路都有專名，實際上“康”“莊”較少用來表示道路名；“劇旁”“劇驂”“崇期”作為道路名，僅見於漢人注；“逵”，主要見於先秦古籍；常見的是“道路”“衢”和“歧”。“歧”“劇”“衢”“期”“逵”等字，語音上有較為密切的聯繫，因此，這些詞很可能是通行範圍大小不一的方言詞。俞樾《群經平議》説：“《〔左〕傳》於魯國多言衢，於齊國多言莊，於鄭國多言逵。”又：在古籍中，一般“歧”指歧路，“衢”“逵”指四通八達的道路，並非像《釋宫》所説僅限於“二達”“四達”或“九達”。《荀子·勸學》：“行衢道者不至，事兩君者不容。”楊倞注：“或曰衢道，兩道也。……今秦俗猶以兩為衢，古之遺言歟？”《楚辭·天問》：“靡蓱九衢，枲華安居？”王逸《章句》：“九交道曰衢。”《淮南子·繆稱訓》：“聖人之道，猶中衢而致尊邪？”高誘注：“道六通謂之衢。”為了成系列，《爾雅》的編著者將“歧”“衢”“逵”分别釋為“二達”“四達”“九達”。

5.24　室中謂之時，堂上謂之行，堂下謂之步，門外謂之趨，中庭謂之走，大路謂之奔。①

①“時”，通“峙（chí）”。踟躕，徘徊不前。這裏的意思是緩步行走。嚴元照《爾雅匡名》：“室中之行，峙躇（踟躕）安徐可也，故謂之峙。”“步”，行走。《戰國策·趙策四》：“乃自强步。”“趨”，快走。《左傳·成公十六年》：“〔郤至〕見楚子必下，免胄而趨風。”（楚子：楚君。）“走”，疾趨，即跑。《韓非子·五蠹》：“兔走觸株，折頸而死。”“奔”，跑。《史記·田單列傳》：“牛尾熱，怒而奔燕軍。”〔案〕這一條不是解釋“行”“步”等詞詞義，而是説明人行走的步伐由於具體環境不同而快慢有别，隨著處所由内至外，行走的動作也就由緩到急。實際上並非如此。“行”和“步”，“走”和“奔”並没有緩急

的差別，而且也不僅限於在某處纔如此行走。如《論語·述而》："三人行，必有我師焉。"《孟子·梁惠王上》："兵刃既接，棄甲曳兵而走。"

5.25 隄謂之梁①，石杠謂之徛②。

①"隄（dī）"，同"堤"。河堤，堤壩。"梁"，橋。《國語·周語中》："九月除道，十月成梁。"（除：修整。）又：指河堤。《春秋·襄公十六年》："公會晉侯、宋公……小邾於湨梁。"楊伯峻注："湨梁，湨水之堤梁。"

②"石杠（gāng）"，置於水中供人渡涉的踏脚石。郭注："聚石水中，以為步涉彴也。或曰今之石橋。"（彴：踏脚石。）"徛（jì）"，放在水中用以過河的石頭。《説文》："徛，舉脛有渡也。"

5.26 室有東西廂曰廟①，無東西廂有室曰寢②，無室曰榭③，四方而高曰臺，陜而脩曲曰樓④。

①"室"，房室，宅舍。"廂"，或作"箱"。正房兩側的房子。"廟"，指結構完整的成套大屋。邢疏："凡大室有東西廂、夾室及前堂有序牆者曰廟。"又："室"，指"太室"。即太廟（帝王祖廟）的中央之室。"廟"指供奉祖先神位祭祀祖先的屋舍。《詩經·魯頌·閟宫》："新廟奕奕，奚斯所作。"（新廟：指魯君的祖廟。奚斯：人名。）

②"寢"，寢宫，卧室。《國語·晉語一》："獻公田，見翟柤之氛，歸寢不寐。"（翟柤：國名。氛：指上空瀰漫著凶氣。）又：和"廟"相對，指宗廟後殿藏先人衣冠的地方。《禮記·月令》："寢廟畢備。"鄭注："凡廟，前曰廟，後曰寢。"孔疏："廟是接神之處，其處尊，故在前。寢，衣冠所藏之處，對廟為卑，故在後。但廟制有東西廂，有序牆，寢制惟室而已。"

③"榭（xiè）"，建在高臺上的木屋，多用於游觀。《左傳·襄公三

十一年》:“宫室卑庳,無觀臺榭。”也指無室的廳堂,多用作講軍習武或收藏器物。《春秋·宣公十六年》:“夏,成周宣榭火。”杜注:“宣榭,講武屋。”

④“陜(xiá)”,同“狹”。狹窄,不寬廣。“脩(xiū)”,高,長。指空間距離大。

古代宫室示意圖

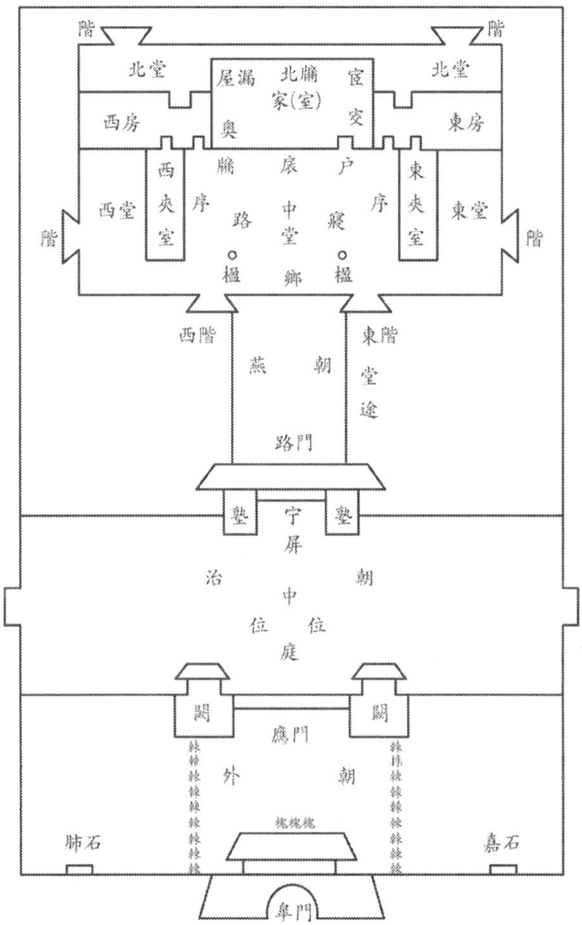

説明：一、本圖是在焦循《群經宫室圖》的基礎上畫成的。

二、諸侯有皋、應、路三門。天子除此之外另有雉門與庫門。

三、圖中部分名稱《爾雅》中没有，據《周禮》等書補入。

釋器第六

這一篇是關於器用名稱的解釋。其中包括一些有關服飾、飲食的名稱。

6.1 木豆謂之豆①。竹豆謂之籩②。瓦豆謂之登③。

①“豆”，古代一種盛食物的器皿，形似高足盤。盛行於商周時。後多用於祭祀。《孟子·告子上》：“一簞食，一豆羹，得之則生，弗得則死。”（簞：用以盛飯的圓筐。）

②“籩（biān）”，古代祭祀和宴會時盛果脯等的竹編食器，形似木製的豆。《國語·周語中》：“選其馨香，潔其酒醴，品其百籩。”

③“登”，本或作“鐙”。古代盛放熟食的瓦製器具。邢疏：“對文則木曰豆，瓦曰登；散則皆名豆。故云瓦豆謂之登。”《詩經·大雅·生民》：“卬盛于豆，于豆于登。”（卬：我。）

6.2 盎謂之缶①。甌瓿謂之瓵②。康瓠謂之甈③。

①“盎（àng）”，一種腹大口小的瓦製盛器。“缶（fǒu）”，盛酒漿的瓦器。大腹小口，有蓋。也有銅製的。《周易·坎》：“樽酒，簋貳，用缶。”（樽酒：一樽簿酒。簋貳：兩簋淡食。）《急就篇》三：“甄缶盆盎瓮罃壺。”顔師古注：“缶、盆、盎一類耳。缶即盎也，大腹而斂口，盆則斂底而寬上。”

②“甌瓿（ōubù）”，盆盂類瓦器。“瓵”，音yí。郭注：“瓿甊，小罌，長沙謂之瓵。”

③“康”，空。“瓠（hú）”，通“壺”。“康瓠”，空壺，破瓦壺。

多用以比喻庸才。《史記·賈誼列傳》："斡弃周鼎兮寶康瓠。"（斡：轉。）"䥵（qì）"，破罌。（罌：古代盛酒或水的瓦器，腹大口小，較缶為大。）

6.3　斪斸謂之定①。斫謂之鐯②。斛謂之疀③。

①"斪斸（qúzhú）"，古代鋤類農具名。《周禮·考工記·車人》引作"句欘"。《説文·木部》"欘"字段注："〔句欘〕蓋似鉏而健於鉏，似斤而不以斫木，專以斫田。其首如鉏，然句於矩，故謂之句欘也。"（鉏：鋤。句：彎曲。）"定"，鋤的一種。《釋文》："定，或作錠。郭云：鋤屬。李云：鋤别名。"

②"斫（zhuó）"，大鋤。"鐯（zhuó）"，或作"櫡"。《説文·木部》"櫡"字段注："櫡，一作鐯，俗字也。凡斫木之斤，斫地之欘，皆謂之櫡。"

③"斛（qiāo）"，古"鍬"字。《方言》五："臿，燕之東北，朝鮮洌水之間，謂之斛，宋魏之間謂之鏵。"（臿：鍤。）"疀（chā）"，古"鍤"字。鍬類農具。《昭明文選·祭古冢文》李善注引《爾雅》作"鍬謂之鍤"。

6.4　緵罟謂之九罭①。九罭，魚罔②也。嫠婦之笱謂之罶③。罺謂之汕④。篧謂之罩⑤。槮謂之涔⑥。

①"罟（gǔ）"，網。"緵（zòng）罟"，網眼細密的漁網。"罭（yù）"，附有囊袋的漁網。"九罭"，有許多囊袋相連的漁網。郭注："今之百囊罟。"《詩經·豳風·九罭》："九罭之魚，鱒魴。"毛傳："九罭，緵罟，小魚之網也。"孔疏："孫炎曰：'九罭，謂魚之所入有九囊也。'"

②"罔"，同"網"。漁獵用的工具。

③"嫠（lí）婦"，寡婦。"笱（gǒu）"，一種捕魚的竹簍，口插有

逆向竹片，魚入即不得復出。這種捕魚器具置放比較簡易，所以又稱嫠婦之笱。“罶（liǔ）”，捕魚工具，即笱。《詩經·小雅·魚麗》：“魚麗于罶，鱨鯊。”毛傳：“麗，歷也。罶，曲梁也，寡婦之笱也。”

④“罺（cháo）”，或作“樔”。捕魚用的小網，即抄網。郭注：“今之撩罟。”“汕”，音 shàn。《詩經·小雅·南有嘉魚》：“南有嘉魚，烝然汕汕。”（烝：衆多。）毛傳：“汕汕，樔也。”鄭箋：“樔者，今之撩罟也。”

⑤“篧（zhuó）”，捕魚的竹籠。《詩經·小雅·南有嘉魚》：“南有嘉魚，烝然罩罩。”毛傳：“罩罩，篧也。”孔疏：“李巡曰：‘篧，編細竹以為罩捕魚也。’”

⑥“槮（sǎn）”，當作“糝（sǎn）”。投米水中使魚聚集的一種捕魚方法。“涔（cén）”，或作“潛”。魚止息處。這裏指投米使魚聚集。《詩經·周頌·潛》：“潛有多魚。”毛傳：“潛，糝也。”一説“槮”，積柴水中以誘捕魚。郭注：“今之作槮者，聚集柴木於水中，魚得寒入其裏藏隱，因以簿圍捕取之。”

6.5 鳥罟謂之羅[①]。兔罟謂之罝[②]。麋罟謂之罞[③]。彘罟謂之羉。[④]魚罟謂之罛[⑤]。繴謂之罿[⑥]，罿，罬[⑦]也；罬謂之罦[⑧]，罦，覆車也。

①“羅”，捕鳥的網。甲骨文作，象網中有鳥之形。《詩經·王風·兔爰》：“有兔爰爰，雉離于羅。”（爰爰：緩緩。離：遭受。）

②“罝（jū，又讀 jiē）”，捕兔網。也泛指捕鳥獸的網。《詩經·周南·兔罝》：“肅肅兔罝，椓之丁丁。”（椓：木樁。丁丁：打木樁的聲音。）

③“麋（mí）”，麋鹿。“罞（máo）”，捕鹿網。邢疏：“麋罔名罞。罞，冒也。言冒覆其頭也。”

④“彘（zhì）”，豬。“羉（luán）”，捕野豬的網。邢疏：“彘，豬也。其網名曰羉。羉，幕也。言幕絡其身也。”

⑤“罛（gū）”，大漁網。《國語·魯語上》：“水虞於是乎講罛罶，取名魚。”（水虞：漁師。講：考慮，使用。）

⑥“繴（bì）”，一種裝設機關的捕鳥獸的網，能自動覆蓋。又名“罿（tóng，又讀 chōng）”，捕鳥網。《詩經·王風·兔爰》：“有兔爰爰，雉離于罿。”《釋文》：“《韓詩》云：‘施羅於車上曰罿。’”

⑦“罬（zhuó）”，裝設機關的掩捕鳥獸的網。

⑧“罦（fú）”，掩捕鳥獸的網，鳥獸觸動即自行覆蓋。又名覆車網。郭注：“今之翻車也。有兩轅，中施罥（捕取鳥獸的網）以捕鳥。展轉相解，廣異語。”郝疏：“《詩》正義引孫炎曰：‘覆車網，可以掩兔者也。’一物五名，方言異也。”《詩經·王風·兔爰》：“有兔爰爰，雉離于罦。”毛傳：“罦，覆車也。”

6.6　絇謂之救[①]。

①“絇（qú）”，鞋頭上的裝飾，有孔可穿鞋帶。《周禮·天官·屨人》鄭注：“絇謂之拘，著舄屨之頭以為行戒。”這種裝飾有拘束的作用，所以稱絇或救。“救”通“糾”，與“絇”音近義通。《穀梁傳·襄公二十七年》：“織絇邯鄲，終身不言衛。”

6.7　律謂之分。[①]

①“律”，律管。古人用十二個長度有一定比例的律管，吹出黄鐘、大吕等十二個音高不同的標準音，又把樂律和一年的十二個月相配，用十二樂律一一對應一年的十二個月。如《吕氏春秋》“黄鐘為仲冬之律”“大吕為季冬之律”等。律管有區分音高的作用，樂律名與一年十二個月相配，又有區分月份的作用。“律謂之分”，當由此而來。

6.8　大版謂之業[①]。

①“業”，古時樂器架上的大版。刻如鋸齒狀，用以懸掛鐘、磬等。

《詩經·周頌·有瞽》："設業設虡，崇牙樹羽。"（虡：架鼓用的直柱。崇牙：高大的掛樂器的鈎子。樹羽：插上五彩羽毛。）一説"業"為築牆用的大板。亦通。

6.9　繩之謂之縮之。①

①本條當作"繩謂之縮"，"繩""縮"後的"之"字為衍文。"繩"，用繩捆束。"縮"，約束。《詩經·大雅·緜》："縮版以載，作廟翼翼。"孔疏："孫炎曰：'繩束築板謂之縮。'郭璞曰：'縮者，縛束之也。'然則縮者束物之名。用繩束板，故謂之縮。"

6.10　彝①、卣②、罍③，器也。小罍謂之坎④。

①"彝（yí）"，古代青銅器通稱，多指宗廟祭祀用的禮器。《左傳·襄公十九年》："且夫大伐小，取其所得，以作彝器。"

②"卣（yǒu）"，古代青銅製中型的酒樽。一般橢圓形，大腹，小口，圈足，有蓋和提梁。《詩經·大雅·江漢》："釐爾圭瓚，秬鬯一卣。"（釐：賞賜。秬鬯：黑黍米做成的酒。）

③"罍（léi）"，古代酒器名。形似壺，小口，廣肩，深腹，圈足，有蓋。邢疏："孫炎云：'尊，彝為上，罍為下，卣居中。'……罍者，尊之大者也。"《詩經·周南·卷耳》："我姑酌彼金罍，維以不永懷。"

④"坎"，一種壺形小酒器。郝疏："坎為酒樽，言小於罍，則受實不及一斛。"（斛：十斗。）

6.11　衣梳謂之視①。黼領謂之襮②。緣謂之純③。袕謂之袋④。衣眥謂之襟⑤。袚謂之裾⑥。衿謂之袸⑦。佩衿謂之褑⑧。執衽謂之袺⑨。扱衽謂之襭⑩。衣蔽前謂之襜⑪。婦人之褘謂之縭⑫。縭，緌⑬也。裳削幅謂之纀⑭。

①“䘐（liú）”，同“流”，本或作“流”。這裏指下垂、擺動的飾物。“裞（ní）”，衣襟下的飾物。郝疏：“䘐裞猶言流曳，皆謂衣衽下垂，流動搖曳之貌。”

②“襮（bó）”，繡有黑白相間斧形花紋的衣領。《詩經·唐風·揚之水》：“素衣朱襮，從子于沃。”（沃：曲沃，地名。）

③“緣”，邊緣。衣帽等的鑲邊。“純（zhǔn）”，邊緣，鑲邊。《禮記·曲禮上》：“為人子者，父母存，冠衣不純素。”

④“袕（xuè）”，郭注：“衣開孔也。”意思是穿的衣服，是布中央剪開一個圓洞，穿時把頭套進去。“褮（yīng）”，《説文》解釋為“鬼衣”。指小殮時，給死者臉上覆蓋的布巾。《漢書·地理志下》：“儋耳、珠崖郡民皆服布如單被，穿中央為貫頭。”顔師古注：“著時從頭而貫之。”由此可知，上古時在有的方言中將一種套頭穿的衣服稱之為“yíng”，用文字記録時寫作“褮”，字形與鬼衣之“褮”同。

⑤“眥（zì）”，上下眼瞼的接合處。引申指交領（交疊於胸前的衣領。）“襟”或作“衿”。古指衣服的交領。《釋名》：“襟，禁也。交於前所以禁禦風寒也。”《楚辭·離騷》：“攬茹蕙以掩涕兮，霑余襟之浪浪。”

⑥“衱（jié）”，衣服的後襟。邢疏：“衱，一名裾，即衣後裾也。”“裾（jū）”，衣服的前後襟。《釋名·釋衣服》：“裾，倨也。倨倨然直。亦言在後常見踞也。”

⑦“衿（jīn）”，衣服上的結帶。又稱“袸（jiàn）”。《儀禮·士婚禮》：“母施衿結帨曰：‘勉之勉之，夙夜無違宫事。’”（帨：佩巾。宫事：家事。）

⑧“佩衿”，用以拴掛佩刀佩玉等物的佩帶。又稱褑（yuàn）。郭注：“佩玉之帶上屬。”

⑨“衽（rèn）”，衣襟。“執衽”，提著衣襟。“袺（jié）”，提起衣襟兜取東西。《詩經·周南·芣苢》：“采采芣苢，薄言袺之。”

⑩“扱（chā）”，插。“襭（xié）”，將衣襟掖在腰帶上以盛物。《詩經·周南·芣苢》：“采采芣苢，薄言襭之。”

⑪“襜（chān）”，繫在衣服前面遮至膝前的圍裙。又稱蔽膝。《詩經·小雅·采緑》：“終朝采藍，不盈一襜。”

⑫“褘”，本或作“褘（huī）”，當作“褘”。古代女子出嫁時繫的佩巾。“縭（lí）”，或作“褵”。婦女的佩巾。《詩經·豳風·東山》：“親結其縭，九十其儀。”毛傳：“縭，婦人之褘也。母戒女施衿結帨。九十其儀，言多儀也。”《方言》四：“蔽膝，江淮之間謂之褘。”錢繹《箋疏》：“佩之於前可以蔽膝，蒙之於首，可以覆頭。”

⑬“緌（ruí）”，帽帶繫結後的下垂部分。《禮記·玉藻》：“垂緌五寸，惰游之士也。”“縭”與“緌”均為繫結後下垂之物，義相通。

⑭“裳”，下身衣裙。“削”，削減。“幅”，布帛的寬度。“裳削幅”，指古代諸侯、大夫、士家居時所穿的深衣。深衣衣裳相連，下裳和上衣相連部分比較窄，往下逐漸加寬。“纀（bú）”，古深衣的下裳。

6.12 輿，革前謂之艱，後謂之茀；竹前謂之禦，後謂之蔽。[①]環謂之捐[②]。鑣謂之钀[③]。載轡謂之轙[④]。轡首謂之革[⑤]。

①“輿”，車。“革”“竹”，指用皮革製作、用竹條編成的裝飾物。“前”“後”，指車前、車後。“艱（hén）”，車厢前面革製的遮蔽物。王引之《經義述聞》：“艱，車箳也……艱之言限也，限隔内外，使塵不得入也。”“茀（fú）”，或作“茀”。車厢後面革製的遮蔽物。《詩經·齊風·載驅》：“載驅薄薄，簟茀朱鞹。”（鞹：去毛的熟皮。）毛傳：“薄薄，疾驅聲也。簟，方文席也。車之蔽曰茀。”“禦”，掛在車厢前的竹簾。邢疏：“李巡曰：‘竹前，謂編竹當車前以擁蔽，名之曰‘禦’。”“蔽”，古代車輿前後或左右擋風塵的竹簾。和“禦”相對時，指車厢後的竹簾。

②“環”，指車上貫穿繮繩的圓環。“捐”，通“圓”。車環。

③“鑣（biāo）”，馬嚼子，馬口中所銜鐵具露出在外的兩頭部分。又稱“钀（niè）”。《詩經·秦風·駟驖》：“輶車鸞鑣，載獫歇驕。”

（輶：輕。鸞：鸞鈴。獫：獵犬。）又：有的學者如王引之認為此處當作"鑣謂之銜"。根據《説文》"钀，或从金从獻"，認為"钀"是"钀"的異體字。"學者記覽錯亂，因誤以'钀'為'鑣'，而易'銜'以'钀'。"（見《經義述聞》）可供參考。

④"轡（pèi）"，駕馭牲口的繮繩。"钀（yǐ）"，車衡上貫穿過繮繩的大環。邢疏："古者乘車駕駟馬，凡八轡。轅端之木名衡，衡即軛，軛上著環以貫轡。此即載轡之環名钀。"

⑤"轡首"，帶嚼子的馬籠頭。"革"，通"勒"。馬籠頭。《詩經·小雅·蓼蕭》："既見君子，鞗革忡忡。"毛傳："鞗，轡也。革，轡首也。忡忡，垂飾貌。"

6.13　餀謂之餘①。食饐謂之餲②。摶者謂之糷③，米者謂之檗④。肉謂之敗⑤，魚謂之餒⑥。

①"餀（hài）"和"餘（huì）"都表示食物變質而腐臭。《釋文》："李云：'餀餘皆穢臭也。'"

②"饐（yì）"，食物經久而腐臭。"餲（ài）"，食物經久而變味。《論語·鄉黨》："食饐而餲……不食。"孔安國注："饐、餲，臭味變。"皇侃疏："饐謂飲食經久而腐臭也。餲謂經久而味惡也。"

③"摶（tuán）者"，指過爛，黏在一起的飯。"糷（làn）"，飯相粘者。《釋文》："李云：'糷，飯淖糜相著也。'"

④"米者"，指夾生飯。"檗（bò）"，半生不熟的米飯。《釋文》："李云：'米飯半腥半熟名檗。'"

⑤"肉"，指變質的肉。"敗"，腐爛變質。

⑥"魚"，指臭爛的魚。"餒（něi）"，魚腐爛。《論語·鄉黨》："魚餒而肉敗不食。"

6.14　肉曰脱之①，魚曰斮之②。

①“肉”，指整治肉類食物。邢疏：“肉剥去其皮，因名脱之。李巡云：‘肉去其骨曰脱。’皇侃云：‘治肉，除其筋膜取好者。’”

②“魚”，指整治魚類食物。“斮（zhuó）”，或作“作”。斫，削。指刮去魚鱗。《禮記・内則》：“肉曰脱之，魚曰作之。”鄭注：“皆治擇之名也。”

6.15 冰[①]，脂也。

①“冰（níng）”，結冰，凝固。這裏指膏（油脂）凝固。《釋文》：“孫本作‘凝’，牛烝反。膏凝曰脂。”《莊子・逍遥游》：“肌膚若冰雪，綽約若處子。”（冰雪：脂膏。綽約：輕盈柔美。處子：處女。）

6.16 肉謂之羹[①]。魚謂之鮨[②]。肉謂之醢[③]，有骨者謂之臡[④]。

①“羹”，用肉或菜做成的帶湯的食物。《荀子・非相》：“君子啜其羹，食其胾。”（胾：大塊的肉。）

②“鮨（qí）”，用魚做成的糊狀食物，魚醬。《説文・魚部》：“鮨，魚脂醬也。出蜀中。”

③“醢（hǎi）”，用肉做成的糊狀食物，肉醬。《詩經・大雅・行葦》：“醓醢以薦，或燔或炙。”（醓：帶汁的肉醬。）

④“臡（ní）”，用帶骨的肉做成的醬。《墨子・迎敵祠》：“狗彘豚雞食其肉，斂其骸以為醢臡。”

6.17 康謂之蠱。[①]

①〔案〕本條注家多認為：“康”是“糠”“穅”之省，指穀皮。“蠱（gǔ）”，指陳穀中所生的飛蟲。引例多是《左傳・昭公元年》“穀之飛，亦為蠱”。杜注：“穀久積則變為飛蟲，名蠱。”或認為：“《爾雅》當云‘穀謂之蠱’。蓋穀能為飛蟲，康不能為飛蟲矣。”（見郝疏）

或認為“積穀生蟲，而能飛者為蠱”。（見楊伯峻注）這些看法，與“康”（糠）義無關，欠妥。有的學者認為“蠱”是“檜”的借字。“檜（kuài）”，糠。嚴元照《爾雅匡名》：“蠱檜一聲之轉。”陸錦燧《讀爾雅日記》：“《一切經音義》引《通俗文》云：‘米皮曰檜。’而郭注以‘米皮’釋之，是景純亦知蠱當讀檜也。”雖缺例證，可供參考。

6.18　澱謂之垽①。

①“澱”，沉澱的泥滓。“垽（yìn）”，泥渣。郭注：“滓澱也。今江東呼垽。”

6.19　鼎絶大謂之鼐①，圜弇上謂之鼒②，附耳外謂之釴③，款足者謂之鬲④。

①“鼎”，古器物名。多為圓腹三足和有立於脣上的兩耳。盛行於商、周。用於煮、盛物品。或置於宗廟作為銘記功績的禮器。“絶”，極，最。“鼐（nài）”，大鼎。《詩經·周頌·絲衣》：“鼎鼐及鼒，兕觥其觩。”（兕觥：兕角做的酒杯。觩：小酒杯。）

②“圜（yuán）”，通“圓”。圓形。“弇（yǎn）”，器物小口大腹。“鼒（zī）”，小鼎。

③“釴（yì）”，附耳在脣外的方鼎。郝疏：“附耳外者，言近於耳而在外之處，謂之釴。釴猶翼也。”

④“款足”，空心曲足。“鬲（lì）”，鼎類烹飪器。三足中空。《周禮·考工記·陶人》：“鬲實五觳，厚半寸，脣寸。”（實：裝。觳：古量器名。）

6.20　鬵謂之鬵。鬵，鉹也。①

①“鬵（zèng）”，同“甑（zèng）”。本或作“甑”。陶製蒸食炊具，類似現代蒸籠。《周禮·考工記》：“〔陶人為〕甑，實二鬴，厚半

寸，脣寸，七穿。”（鬴：量詞，六斗四升。七穿：底上有七個小孔。）“鬵（qín）”“鉹（chǐ）”，甑的別名。《詩經·檜風·匪風》：“誰能亨魚？溉之釜鬵。”毛傳：“溉，滌也。鬵，釜屬。”孔疏：“孫炎曰：‘關東謂甑為鬵，涼州謂甑為鉹。’”

6.21 璲，瑞也。①玉十謂之區②。

①“瑞”，瑞玉，古代用作憑證的玉器。《左傳·哀公十四年》：“司馬請瑞焉。”“璲（suì）”，瑞玉。《詩經·小雅·大東》：“鞙鞙佩璲，不以其長。”（鞙鞙：佩玉的樣子。）

②“區”，玉的計量單位。十件為一區。雙玉為珏，或稱一瑴（jué）。五瑴為一區。《初學記》卷二十七：“逸《論語》曰：‘玉十謂之區。’”

6.22 羽本謂之翮①。一羽謂之箴，十羽謂之縳，百羽謂之緷。②

①“羽本”，指鳥羽莖的下部。“翮（hé）”，鳥羽莖下端中空部分。《周禮·地官·羽人》：“羽人掌以時徵羽翮之政。”鄭注：“翮，羽本。”

②〔案〕這三句解釋計算鳥羽數量的量詞名稱。“箴（zhēn）”，本為縫衣用具，後作“鍼（針）”，借用為一羽之名。“縳（zhuàn）”，十羽之名。“緷（gǔn）”，百羽之名。《周禮·地官·羽人》：“十羽為審，百羽為摶，十摶為縳。”鄭注：“審、摶、縳，羽數束名。《爾雅》曰：‘一羽謂之箴，十羽謂之縳，百羽謂之緷。’其名音相近也。一羽有名，蓋失之矣。”計量單位常因時、地差異而有所不同。《爾雅》和《周禮》計算羽數的量詞不同，可能因時、地不同，各有所本。

6.23 木謂之虡①。

①“虡（jù）”，懸掛編鐘編磬的木架。橫木叫簨（筍），簨旁所立

兩柱叫虡，或作"簴"。《詩經·周頌·有瞽》："設業設虡，崇牙樹羽。"（業：懸鼓的木架。崇牙：樂器架上横木大板上所刻鋸齒。樹羽：插五彩羽毛。）

6.24　旄謂之藣[①]。

①"旄（máo）"，或作"氂"。旄牛尾。古代常作飾物。"藣（bēi）"，古代舞者所執牦牛尾。《周禮·春官》："旄人：下士四人；舞者衆寡無數。"鄭注："旄，旄牛尾，舞者所持以指麾。"

6.25　菜謂之蔌[①]。

①"蔌（sù）"，菜蔬的總稱。《詩經·大雅·韓奕》："其蔌維何？維筍及蒲。"

6.26　白蓋謂之苫。[①]

①"白蓋"，白茅編成的覆蓋物。"苫（shān）"，白茅苫。《左傳·襄公十四年》："乃祖吾離被苫蓋、蒙荆棘以來歸我先君。"（吾離：人名。）

6.27　黄金謂之璗[①]，其美者謂之鏐[②]。白金謂之銀，其美者謂之鐐[③]。鉼金謂之鈑[④]。錫謂之鈏[⑤]。

①"璗（dàng）"，黄金的别名。《詩經·小雅·瞻彼洛矣》："君子至止，鞞琫有珌。"毛傳："鞞，容刀鞞也。琫，上飾。珌，下飾也。天子玉琫而珧珌，諸侯璗琫而璆珌。"

②"鏐（liú）"，精美的黄金。郭注："鏐即紫磨金。"

③"鐐（liáo）"，純美的銀子。

④"鉼（bǐng）金"，餅狀金塊。"鈑（bǎn）"，本或作"版"。

《周禮·秋官·職金》："旅于上帝，則共其金版。"（旅：祭。）

⑤"鈏（yǐn）"，錫的古名。《周禮·地官·卝人》："卝人掌金玉錫石之地。"鄭注："錫，鈏也。"

6.28 象謂之鵠①，角謂之觷②，犀謂之剒③，木謂之剫④，玉謂之雕。

①"鵠（hú）"，本或作"䶊"，或寫作"觳"。對象牙進行加工雕刻。郝疏："鵠乃假借字。古無正體，從齒從角，各以意為之耳。"

②"觷（xué）"，或作"嚳"。加工獸角，使成器具。

③"剒（cuò）"，通"錯"。對犀角進行銼磨加工。

④"剫（duó）"，通作"度"。裁割、加工木料。郭注引《左傳》："山有木，工則剫之。"今本《左傳·隱公十一年》作"山有木，工則度之"。

6.29 金謂之鏤，木謂之刻，骨謂之切，象謂之磋，玉謂之琢，石謂之磨。①

①"金"，金屬。這裏指用金屬製作器物。"木""骨""象（牙）""玉""石"等詞也都是以其製作器物的意思。"鏤（lòu）"，雕刻。《荀子·勸學》："鍥而不舍，金石可鏤。""鏤""刻""切""磋""琢""磨"是同義詞。"刻""鏤"常連用，作為雕刻的通稱；"切""磋"常連用，比喻相互間的研討；"琢""磨"常連用，比喻修養品行或修飾詩文、研討義理。

6.30 璆①、琳②，玉也。

①"璆（qiú）"，同"球"，本或作"球"。美玉，可製磬。《尚書·禹貢》："厥貢璆、鐵、銀、鏤。"孔傳："璆，玉名。"

②“琳”，美玉。《尚書·禹貢》：“厥貢惟球琳琅玕。”孔傳：“球、琳，皆玉名。琅、玕，石而似珠。”

6.31 簡謂之畢[①]。

①“簡”，竹簡，也稱“畢”。邢疏：“簡，竹簡也。古未有紙，載文於簡，謂之簡札。一名畢。”《禮記·學記》：“今之教者，呻其佔畢，多其訊。”（呻：吟讀。佔：視。畢：簡册，書籍。訊：詢問。）

6.32 不律謂之筆[①]。

①“不律”，筆。郭注：“蜀人呼筆為不律也，語之變轉。”鄭樵注：“緩聲為不律，急聲為筆。”《說文·聿部》：“秦謂之筆。”“楚謂之聿，吴謂之不律，燕謂之弗。”

6.33 滅謂之點[①]。

①“滅”，消除。“點”，指去掉已寫的文字。郭注：“以筆滅字為點。”

6.34 絶澤謂之銑[①]。

①“絶”，極，最。“澤”，光澤。指有光澤的。“銑（xiǎn）”，最有光澤的金屬。《國語·晉語一》：“玦之以金銑者，寒之甚矣。”（玦之：指分離人心。）

6.35 金鏃翦羽謂之鍭[①]。骨鏃不翦羽謂之志[②]。

①“鏃（zú）”，箭頭。“翦（jiǎn）”，同“剪”。剪齊。“鍭（hóu）”，箭名。箭頭金屬製，箭身的鳥羽剪齊，使前重後輕，用於射近敵及禽獸。《周禮·夏官·司弓矢》：“殺矢、鍭矢，用諸近射田獵。”

《方言》九：“箭，自關而東謂之矢，江淮之間謂之鍭，關西曰箭。”

②“志”，箭名。箭頭骨製，箭身鳥羽不剪齊，箭前後輕重相等，用於禮射和習射。《儀禮·既夕禮》：“志矢一乘。”（一乘：四支。）

6.36 弓有緣①者謂之弓，無緣者謂之弭②。以金者謂之銑③，以蜃者謂之珧，④以玉者謂之珪⑤。

①“緣（yuán）”，器物的邊沿。這裏指弓的兩端用絲繩纏繞後用漆塗飾。邢疏：“孫炎曰：‘緣謂繳束而漆之。’”

②“弭（mǐ）”，兩端没有用絲綫纏繞並用漆塗飾的弓。《左傳·僖公二十三年》：“若不獲命，其左執鞭、弭，右屬櫜、鞬，以與君周旋。”（櫜：盛箭矢的器具。鞬：盛弓的器具。）

③“銑（xiǎn）”，兩端用金屬裝飾的弓。郭注：“用金、蚌、玉飾弓兩頭，因取其類以為名。”

④“蜃（shèn）”，大蛤蜊。“珧（yáo）”，兩端用貝殼作裝飾的弓。《楚辭·天問》：“馮珧利決，封豨是射。”（馮：挾持。決：套在大拇指上鈎弦發箭的器具。利決：指善於射箭。）

⑤“珪（guī）”，瑞玉。這裏指兩端用玉作裝飾的弓。

6.37 珪大尺二寸謂之玠。①璋大八寸謂之琡。②璧大六寸謂之宣。③肉倍好謂之璧，④好倍肉謂之瑗⑤，肉好若一謂之環。⑥

①“珪（guī）”，同“圭”。帝王、諸侯所執的長形玉版，上圓或尖，下方，用作憑信。“玠（jiè）”，或作“介”。大珪。《詩經·大雅·嵩高》：“錫爾介圭，以作爾寶。”鄭箋：“圭長尺二寸謂之介。非諸侯之圭，故以為寶。諸侯之瑞圭，自九寸而下。”

②“璋”，玉器名。古代朝聘、祭祀、喪葬、發兵用以作信物。形似半珪，上端斜削去一角。“琡（chù）”，八寸大的璋。《左傳·昭公五年》：“朝聘有珪，享覜有璋。”（享：進獻貢品。覜：諸侯每三年一次

行聘問相見之禮。)

③“璧”，平圓形，中心有孔的玉器。“宣”，也作“瑄（xuān）”。六寸大璧。邢疏：“璧亦玉器，子男所執者也。大六寸名宣。”《周禮·春官·大宗伯》：“以蒼璧禮天。”

④古代圓形有孔的玉器或錢幣孔外部分稱“肉”，孔空部分稱“好(hào)”。“肉倍好”，指邊大孔小。如璧孔一寸，則邊寬二寸。《周禮·考工記》：“璧羨度尺，好三寸以為度。”（羨：長。）鄭注：“好，璧孔也。”

⑤“瑗（yuàn）”，孔大邊小的璧。《荀子·大略》：“聘人以珪，問士以璧，召人以瑗，絶人以玦，反絶以環。”

⑥“若一”，相等。“環”，璧的一種。邊和孔寬度相等。《左傳·昭公十六年》：“宣子有環，其一在鄭商。”孔疏：“李巡云：‘好，孔也。肉倍好，邊肉大其孔小也。好倍肉，其孔大邊肉小也。肉好若一，其孔及邊肉大小適等曰環。’是環亦璧之類也。”

6.38 璲[②]，綬[①]也。

①“綬（shòu）”，絲帶，用來繫掛帷幕或印環等。《禮記·玉藻》：“天子佩白玉而玄組綬。”鄭注：“綬者，所以貫佩玉相承受者也。”

②“璲（suì）”，貫穿佩玉的帶子。郭注：“即佩玉之組，所以連繫瑞玉者，因通謂之璲。”

6.39 一染謂之縓[①]，再染謂之赬[②]，三染謂之纁[③]。青謂之葱[④]。黑謂之黝[⑤]。斧謂之黼[⑥]。

①“縓（quàn）”，淺紅色。《儀禮·既夕禮》：“縓綼緆。”鄭注：“一染謂之縓，今紅也。飾裳在幅曰綼，在下曰緆。”

②“再染”，染兩次。“赬（chēng）”，比縓稍紅的淺紅色。《詩經·周南·汝墳》：“魴魚赬尾，王室如毀。”毛傳：“赬，赤也。魚勞

則尾赤。”

③“纁（xūn）”，比赬稍紅的紅色。《周禮·考工記·鍾氏》：“三入為纁，五入為緅，七入為緇。”鄭注：“染纁者，三入而成。”

④“葱”，葱緑色。《詩經·小雅·采芑》：“朱芾斯皇，有瑲葱珩。”（瑲：玉碰撞聲。珩：玉佩上的横玉。）

⑤“黝（yǒu）”，淡青黑色。也指黑色。《周禮·地官·牧人》：“陰祀，用黝牲毛之。”（陰祀：指祭地神和社稷。毛：選擇毛色。）

⑥“黼（fǔ）”，古代禮服上黑白相間象斧形的花紋。黑的部分象斧身，白的部分象斧刃。參看2.57注②。

6.40　邸謂之柢①。

①“柢（dǐ）”，樹的主根。也泛指樹根。引申指事物的根基。“邸（dǐ）”，通“柢”。根柢。郭注：“根、柢，皆物之邸。邸即底，通語也。”《周禮·春官·典瑞》：“四圭有邸，以祀天旅上帝。”鄭注：“邸，下柢也，以象骨為之。”

6.41　雕謂之琢。

6.42　蓐謂之兹①。

①“蓐（rù）”，草席、草墊。《左傳·宣公十二年》：“軍行，右轅，左追蓐。”杜注：“在車之右者挾轅為戰備，在左者追求草蓐為宿備。”蓐又稱兹。《周禮·夏官·圉師》：“圉師掌教圉人養馬。春除蓐……”鄭注：“蓐，馬兹也。”

6.43　竿謂之箷①。

①“箷（yí）”，或作“椸”。用竹竿做的衣架。《禮記·曲禮上》：

“男女不雜坐，不同椸枷。”鄭注：“椸，可以枷衣者。”（枷：衣架。）

6.44 簀謂之笫[①]。

①“簀（zé）”，用竹片或木條編成的床墊。也指床。“笫（zǐ）”，竹編的牀墊。也指床。《方言》五：“牀，齊魯之間謂之簀，陳楚之間或謂之笫。”《禮記·檀弓上》：“華而睆，大夫之簀與？”鄭注：“簀，謂牀笫也。”

6.45 革中絶謂之辨[①]，革中辨謂之韏[②]。

①“絶”，斷。“辨（biàn）”，皮革從中斷開。郭注：“中斷皮也。”《晏子春秋·雜篇下》：“景公病疽在背，……問：‘墮者何如？’曰：‘如屨辨。’”

②“韏（quàn）”，指將已從中斷開的皮革再從中斷開。黄侃《爾雅音訓》：“革折而斷之為‘辨’，為‘闢’，更折而斷之為‘韏’。對言有别，通言則不分。”一説本句“辨”“韏”均表卷曲義。王引之《經義述聞》：“案‘革中辨’之‘辨’字當為‘闢’……‘闢’與‘韏’皆屈也。”又一説本句“辨”“韏”都指皮革皺褶。《説文》：“革中辨謂之韏。”段注：“案當云‘革辨謂之韏’……皮之皺文蹙蹙然者曰韏。”可供參考。

6.46 鏤，鎪[①]也。

①“鎪（sōu）”，同“鋄”，或作“鎪”。刻鏤。郭注：“刻鏤物為鎪。”

6.47 卣[①]，中尊也。

①參看6.10注②。

釋樂第七

這一篇主要解釋五聲音階的名稱和金、石、土、革、絲、木、匏、竹八音中一些樂器的名稱。

7.1　宮謂之重，商謂之敏，角謂之經，徵謂之迭，羽謂之柳。①

①“宮”“商”“角”“徵（zhǐ）”“羽”是我國古代五聲音階中的五個音級。“宮”大致相當於現代音樂簡譜上的“1（do）”。“商”大致相當於現代音樂簡譜上的“2（re）”。“角”大致相當於現代音樂簡譜上的“3（mi）”。“徵”大致相當於現代音樂簡譜上的“5（sol）”。“羽”大致相當於現代音樂簡譜上的“6（la）”。〔案〕從本條看，“宮”“商”“角”“徵”“羽”五音，曾分別有“重”“敏”“經”“迭”“柳”五種異名，但在古籍中未見有用這些異名的。為甚麽五音會有這樣五種異名，舊注中亦未見有可信的解釋。存疑。

7.2　大瑟謂之灑①。

①“瑟（sè）”，一種撥弦樂器，形似琴，通常有二十五根弦。“灑”，大瑟。郭注：“長八尺一寸，廣一尺八寸，二十七弦。”《釋文》：“孫云：‘音多變布，出如灑也。’”

7.3　大琴謂之離①。

①“琴”，撥弦樂器。又稱七弦琴。“離”，古代一種大琴，有二十

弦。郝疏："《初學記》引《樂録》曰：大琴，二十弦。今無此器。《御覽》五百七十七引《爾雅》注云：大琴曰離，二十弦。此是伏羲所製。"

7.4 大鼓謂之鼖[①]，小者謂之應[②]。

①"鼖（fén）"，或作"賁"。古代軍中用的大鼓。《周禮·地官·鼓人》："以鼖鼓鼓軍事。"鄭注："大鼓謂之鼖。鼖鼓長八尺。"

②"應（yìng）"，應鼓。和大鼓相應的小鼓。《釋文》："李云：'小者音聲相承，故曰應。應，承也。'孫云：'和應大鼓也。'"《詩經·周頌·有瞽》："應田縣鼓。"毛傳："應，小鞞也。"（田：大鼓。鞞：同"鼙"，鼓的一種。）

7.5 大磬謂之毊[①]。

①"磬（qìng）"，古代一種用石或玉雕製的敲擊樂器。"毊"，音xiāo。郭注："毊，形似犂錧，以玉石為之。"（犂錧：犂頭。）《釋文》："孫云：'毊，喬也。喬，高也。謂其聲高也。'李云：'大磬聲清燥也，故曰毊。毊，燥也。'"

7.6 大笙謂之巢[①]，小者謂之和[②]。

①"笙（shēng）"，簧管樂器。由簧片、簧管和斗子三部分組成。簧片用竹製（後改為響銅）。簧管為長短不一的竹管，自十三至十九根不等。斗子用匏（瓠）、木或銅製成，連有吹口。郭注："列管匏中，施簧管端。大者十九簧。"《釋文》："孫炎曰：'巢，高也，言其聲高。'"

②"和"，小笙。郭注："十三簧者。"《儀禮·鄉射禮》："三笙一和而成聲。"鄭注："三人吹笙，一人吹和。凡四人也。"

7.7 大篪謂之沂[①]。

①“篪（chí）”，古代竹製管樂器，單管橫吹。郭注：“篪，以竹為之，長尺四寸，圍三寸。一孔上出，一寸三分，名翹，橫吹之。小者尺二寸。”“沂（yí）”，大篪。邢疏：“孫炎曰：‘篪聲悲。沂，悲也。’”

7.8　大塤謂之嘂①。

①“塤（xūn）”，本或作“壎”。古代一種陶製吹奏樂器。有球狀或橢圓形等數種，音孔一至六孔不等。郭注：“塤，燒土為之，大如鵝子，鋭上平底。形如稱錘，六孔。小者如雞子。”“嘂（jiào）”，本或作“叫”。《詩經·小雅·何人斯》：“伯氏吹壎，仲氏吹篪。”毛傳：“土曰壎，竹曰篪。”孔疏：“〔嘂〕音叫。孫炎曰：‘音大如叫呼也。’”

7.9　大鐘謂之鏞①，其中謂之剽②，小者謂之棧③。

①“鏞（yōng）”，大鐘。邢疏：“李巡曰：‘大鐘，音聲大。鏞，大也。’孫炎曰：‘鏞，深長之聲。’”《詩經·大雅·靈臺》：“賁鼓維鏞。”毛傳：“鏞，大鐘也。”

②“中”，指中等大小的。下同。“剽（piáo）”，輕疾。尹桐陽《爾雅義證》：“中鐘較大鐘之聲輕疾，所以名也。”

③“棧（zhǎn）”，小鐘。邢疏：“李巡云：‘棧，淺也。’……鐘之小者，既長三寸，自然淺也。”

7.10　大簫謂之言①，小者謂之筊②。

①“簫”，古代一種竹製管樂器。用一組長短不等的細竹管按音律編排而成。後稱排簫。“言”，本或作“管”。大簫。郭注：“編二十三管，長尺四寸。”

②“筊（jiáo）”，指排簫中之小者。郭注：“十六管，長尺二寸。”

7.11　大管謂之簥①，其中謂之篞②，小者謂之篎③。

①“管”，古代一種竹製管樂器，長一尺，有六孔。已失傳。“簥(jiāo)”，大管。郝疏：“《御覽》五百八十引舍人曰：大管聲高大，故曰簥。簥者，高也。中者聲精密，故曰篞。篞，密也。小者聲音精妙也。”

②“篞（niè）”，中等大小的管。

③“篎（miǎo）”，小管。

7.12　大籥謂之產[①]，其中謂之仲[②]，小者謂之箹[③]。

①“籥（yuè）”，古管樂器。有兩種：吹籥，像笛，較短小，有三孔；舞籥，較長，有六孔或七孔，可手持作舞具。“產”，指舞籥。

②“仲”，中等大小的籥。《太平御覽》五八〇：“舍人云：‘仲，其聲適仲吕也。小者形聲細小曰箹也。’”

③“箹（yuē）”，小籥。

7.13　徒鼓瑟謂之步。[①]徒吹謂之和[②]。徒歌謂之謡[③]。徒擊鼓謂之咢[④]。徒鼓鐘謂之修[⑤]。徒鼓磬謂之蹇[⑥]。

①“徒”，衹，獨。“鼓”，彈奏。“瑟”，一種撥弦樂器。形似琴，通常有二十五根弦。

②“和”，指單用吹奏樂器吹奏。

③“謡”，無音樂伴奏的歌唱。《詩經・魏風・園有桃》：“心之憂矣，我歌且謡。”毛傳：“曲合樂曰歌，徒歌曰謡。”

④“咢（è）”，衹擊鼓而無其他樂器合奏。《詩經・大雅・行葦》：“嘉殽脾臄，或歌或咢。”（脾：腿上的肉。臄：嘴上的肉。）毛傳：“歌者，比於琴瑟也。徒擊鼓曰咢。”

⑤“鼓”，敲擊。（下句同）“脩”，或作“修”。衹敲鐘而不伴以其他樂器。

⑥“蹇（jiǎn）”，衹擊鼓而不伴以其他樂器。

7.14 所以鼓柷謂之止①。所以鼓敔謂之籈②。

①“柷（zhù）”，古打擊樂器。雅樂開始時用。“止”，用來撞擊柷使發聲的槌子。郭注：“柷如漆桶，方二尺四寸，深一尺八寸，中有椎柄，連底挏之，令左右擊。止者，其椎名。”（挏：來回搖動。）《禮記·王制》：“天子賜諸侯樂，則以柷將之。”（將：贈送。）

②“敔（yǔ）”，古打擊樂器。狀如伏虎，背上有二十七道齒狀刻紋。雅樂將終止時擊奏。“籈（zhēn）”，敲擊敔用的木板。《尚書·益稷》：“合止柷敔。”孔疏：“樂之初，擊柷以作之；樂之將末，戛敔以止之。”（戛：敲擊。）

7.15 大鼗謂之麻①，小者謂之料②。

①“鼗（táo）”，或作“鞉”“鼗”。小鼓，即長柄手搖鼓，和後代撥浪鼓相類似。《周禮·春官·小師》：“小師掌教鼓，鼗、柷、敔、塤、簫、管、弦、歌。”鄭注：“鼗，如鼓而小，持其柄搖之，旁耳還自擊。”

②“料（liáo）”，小的長柄手搖鼓。郭注：“麻者，音概而長也。料者，聲輕而不亂。”（概：稠密。）

7.16 和樂謂之節①。

①“和樂”，使音樂和諧的樂器。“節”，樂器名，即拊搏。又稱搏拊。皮製，内盛糠，奏樂時用手擊拍，使音樂有節度。《禮記·明堂位》：“拊搏、玉磬、揩擊、大琴、大瑟、中琴、小瑟，四代之樂器也。”鄭注：“拊搏，以韋為之，充之以糠，形如小鼓。揩擊謂柷敔，皆所以節樂者也。”

釋天第八

這一篇包括範圍很廣，主要內容是關於天文和與之有關的曆法、氣象方面詞語的解釋。分為四時、祥、災、歲陽、歲名、月陽、月名、風雨、星名、祭名、講武和旌旂十二類。

（一）四時[①]

①“四時”，四季。“時”，季節。

8.1 穹蒼[①]，蒼天也。

①“穹（qióng）蒼”，天。也稱蒼穹。“穹”，隆起的樣子。“蒼”，深藍色。《詩經·大雅·桑柔》：“靡有旅力，以念穹蒼。”毛傳：“穹蒼，蒼天。”孔疏：“李巡曰：‘古時人質仰視天形，穹隆而高，色蒼蒼然，故曰穹蒼。’”

8.2 春為蒼天，夏為昊天，秋為旻天，冬為上天。[①]

①“昊”，音 hào。“旻”，音 mín。〔案〕《爾雅·釋天》中四季的天各有專名，在古籍中有時是如此使用的。如王逸《九思·哀歲》：“旻天兮清涼，玄氣兮高朗。”《詩經·小雅·信南山》：“上天同雲，雨雪雰雰。”但更多的情況是“蒼天”“昊天”“旻天”和“上天”都可泛稱天，在使用時無明顯的界限。如《詩經·王風·黍離》“悠悠蒼天”的“蒼天”並非指春天。《詩經·小雅·小明》：“明明上天，照臨下土。”其中“上天”並不是指的冬天。《尚書·堯典》：“欽若昊天。”

孔疏："《毛詩》傳云：'尊而君之，則稱皇天；元氣廣大，則稱昊天；仁覆閔下，則稱旻天；自上降監，則稱上天；據遠視之蒼蒼然，則稱蒼天。'《爾雅》四時異名，《詩》傳即隨事立稱。……六籍之中諸稱天者，以情所求言之耳，非必於其時稱之。"

(二) 祥①

①"祥"，吉祥的徵兆。

8.3 春為青陽①，夏為朱明②，秋為白藏③，冬為玄英④。四氣和謂之玉燭⑤。

①"青陽"，指春季。郭注："氣清而温陽。"

②"朱明"，指夏季。郭注："氣赤而光明。"

③"白藏"，指秋季。郭注："氣白而收藏。"

④"玄英"，指冬季。郭注："氣黑而清英。"

⑤"玉燭"，指四時之氣和暢，光照均和明亮。邢疏："言四時和氣，温潤明照，故曰玉燭。"《尸子·仁意》："燭於玉燭，飲於醴泉，暢於永風。春為青陽，夏為朱明，秋為白藏，冬為玄英。四氣和正光照，此之謂玉燭。"

8.4 春為發生①，夏為長嬴②，秋為收成，冬為安寧。四時和為通正③，謂之景風④。

①"發生"，萌發，生長。指春季。

②"嬴"，本或作"贏"。通"盈"。充滿，增長。"長（zhǎng）嬴"，增長。《釋文》："李云：'萬物各發生長。'"

③"通正"，順暢，平正。

④"景風"，祥和之風，太平之風。《尸子·仁意》稱作"永風"。

《尸子·仁意》:“其風春為發生，夏為長嬴，秋為方盛，冬為安靜。四氣和為通正，此之謂永風。”又:《論衡·是應》引《爾雅》作“景星”。“景星”，大星，瑞星。古人認為景星出現在有道之國。亦通。

8.5　甘雨時降，萬物以嘉，謂之醴泉。①

①“甘雨”，及時雨。“時”，按時。“醴（lǐ）泉”，甘美的泉水，又指及時雨。這裏是後一種意義。《尸子·仁意》:“甘雨時降，萬物以嘉。高者不少，下者不多，此之謂醴泉。”

（三）災①

①“災”，自然災害。這裏指因災荒而收成不好。

8.6　穀不熟為饑，蔬不熟為饉，果不熟為荒。①仍饑為荐②。

①“穀”，糧食作物的總稱。“熟”，成熟。“蔬”，蔬菜。〔案〕“饑”“饉”“荒”，是表示歉收、凶年意義的同義詞，常連用。“饑饉”“饑荒”後來凝固成雙音詞。有的古書對表示歉收、凶年意義的“饑”“饉”等詞的解釋和《爾雅》有所不同。如《穀梁傳·襄公二十四年》:“五穀不升為大饑。一穀不升謂之嗛，二穀不升謂之饑，三穀不升謂之饉，四穀不升謂之康，五穀不升謂之大侵。”《墨子·七患》:“一穀不收謂之饉，二穀不收謂之旱，三穀不收謂之凶，四穀不收謂之餽，五穀不收謂之饑。”

②“仍”，重複，連年。“荐”，本或作“薦”。《左傳·僖公十三年》:“冬，晉薦饑。”孔疏:“李巡曰:‘穀不成熟曰饑，連歲不熟曰薦。’”

（四）歲陽①

①古人認為歲星（木星）十二年運行一周天，因而將黃道（古人

想象中太陽運行的軌道，日月和行星運行的途徑都在黄道附近）等分為十二個區域，即“星紀”“玄枵”等十二星次。歲星自西向東每年行經一個星次，歲星運行到哪個星次範圍，就用“歲在某某（該星次名）”來紀年。但歲星運行的方向和人們所熟悉的十二辰（把黄道附近一周天十二等分，由東向西配以子丑寅卯等十二地支）相反，為了和十二辰一致，古代天文學家便設想出一個假歲星，稱之為太歲，假定太歲與真歲星背道而馳，而與十二辰的方向順序一致，自東向西每年行經一個星次，用它來紀年。8.8 所説“大（太）歲在寅”“在卯”等，用的就是太歲紀年法。此外，古人還取了“攝提格”“單閼”等十二個太歲年名。這種太歲紀年的方法，古人稱之為“歲陰”或“太陰”。大概在西漢年間，曆法家又取了“閼逢”“旃蒙”等十個名稱和甲乙丙丁等十天干對應來紀年，稱之為“歲陽”。歲陽和歲陰相配，組成了“閼逢攝提格”“旃蒙單閼”等六十個年名。由歲陰和歲陽相配組成的年名，在後代古籍中偶爾出現，如：《資治通鑒·晉紀》注：“起旃蒙作噩（乙酉），盡玄黓執徐（壬辰），凡八年。”邵晉涵《爾雅正義序》：“歲在旃蒙協洽，始具簡編。”

8.7　大歲在甲曰閼逢，在乙曰旃蒙，在丙曰柔兆，在丁曰强圉，在戊曰著雍，在巳曰屠維，在庚曰上章，在辛曰重光，在壬曰玄黓，在癸曰昭陽。①

①這一套歲陽名系統地出現在《淮南子·天文訓》《史記·曆書》中，兩書個别用字有所不同。後代古籍中很少用它們來紀年。“大（tài）歲”，“大”，本或作“太”。古代天文學中假設的星名，與歲星（木星）背道而馳，自東向西十二年運行一周天。“閼逢”，音 yānpéng。“巳”，當作“己”。“著”，音 chú。“重”，音 chóng。“黓”，音 yì。

8.8　大歲在寅曰攝提格，在卯曰單閼，在辰曰執徐，在巳曰大荒落，在午曰敦牂，在未曰協洽，在申曰涒灘，在酉曰作噩，在戌曰閹茂，在亥曰大淵獻，在子曰困敦，在丑曰赤奮若。①

①這一套太歲年名，其中有些在戰國到漢初的古籍中已經出現，如：《楚辭·離騷》："攝提貞于孟陬兮，惟庚寅吾以降。"《吕氏春秋·序意》："維秦八年，歲在涒灘。"賈誼《鵩鳥賦》："單閼之歲四月孟夏。"系統地出現是在《淮南子·天文訓》《史記·曆書》《史記·天官書》和《漢書·天文志》中，其間有的太歲年名用字有所不同。後代古籍中很少使用它們。"單閼"，音 chányān。"牂"，音 zāng。"涒"，音 tūn。又：據《史記·曆書》索隱，《爾雅·釋天》"赤奮若"下有"歲陰"二字，唐石經後脱去。

（五）歲名

8.9　載②，歲①也。夏曰歲，商曰祀③，周曰年④，唐虞曰載。⑤

①"歲"，甲骨文作，表示石鐮之類的收穫工具。本義是收穫莊稼。古代穀物每年一熟，一年收割一次，引申為表示時令的年。

②"載（zǎi）"，年的别名。《尚書·堯典》："九載，績用弗成。"孔疏："孫炎曰：'歲，取歲星行一次也。祀，取四時祭祀一訖也。年，取禾穀一熟也。載，取萬物終而更始。'"

③"祀"，古人祭祀鬼神，每年不同季節有不同的祭祀内容，各種祭祀都進行完畢，説明過了一年，所以用"祀"來稱年。《尚書·洪範》："惟十有三祀，王訪于箕子。"

④"年"，甲骨文作，象人負禾形。本義是禾熟。穀物每年成熟一次，引申為表示時令的年。

⑤〔案〕"載""歲""祀""年"這四種歲名，除"祀"以外，在

古籍中都常見，且通用，並非本條所説分别用於不同時代。如在周代以後，歲和載仍用作年歲的名稱。在《尚書》中夏代稱歲，也稱載，稱祀。商代稱祀也稱年。

（六）月陽[①]

①“月陽”，古人按十天干給月取的别名。由月陽名和每個月特定的名稱（見8.11）相配合，組成了六十個月名。如畢陬、橘如等。這套月名在古籍中很少使用。

8.10　月在甲曰畢，在乙曰橘，在丙曰修，在丁曰圉，在戊曰厲，在己曰則，在庚曰窒，在辛曰塞，在壬曰終，在癸曰極。[①]

①這一套月陽名，見於《史記·曆書》。

（七）月名[①]

①古人紀月通常用數字表示。這裏的月名指每個月特定的别名。

8.11　正月為陬[①]；二月為如，三月為寎[②]，四月為余，五月為皋[③]，六月為且[④]，七月為相[⑤]，八月為壯，九月為玄[⑥]，十月為陽[⑦]，十一月為辜，十二月為涂。

①“陬（zōu）”，或作“娵”。農曆正月的别名。《楚辭·離騷》：“攝提貞于孟陬兮。”王逸《章句》：“太歲在寅曰攝提格。”“正月為陬。”

②“寎”，音 bǐng。

③“皐（gāo）”，同“皋（gāo）”。

④“且”，音 jū。

⑤“相”，音 xiàng。

⑥“玄”，農曆九月的別名。《國語・越語下》：“至於玄月，王召范蠡而問焉。”

⑦“陽”，農曆十月的別名。《詩經・小雅・采薇》：“曰歸曰歸，歲亦陽止。”

（八）風雨

8.12　南風謂之凱風[①]，東風謂之谷風[②]，北風謂之涼風[③]，西風謂之泰風[④]。

①“凱風”，和風。《詩經・邶風・凱風》：“凱風自南，吹彼棘心。”孔疏：“李巡曰：‘南風長養萬物，萬物喜樂，故曰凱風。凱，樂也。’”

②“谷風”，東風。《詩經・邶風・谷風》：“習習谷風，以陰以雨。”孔疏：“孫炎曰：‘谷之言穀，穀，生也。谷風者，生長之風。’”

③“涼風”，北風。《詩經・邶風・北風》：“北風其涼，雨雪其雱。”毛傳：“北風，寒涼之風。雱，盛貌。”〔案〕“涼風”為寒涼之風，不專指北風，或指初秋的風。《禮記・月令》：“〔孟秋之月〕涼風至，白露降。”或指西南風。《淮南子・地形訓》：“西南曰涼風。”

④“泰風”，“泰”或作“大（tài）”。西風。《詩經・大雅・桑柔》：“大風有隧，有空大谷。”孔疏：“孫炎曰：‘西風成物，物豐泰也。’”

8.13　焚輪謂之穨[①]。扶摇謂之猋[②]。風與火為庉[③]。迴風為飄[④]。

①“焚輪”，從上而下的暴風。“穨（tuí）”，本或作“頹”。《詩經·小雅·谷風》：“習習谷風，維風及頹。”孔疏：“李巡曰：‘焚輪，暴風從上來降謂之頹。頹，下也。’”

②“扶摇”，盤旋而上的暴風。“猋（biāo）”，通“飆”。為“扶摇”二字的合音。邢疏：“李巡曰：‘扶摇，暴風從下升上，故曰猋。猋，上也。’”《莊子·逍遥游》：“摶扶摇而上者九萬里。”

③“庉（tún）”，本或作“炖”。熾盛的樣子。指火得風而熾，風因火而烈。郭注：“熾盛之貌。”

④“迴風”，旋風。《詩經·檜風·匪風》：“匪風飄兮，匪車嘌兮。”（匪：彼。嘌：快跑的樣子。）毛傳：“迴風為飄。”

8.14 日出而風為暴[①]。風而雨土為霾[②]。陰而風為曀[③]。

①“暴”，迅猛的大風。《詩經·邶風·終風》：“終風且暴，顧我則笑。”孔疏：“孫炎曰：‘陰雲不興而大風暴起。’”

②“雨（yù）”，由空中散落。“霾（mái）”，大風夾著塵土。《詩經·邶風·終風》：“终風且霾，惠然肯來。”毛傳：“霾，雨土也。”孔疏：“孫炎曰：‘大風揚塵土，從上下也。’”

③“曀（yì）”，天色陰沉而多風。《詩經·邶風·終風》：“終風且曀，不日有曀。”孔傳：“孫炎曰：‘雲風曀日光。’”

8.15 天氣下，地不應曰雺。地氣發，天不應曰霧。[①]霧謂之晦。

①〔案〕古籍中“霧”一詞一般都是表示瀰漫在空氣中如雲烟狀的小水點，不分“天氣下，地不應”和“地氣發，天不應”的不同情況。“雺（wù）”，即今“霧”字。籀文作“雺”。《爾雅》中將“雺”“霧”分成二詞，表示不同的情況，可能與古籍中隨文釋義有關。

8.16　螮蝀謂之雩[①]。螮蝀，虹也。蜺為挈貳[②]。

①“螮蝀（dìdōng）”，本或作“蝃蝀”。虹的别稱。《詩經·鄘風·蝃蝀》：“蝃蝀在東，莫之敢指。”“雩（yù）”，郭注：“俗名為美人虹。江東呼雩。”

②“蜺（ní）”，或作“霓”。副虹。雨後天空中出現的彩色圓弧，一般都有兩個：紅色在外，紫色在内，顏色鮮艷的叫虹，也叫正虹或雄虹；紅色在内，紫色在外，顏色較淡的叫蜺，也叫副虹、雌霓或挈（qiè）貳。

8.17　弇日為蔽雲。[①]

①“弇（yǎn）”，覆蓋，遮蔽。“弇日”，指雲氣遮蓋了日光。〔案〕“蔽雲”意義不明確。陳玉澍説：“夫弇即蔽也，蔽亦弇也。雲能弇日，而弇日不可謂之蔽雲。雲蓋黔之訛，蔽則字之衍也。《説文·雲部》：‘黔，雲覆日也。……’覆日即弇日矣。黔即陰雨之陰。其作陰者，字之假借也。”（見《爾雅釋例》）陳説有一定的道理，可作參考。

8.18　疾雷為霆霓。[①]

①“霆（tíng）”，劈雷，霹靂。《詩經·小雅·采芑》：“戎車嘽嘽，嘽嘽焞焞，如霆如雷。”（嘽嘽：多而威武。焞焞：熱鬧的樣子。）“霓”字為衍文。

8.19　雨霓為霄雪。[①]

①“雨（yù）”，降落。“霓（xiàn）”，同“霰（xiàn）”。水蒸氣在高空中遇到冷空氣凝結成的小冰粒。“霄”，音 xiāo。《説文·雨部》：“雨霓為霄，齊語也。”“雪”字為衍文。

8.20 暴雨謂之涷[①]。小雨謂之霡霂[②]。久雨謂之淫。淫謂之霖[③]。濟謂之霽[④]。

①“涷（dōng）”，暴雨。郭注：“今江東人呼夏月暴雨為涷雨。”《楚辭·九歌·大司命》：“令飄風兮先驅，使涷雨兮灑塵。”

②“霡霂（màimù）”，濛濛細雨。“霡”，同“霢”。《詩經·小雅·信南山》：“上天同雲，雨雪雰雰，益之以霡霂。”

③“淫”，過多，過甚。“霖（lín）”，久下不停的雨。《禮記·月令》：“淫雨蚤降。”鄭注：“淫，霖也。雨三日以上為霖。”

④“濟”，停止。這裏指雨停止。“霽（jì）”，雨止。郭注：“今南陽人呼雨止為霽。”《尚書·洪範》：“乃命卜筮。曰雨，曰霽。”孔傳：“龜兆形有似雨者，有似雨止者。”《史記·宋微子世家》引《洪範》作“曰雨，曰濟”。

（九）星名

8.21 壽星，角、亢也。[①]天根，氐也。[②]

①古人以恒星為背景來觀測日、月和行星的運行，先後選了黄道附近二十八組恒星作為“坐標”，二十八個“坐標”每一個都是相鄰近的若干個恒星的集合。這二十八組恒星，古人稱之為二十八宿（xiù）。東、南、西、北四方各七宿。古人又把每方七宿假想地聯繫起來，想象成四種動物的形象。東方蒼龍：角、亢、氐、房、心、尾、箕；南方朱雀：井、鬼、柳、星、張、翼、軫；西方白虎：奎、婁、胃、昴、畢、觜、參；北方玄武（龜蛇）：斗、牛、女、虛、危、室、壁。二十八宿分別處在十二星次之中。由於二十八宿之間不是等距離的，所以十二星次的每個星次中包含的星宿數量是不相等的。有的星宿跨屬相鄰的兩個星次。“壽星”，十二星次之一，角、亢二宿在其中。《國語·晉語四》：“歲在壽星及鶉尾。”（歲：歲星。鶉尾：星次名。）“角”，二十八宿之

一，東方七宿的第一宿，有星兩顆。《楚辭·天問》："角宿未旦，曜靈安藏?"（旦：明亮。曜靈：太陽。）"亢（kàng）"，二十八宿之一，東方七宿的第二宿，有星四顆。《禮記·月令》："仲夏之月，日在東井，昏亢中。"（中：在中天。）

②"氐（dī）"，二十八宿之一，東方七宿的第三宿，有星四顆。又名天根。郭注："角、亢下繫於氐，若木之有根。"《禮記·月令》："〔季冬之月〕旦氐中。"《國語·周語中》："天根見而冰涸。"韋昭注："謂寒露雨畢之後五日，天根朝見，水潦盡竭也。"

8.22　天駟，房也。①大辰，房、心、尾也。②大火謂之大辰。

①"房"，二十八宿之一，東方七宿的第四宿。四星並列，又名天駟。《國語·周語下》："昔武王伐殷，歲在鶉火，月在天駟，日在析木之津。"韋昭注："天駟，房星也。"（鶉火、析木之津：星次名。）

②"大辰"，十二星次中"大火"次的别名。房、心、尾三宿在其中。《春秋·昭公十七年》："冬，有星孛于大辰。"杜注："大辰，房、心、尾也。"

8.23　析木謂之津，箕斗之間，漢津也。①

①"析木"，十二星次之一。尾、箕二宿在其中。又名"析木之津"。本條"析木"後"謂"字為衍文。"箕"，二十八宿之一，東方七宿的第七宿，由四顆星組成，形似畚箕。"斗"，二十八宿之一，北方七宿的第一宿，由六顆星組成，形如斗。又名南斗。《詩經·小雅·大東》："維南有箕，不可以簸揚；維北有斗，不可以挹酒漿。""漢"，銀河。又稱天漢、天河。"津"，渡口。銀河在箕、斗二宿之間，所以説："箕斗之間，漢津也。"《左傳·昭公八年》："〔歲〕今在析木之津，猶將復由?"杜注："箕斗之間有天漢，故謂之析木之津。"孔疏："〔劉炫謂〕天河在箕斗二星之間，箕在東方木位，斗在北方水位，分析水木以

箕星為隔，隔河須津梁以渡，故謂此次為析木之津也。”

8.24 星紀，斗、牽牛也。①

①“星紀”，十二星次之一。斗、牛二宿在其中。《左傳·襄公二十八年》：“歲在星紀。”“牽牛”，星名。一般指河鼓星（俗稱牛郎星）。有時也用於稱二十八宿中的牛宿。這裏指牛宿。

8.25 玄枵②，虛①也；顓頊之虛③，虛也；北陸④，虛也。

①“虛”，二十八宿之一，北方七宿的第四宿，有星兩顆。《尚書·堯典》：“宵中星虛，以殷仲秋。”

②“玄枵（xiāo）”，十二星次之一，女、虛、危三宿在其中。曾以虛宿為其標志星。《左傳·襄公二十八年》：“玄枵，虛中也。”（中：在中。）

③“顓頊（zhuānxū）之虛”，虛宿的別名。《左傳·昭公十年》：“今茲歲在顓頊之虛。”孔疏：“北方三次以玄枵為中。玄枵次有三宿，又虛在其中。以水位在北，顓頊居之，故謂玄枵虛星為顓頊之虛。”

④“北陸”，虛宿的別名。《左傳·昭公四年》：“古者日在北陸而藏冰。”孔疏：“孫炎云：‘陸，中也。北方之宿虛為中也。’”

8.26 營室謂之定。①娵觜之口，營室東壁也。②

①“營室”，最早包括室、壁二宿（北方七宿中的第六、七二宿），後專指室宿。室、壁二宿各有兩顆星，四星略成一長方形。春秋戰國時，當黃昏它們出現在正南方天空的時候，正是農事結束，營造房屋的季節，因而稱之為“營室”。“定”，營室的別名。《詩經·鄘風·定之方中》：“定之方中，作于楚宮。”鄭箋：“定星昏中而正，於是可以營制宮室，故謂之營室。定昏中而正，謂小雪時。”

②“娵觜（jūzī）”，或作“諏訾（zōuzī）”“娵訾”。十二星次之

一，室、壁二宿在其中。《左傳·襄公三十年》：“及其亡也，歲在娵訾之口，其明年乃及降婁。”孔疏：“孫炎曰：‘營室東壁四方似口，故因名云。’”楊伯峻注：“二十八年木星（歲星）在玄枵，則二十九年當在娵訾。三十年……木星正過娵訾，而未及降婁，故云歲在娵訾之口。”

8.27 降婁，奎、婁也。[①]

①“降婁”，十二星次之一，奎、婁二宿在其中。《左傳·襄公三十年》：“於是歲在降婁。”“奎”，二十八宿之一，西方七宿的第一宿，有星十六顆。《禮記·月令》：“仲春之月，日在奎。”“婁”，二十八宿之一，西方七宿的第二宿，有星三顆。《禮記·月令》：“〔季冬之月〕昏婁中。”

8.28 大梁，昴也。[①]西陸，昴也。[②]

①“昴（mǎo）”，二十八宿之一，西方七宿的第四宿，是一著名星團，較亮的星有七顆。《尚書·堯典》：“日短星昴，以正仲冬。”孔傳：“昴，白虎之中星。”“大梁”，十二星次之一，胃、昴、畢三宿在其中。《國語·晉語四》：“歲在大梁。”昴宿為大梁星次的中星，所以也稱昴宿為大梁。

②“西陸”，昴宿的别名。昴宿在西方七宿中居中，所以又稱西陸。《左傳·昭公四年》：“西陸朝覿而出之。”（覿：相見。）《爾雅》邢疏：“二十八宿分列四方，當有四陸，《左傳》《爾雅》獨言北陸、西陸，又於二陸之中各舉一星為識，故云‘北陸，虚也’‘西陸，昴也’，是皆舉一以包之耳。”

8.29 濁謂之畢。[①]

①“畢”，二十八宿之一，西方七宿的第五宿，由八顆星組成，形似長柄的網。“濁”，或作“噣（zhòu）”。“噣”，鳥嘴。也用作畢宿的

別名。《詩經・小雅・漸漸之石》:“月離于畢，俾滂沱矣。”（離：附著。）毛傳：“畢，噣也。”楊賡元《讀爾雅日記》:“蓋畢八星纍貫，後有柄，前有叉，兩叉歧出如喙（嘴）之張，故《爾雅》以噣為畢也。作‘濁’者，假借字也。”

8.30 咮謂之柳。[①]柳，鶉火[②]也。

①“柳”，二十八宿之一，南方七宿的第三宿。有星八顆，像朱雀之口。“咮（zhòu）”，鳥嘴。又用作柳宿的別稱。

②“鶉（chún）火”，十二星次之一，柳、星、張三宿在其中。《左傳・襄公九年》:“是故咮為鶉火，心為大火。”

8.31 北極謂之北辰[①]。

①“北極”，北極星。又名北辰。邢疏：“北極謂之北辰者，極，中也；辰，時也。居天之中，人望之在北，因名北極。斗杓所建，以正四時，故云北辰。”《論語・為政》:“為政以德，譬如北辰，居其所而衆星共之。”（共：拱。）

8.32 何鼓謂之牽牛[①]。

①“何鼓”，或作“河鼓”。星名。又稱牽牛，俗稱牛郎星、扁擔星。由三顆星組成。郭注：“今荆楚人呼牽牛星為擔鼓。擔者，荷也。”尹桐陽《爾雅義證》:“牛宿狀如牛，何鼓值牛頭上，則是牽牛人也……何鼓三星中豐而兩頭鋭下，有擔荷之象，因以名之。”

8.33 明星謂之啟明[①]。

①“明星”，指太陽系九大行星之一的金星。早晨出現在東方時稱啟明，黄昏出現在西方時稱太白或長庚。《詩經・小雅・大東》:“東有

啟明，西有長庚。”毛傳：“日旦出，謂明星為啟明；日既入，謂明星為長庚。”

8.34　彗星為欃槍[①]。

①“彗星”，星名。又名“欃槍”。拖有長光像掃帚，俗稱掃帚星。《史記·司馬相如傳》：“攬欃槍以為旌兮，靡屈虹而為綢。”

8.35　奔星為彴約[①]。

①“奔星”，流星。“彴（bó）約”，或作“仢約”。流星的別名。

（十）祭名

8.36　春祭曰祠，夏祭曰礿，秋祭曰嘗，冬祭曰烝。[①]

①這一條是解釋四季祭名的。“礿（yuè）”，或作“禴（yuè）”。“烝”，或作“蒸”。《周禮·春官·大宗伯》：“以祠春享先王，以禴夏享先王，以嘗秋享先王，以烝冬享先王。”有的古籍四時祭名與此稍有不同。《禮記·王制》：“天子諸侯宗廟之祭：春曰礿，夏曰禘，秋曰嘗，冬曰烝。”鄭注：“此蓋夏殷之祭名。周則改之，春曰祠，夏曰礿。以禘為殷祭。《詩·小雅》曰：‘礿祠烝嘗，于公先王。’此周四時祭宗廟之名。”“祠”“烝”“嘗”有時還用作祭祀的通稱。參看1.72。

8.37　祭天曰燔柴[①]，祭地曰瘞薶[②]，祭山曰庪縣[③]，祭川曰浮沉[④]，祭星曰布[⑤]，祭風曰磔[⑥]。

①“燔（fán）柴”，把玉帛、犧牲等放在柴堆上焚燒以祭天。《禮記·祭法》：“燔柴於泰壇，祭天也。”孔疏：“燔柴於壇者，謂積薪於壇上，而取玉及牲置柴上燔之，使氣達於天也。”

②“瘞薶（yìmái）”，或作“瘞埋”。埋葬。這裏指把玉和犧牲等埋葬到土裏以祭地。《禮記·祭法》：“瘞埋於泰折，祭地也。”孔疏：“謂瘞繒埋牲，祭神州地祇於北郊也。”

③“庪（guǐ）”，同“庋”，本或作“庋”。放置，收藏。引申為埋葬。“縣（xuán）”，同“懸”。“庪縣”，將玉、犧牲等祭品或埋在山中，或懸掛在山上以祭山。郭注：“或庪或縣，置之於山。《山海經》曰‘縣以吉玉’是也。”

④“浮沉”，將祭品沉入水中以祭河川。郭注：“投祭水中，或浮或沉。”

⑤“布”，散布祭品於地以祭星。《釋文》：“孫曰：‘既祭，布散於地，似星布列也。’”

⑥“磔（zhé）”，割裂犧牲肢體以祭風。《公羊傳·僖公三十一年》徐疏：“李氏曰：‘祭風以牲頭蹄及皮破之以祭，故曰磔。’”

8.38　“是禷是禡”，師祭也。[①]

①“是禷（lèi）是禡（mà）”，《詩經·大雅·皇矣》文。“禷”，今本《詩經》作“類”。出兵時祭上帝。“禡”，到達所征之地祭祀造軍法之神。“師祭”，出兵時的祭祀。《皇矣》孔疏：“初出兵之時，於是為類祭；至所征之地，於是為禡祭。”

8.39　“既伯既禱”，馬祭也。[①]

①“既伯既禱”，《詩經·小雅·吉日》文。“伯”，祭馬祖。“禱”，禱告。詩中意思是祈求田獵多擒獲。《吉日》孔疏：“田獵當用馬力，故為之禱祖，求其馬之强健也。”

8.40　禘[①]，大祭也。

①“禘（dì）”，天子諸侯在宗廟祭祀祖先的大祭。五年舉行一次。

《論語・八佾》："禘自既灌而往者，吾不欲觀之矣。"邢疏："三年一祫，五年一禘。禘所以異於祫者，毀廟之祖陳於太祖，與祫同；未毀廟之主，則各就其廟而祭也。"

8.41　繹[①]，又祭也。周曰繹，商曰肜[②]，夏曰復胙。[③]

①"繹（yì）"，連續不斷。用作祭名，表示正祭後，次日再次舉行的祭祀。《公羊傳・宣公八年》："繹者何？祭之明日也。"何注："必繹者，尸屬昨日配先祖食，不忍輒忘，故因以復祭。"

②"肜（róng）"，正祭後次日再行祭祀。《尚書・高宗肜日》："高宗肜日。"孔疏："孫炎曰：'祭之明日尋繹復祭也。肜者，相尋不絶之意。'"近人根據卜辭記載，認為是依殷王廟號之日祭祀該王的一種祭禮。

③〔案〕從這一條看，"復胙（zuò）"應和"繹""肜"一樣，表示正祭後次日再次的祭祀。"胙"，祭肉。"復胙"，意為再次用祭肉祭祀。"胙"，本或作"昨"。"復昨"，意為再次行昨日之禮。但查《詩經・周頌・絲衣》鄭箋、《公羊傳・宣公八年》何注引用《爾雅》這一條都没有"夏曰復胙（昨）"。《公羊傳・宣公八年》徐疏："案郭氏《爾雅》其下文仍有'夏曰復胙'之文，而何氏不言之者，正以諸家《爾雅》悉無此言，故不引之。"郭注本《爾雅》雖有"夏曰復胙"，但郭注："未見義所出。"又除《爾雅》及引用《爾雅》者外，古籍中未見用作祭名的"復胙"一詞。今本《爾雅》"夏曰復胙"不知所本，存疑。

（十一）講武[①]

①"講武"，講習武事。這裏是説關於田獵和習武之事。田獵和習武都和季節有關，所以放在《釋天》篇中。

8.42 春獵為蒐，夏獵為苗，秋獵為獮，冬獵為狩。[①]

①“蒐（sōu）”，通“搜”。搜求。“苗”，一説為苗稼除害；一説擇取不孕者，如除去不結實的苗；一説“苗”通“芼（mào）”，擇取。“獮（xiǎn）”，殺。“狩（shòu）”，田獵，又特指冬獵。〔案〕四時田獵名，古籍中不盡相同。《左傳·隱公五年》：“故春蒐、夏苗、秋獮、冬狩。”與《爾雅》同。《周禮·夏官·大司馬》亦同。《穀梁傳·桓公四年》：“春曰田，夏曰苗，秋曰蒐，冬曰狩。”《公羊傳·桓公四年》：“春曰苗，秋曰蒐，冬曰狩。”春秋獵名與《爾雅》異，衹有冬獵名稱各書都相同。田獵以冬季為主，“狩”又為田獵的泛稱，與“獵”常連用。

8.43 宵田為獠[①]。火田為狩[②]。

①“田”，打獵。“宵田”，夜獵。“獠（liáo）”，或作“燎”。《管子·四稱》：“獠獵畢弋。”《爾雅》郭注：“今江東亦呼獵為獠。”

②“火田”，用火焚燒草木而田獵。邢疏：“李巡、孫炎皆云：放火燒草，守其下風。”《禮記·王制》：“昆蟲未蟄，不以火田。”用火燒草而田獵多在冬季，所以又稱火田為狩。

8.44 “乃立冢土，戎醜攸行。”[①]起大事[②]，動大衆，必先有事乎社而後出，[③]謂之宜。

①“乃立冢土，戎醜攸行”，《詩經·大雅·緜》文。“冢土”，大社，祭祀土神的大壇。“戎”，大。“醜”，衆。“攸”，乃，就。“行”，往。古代有軍事行動必先祭社，這兩句意思是，修建了大社，兵衆們前往祭祀。

②“大事”，這裹指征戰。《左傳·成公十三年》：“國之大事，在祀與戎。”

③“有事”，指祭祀。“乎”，於。“社”，祭土地神的地方。

8.45 “振旅闐闐”[①]，出為治兵[②]，尚威武也[③]；入為振旅，反尊卑[④]也。

①“振旅闐闐”，《詩經·小雅·采芑》文。“振旅”，整軍。“闐闐（tiántián）”，聲勢盛大的樣子。

②“治兵”，練兵。又：特指在秋季進行的練兵儀式。《周禮·夏官·大司馬》：“中秋，教治兵，如振旅之陳。”（陳：陳列。）

③古代行走時按常禮年老、位尊者在前，但在練兵、作戰時，因為崇尚勇武，則讓年幼、位卑者在前。“尚威武”在這裏是説明練兵時幼賤在前的原因。

④“反”，返。“反尊卑”，郭注：“尊老在前，復常儀也。”

（十二）旌旂[①]

①“旌旂（jīngqí）”，同“旌旗”。“旂”，本或作“旗”。旗幟的總稱。“旌旂”和“講武”有關，所以也隨“講武”歸入《釋天》中。

8.46 素錦綢杠[①]，纁帛縿[②]，素陞龍於縿[③]，練旒九[④]，飾以組[⑤]，維以縷[⑥]。

①這一條是説明龍旗的。“素錦”，白色的繒帛。“綢”，纏繞。“杠（gāng）”，旗杆。《釋文》：“《廣雅》云：‘天子之杠高九仞，諸侯七仞，卿大夫五仞，士三仞。’”

②“纁（xūn）”，淺絳色。“縿（shān）”，旌旗的正幅。《周禮·春官·巾車》：“建大常，十有二斿以祀。”鄭注：“大常，九旗之畫日月者。正幅為縿，斿則屬焉。”（斿：古代旌旗的下垂飾物。）

③“陞龍”，頭向上的龍。郭注：“畫白龍於縿，令向上。”

④“練”，白色熟絹。“旒（liú）”，或作“流”。旌旗下邊懸垂的飾

物。

⑤“組”，用絲織成的寬帶。

⑥“維”，連接，連綴。“縷”，綫。郭注：“用朱縷維連持之，不欲令曳地。”

8.47 緇廣充幅長尋曰旐[①]。繼旐曰旆[②]。

①“緇（zī）”，黑色的帛。“充幅”，全幅，整幅。“尋”，八尺。“旐（zhào）”，古代一種畫有龜蛇的旗。《詩經·小雅·出車》：“設此旐矣，建彼旄矣。”

②“旆（pèi）”，本或作“旆（pèi）”。旗末狀如燕尾的垂旒。《詩經·小雅·六月》：“織文鳥章，白旆央央。”（央央：鮮明的樣子。）

8.48 注旄首曰旌[①]。

①“注”，附著。“旄”，旄牛尾。“旌（jīng）”，古代旗的一種。竿頭綴有旄牛尾，用以指揮或開道。郭注：“載旄於竿頭，如今之幢，亦有旒。”《公羊傳·宣公十二年》：“莊王親自手旌。”

8.49 有鈴曰旂[①]。

①“旂（qí）”，古代一種畫有交龍、竿頭繫銅鈴的旗。《詩經·大雅·韓奕》：“王錫韓侯，淑旂綏章。”（錫：通“賜”。淑：美。綏章：旗杆頭上飾以不同染色的鳥羽或旄牛尾，作為分别貴賤的標志。）毛傳：“交龍為旂。”

8.50 錯革鳥曰旟[①]。

①“錯”，塗飾，畫。“革（jí）”，通“亟”，急疾。“革鳥”，指飛翔急疾的鷹隼之類的鳥。“旟（yú）”，古代一種畫有鷹隼的旗。《詩

經·大雅·江漢》："既出我車，既設我旟。匪安匪舒，淮夷來鋪。"（鋪：借為"搏"，討伐。）

8.51　因章曰旃①。

①"因"，依據。"章"，指繒帛本來的花紋色彩。"旃（zhān）"，同"旜"。古代一種赤色的曲柄旗。郭注："以帛練為旒，因其文章，不復畫之。"《周禮·春官·司常》："日月為常，交龍為旂，通帛為旃，雜帛為物，熊虎為旗，鳥隼為旟，龜蛇為旐，全羽為旞，析羽為旌。"

釋地第九

這一篇是關於地理方面一些詞語的解釋。其中包括九州、十藪、八陵、九府、五方、野、四極等七類。

(一) 九州[①]

①“九州”,傳説中我國上古時期的行政區劃。九州州名,《尚書·禹貢》有青、徐、梁,而無幽、并、營。《周禮·職方氏》有青、幽、并,而無徐、梁、營。《爾雅·釋地》有徐、幽、營,而無青、梁、并。且各州境界多有出入。《爾雅》舊注認為《尚書·禹貢》所説是夏制,《周禮·職方氏》所説是周制,《爾雅·釋地》所説有可能是殷商之制。

9.1 兩河間曰冀州[①]。

①“兩河”,戰國到秦漢時,黄河自今河南武陟縣以下向東北流,經山東省西北隅折北至河北滄縣東北入海,略呈南北流向,與上游今山西、陝西間的北南流向的一段東西相對,當時合稱兩河。“冀州”,古九州之一。根據《尚書·禹貢》,古冀州指今山西和陝西間黄河以東、河南和山西間黄河以北和山東西北、河北東南地域。

9.2 河南曰豫州[①]。

①“河”,黄河。“豫州”,古九州之一。《尚書·禹貢》:“荆、河惟豫州。”古豫州指黄河以南到荆山(在今湖北南漳縣西北)之間,今

河南與湖北北部地域。

9.3　河西曰雝州[①]。

①“河”，黄河。“雝（yōng）州”，或作“雍州”。《尚書·禹貢》：“黑水西河惟雍州。”“黑水”，所指河流有張掖河、黨河（在今甘肅）和大通河（在今青海）等不同的説法。“西河”，指黄河流經今山西、陝西的部分。根據《尚書·禹貢》，古雍州指今陝西北部和甘肅、青海等地。

9.4　漢南曰荆州[①]。

①“漢”，漢水。“荆州”，古九州之一。《尚書·禹貢》：“荆及衡陽惟荆州。”（荆：指荆山，在今湖北省南漳縣西。衡陽：衡山以南。）據此，古荆州指今江西西部及湖北、湖南兩省境。

9.5　江南曰楊州[①]。

①“江”，長江。“楊州”，或作“揚州”。古九州之一。《尚書·禹貢》：“淮、海惟揚州。”（淮：淮河。海：指黄海。）據此，古楊州指今江蘇、安徽兩省南部和江西省東部。

9.6　濟河間曰兖州[①]。

①“濟（jǐ）”，指古濟水。自今河南滎陽北向東北流至今山東利津入海。“河”指古黄河。自今河南武陟縣東北流至今河北滄縣東北入海。“兖（yǎn）州”，古九州之一。《尚書·禹貢》：“濟河惟兖州。”據此，古兖州指今山東、河北省境。

9.7　濟東曰徐州[①]。

①“徐州”，古九州之一。《尚書·禹貢》：“海、岱及淮惟徐州。”（海：指黄海。岱：泰山。）據此，古徐州在今江蘇、安徽北部、山東南部。

9.8　燕曰幽州[①]。

①“燕（yān）”，指戰國時燕國屬地，即今河北北部及遼寧西端。“幽州”，古九州之一。《周禮·夏官·職方氏》：“東北曰幽州。”古幽州指今河北北部及遼寧西端。

9.9　齊曰營州[①]。

①“齊”，指戰國時齊國屬地。即今山東泰山以北黄河流域及膠東半島地區。“營州”，古九州之一。《尚書·禹貢》“海、岱惟青州”的青州，和《爾雅》中的營州大致相當。

（二）十藪[①]

①“藪（sǒu）”，湖澤，特指有淺水和茂草的沼澤地帶。〔案〕據《國語·周語下》《周禮·夏官·職方氏》《吕氏春秋·有始覽》《淮南子·墜形訓》等書記載，上古有九藪。《爾雅》十藪中“周有焦護”是漢人所增。九藪名稱與所在地，古書中説法不盡相同。

9.10　魯有大野[①]。

①“魯”，地區名。今山東泰山以南的汶、泗、沂、沭水流域，是春秋戰國時魯國屬地，後沿稱這一地區為魯。“大野”，古澤名，又稱巨野、鉅野。在今山東省巨野縣、嘉祥縣一帶。

9.11 晉有大陸[①]。

①“晉”，地區名。今山西大部、河北西南部、河南北部和陝西一角是春秋時晉國屬地，後沿稱這一地區為晉。“大陸”，古澤名。又名巨鹿澤。在今河北省隆堯、巨鹿、任縣三縣之間。

9.12 秦有楊陓[①]。

①“秦”，地區名。今陝西、甘肅一帶是春秋戰國時秦國屬地，後沿稱這一地區為秦。“楊陓（yū）”，古澤名。又稱楊紆、陽紆或陽華。舊説都認為古楊陓澤在今陝西省，但具體所在，有在隴縣、在鳳翔、在華陰西以及在涇陽等幾種不同的説法。

9.13 宋有孟諸[①]。

①“宋”，地區名。西周時宋國有今河南東部和山東、江蘇、安徽之間地，後沿稱這一地區為宋。“孟諸”，古澤名。又稱孟豬、望諸、明都、盟諸。故地在今河南商丘東北。

9.14 楚有雲夢[①]。

①“楚”，地區名。春秋時楚國疆域西北到武關（今陝西商縣東），東南到昭關（今安徽含山北），北到今河南南陽，南到洞庭湖以南，後沿稱這一地區為楚。“雲夢”，古澤名。據《漢書・地理志》等漢魏時古籍記載，雲夢澤在南郡華容縣（今湖北省監利縣北）南。

9.15 吴越之間有具區[①]。

①“吴”，地區名。今江蘇大部和安徽、浙江的一部分為春秋時吴國屬地，後沿稱這一地區為吴。“越”，地區名。今江蘇北部運河以東、江蘇南部、安徽南部、江西東部和浙江北部地區春秋末年為越國疆域，

後沿稱這一地區為越。“具區”，古澤名。又名震澤，笠澤。即今太湖。

9.16 齊有海隅[①]。

①“齊”，地區名。見9.9。“海隅”，海濱，沿海地區。郝疏：“今自登萊之黄縣掖縣以西，歷青州之壽光樂安以東，及武定之海豐利津以北，延袤千餘里間，皆海隅之地。”〔案〕“海隅”是沿海一帶的通名，其間雖有澤藪，但“海隅”並非具體澤名。

9.17 燕有昭余祁[①]。

①“燕”，地區名。見9.8。“昭余祁”，古澤名。又稱大昭、昭餘祁。在今山西省祁縣西南、介休縣東北。

9.18 鄭有圃田[①]。

①“鄭”，地區名。今河南中部黄河以南地區為春秋時鄭國疆域，後沿稱這一地區為鄭。“圃田”，古澤名。春秋時又名原圃，戰國時又名圃中。在今河南省中牟縣西。

9.19 周有焦護[①]。

①“周”，地區名。周部落在滅商前居住在今陝西岐山一帶，武王滅商後建都鎬京（今陝西西安市西），後沿稱岐山、鎬京這一地區為周。“焦護”，或作“焦獲”“焦穫”。古澤名。在陝西省涇陽縣北。

（三）八陵[①]

①“陵”，大土山。“八陵”，上古傳説中的八處大陵。其中“溴梁”“河墳”雖不是大土山，但因其高大若陵，所以也歸入陵類。

9.20 東陵，阠。南陵，息慎。西陵，威夷。中陵，朱滕。[①] 北陵，西隃鴈門是也[②]。

①〔案〕“阠（xìn）”“息慎”“威夷”“朱滕”分别是古代傳説中東、南、西、中四方山陵名。但“阠”“息慎”“朱滕”作為山陵名，古籍中尚未見到。郝疏：“‘阠’字不見所出。至於‘息慎’‘朱滕’亦猶是也。”《文選·西征賦》李善注引《韓詩》有“威夷”，但不能確定是否即《爾雅》的西陵。這四陵名稱不知所出，存疑。

②“鴈門”，也作“雁門”。雁門山的省稱。在今山西省代縣西北。“西隃”，鴈門山。《史記·趙世家》：“〔秦廢帝〕反巠分、先俞於趙。”裴駰《集解》：“徐廣曰：‘《爾雅》曰西俞，鴈門是。’”張守節《正義》：“西先聲相近，蓋陘山、西隃二山之地並在代州鴈門縣，皆趙地也。”

9.21 陵莫大於加陵[①]。

①“加陵”之名，今本古籍中未見。翟灝《爾雅補郭》：“應劭《風俗通義·山澤卷》引《國語》‘周單子會晉厲公於加陵’，下又引《爾雅》此文。今《國語》無會加陵事。惟《國語》‘柯陵之會’，宋庠補音曰：‘柯，古何反。今本或作加陵。’……然則宋初所行《國語》，固猶有以柯陵為加陵者。”注家多認為“加陵”即《國語·周語下》“柯陵之會”和《春秋·成公十七年》“同盟於柯陵”中的“柯陵”。“柯陵”，在今河南省新鄭以西。

9.22 梁莫大於湨梁[①]。

①“梁”，堤。“湨（jú）梁”，湨水（在今河南省西北部）大堤。《春秋·襄公十六年》：“公會晉侯、宋公……于湨梁。”

9.23 墳莫大於河墳[①]。

①“墳”，水邊高地，堤岸。“河墳”，黄河河堤。錢坫《爾雅釋地四篇注》：“今蒲州府榮河縣是其地。”蒲州榮河縣即今山西萬榮縣。

（四）九府[①]

①“九府”，九方的寶藏和特産。

9.24 東方之美者，有醫無閭之珣玗琪焉。[①]

①“東方”，一本作“東北”。“醫無閭”，或作“醫巫閭”“醫毋閭”。山名。在今遼寧省中部大凌河以東，以産玉石著名。《周禮·夏官·職方氏》：“東北曰幽州。其山鎮曰醫無閭。”鄭注：“醫無閭，在遼東。”《説文·玉部》：“珣，醫無閭之珣玗璂，《周書》所謂夷玉也。”段注：“璂琪同。……蓋醫無閭、珣玗璂皆東夷語。”

9.25 東南之美者，有會稽之竹箭焉。[①]

①“會（kuài）稽”，山名。在今浙江省東北部，縣亘於紹興、東陽等地。“竹箭”，也稱箭竹，一種可以作箭杆的小竹。《周禮·夏官·職方氏》：“東南曰揚州，其山鎮曰會稽……其利金錫竹箭。”

9.26 南方之美者，有梁山之犀象焉。[①]

①“梁山”，指湖南省的衡山。“犀”，指犀牛皮角。“象”，指象牙。

9.27 西南之美者，有華山之金石焉。[①]

①“華（huà）山”，在今陝西省華陰市南。“金石”，黄金玉石。〔案〕美玉實出於藍田山（在陝西藍田縣東）。《漢書·地理志上》：藍田縣“山出美玉”。因華山距藍田不遠且更為著名，所以這裏稱“華山之金石”。

9.28　西方之美者，有霍山之多珠玉焉。①

①“霍山”，又稱太岳山、霍太山。在今山西霍州東南。“多”為衍文。《淮南子·墬形訓》：“西方之美者，有霍山之珠玉焉。”黄侃《爾雅音訓》：“郭云雜珠，以別於蚌珠也。珠從玉，故亦為美石之通稱。”

9.29　西北之美者，有崐崘虛之璆琳琅玕焉。①

①“崐崘虛”，即崐崘山。在新疆、西藏之間，西接帕米爾高原，東延入青海境内。“璆（qiú）”，或作“球”。“璆”“琳”，美玉名。“琅”“玕（gān）”，美石名。《管子·輕重甲》：“崐崘之虛不朝，請以璆琳琅玕為幣乎?”崐崘山的美玉，即後世所謂的于闐玉。

9.30　北方之美者，有幽都之筋角焉。①

①“幽都”，古山名。在雁門山以北。《山海經·海内經》：“北海之内有山，名曰幽都之山，黑水出焉。”“筋角”，動物的筋與角。古時多用於製弓弩。

9.31　東北之美者，有斥山之文皮焉。①

①“東北”，一本作“東方”。“斥山”，或作“庈（chì）山”。據《隋書·地理志》和《太平寰宇記》説在今山東省榮成市南。“文皮”，有花紋的獸皮，指虎豹之類的皮。

9.32 中有岱岳，與其五穀魚鹽生焉。[①]

①“岱岳”，即泰山。郝疏：“《墜形篇》中作‘中央之美者’五字。‘五穀’‘魚鹽’之間有‘桑麻’二字。疑據《爾雅》古本，今脱去之。然五穀魚鹽之饒，非必泰山所有。《爾雅》言中有岱岳，實概舉中土而言耳。”

（五）五方[①]

①這一部分是説明五方怪異之物的。有些是傳説，並非確有其物。説某物産於某方也不盡然。如“南方有比翼鳥”，而《史記·封禪書》：“西海致比翼之鳥。”又“中有枳首蛇”，而郭璞《爾雅注》説：“今江東呼兩頭蛇為越王約髮。”

9.33 東方有比目魚焉，不比不行，其名謂之鰈。[①]

①“比目魚”，鰈、鰨、鮃等魚的統稱。這幾種魚，身體扁平，成長中兩眼逐漸移到頭部的一側。舊説比目魚僅有一目，須兩兩相比並纔能游行。“比”，並列，挨著。“鰈（dié）”，比目魚的一種。

9.34 南方有比翼鳥焉，不比不飛，其名謂之鶼鶼[①]。

①“鶼鶼（jiānjiān）”，傳説中的比翼鳥。一鳥僅有一翼一目，須兩兩相比並纔能飛行。《山海經·西山經》：“〔崇吾之山〕有鳥焉，其狀如鳧而一翼一目，相得乃飛，名曰蠻蠻。”郭璞注：“比翼鳥也，色青赤，不比不能飛。《爾雅》作鶼鶼鳥也。”

9.35 西方有比肩獸焉，與邛邛岠虚[①]比，為邛邛岠虚齧甘草[2]，即有難[3]，邛邛岠虚負而走，其名謂之蟨[4]。

①“邛邛（qióngqióng）岠（jiù）虚”，或作“蛩蛩（qióngqióng）距虚”。古代傳説中一種異獸名。一説“邛邛”與“岠虚”為相類似而形影不離的兩種異獸。傳説邛邛前足長，後足短，善於奔走而不善於覓食。

②“齧（niè）”，或作“嚙”，咬，啃。“甘草”，甘美之草。

③“即”，如果。“難（nàn）”，災難。

④“蟨（jué）”，本或作“蟩（jué）”。獸名。郭注：“今鴈門廣武縣夏屋山中有獸，形如兔而大，相負共行，土俗名之為蟩鼠。”傳説蟨與邛邛岠虚互相依存，因而稱為比肩獸。《吕氏春秋·不廣》：“北方有獸，名曰蹶，鼠前而兔後，趨則跲，走則顛，常為蛩蛩距虚取甘草以與之。蹶有患害也，蛩蛩距虚必負而走。此以其所能託其所不能。”

9.36 北方有比肩民[1]焉，迭食而迭望。[2]

①“比肩民”，古代傳説中僅有一目、一鼻、一臂、一脚的半體人。須兩兩相配合纔能活動。《山海經·海外西經》：“一臂國在其北，一臂、一目、一鼻孔。”

②“迭（dié）”，更替，輪流。“望”，遠望。遠望以防備緊急情況。

9.37 中有枳首蛇[1]焉。

①“枳（zhī）”，通“枝”。歧出。“枳首蛇”，岐頭蛇，即兩頭蛇。《楚辭·天問》：“中央共牧後何怒？”王逸《章句》：“言中央之州有岐首之蛇争共食牧草之實，自相啄嚙。”

9.38 此四方中國之異氣也。[1]

①上古時華夏族建國於黄河流域，自認為居天下之中央，故稱中國，而將周邊地區稱為四方。五方怪異之物的産生，是由於五方之氣的不同。尹桐陽《爾雅義證》："東為木氣，南為火氣。魚者水蟲，鳥者木蟲，生於東、南。氣異而相生也。西金而有火蟲之獸，北水而有土蟲之民，則氣異而相克，異物所由生也。蛇兼五行之氣，故在中而兩其頭。"

（六）野①

①"野"，田野。邢疏："自'邑外謂之郊'以下，雖遠近高下其名不同，野為總稱，故題云野。"

9.39 邑①外謂之郊。郊外謂之牧。②牧外謂之野。野外謂之林。林外謂之坰。③

①"邑"，人群居住的地方。引申指都邑，城市。"郊"，城市周圍的地方。

②"牧"，放養牲畜的地方。引申為郊外。《左傳·隱公五年》："鄭人侵衛牧，以報東門之役。"〔案〕王引之説：毛亨、許慎、鄭玄、高誘、韋昭等人所見《爾雅》古本都没有"郊外謂之牧"，這句是後代學者所增（見《經義述聞》二十七）。

③"坰（jiōng）"，遠郊，野外。《詩經·魯頌·駉》："駉駉牡馬，在坰之野。"毛傳："坰，遠野也。"〔案〕《爾雅》把郊、牧、野、林、坰列為都邑城外由近及遠的郊野名稱。孫炎、孔穎達等人又把五者解釋為等距離的。實際上在古籍中郊野的名稱並不像《爾雅》所説由近及遠各有專名，各名稱之間也不是等距離的。"坰"在古籍中極為少見。"牧"表示放牧的地方，"林"表示樹林，都不是表示郊野意義的專名，因牧場、成片的樹林多在郊野，所以有時"牧""林"可以表示郊野的意義，但距離都城的遠近是不固定的。常用於表示郊野意義的衹有"郊"和"野"，兩者在距離都城遠近上並無一定的界限。

9.40　下溼曰隰[①]。大野曰平。廣平曰原。高平曰陸。[②]大陸曰阜[③]。大阜曰陵。大陵曰阿[④]。

①“溼”，同“濕”。“隰（xí）”，低濕的地方。《詩經・邶風・簡兮》：“山有榛，隰有苓。”

②“廣平曰原”，《左傳・定公元年》杜注引作“廣平曰陸”。又“高平曰陸”，《詩經・小雅・皇皇者華》毛傳等釋為“高平曰原”。《爾雅》邵疏：“‘原’‘陸’皆高而廣平者，故諸家引述互見其文。”

③“阜（fù）”，土山。《詩經・小雅・天保》：“如山如阜，如岡如陵。”

④“阿（ē）”，大土山。《詩經・小雅・菁菁者莪》：“菁菁者莪，在彼中阿。”毛傳：“中阿，阿中也。大陵曰阿。”

9.41　可食者[①]曰原。陂者曰阪[②]。下者曰隰[③]。

①“可食者”，指寬廣平正可以耕作種植穀物的地方。

②“陂（bēi）者”，斜坡，山坡。“阪（bǎn）”，山坡。《詩經・秦風・車鄰》：“阪有漆，隰有栗。”

③“下者”，指地勢低下可以耕種的地方。《公羊傳・昭公元年》：“原者何？上平曰原，下平曰隰。”

9.42　田一歲曰菑[①]，二歲曰新田，三歲曰畬[②]。

①“菑（zī）”，開墾後初耕第一年的田地。郭注：“今江東呼初耕地反草為菑。”《詩經・小雅・采芑》：“薄言采芑，于彼新田，于此菑畝。”孔疏：“孫炎曰：‘菑，始災殺其草木也。新田，新成柔田也。’”

②“畬（yú）”，已墾種三年的熟田。《詩經・周頌・臣工》：“維莫之春，亦又何求？如何新畬？”毛傳：“田二歲曰新，三歲曰畬。”（莫：暮。）

（七）四極[①]

①“四極”，四方極遠之地。這裏所説有一部分是神話傳説中的國家或地方。

9.43 東至於泰遠，西至於邠國，南至於濮鈆，北至於祝栗，謂之四極。[①]

①“泰遠”，或作“大遠”。古代傳説中東方極遠處國家。“邠（bīn）”，本或作“豳”。《説文》作“汃”。“邠國”，古代稱西方極遠處國家。“鈆”，同“鉛”。“濮鈆”，古代稱南方極遠處國家。“祝栗”，古代稱北方極遠處國家。〔案〕泰遠、祝栗等都是我國古代傳説中四方極遠處國名，並非實有其國。《大戴禮記·千乘》：“東辟之民曰夷，精以僥，至于大遠，有不火食者矣。南辟之民曰蠻，信以朴，至于大遠，有不火食者矣。西辟之民曰戎，勁以剛，至于大遠，有不火食者矣。北辟之民曰狄，肥以戾，至于大遠，有不火食者矣。”“大（泰）遠”，意為極遠。“濮”，為西南地區民族名，又稱百濮。濮在殷周時期遠離中原，是邊遠地區。可能由此古人想象在百濮之外極南之地有個“濮鉛”國。

9.44 觚竹[①]、北户[②]、西王母[③]、日下[④]，謂之四荒[⑤]。

①“觚（gū）”，本或作“孤”。觚竹即孤竹，商周時國名。在今河北盧龍縣。《國語·齊語》：“遂北伐山戎，剌令支、斬孤竹而南歸。”（剌：鏟除。令支：春秋時山戎屬國。其地約在今河北省灤縣、遷安間。）

②“北户”，上古國名。在極遠的南方。邢疏：“北户者，即日南郡是也。顔師古曰：言其在日之南，所謂北户以向日者。”先秦時“北

户”，可能指的就是漢代日南郡（在今越南中部）一帶。

③“西王母”，傳説中的上古國名。在極遠的西方。《穆天子傳》卷四：“自群玉之山以西，至於西王母之邦，三千里。”

④“日下”，上古國名。在極遠的東方。邢疏：“日下者，謂日所出處其下之國也。”鄭樵注：“疑日下即今日本。”

⑤“四荒”，四方荒遠的地方。

9.45　九夷①、八狄②、七戎③、六蠻④，謂之四海⑤。

①“九夷”，我國古代對東方各族的泛稱。通稱東夷。古人對“九夷”具體所指民族説法不一。實際上，“九夷”的“九”泛指多數而非確數。下面“八狄”“七戎”“六蠻”的“八”“七”“六”也都不是確數。《禮記·明堂位》：“九夷之國，東門之外，西面北上；八蠻之國，南門之外，北面東上；六戎之國，西門之外，東面南上；五狄之國，北門之外，南面東上。”

②“八狄”，本或作“五狄”。我國古代對北部各族的泛稱。通稱北狄。《墨子·節葬下》：“昔者堯北教乎八狄。”

③“七戎”，本或作“六戎”。我國古代對西部各族的泛稱。通稱西戎。《墨子·節葬下》：“舜西教乎七戎。”

④“六蠻”，本或作“八蠻”。我國古代對南方各族的泛稱。通稱南蠻。

⑤“四海”，本指環繞中國四境的東海、南海、西海和北海。這裏指四海之内中國四鄰各族居住的地方。

9.46　岠齊州以南戴日為丹穴①。北戴斗極為空桐②。東至日所出為大平③。西至日所入為大蒙④。

①“岠”，通“距”。距離。“齊州”，中州，即中土，中原。“戴”，值，當。“丹穴”，傳説中南方極遠處地名。邢疏：“言去中國以南，北

户以北，值日之下，其處名丹穴。"《淮南子·氾論訓》高誘注："丹穴，南方當日下之地。"

②"斗"，北斗星。"極"，北極星。"空桐"，或作"空同"。北方極遠處山名。《莊子·在宥》："〔黄帝〕聞廣成子在於空同之上，故往見之。"《釋文》："司馬云：'當北斗下山也。'"

③"大（tài）平"，"大"，本或作"太"。日出之處，指東方極遠之處。董瑞椿《讀爾雅日記》："《書·堯典》：'分命羲仲，宅嵎夷，曰暘谷。寅賓出日，平秩東作。'是嵎夷為日所出地……《爾雅》從《釋地》以下，到《九河》，皆禹所名也。堯之'嵎夷'，禹則以'大平'為名矣。"尹桐陽《爾雅義證》："今太平洋地也。實在日本之右岸。"

④"大（tài）蒙"，"大"，本或作"太"。日落之處，指西方極遠之處。又稱蒙汜。《淮南子·氾論訓》："丹穴、太蒙、反踵、空同……之民是非各異，習俗相反。"高誘注："太蒙，西方日所入處也。"尹桐陽《爾雅義證》："今印度也……其北以喜馬拉雅山、帕米爾高原界西藏，日至其地，望之如日入焉。"可供參考。

9.47 大平之人仁，丹穴之人智，大蒙之人信，空桐之人武。①

①郝疏："《〔淮南子·〕墬形篇》注：東方木德仁，故有君子之國。此即太平之人仁也。推是而言，南方火德明，故其人智；西方金德實，故其人信；北方水德怒，故其人武；中國土德和平，故其人五性具備也。"〔案〕把四方之人説成分别具有仁、智、信、武之品質，這是受秦漢時唯心主義哲學家用陰陽五行來解釋人的道德屬性的影響所致。不可取。

釋丘第十

這一篇是關於各種自然形成的高地名稱的解釋。分為丘和厓岸兩類。

（一）丘[①]

①“丘”，自然形成的高地，小土山。

10.1 丘，一成為敦丘[①]，再成為陶丘[②]，再成鋭上為融丘[③]，三成為崐崘丘[④]。

①“成”，重，層。“敦（duì）丘”，或作“頓丘”。一層之丘。郭注：“今江東呼地高堆者為敦。”《詩經·衛風·氓》：“送子涉淇，至于頓丘。”

②“陶丘”，兩層重疊的高地。郭注：“今濟陰定陶城中有陶丘。”《尚書·禹貢》：“入于河，溢為滎，東出于陶丘北。”

③“鋭上”，尖頂。“融丘”，兩層重疊而尖頂的高地。尹桐陽《爾雅義證》：“融，炊氣上出也。引申為鋭上之稱。”

④“崐崘丘”，呈三級形狀的高地。邢疏：“《崐崘山記》云：‘崐崘山一名崐丘，三重，高萬一千里’是也。凡丘之形三重者，因取此名耳。”

10.2 如椉者，椉丘。[①]如陼者，陼丘。[②]

①“椉（chéng）”，同“乘”，通“塍（chéng）”。田塍，田間的

土埂子。“乘丘”，形似田塍的高地。一説“乘丘”為形似車乘的高地。《春秋・莊公十年》：“公敗宋師于乘丘。”杜注：“乘丘，魯地。”

②“陼（zhǔ）”，水中小洲。“陼丘”，在平地隆起的高地，如同水中小洲。

10.3 水潦所止，泥丘。①

①“潦（lǎo）”，雨後積水。“泥丘”，“泥”或作“尼”。頂部凹陷的高地。《史記・孔子世家》張守節《正義》：“《輿地志》云：‘鄒城西界闕里有尼丘山。’按：今尼丘山在兖州鄒城，闕里即此也。”

10.4 方丘，胡丘。①

①“胡丘”，即“壺丘”，形似腹圓口方的壺的高地。又名方丘。邢疏：“丘形四方者名胡丘。”

10.5 絶高為之京。①非人②為之丘。

①“絶”，極。“為”當作“謂”，下同。“京”，人工建成的高丘。《詩經・小雅・甫田》：“曾孫之庾，如坻如京。”毛傳：“京，高丘也。”

②“非人”，不是人工建成的，即自然形成的。

10.6 水潦所還，埒丘。①

①“還”，通“環”。環繞。“埒（liè）”，矮牆。“埒丘”，被水潦所環繞，有矮牆圍起來的高地。

10.7 上正，章丘。①

①“上正”，丘頂平正。“章丘”，頂上平正的高丘。邵疏：“後世有章丘山，蓋依此名。《隋書・地理志》：齊郡有章丘縣。……取縣南章

丘山為名也。”

10.8　澤中有丘，都丘。[①]

①“澤”，水聚匯處。也指水草叢雜之地。“都”，水流匯聚。“都丘”，池澤中的高地。

10.9　當途，梧丘。[①]

①“當途”，道路中間，指道路中間的高地。“梧丘”，當道的高地。《晏子春秋·雜下三》：“景公畋於梧丘。”

10.10　途出其右而還之，畫丘。[①]途出其前，戴丘。[②]途出其後，昌丘。[③]

①“其右”，指丘的西側。“還”，通“環”。環繞。“畫丘”，被道路環繞的高地。邢疏：“畫，規畫也。言道出丘西而後環繞之者，名畫丘。若為道所規畫然也。”

②“其前”，指丘的南面。“戴丘”，邢疏：“謂道過丘南，若為道負戴，故名戴丘。”

③“其後”，指丘的北面。“昌丘”，指北面有道路的高地。

10.11　水出其前，渻[①]丘。水出其後，沮丘[②]。水出其右，正丘[③]。水出其左，營丘。[④]

①“渻”，音 shěng。

②“沮（jǔ）”，終止，阻止。“沮丘”，或作“阻丘”。因阻擋水繼續向前流而得名。

③“正丘”，有河流經過其右前方的高地。

④“水出其左”，本或作“水出其前左”“水出其前而左”。“營

丘”，有河流經過其左前方的高地。郭注：“今齊之營丘，淄水過其南及東。”

10.12 如覆敦者，敦丘。[①]

①“敦（duì）”，盛黍稷等食物的器具。一般為三短足，圓腹，二環耳，有蓋。“敦丘”，即 10.1 的敦丘，形似扣覆的大碗。

10.13 邐迤，沙丘。[①]

①“邐迤（lǐyǐ）”，或作“邐池”。曲折，緜延的樣子。“沙丘”，指曲折緜延的沙土高地。尹桐陽《爾雅義證》：“沙丘，中高邊低，或此端高而彼端低，因以邐迤狀之。”

10.14 左高，咸丘[①]。右高，臨丘。前高，旄丘[②]。後高，陵丘[③]。偏高，阿丘。[④]

①“咸丘”，左高右低的高地。《春秋·桓公七年》：“七年春二月己亥，焚咸丘。”杜注：“咸丘，魯地。高平國鉅野縣南有咸亭。”

②“旄（máo）丘”，前高後低的高地。《詩經·邶風·旄丘》：“旄丘之葛兮，何誕之節兮。”（誕：闊。）

③〔案〕“陵丘”，古籍中一般指大丘、大阜。如《墨子·節用中》：“古者人之始生，未有宫室之時，因陵丘掘穴而處焉。”一般土山看上去都是前低後高的，本條可能是為了配套，而稱前低後高的大土山為“陵丘”。

④〔案〕關於“偏高，阿丘”，注家多認為指丘的一面偏高。如郝疏：“丘之一隅偏高，而不正當左右前後者。”一面偏高，和左高、右高、前高、後高很難明顯區分。有人則認為“偏高”指四邊高。如《詩經·鄘風·載馳》“陟彼阿丘，言采其蝱”，孔疏：“李巡曰：‘謂丘邊高。’”“阿”，可表示山阜彎曲處。四邊高的山呈向內彎曲之形，因而

稱之為“阿丘”，較為合理。

10.15　宛中，宛丘。①

①“宛”，低凹。“宛丘”，四周高中央低平的圓形高地。《詩經·陳風·宛丘》：“子之湯兮，宛丘之上兮。”（湯：通“蕩”，風雅。）

10.16　丘背①有丘為負丘。

①“背”，後面。指背面。郝疏：“背，猶北也。言丘之北復有一丘，若背負然，因名負丘。”

10.17　左澤，定丘①。右陵，泰丘②。

①“定丘”，東面有沼澤的高地。

②“泰丘”，西面有丘陵的高地。《史記·封禪書》集解引《爾雅》作“右陵，太丘”。

10.18　如畝，畝丘①。如陵，陵丘②。

①“畝丘”，有壟界如田畝的高地。《詩經·小雅·巷伯》：“楊園之道，猗于畝丘。”（猗：加。）

②“陵丘”，參看10.14注③。

10.19　丘上有丘為宛丘。①

①“宛丘”為四周高而中央低平的高地。參看10.15。郝疏：“‘丘上有丘為宛丘’者，即上‘宛丘’。但其中間窊處復起一小部婁，是謂丘上有丘。從其本名仍曰宛丘。”（窊：低凹。部婁：小山丘。）

10.20 陳有宛丘[①]。晉有潛丘[②]。淮南有州黎丘[③]。

①“宛丘”，古丘名。在今河南淮陽。春秋時陳國建都於宛丘旁。

②“潛丘”，古丘名。在今山西太原市南晉源鎮東。

③“州黎丘”，古丘名。在今安徽壽縣西南。

10.21 天下有名丘五，三在河南，其二在河北。[①]

①“三”字前脱一“其”字。“河南”，黄河以南。“河北”，黄河以北。〔案〕五名丘舊説不一。郭注：“説者多以州黎、宛、營為河南，潛、敦為河北者。案此方稱天下之名丘，恐此諸丘碌碌未足用當之。殆自别更有魁梧桀大者五，但未詳其名號今者所在耳。”翟灝《爾雅補郭》：“西域有崐崘、軒轅二丘，海外西北有平丘，東南有嗟丘，東有青丘。依《山海經》所言此五丘為天下最魁梧桀大，而名稱於上古。軒轅、平丘在河以北，嗟、青在河以南。河出崐崘西北則崐崘亦屬河南。”王念孫《爾雅郝注刊誤》認為：“《爾雅》所謂河南、河北，皆指中國言之，翟説荒唐不可用。”存疑。

（二）厓岸[①]

①“厓（yá）”，水邊、山邊。水邊後來寫作“涯”。“厓岸”指水邊高地。

10.22 望厓洒而高，岸。[①]

①“洒（xiǎn）”，高峻陡峭。下同。郭注：“厓水邊。洒謂深也。視厓峻而水深者曰岸。”

10.23 夷上洒下，不漘。[①]

①“夷”，平。“不”為衍文。“漘（chún）”，上面平坦下面陡峭的厓岸。《詩經・魏風・伐檀》：“坎坎伐檀兮，寘之河之漘兮。”

10.24 隩，隈。[①]

①“隩（yù）”，本或作“澳”。或作“奥”。水岸向内彎曲處。“隈（wēi）”，水岸彎曲處。《詩經・衛風・淇奥》：“瞻彼淇奥，綠竹猗猗。”毛傳：“奥，隈也。”《淮南子・覽冥訓》：“田者不侵畔，漁者不爭隈。”高誘注：“隈，曲深處，魚所聚也。”

10.25 厓内為隩，外為隈。[①]

①“隈”，本或作“鞫（jū）”。“隈”本指水岸彎曲處，與“隩”對文時則表示水岸向外彎曲處。“鞫”，水岸向外彎曲的地方。《詩經・大雅・公劉》：“止旅乃密，芮鞫之即。”鄭箋：“芮之言内也。水之内曰隩，水之外曰鞫。”

10.26 畢，堂牆。[①]

①“畢”，本或作“嶧”。水旁厓岸。“堂”，通“唐”“塘”，堤防。王引之《經義述聞》：“‘畢，堂牆’之堂，當讀如陂唐之唐。唐，堤也。牆謂堤内一面障水者。以其在水之旁，故謂之牆，又謂之畢。”

10.27 重厓[①]，岸。岸上，滸[②]。

①“重厓”，高厓。

②“滸（hǔ）”，水邊。《詩經・王風・葛藟》：“緜緜葛藟，在河之滸。”

10.28 墳，大防。[①]

①“墳”，堤岸，高地。“防”，堤岸，堤壩。《詩經·周南·汝墳》：“遵彼汝墳，伐其條枚。”（遵：循。汝：水名。）

10.29 涘[①]為厓。

①“涘（sì）”，水邊，河岸。《莊子·秋水》：“涇流之大，兩涘渚崖之間，不辯牛馬。”（辯：通“辨”。）

10.30 窮瀆，汜。[①]谷者，溦。[②]

①“瀆（dú）”，溝渠。也指河川。“汜（sì）”，不通河道的小溝渠。郭注：“水無所通者。”

②“谷”上脫一“通”字，當作“通谷者”。“溦（méi）”，本或作“湄”。水邊通谷的厓岸。

釋山第十一

這一篇是關於各種山名的解釋。古代稱大的石山為山，稱小的土山、高地為丘。所以《釋丘》《釋山》各為一篇。

11.1 河南華①，河西嶽②，河東岱③，河北恒④，江南衡⑤。

①“河”，黄河。下同。“華（huà）”，華山。又稱西嶽。在今陝西華陰市南。

②“嶽”，同“岳”。古山名。又稱吴山，吴岳。在今陝西隴縣西南。

③“岱”，泰山的别名。又稱東嶽。在今山東泰安市。

④“恒”，恒山。又稱北嶽。在今河北曲陽縣西北與山西接壤處。

⑤“江”，長江。“衡”，衡山。又稱南嶽。在今湖南衡山縣西。

11.2 山三襲，陟；①再成，英；②一成，坯③。

①“襲”，重，重叠。“陟（zhì）”，山巒重疊。邢疏：“山之形若三山重纍者名陟。重衣謂之襲，故以襲為重也。”郝疏：“陟者，升也。登也。故三重之山以登陟為名。”《列子·湯問》：“四方悉平，周以喬陟。”（周：環，環繞。）

②“再成”，兩山重疊。“英”，古山名。在今陝西省。錢坫《爾雅釋地四篇注》：“《西山經》有英山，在太華山西二百二十里，即華州西南山也。”

③“坯（pī）”，或作“伾”。一層之山。《尚書·禹貢》：“東過洛汭，至于大伾。”

11.3 山大而高，崧[①]。山小而高，岑[②]。鋭而高，嶠[③]。

①“崧（sōng）”，或作“嵩”。山高大的樣子。《詩經·大雅·崧高》：“崧高維嶽，駿極于天。”毛傳：“崧，高貌。山大而高曰崧。嶽，四嶽也。東嶽岱，南嶽衡，西嶽華，北嶽恒。”後來崧（嵩）專指中嶽嵩山。

②“岑（cén）”，山小而高，也指小而高的山。邢疏：“言山形雖小而高嶔崟者名岑也。”（嶔崟：險峻。）

③“嶠（qiáo）”，或作“喬”“橋”。山尖峭而高。《史記·五帝本紀》：“黄帝葬橋山。”張守節正義引《爾雅》：“山鋭而高曰橋。”

11.4 卑而大，扈[①]。

①“扈（hù）”，廣大。指山低而大。邵疏：“《説文》云：‘鄠有扈谷、甘亭。’‘扈谷’之名，蓋取義於卑而大矣。”

11.5 小而衆，巋[①]。

①“巋（kuī）”，小山叢聚羅列。

11.6 小山岌大山，峘。[①]

①“岌（jí）”，山高。這裏是高過的意思。“峘”，音 huán。邢疏：“小山與大山相並，而小山高過於大山者名峘。”

11.7 屬者，嶧。[①]獨者，蜀。[②]

①“屬（zhǔ）”，連接，連續。“嶧（yì）”，相連接的山。邵疏：“《初學記》引舊説云：‘今魯國有嶧山，純石相積構，連屬成山。’蓋謂此也。”

②“獨”，指單獨的山。“蜀”，獨。《方言》十二：“一，蜀也。南楚謂之獨。”郭璞注：“蜀猶獨耳。”

11.8　上正，章[①]。

①“章”，頂部平正的山。《釋丘》有“上正，章丘”。頂部平正的山丘，都可以稱之為“章”。

11.9　宛中，隆。[①]

①“宛中”，中央低下。郝疏：“‘宛中，隆’者，謂中央下而四邊高，因其高處名之隆。此與《釋丘》之‘宛中’義同而名異者，彼據中言，故曰‘宛’。此據外言，故曰‘隆’。”

11.10　山脊，岡。[①]未及上，翠微。[②]

①“山脊”，指山的高處像獸類脊骨隆起的部分。邢疏：“孫炎云：‘長山之脊也。’言高山之長脊名岡。”《詩經・周南・卷耳》：“陟彼高岡，我馬玄黄。”

②“未及上”，未到山頂。“翠微”，輕淡青葱的山色。也指青翠掩映的山腰處。

11.11　山頂，冢。崒者，厜㕒。[①]

①“冢”，山頂。“崒（zú）”，險峻。“厜㕒（zuīwēi）”，本或作“嵯峨”。即“崔嵬”。山峰高峻。《詩經・小雅・十月之交》：“百川沸騰，山冢崒崩。”鄭箋：“崒者，崔嵬。”〔案〕兩字急讀則為崒，緩讀則為崔嵬（厜㕒）。

11.12　山如堂者，密[①]；如防者，盛[②]。

①“密”，形狀如堂屋的山。《尸子·綽子》曰：“松柏之鼠不知堂密之有美樅。”（樅：冷杉。）

②“盛（chéng）”，形如堤防，狹長上平的山。邢疏：“此盛讀如粢盛之盛。堤防之形墮而高峻，若黍稷之在器。故其山形如堤防者，亦名盛也。”（墮：山狹而長。）

11.13 巒，山墮。[①]

①“巒（luán）”，長而狹的山。郭注：“形狹長者，荆州謂之巒。”“墮（duò）”，通“隋（duò）”，本或作“隋”。山形狹長。《詩經·周頌·般》：“陟其高山，隋山喬嶽。”

11.14 重甗，隒。[①]

①“甗（yǎn）”，通“巘（yǎn）”，險峻的山峰或山崖。“隒（yǎn）”，層疊的山崖。《尉繚子·守權》：“夫守者不失其隒者也。”

11.15 左右有岸，厒[①]。

①“厒”，當作“厒（qiè）”，崖岸，山邊。邢疏：“謂山西邊有水，山與水為岸，此山名厒。”

11.16 大山宫小山，霍。[①]小山別大山，鮮。[②]

①“宫”，圍繞。“霍”，大山圍繞小山。邢疏：“謂小山在中，大山在外圍繞之。山形若此者名霍。”《山海經·中山經》：“又北四十者曰霍山。”郭璞注：“今平陽永安縣、廬江灊縣、晉安羅江縣、河南鞏縣皆有霍山，明山以霍為名者非一矣。”

②“別”，不相連。“鮮（xiǎn）”，和大山不相連的小山。《詩經·大雅·皇矣》：“度其鮮原，居岐之陽。”

11.17 山絶，陘[①]。

①“陘（xíng）”，山脈中斷的地方。《史記·趙世家》：“趙與之陘。”裴駰《集解》：“〔徐廣曰:〕陘者，山絶之名。常山有井陘，中山有苦陘。”

11.18 多小石，磝[①]。多大石，礐[②]。

①“磝（áo）”，本或作“磽（qiāo）”。山多小石。郭注：“多礓礫。”邢疏：“礓礫即小石也。山多此小石者名磝。”

②“礐（què）”，本或作“确”“埆”。山多大石。郭注：“多盤石。”

11.19 多草木，岵[①]。無草木，峐[②]。

①“岵（hù）”，多草木的山。《詩經·魏風·陟岵》：“陟彼岵兮，瞻望父兮。”

②“峐（gāi）”，無草木的山。《釋文》：“《三蒼》《字林》《聲類》並云猶屺字，音起。”阮元《校勘記》：“峐，當作屺，音起。”《詩經·魏風·陟岵》：“陟彼屺兮，瞻望母兮。”

11.20 山上有水，埒[①]。夏有水，冬無水，澩[②]。

①“埒（liè）”，山上的水流。《列子·湯問》：“壺領山有水涌出，一源分為四埒，注於水下。”

②“澩（xué）”，夏有水冬無水的水澤、山溪。郭注：“有停潦。”

11.21 山豄無所通，谿。[①]

①“豄（dú）”，同“瀆”。小水溝。“谿”，同“溪”。山間小流

水。本條稱山間無所通達的水流為“谿”。《釋水》“水注川曰谿”，則稱山間通向山外河流的小水流為“谿”。說明“谿”是山間小水流之名，有的通向山外河流，有的則衹在山中流動。

11.22 石戴土謂之崔嵬，土戴石為砠。①

①〔案〕注家多認為本條是解釋《詩經·周南·卷耳》“陟彼崔嵬”和“陟彼砠矣”的。“砠（jū）”，或作“岨”。由於“戴”可理解為覆蓋在上，也可理解為被覆蓋在下，因而對“崔嵬”和“砠”出現了兩種相反的解釋。如《爾雅》郭注：“〔崔嵬〕石山上有土者，〔砠〕土山上有石者。”《詩經·周南·卷耳》毛傳：“崔嵬，土山之戴石者”，“石山戴土曰砠”。實際上，石山上有土，土山上有石的情況都較常見，兩說皆通。

11.23 山夾水，澗①。陵夾水，澞②。

①“澗（jiàn）”，夾在兩山之間的水溝。

②“澞（yú）”，本或作“虞”。夾在丘陵間的溪水。

11.24 山有穴為岫①。

①“岫（xiù）”，山洞。張衡《東京賦》：“王鮪岫居，能鼈三趾。”（王鮪：魚名。能鼈：三足鼈。）

11.25 山西曰夕陽①，山東曰朝陽②。

①“山西”，山的西面。因為是傍晚時纔能看到太陽，又稱夕陽。《詩經·大雅·公劉》：“度其夕陽，豳居允荒。”（度：測量。允：實在。荒：大。）

②“山東”，山的東面。因為是早晨太陽升起的地方，又稱朝陽。

《詩經・大雅・卷阿》:“梧桐生矣，于彼朝陽。”

11.26　泰山為東嶽，華山為西嶽，霍山為南嶽，恒山為北嶽，嵩高為中嶽。①

①這一條是説明五嶽名稱的。“霍山”，今安徽省天柱山。“南嶽”，原指湖南衡山。漢武帝時，曾將南嶽嶽神從衡山移到霍山，並改稱霍山為南嶽。隋唐以後，又恢復以衡山為南嶽。“嵩高”，嵩山。在河南登封市北。原稱太室山，漢武帝時始稱為嵩高，列為五嶽之一。《説苑・辨物》:“五嶽者何謂也？泰山，東嶽也；霍山，南嶽也；華山，西嶽也；常山，北嶽也；嵩高山，中嶽也。”〔案〕從“霍山”和“嵩高”被列入五嶽，可知本條是漢武帝以後學者增入《爾雅》之中的。

11.27　梁山，晉望也。①

①“梁山”，即今山西省吕梁市離石區東北的吕梁山。春秋時屬晉國。“望”，古代祭祀山川的專名。望而祭之，所以稱望。郭注:“〔梁山〕晉國所望祭者。”

釋水第十二

這一篇是關於水的各種名稱的解釋。分為水泉、水中、河曲、九河四類。

（一）水泉

12.1　泉一見一否為瀸。[①]

①“一”，忽而。“見（xiàn）”，出現。“瀸（jiān）”，浸潤。引申指泉水時有時無。

12.2　井一有水一無水為瀱汋[①]。

①“瀱汋（jìzhuó）”，井水時有時無。郭注：“《山海經》曰‘天井夏有水冬無水’，即此類也。”

12.3　濫泉[①]正出。正出，涌出也。沃泉縣出[②]。縣出，下出也。氿泉穴出。穴出，仄出也。[③]

①“濫（jiàn）泉”，或作“檻泉”。涌出的泉水。《詩經·大雅·瞻卬》：“觱沸檻泉，維其深矣。”（觱沸：泉水翻涌的樣子。）《說文》引作“觱沸濫泉”。王筠釋例：“濫泉蓋如歷城之趵突泉，……滕涌而上出也。”

②“沃泉”，從上往下流的泉水。“縣（xuán）”，懸。“縣出”，水從上往下流。《釋名·釋水》：“懸出曰沃泉，水從上下，有所灌沃也。”

③“氿（guǐ）泉”，從山側洞穴中流出的泉水。“仄（zè）”，通“側”。旁邊。《詩經・小雅・大東》：“有冽氿泉，無浸穫薪。”（冽：寒冷。穫薪：砍割下的柴草。）

12.4　湀闢[①]，流川。過辨，回川。[②]

①“湀（guǐ）闢”，直通的水流。

②“過辨”，回旋的水流。“回”，同“迴”。旋轉。

12.5　灉，反入。[①]

①“灉（yōng）”，從黄河主河道分出又流回主河道的水。

12.6　潬[①]，沙出。

①“潬（tān，舊讀 dàn）”，水中沙堆。郭注：“今江東呼水中沙堆為潬。”鄭樵注：“按今錢塘亦有此語。”

12.7　汧[①]，出不流。

①“汧（qiān）”，泉水流出水面後停積不流動。郭注：“水泉潛出便自停成汚池。”邢疏：“《地理志》云：扶風汧縣，雍州弦蒲藪，汧出西北入渭。以其初出不流，停成弦蒲澤藪，故曰汧，出不流也，其终則入渭也。”

12.8　歸異出同流，肥。[①]

①“流”為衍文。“肥”，水同源而異流。《詩經・邶風・泉水》：“我思肥泉，兹之永嘆。”毛傳：“所出同所歸異為肥泉。”

12.9 濆，大出尾下。[①]

①“濆（fèn）”，水自地下深處噴涌而出。“尾”，底。指地下深處。郭注：“今河東汾陰縣有水，口如車輪許，濆沸涌出，其深無限，名之為濆。馮翊郃陽縣復有濆，亦如之，相去數里而夾河，河中陼上又有一濆，濆原皆潛相通。”《列子·湯問》：“有水涌出，名曰神濆。”

12.10 水醮曰厬。[①]

①“醮（jiào）”，竭，盡。“厬（guǐ）”，水乾涸而露巖厓。

12.11 水自河出為灉[①]，濟為濋[②]，汶為瀾[③]，洛為波[④]，漢為潛[⑤]，淮為滸[⑥]，江為沱[⑦]，過為洵[⑧]，潁為沙[⑨]，汝為濆[⑩]。

①“河”，黄河。“灉（yōng）”，或作“澭”“雍”。古水名。由黄河分出後又流入黄河。《尚書·禹貢》：“雷夏既澤，灉沮會同。”《水經注》認為是漢武帝時被填塞的、位於今河南濮陽市北的瓠子河。後人又將黄河的一些支流稱之為灉。

②“濟為濋”，是“水自濟出為濋”的省略説法。以下八句情況相似。“濟（jǐ）”，古水名。發源於今河南省，流經山東省入渤海。今黄河下游的河道即古濟水河道。“濋”，當作“滎（xíng）”。滎澤。（依錢坫説）故址在今河南鄭州市西北。

③“汶（wèn）”，水名。又稱大汶河。在山東省境内。“瀾”，當作“闡（chǎn）”。春秋時魯地名。汶水的支流洸（guāng）水從這裏分出，所以洸水又稱闡。

④“洛”，水名，發源於陝西省，流入河南省。“波”，古水名。《水經注》認為即洛水的支流門水。

⑤“漢”，水名。發源於陝西省西南部，流經陝西省南部、湖北省西北部和中部入長江。“潛”，或作“灊”。古水名，漢水的支流。清代

有的學者認為即今湖北省潛江市的蘆洑河。《尚書·禹貢》："浮于江、沱、潛、漢。"

⑥"淮"，水名。發源於河南省桐柏山，流經河南、安徽等省至江蘇入洪澤湖。"滸（hǔ）"，古水名。淮河的支流。

⑦"江"，長江。"沱（tuó）"，長江的支流。《尚書·禹貢》中荊州和梁州都有"沱"。荊、梁二州的沱，指今四川省渠江諸水，如渠水、巴水、岩水等。

⑧"濄（guō）"，或作"渦"。水名，淮河的支流。在安徽省西北部。"洵"，古水名。濄水溢出的支流。

⑨"潁（yǐng）"，水名，淮河最大的支流。在安徽省西北及河南東部。"沙"，沙河，潁水的支流，在河南中部。

⑩"汝"，古水名，上游即今河南省北汝河。"濆（fén）"，古水名，汝水的支流，即今河南省郾城商水間的沙河。

12.12 水決之澤為汧[①]，決復入為汜[②]。

①"決"，打開缺口，導引水流。"之"，到……去。水泉停積不流動稱汧。打開決口，使停積不動的水流到河澤中去也稱汧。參看12.7。

②"汜（sì）"，由主流分出後又流入主流的河流。《詩經·召南·江有汜》："江有汜，之子歸。"

12.13 "河水清且瀾漪"，大波為瀾，小波為淪，直波為徑。[①]

①本條是解釋《詩經·魏風·伐檀》的。"河水清且瀾漪"，《伐檀》文。"瀾（lán）"，當作"灡"，本或作"瀾"。大波浪。《毛詩》作"漣"。"漣"，風吹水面所形成的波紋。"瀾""漣"義近。"漪"，通"猗"，或作"猗"。語氣詞。下面三句是解釋《伐檀》詩中"河水清且瀾漪""河水清且直漪"和"河水清且淪漪"中"瀾""直""淪"

三詞的。“徑”有直義，所以稱直波為徑。

12.14 江有沱，河有灉，汝有濆。[①]

①本條説明長江、黄河、汝水的支流名，參看 12.11。

12.15 滸，水厓。[①]

①“厓（yá）”，同“涯”。水邊。參看 10.27。

12.16 水草交為湄[①]。

①“湄（méi）”，岸邊水草交接的地方。《詩經·秦風·蒹葭》：“所謂伊人，在水之湄。”

12.17 “濟有深涉，深則厲，淺則揭。”[①]揭[②]者，揭衣也。以衣涉水為厲[③]。繇[④]膝以下為揭，繇膝以上為涉，繇帶[⑤]以上為厲。

①《詩經·邶風·匏有苦葉》文。“濟”，渡水。
②“揭（qì）”，提起衣裳。
③“涉”，步行渡水。“厲”，連衣涉水。
④“繇（yóu）”，通“由”。從。下同。
⑤“帶”，腰帶。

12.18 潛行為泳。[①]

①“潛行”，指没水游渡。

12.19 “汎汎楊舟，紼縭維之。”[①]紼，䋤也。[②]縭，緌也。[③]

①《詩經·小雅·采菽》文。“汎汎”，漂浮的樣子。“維”，繫結。

②“紼（fú）”，大繩。“𦆭（lǜ）”，同“繂（lǜ）”，本或作“繂”，粗繩索。

③“縭（lí）”，今本《詩經·小雅·采菽》作“纚（lí）”。“縭”，本指婦女的佩巾。“緌”，本指帽帶繫結後剩餘的部分。兩者均有下垂部分，義相通。參看6.11。引申為繩索。

12.20　天子造舟①，諸侯維舟②，大夫方舟③，士特舟④，庶人乘泭⑤。

①《詩經·大雅·大明》：“造舟為梁，不顯其光。”（不：通“丕”，大。）詩中説周文王成婚時，曾並船為橋，親迎於渭水。以後周代規定衹有天子纔能用這種辦法渡河。詩中的“造舟”，注家多認為是將船並列於水中，上加木板作橋，即今之浮橋。

②“維舟”，四船相連，使不動摇，因而稱之為“維舟”。

③“方舟”，兩船相並。《莊子·山木》：“方舟而濟於河。”

④“特舟”，單船。

⑤“泭（fú）”，竹筏，木筏。《國語·齊語》：“方舟設泭，乘桴濟河。”韋昭注：“編木曰泭，小泭曰桴。”

12.21　水注川曰谿，注谿曰谷，注谷曰溝，注溝曰澮，注澮曰瀆。①

①“谿”，同“溪”。山間小河溝。“谷”，兩山間流水道。“澮（kuài）”，田間小溝。“瀆（dú）”，小溝渠。〔案〕在古籍中，“谿”和“谷”，“溝”和“澮”“瀆”相對而言有大小之别。如《荀子·解蔽》：“醉者越百步之溝，以為蹞步之澮也。”但常常是作為同義詞而通用或連用。《周禮·秋官·雍氏》：“雍氏掌溝瀆澮池之禁。”鄭注：“溝、瀆、澮，田間通水者也。池謂陂障之水道也。”

12.22 逆流而上曰泝洄，順流而下曰泝游。[①]

①本條是解釋《詩經·秦風·蒹葭》“溯洄從之”“溯游從之”中的“溯洄”“溯游”的。“泝（sù）”，同“溯”。逆水流而上。“洄”，水逆流或旋流。

12.23 正絶流曰亂。[①]

①“正”，直。“絶”，横渡，穿越。“亂”，横流而渡。《詩經·大雅·公劉》：“涉渭為亂，取厲取鍛。”（為：以。）鄭箋：“乃使人渡渭水，為舟絶流而南，取鍛厲斧斤之石。”

12.24 江、河、淮、濟為四瀆。四瀆者，發源注海者也。[①]

①“四瀆”，古人對長江、黄河、淮河、濟水四條獨流入海大川的總稱。鄭樵注：“中原之地，諸水所流皆歸此四瀆，惟此四瀆得專達海。”淮河發源於今河南省桐柏山，經今安徽、江蘇東流入海，後因河道變遷，淮河入海故道不復存在，遂改道入長江。濟（jǐ），古水名。發源於今河南省濟源市西王屋山，流至山東省東北入海。歷代纍經變遷，濟水入海故道已不可詳考。

（二）水中[①]

①“水中”，指水中自然形成的和人工建成的陸地。

12.25 水中可居者曰洲[①]，小洲曰陼[②]，小陼曰沚[③]，小沚曰坻[④]。人所為為潏[⑤]。

①“洲”，水中由沙石、泥土淤積而成的陸地。《詩經·周南·關

雎》："關關雎鳩，在河之洲。"

②"陼（zhǔ）"，或作"渚"。水中的小塊陸地。也作為水中可居處的通名。《詩經·召南·江有汜》："江有渚，之子歸。"

③"沚（zhǐ）"，水中的小塊陸地。《詩經·秦風·蒹葭》："溯游從之，宛在水中沚。"

④"坻（chí）"，水中的小塊陸地。《詩經·秦風·蒹葭》："溯游從之，宛在水中坻。"

⑤"潏（jué）"，指人工在水中建成的堤堰、魚梁等。《釋文》："案郭《圖》，水中自然可居者為洲。人亦於水中作洲，而小不可止住者名潏，水中地也。"

（三）河曲[①]

①指黄河中上游水色變化和河道曲直的情況。

12.26 河出崐崘虛，色白。[①]所渠并千七百，一川色黄。[②]百里一小曲，千里一曲一直。[③]

①"河"，黄河。"崐崘虛"，"崐崘"，同"昆侖"；"虛"，本或作"墟"。新疆、西藏之間的昆侖山的基部。"色白"，黄河上游流經高原峽谷，水流較清。

②"所渠"，指所容納的河流。"并"，共計。"色黄"，黄河中游穿行黄土高原，河水含泥沙量較大，水色渾黄。

③"千里一曲一直"，意為黄河千里一大曲折。《公羊傳·文公十二年》："河曲疏矣，河千里而一曲也。"黄河自孟津以上多曲折，百里一小曲，千里一大曲是概括性的說法。

（四）九河[①]

①據《尚書·禹貢》記載，禹治水後，黄河流到華北平原中部以後

分為九條河流，“九河”指的就是古黄河下游這九條河流。九河古道湮廢已久，已不能確指。近人多認為九河不一定是九條河，而是黄河下游許多支流的總稱。

12.27　徒駭、太史、馬頰、覆鬴、胡蘇、簡、絜、鉤盤、鬲津。①

①本條説明古黄河下游九河的具體名稱。“鬴”，音 fǔ。《漢書·溝洫志》：〔河堤都尉〕許商以為：“古説九河之名，有徒駭、胡蘇、鬲津，今見在成平、東光、鬲界中。自鬲以北至徒駭間，相去二百餘里，今河雖數移徙，不離此域。”據此，“徒駭”當在今河北交河鎮。“胡蘇”當在今河北東光縣東南。“鬲津”當在今山東平原西北。其餘六河也應在今河北交河鎮到山東平原之間。邢昺《爾雅疏》：“太史、馬頰、覆釜在東光之北，成平之南；簡、絜、鉤盤在東光之南，鬲縣之北也。”

釋草第十三

這一篇是關於各種草本植物名稱、形狀特徵的説明解釋。

13.1　雈[①]，山韭。

①“雈（yù）”，山中生長的野韭菜。又稱山韭。邢疏：“〔韭〕生山中者名雈。《韓詩》云‘六月食鬱及雈’是也。”

13.2　茖，山葱。[①]

①“葱”，或作“蔥”。“茖（gé）”，山中生長的一種野葱。又稱山葱。可供藥用。《一切經音義》卷八引《爾雅》舊注：“茖，一名山葱，并州以北多饒茖葱也。”

13.3　葝，山䪥。[①]

①“䪥（xiè）”，本或作“薤”。蔬菜名。俗稱藠（jiào）頭。“葝（qíng）”，山䪥。山中生長的野藠頭。

13.4　蒚[①]，山蒜。

①“蒚（lì）”，山中生長的野蒜，又名山蒜、石蒜。可供藥用。

13.5　薜，山蘄。[①]

①“蘄（qí）”，即當歸。有特殊香氣，花小，色白，根肥大。可供

藥用。“薜（bì）”，即當歸。有兩種，大葉的叫山蘄，小葉的叫白蘄。

13.6 椴，木槿。櫬，木槿。[①]

①“木槿（jǐn）”，或作“木堇”。落葉灌木。又名椴（duàn）、櫬（chèn）、舜（shùn）。夏秋開紅、白或紫花。朝開暮斂。栽培供觀賞兼作綠籬。樹皮和花可供藥用。《禮記·月令》：“仲夏之月……半夏生，木堇榮。”（堇：古本作“槿”。）

13.7 朮，山薊。[①]楊枹薊。[②]

①“薊（jì）”，草名。莖葉多刺，抽薹，薹端開花結實。根莖可入藥。“朮（zhú）”，本或作“茮”。草名。又稱山薊、山薑。葉似薊，根似薑，生山中。有白朮、蒼朮等數種。根莖可入藥。《山海經·中山經》：“〔首山〕其陰多穀柞，草多茮芫。”

②“枹（fú）薊”，朮的一種。又名楊枹薊、蒼朮。生於平地，葉抱莖而生。郭注：“似薊而肥大，今呼之馬薊。”

13.8 葥，王蔧。[①]

①“葥（jiàn）”，一種高大草本植物。果實稱“地膚子”，可供藥用。老株可作掃帚。“王”，大。“蔧（huì）”，通“彗”。掃帚。葥長大後像小樹，可以作掃帚，所以又稱王蔧。

13.9 菉，王芻。[①]

①“菉（lù）”，或作“綠”。草名。又稱王芻（chú）、藎（jìn）草、淡竹葉。細莖，綠葉綠花，葉可供藥用，莖可製黄色染料。《詩經·小雅·采綠》：“終朝采綠，不盈一匊。”鄭箋：“綠，王芻也。”

13.10　拜，蔏藋。[①]

①“蔏藋（shāngdiào）”，草名。簡稱藋。又名灰藋、灰菜、拜。莖有紅縷，菜心有白粉。初生時可作蔬菜。《左傳·昭公十六年》：“斬之蓬蒿藜藋，而共處之。”

13.11　蘩，皤蒿。[①]蒿，菣。[②]蔚，牡菣。[③]

①“蒿（hāo）”，草名。有青蒿、白蒿、牡蒿等。一般稱青蒿為蒿。“皤（pó）”，白。“蘩（fán）”，白蒿。葉似艾葉，上有白毛。可食。古代用為祭品。《詩經·召南·采蘩》：“于以采蘩，于沼于沚。”毛傳：“蘩，皤蒿也。”孔疏：“〔蘩〕孫炎曰：‘白蒿也。’”

②“菣（qìn）”，青蒿。又稱蒿、香蒿。根葉青色，氣味芳香。《詩經·小雅·鹿鳴》：“呦呦鹿鳴，食野之蒿。”孔疏：“孫炎曰：‘荊楚之間謂蒿為菣。’郭璞曰：‘今人呼青蒿香中炙啖者為菣。’陸機云：‘蒿，青蒿也。荆豫之間、汝南、汝陰皆云菣也。’”

③“蔚（wèi）”，蒿的一種。子實很小，不易見到，因而一般認為無子，稱之為牡菣。《詩經·小雅·蓼莪》：“蓼蓼者莪，匪莪伊蔚。”毛傳：“蔚，牡菣。”孔疏：“陸機《疏》云：‘牡蒿也。三月始生，七月華，華似胡麻華而紫赤，八月為角，角似小豆角，鋭而長。’”

13.12　齧彫蓬。[①]薦黍蓬。[②]

①“彫蓬”，“彫”，同“雕”。菰（gū）的子實。菰是一種水生草本植物，嫩莖如筍，名茭白，可作蔬菜。子實名菰米，又名彫蓬、彫胡，可煮食。根葉可作飼料。“齧（niè）”，同“嚙”，咬，吃。

②“黍蓬”，一種可供編席用的野草。“薦”，席，草墊。鄭樵《通志·昆蟲草木略》：“彫蓬者，米茭也。其米謂之彫胡，可作飯，故曰齧。黍蓬者，野茭也，不能結實，惟堪薦藉，故曰薦。”

13.13　萆，鼠莞。①

①“莞（guān）”，蒲草。可以編席。“鼠莞”，龍鬚草。又名萆（bǐ）。郭注：“亦莞屬也，纖細似龍鬚，可以為席。蜀中出好者。”

13.14　葝，鼠尾。①

①“葝（jìng）”，草名。穗形像鼠尾，俗稱鼠尾草。花及莖葉可作黑色染料，又可入藥。

13.15　菥蓂，大薺。①

①“薺（jì）”，薺菜。葉叢生，莖葉嫩時可作蔬菜，全草可入藥。“菥蓂（xīmì）”，薺菜的一種。《本草綱目·菜部》：“薺與菥蓂一物也，但分大小二種耳。小者為薺，大者為菥蓂。”

13.16　蒤，虎杖。①

①“蒤（tú）”，草名。莖部木質化如杖，中空，上有紅紫色斑點，又名虎杖。可以作紅色染料，根可入藥。郭注：“似紅草而麤（粗）大，有細刺，可以染赤。”

13.17　孟，狼尾。①

①“孟”，草名。穗像狼尾，俗稱狼尾草。郭注：“似茅，今人亦以覆屋。”《本草綱目·穀部》：“狼尾，莖葉穗粒並如粟，而穗色紫黄有毛，荒年亦可采食。”

13.18　瓠棲，瓣。①

①“瓣（bàn）”，瓜類的種子。“瓠（hú）棲”，或作“瓠犀”。瓠

瓜的種子。瓠瓜的種子潔白整齊，古人常用以比喻婦女的牙齒。《詩經·衛風·碩人》："齒如瓠犀。"

13.19 茹藘，茅蒐。①

①"茹藘（rúlǘ）"，即茜草。又名茅蒐（sōu）。莖方形中空，有倒生刺，根黄紅色，可作紅色染料。《詩經·鄭風·東門之墠》："東門之墠，茹藘在阪。"

13.20 果臝之實，栝樓。①

①"果臝（luǒ）"，蔓生植物。葉形似瓜葉，果實黄色，圓形，大如拳。果實名栝樓（guālóu），又稱瓜蔞，可供藥用。《詩經·豳風·東山》："果臝之實，亦施于宇。"

13.21 荼，苦菜。①

①"荼（tú）"，野菜名。又稱苦菜、苦苣（jù）、苦蕒（mǎi）。莖中空，莖葉有白汁。嫩莖葉可作蔬菜，味苦。《詩經·邶風·谷風》："誰謂荼苦，其甘如薺。"

13.22 萑，蓷。①

①"蓷（tuī）"，草名。又稱萑（zhuī）、茺蔚（chōngwèi）、益母草等。莖方形，葉對生，有長柄，花淡紅色，堅果有棱。莖葉和子實可供藥用。《詩經·王風·中谷有蓷》："中谷有蓷，暵其乾矣。"孔疏："《韓詩》及《三蒼説》悉云〔蓷〕，益母。"

13.23 虉，綬。①

①"綬（shòu）"，用來拴繫印章和玉飾的絲帶。古代常用不同顔

色的綬帶標志官吏的身份和等級。“虉（yì）”，或作“鷊”，草名。有雜色如綬帶，又名綬草。《詩經·陳風·防有鵲巢》：“中唐有甓，邛有旨鷊。”毛傳：“鷊，綬草也。”孔疏：“陸機《疏》云：‘鷊，五色，作綬文，故曰綬草。’”

13.24 粢，稷。①衆，秫。②

①“稷（jì）”，糧食作物，即穀子。去殼的籽實叫小米。又名粢（zī）。《左傳·桓公二年》：“粢食不鑿，昭其儉也。”（鑿：舂兩次。）孔疏：“舍人曰：‘粢一名稷。稷，粟也。’”郭璞《爾雅注》：“今江東人呼粟為粢。”

②“衆”當作“粟”。“粟（sù）”，穀子。“秫（shú）”，黏稷。《説文·禾部》：“秫，稷之黏者。”

13.25 戎叔謂之荏菽①。

①“戎叔”，本或作“戎菽”。大豆。又稱荏（rěn）菽。《詩經·大雅·生民》：“蓺之荏菽，荏菽旆旆。”毛傳：“荏菽，戎菽也。”鄭箋：“戎菽，大豆也。”（蓺：種植。旆旆：茂盛的樣子。）

13.26 卉，草。①

①“卉（huì）”，各種草的總名。《詩經·小雅·出車》：“春日遲遲，卉木萋萋。”

13.27 蒤，雀弁。①

①“蒤（yǎn）”，菖草的一種。因花色赤而微黑如雀頭，又名雀弁。參看13.47。

13.28 蘥，雀麥。[①]

①“蘥（yuè）”，雀麥。一種野生禾本科草名。可作牧草，籽實可作飼料。

13.29 蘾，烏蓲。[①]

①“蘾（huài）”，草名。又稱烏蓲（sūn）。莖歧出，花長在葉間，生於水澤中。

13.30 蒹，菟荄。[①]

①“蒹（liàn）”，藤本植物。又稱菟荄（tùgāi）、白蘞（liǎn）。蘞為多年生蔓草，根形似核。有白蘞、赤蘞、烏蘞等多種。白蘞肉白，可入藥。

13.31 蘩，菟蒵。[①]

①“蘩（fán）”，即款冬。又稱菟蒵（tùxí）、顆涷（dōng）。生在水中，花可供藥用。

13.32 黃，菟瓜。[①]

①“黃（yín）”，蔓草名。又稱菟瓜。邢疏：“菟瓜，一名黃。苗及實似土瓜。土瓜者，即王瓜也。”參看 13.142。

13.33 茢薽，豕首。[①]

①“茢薽（lièzhēn）”，菊科植物。又稱豕首、彘盧、蝦蟆藍、天名精等。生平原川澤間，花紫白色，有香氣如蘭。根、葉、果實均可入藥。也可製染料。《周禮·地官·掌染草》：“掌以春秋斂染草之物。”

鄭注："染草：茅蒐、橐盧、豕首、紫茢之屬。"

13.34　荓，馬帚。[1]

①"荓（píng）"，草名。又稱馬帚。俗名鐵掃帚。葉可造紙，根可製刷。也可供藥用。《管子·地員》："蔞下於荓，荓下於蕭。"

13.35　蘬，懷羊。[1]

①"蘬（huì）"，草名。又稱懷羊。郝疏："當是香草。"

13.36　茭，牛蘄。[1]

①"茭（jiāo）"，草名。又稱牛蘄（qí）。俗名野茴香。生長在水澤旁。葉似芹，嫩時可食用。種子入藥。

13.37　葖，蘆萉。[1]

①"葖（tū）"，即蘿蔔。又名蘆菔（fú）。"萉"當作"菔"。郭注："蘆菔，蕪菁屬。紫華，大根。俗呼雹葖。"

13.38　淔灌，茵芝。[1]

①"淔（zhí）灌"，一種叢生的菌類。"茵"是"菌"的壞字。當作"菌"。"菌芝"，菌名，即淔灌。《列子·湯問》："朽壤之上有菌芝者，生於朝，死於晦。"

13.39　筍，竹萌。[1]簜[2]，竹。

①"竹萌"，初生的竹，即筍。邢疏："凡草木初生者謂之萌。筍則竹之初生者。故曰：'筍，竹萌也。'可以為菜殽。"《詩經·大雅·韓

奕》："其蔌維何？維筍及蒲。"毛傳："蔌，菜殽也。筍，竹也。"

②"簜（dàng）"，大竹。邢疏："李巡曰：'竹節相去一丈曰簜。'孫炎曰：'竹闊節者曰簜。'"《尚書·禹貢》："篠簜既敷，厥草惟夭。"孔傳："篠，竹箭。簜，大竹。"

13.40　莪，蘿。①

①"莪（é）"，蒿類植物。又名蘿、蘿蒿、莪蒿、廩蒿。莖可作蔬菜。《詩經·小雅·菁菁者莪》："菁菁者莪，在彼中阿。"（中阿：指大陵中。）孔疏："陸機《疏》云'莪，蒿也。一名蘿蒿也。生澤田漸洳之處。葉似邪蒿而細科，生三月中，莖可生食，又可蒸，香美，味頗似蔞蒿'是也。"

13.41　苨，菧苨。①

①"苨（nǐ）"，草名。又稱菧（dǐ）苨、薺苨、甜桔梗。葉似杏葉，根莖似人參。根味甜，可入藥。

13.42　綖履。①

①"綖"，音 dié。未詳。

13.43　莕，接余。①其葉苻。②

①"莕（xìng）"，同"荇（xìng）"，本或作"荇"。水草名。又稱接余、水葵。葉圓，紫赤色，浮在水面，長短隨水深淺。嫩時可供食用。《詩經·周南·關雎》："參差荇菜，左右流之。"毛傳："荇，接余也。"

②"苻（fú）"，荇葉。

13.44 白華，野菅。[①]

①“菅（jiān）”，茅類植物。又稱菅茅。莖長二三尺，葉多毛。莖葉之細者可用來覆蓋屋頂。漚之使柔，可織席編筐。根堅韌，可做刷帚。“野菅”，即菅，指未漚者。“華”，花。菅花白色，因而野菅又名白華。《詩經·小雅·白華》：“白華菅兮，白茅束兮。”毛傳：“白華，野菅也。已漚為菅。”

13.45 薜，白蘄。[①]

①“薜（bì）”，當歸。小葉的叫白蘄。郝疏：“〔《本草》〕唐本注云：‘當歸苗有二種：一種似大葉芎藭，一種似細葉芎藭。細葉者名蠶頭當歸，大葉者名馬尾當歸。’……則白蘄葉較細，即蠶頭者。可知山蘄葉麤（粗）大，即馬尾者矣。”參看13.5。

13.46 菲，芴。[①]

①“菲（fěi）”，蕪菁類植物。又名芴（wù）、葸菜。《詩經·邶風·谷風》：“采葑采菲，無以下體。”毛傳：“葑，須也。菲，芴也。”鄭箋：“此二菜者，蔓菁與葍之類也，皆上下可食。”

13.47 葍，蒿。[①]

①“葍（fú）”，草名。有兩種：一種又名藑（qióng）茅、葝。葉細，花赤而微黑，有臭氣。《詩經·小雅·我行其野》：“我行其野，言采其葍。”毛傳：“葍，惡菜也。”13.27的“葝”説的便是這種葍。另一種葉大，花白，根正白，荒年可禦饑。又名蒿。《詩經·小雅·我行其野》孔疏：“陸機《疏》云：‘葍，一名蒿。幽州人謂之燕蒿。其根正白，可著熱灰中，温啖之。’饑荒之歲可蒸以禦饑。’”説的便是這種葍。

13.48 熒，委萎。[①]

①"委萎"，草名。又稱熒（yíng）、萎蕤（ruí）、地節、玉竹。郭注："藥草也。葉似竹，大者如箭竿，有節，葉狹而長，表白裏青，根大如指，長一二尺，可啖。"

13.49 蕍，苧熒。[①]

①"蕍"，音 qú。"苧熒"，音 tīngyíng。草名。〔案〕邵疏："《中山經》云：'熊耳之山有草焉，其狀如蘇而赤華，名曰葶薴，可以毒魚。'葶薴疑即苧熒，聲相近也。"可作參考。

13.50 竹，萹蓄。[①]

①"萹（biān）蓄"，草名。又稱竹、萹竹。莖葉似竹，青綠色。可供藥用。郭注："似小藜，赤莖節，好生道旁，可食，又殺蟲。"《詩經·衛風·淇奧》："瞻彼淇奧，綠竹猗猗。"毛傳："奧，隈也。綠，王芻也。竹，萹竹也。"

13.51 葴，寒漿。[①]

①"葴（zhēn）"，草名。又稱寒漿、酸漿草、掛金燈。莖直立不分枝，葉卵形，花乳白色，漿果成熟時呈橘紅色或深紅色，味微酸。果實可入藥，全草可配製成殺蟲劑或供觀賞。郭注："今酸漿草，江東呼曰苦葴。"

13.52 薢茩，芵茪。[①]

①"薢茩（xièhòu）"和"芵茪（juéguāng）"都是藥草決明的別名。郭注："芵明也。葉黃銳，赤華，實如山茱萸。"

13.53 莁荑，蔱蘠。[①]

①“莁（wú）荑”，草名。又稱蔱蘠（shāqiáng）、蕪荑、大果榆。子實味辛温，古用作醬調味，今為殺蟲消疳藥。

13.54 瓞，瓝。其紹瓞。[①]

①“瓝（bó）”，小瓜。又名瓞（dié）。郭注：“俗呼瓝瓜為瓞。”“紹”，繼承，接續。《詩經·大雅·緜》：“緜緜瓜瓞，民之初生。”朱熹集傳：“緜緜，不絶貌。大曰瓜，小曰瓞。瓜之近本初生者常小，其蔓不絶，至末而後大也。”離根近初結的瓜常小，後結的瓜常大，所以説“其紹瓞”。

13.55 芍，鳧茈。[①]

①“芍（sháo）”，即荸薺。古代又名鳧茈（fúcí）。在現代方言中或稱為馬蹄、地梨、地栗。郭注：“生下田，苗似龍鬚而細，根如指頭，黑色可食。”姚正父《爾雅啟蒙》：“今人謂之葧臍，鳧茈之轉語。”

13.56 蘱，薡董。[①]

①“蘱（lèi）”，蒲草類植物。又名薡董（dǐngdǒng）。質堅韌，葉可編席、製繩、編草鞋。

13.57 蕛，苵。[①]

①“蕛（tí）”，同“稊（tí）”，本或作“稊”。草名。又稱苵（dié）。形似稗草，子實如小米。郭注：“蕛似稗，布地生，穢草。”《莊子·秋水》：“計中國之在海内，不似稊米之在大倉乎?”

13.58 鉤，芺。[①]

①“芺（ǎo）”，草名。又稱鉤、苦芺。味苦。郭注：“大如拇指，中空，莖頭有臺似薊。初生可食。”

13.59 䪥，鴻薈。[①]

①“䪥（xiè）”，蔬菜名。即薤。野生的叫葝。參看13.3。園中種植的又名鴻薈（huì）。

13.60 蘇，桂荏。[①]

①“蘇”，即紫蘇。蔬菜名。又名荏（rěn）、桂荏。莖方形，葉兩面或背面帶紫色。莖、葉、種子可入藥，嫩葉古用以調味，種子可榨油。鄭樵注：“今只謂之蘇。以其香似桂，莖葉似荏，故曰桂荏。”《方言》三：“蘇亦荏也。關之東西或謂之蘇，或謂之荏。”

13.61 薔，虞蓼。[①]

①“虞蓼（liǎo）”，水生植物。即澤蓼。又名薔（sè）。《急就篇》：“葵韭葱䪥蓼蘇薑。”顏師古注：“蓼有數種：葉長鋭而薄，生於水中者，曰水蓼；葉圓而厚，生於澤中者，曰澤蓼，一名虞蓼，亦謂之薔。”

13.62 蓨，蓧。[①]

①“蓨（tiáo）”，草名。又稱蓧（tiáo）、苖（dí）、羊蹄草、土大黄。根可入藥。郝疏：“《説文》‘蓧’‘苖’、‘苖’‘蓧’互訓。《玉篇》：‘蓨’‘蓧’‘苖’三字互訓……是皆同物……皆古音轉字也。”

13.63 虋[①]，赤苗。芑[②]，白苗。秬[③]，黑黍。秠，一稃二米。[④]

①“虋（mén）”，赤粱粟。谷（粟）的良種。赤莖。秦漢以前，粟為糧食作物的總稱。漢以後始稱穗大毛長粒粗的為粱，穗小毛短粒細的為粟。郭注：“今之赤粱粟。”

②“芑（qǐ）”，白粱粟。谷（粟）的良種。白莖。

③“秬（jù）”，黑黍。古人視為嘉谷。《吕氏春秋·本味》：“飯之美者，玄山之禾，不周之粟，陽山之穄，南海之秬。”

④“秠（pī）”，一種一顆穀中有兩粒米的黑黍。“稃（fū）”，米粒的外殼。《詩經·大雅·生民》：“誕降嘉種，維秬維秠，維穈維芑。”

13.64 稌[①]，稻。

①“稌（tú）”，稻。《詩經·周頌·豐年》：“豐年多黍多稌。”

13.65 葍，藑茅。[①]

①“藑（qióng）茅”，葍草的一種。即葂，又稱旋花。生田野。地下莖可蒸食。邢疏：“葍與藑茅，一草也。花白者即名葍，花赤者別名藑茅。”參看13.47，13.27。

13.66 臺，夫須。[①]

①“臺”，草名。又稱夫須。生於沼澤地，葉扁而長，可製簑衣、雨笠。《詩經·小雅·南山有臺》：“南山有臺，北山有萊。”

13.67 蘻蕑。[①]

①“蘻”，音 jiǎn。“蕑”，音 fá。未詳。

13.68　莔，貝母。[①]

①“莔（méng）”，或作“蝱”。藥草名。即貝母。春生夏萎。鱗莖扁球形，可供藥用。《詩經·鄘風·載馳》：“陟彼阿丘，言采其蝱。”毛傳：“蝱，貝母也。”

13.69　荍，蚍衃。[①]

①“荍（qiáo）”，即錦葵。又名荆葵、蚍衃（pífǒu）。“蚍衃”或作“芘芣”。葉圓形或腎形，花冠淡紫紅色，古代的一種蔬菜，後供觀賞。葉和花可入藥。《詩經·陳風·東門之枌》：“視爾如荍，貽我握椒。”孔疏：“舍人曰：‘荍，一名蚍衃。’”

13.70　艾，冰臺。[①]

①“艾”，草名。又稱艾蒿、冰臺、醫草。葉分裂成羽狀，有香氣，製成艾絨，可供針灸用。《詩經·王風·采葛》：“彼采艾兮，一日不見，如三歲兮。”毛傳：“艾，所以療疾。”

13.71　葶，亭歷。[①]

①“葶（diǎn）”，草名。又名亭歷、丁歷、狗薺。根白，枝莖俱青，子扁小，可供藥用。《韓非子·難勢》：“此味非飴蜜也，必苦菜、亭歷也。”

13.72　苻，鬼目。[①]

①“苻（fú）”，蔓草名。又稱鬼目草、白英。枝葉可供藥用。郭注：“今江東有鬼目草，莖似葛，葉圓而毛，子如耳璫也，赤色叢生。”

13.73 薜，庚草。[①]

①“薜（bì）”，草名。又稱庚草。鄭樵注：“藤生，蔓延牆樹間。花生頗似薜荔。”

13.74 蔜，蘇蔞。[①]

①“蔜（áo）”，草名。又稱蘇蔞（sǎolǚ）、蘩縷、鷄腸草。莖細長而中空，折斷有絲相連，葉卵圓形，可作蔬菜。

13.75 離南，活莌。[①]

①“離南”，即通草。又名活莌（tuō）、通脱木、寇脱、倚商。俗稱通草。高大似樹，莖間有白瓤，切成薄片，可代紙用，或製作工藝品。《山海經·中山經》：“〔升山其草〕多寇脱。”

13.76 蘢，天蘥。[①]

①“蘢（lóng）”，草名。又稱天蘥（yuè）。郝疏：“《管子·地員篇》云：‘其山之淺，有蘢與斥。’蘢即此也。下文云‘紅，蘢古’，疑亦此。蓋此草高大，故名天蘥。”

13.77 須，葑蓯。[①]

①“須”，即蕪菁。又稱蔓菁。古代或稱為須從、葑（fēng）、葑蓯（cōng）。塊根肥大，扁球形或長形，可作蔬菜。《詩經·邶風·谷風》：“采葑采菲，無以下體。”毛傳：“葑，須也。”

13.78 蒡，隱荵。[①]

①“蒡（páng）”，薺苨（甜桔梗）的苗。又名隱荵（rěn）。郭

注："似蘇有毛，今江東呼為隱荵。藏以為菹，亦可瀹食。"（菹：腌菜。瀹：煮。）

13.79 莤，蔓于。①

①"莤（yóu）"，通"蕕（yóu）"，水草名。又稱蔓（màn）于、軒于、馬唐。郝疏："莤，當為蕕。《説文》：'蕕，水邊草也。'《繫傳》云：'似細蘆，蔓生水上，隨水高下，汎汎然也。'"

13.80 菌，蔖。①

①"菌（lǔ）"，同"蓾（lǔ）"，草名。又稱蔖（cuó）。莖可編草鞋，亦可作鞋中草墊。

13.81 柱夫，摇車。①

①"柱夫"，本或作"拄夫"。即紫雲英。又稱摇車、翹摇、紅花草。蔓生，細葉，紫花。是水稻區的主要緑肥作物。

13.82 出隧，蘧蔬。①

①"蘧（qú）蔬"，菌類植物。又名出隧。生長在菰的嫩莖中。蘧蔬寄生後的菰莖稱茭白，甜滑味美，可供蔬食。

13.83 蘄茝，蘪蕪。①

①"蘪蕪（míwú）"，或作"蘼蕪"。又稱蘄茝（qízhǐ）、江蘺。藥草芎藭的嫩苗，葉有香氣。《管子·地員》："五臭生之，薜荔、白芷、蘪蕪、椒、連。"（五臭：五種香草。連：通"蓮"，借作"蘭"，蘭草。）

13.84 茨，蒺蔾。[①]

①“茨（cí）”，蔓草名。又稱蒺藜（jílí）、刺蒺藜，生於沙地，莖平卧，果實表面有如針狀三角突出，可供藥用。《詩經·鄘風·牆有茨》：“牆有茨，不可埽也。”

13.85 蘮蒘，竊衣。[①]

①“蘮蒘（jìrú）”，草名。似芹，花下有芒刺，黏著人衣不易除去。俗稱竊衣。《楚辭·九思·憫上》：“蘮蒘兮青葱，槁本兮萎落。”（槁本：香草名。）

13.86 髦，顛蕀。[①]

①“顛蕀（jí）”，或作“顛棘”。即藥草天門冬。又稱天蕀、顛勒。蔓生，根塊可供藥用。葉細如髦，有細刺。又稱為髦。

13.87 雚，芄蘭。[①]

①“芄（wán）蘭”，草名。又稱雚（guàn）、蘿摩。蔓生，折斷後有白色液汁流出，花白色。可供藥用。《詩經·衛風·芄蘭》：“芄蘭之支，童子佩觿。”鄭箋：“芄蘭柔弱，恒蔓延於地，有所依緣則起。”（支：通“枝”。觿：古代用以解繩結的角錐。）

13.88 䕊，莐藩。[①]

①“䕊（tán）”，或作“蕁（tán）”。藥草名。即知母。又名莐藩（chénfán）。生於山中。莖根狀，葉如韭，莖可供藥用。

13.89 藱，蔦。[①]

①“蕍（yú）”，即澤瀉。又名蕮（xì）。生於淺水中，葉狹而長，地下球莖可供藥用。

13.90　藺，鹿藿。[①]其實莥[②]。

①“藺（juàn）”，野菜名。又稱鹿藿（huò）。俗稱野綠豆。“藿”同“藿”。蔓生，葉似大豆，根黄而香，可蒸食，也可入藥。

②“莥（niǔ）”，藺的子實。

13.91　薃侯，莎。[①]其實媞[②]。

①“莎（suō）”，草名。又名薃（hào）侯。莎草地下紡錘形塊莖稱“香附”或“香附子”。可供藥用。

②“媞（tí）”，莎草果實。

13.92　莞，苻蘺。[①]其上蒚[②]。

①“莞（guān）”，即蒲草。又名苻蘺。莖可織席。《詩經·小雅·斯干》：“下莞上簟，乃安斯寢。”鄭箋：“莞，小蒲之席也。”孔疏：“某氏曰：《本草》云：‘白蒲一名苻蘺，楚謂之莞蒲。’郭璞曰：今西方人呼蒲為莞蒲。今江東謂之苻蘺，西方亦名蒲，用為席。”

②“蒚（lì）”，莞抽莖作薹，薹稱為蒚。

13.93　荷，芙渠。[①]其莖茄[②]，其葉蕸[③]，其本蔤[④]，其華菡萏[⑤]，其實蓮，其根藕，其中的[⑥]，的中薏[⑦]。

①“芙（fú）渠”，荷的别名。“芙”本或作“扶”。“渠”，本或作“蕖”。《詩經·陳風·澤陂》：“彼澤之陂，有蒲與荷。”毛傳：“荷，芙渠也。”孔疏：“今江東人呼荷華為芙蓉；北方人便以藕為荷，亦以蓮為荷；蜀人以藕為茄。”〔案〕古代表示荷體的詞，在不同方言中，有

異名同實和同名異實的情況，而且表示總體的詞和一些表示部分的詞可以互相通用。

②“茄”，音 jiā。〔案〕《詩經·陳風·澤陂》“有蒲與荷”，孔疏引樊光注作“有蒲與茄”。《漢書·揚雄傳上》：“衿芰茄之緑衣兮，被夫容之朱裳。”顔師古注：“茄亦荷字也。見張揖《古今字詁》。”又《漢樂府·朱鷺》：“鷺何食？食茄下。”茄下即荷下。“荷”與“茄”古音相近，在上古時“茄”很可能是“荷”的方言變體。《爾雅》的編者為了成系列，把“茄”説成是荷莖的專名。

③〔案〕“其葉蕸（xiá）”，《釋文》説：“〔蕸〕字或作葭，音遐，又音加。衆家並無此句，唯郭有。然就郭本中或復脱此一句，亦並闕讀。”《説文》中稱扶渠葉為“荷”，不稱之為“蕸”。《初學記》引《爾雅》作“其葉荷”。又在其他古籍中也未見有稱荷葉為蕸的。因此，《爾雅》古本中很可能没有這一句。蕸可能是方言詞。《爾雅》的增益者，為了成系列，將“蕸”作為荷葉的通名而列入本條中。

④“蔤（mì）”，荷的地下莖幹。又稱藕鞭。邵疏：“此為萌芽初發，穿泥而出者之名，故與根別言之也。”

⑤“菡萏（hàndàn）”，荷花的别名。《詩經·陳風·澤陂》：“彼澤之陂，有蒲菡萏。”（陂：坡。蒲：蒲草。）

⑥“的（dì）”，同“菂（dì）”。或作“菂”。蓮子。

⑦“薏（yì）”，蓮子心，即蓮子中的青嫩胚芽。

13.94 紅，蘢古。①其大者蘬②。

①“紅”，通“葒（hóng）”，水草名。又稱蘢古、龍、水紅。生長在近水處。莖高達三米，花淡紅色或白色。可供觀賞。果實可供藥用。郭注：“俗稱紅草為蘢鼓，語轉耳。”《詩經·鄭風·山有扶蘇》：“山有喬松，隰有游龍。”毛傳：“龍，紅草也。”

②“蘬（kuī）”，大的紅草。

13.95　差[①]，薺實。

①“差（cuó）”，薺菜籽。郝疏：“薺抽莖開白華，子細薄，黃黑色，味甘，即差也。”

13.96　黂，枲實。[①]枲，麻。

①“黂（fén）”，本或作“蕡（fèi）”。大麻的子實。“枲（xǐ）”，大麻。《儀禮·喪服傳》：“苴絰者，麻之有蕡者也。”孔疏：“孫氏注云：‘蕡，麻子也。’”

13.97　須，薞蕪。[①]

①“薞（sūn）蕪”，蓼科草名。又稱須、酸模。生於山野。嫩莖葉味酸，可供食用或作飼料，全草可供藥用。

13.98　菲，葸菜。[①]

①“葸（xī）菜”，菜名。又稱菲。形似蘿蔔，可作蔬菜。郭注：“菲草生下濕地，似蕪菁，華紫赤色，可食。”參看13.46。

13.99　蕢[①]，赤莧。

①“蕢（kuài）”，菜名。赤色莖葉的莧菜。

13.100　蘠蘼，虋冬。[①]

①“蘠蘼（qiángmí）”，即薔薇。又名虋（mén）冬。“虋”或作“蘴”。《山海經·中山經》：“條谷之山，其木多槐桐，其草多芍藥蘴冬。”

13.101 萹苻、止濼，貫衆。[①]

①“貫衆”，草名。又稱萹苻（biānfú）、止濼（lì）、貫節、貫仲等。生於林野陰濕處，葉呈羽狀，根狀莖可入藥。

13.102 莙，牛薻。[①]

①“莙（jūn）”，水藻名。“薻（zǎo）”，同“藻”。“牛薻”，大葉藻。郭注：“似薻，葉大。江東呼為馬薻。”

13.103 蓫薚，馬尾。[①]

①“蓫薚（zhútāng）”，草名。又稱馬尾草、商陸、當陸、蓫、薚等。枝葉相對，葉大如牛舌而長。可入藥。郭注：“《本草》云别名薚。今關西亦呼為薚。江東呼為當陸。”《詩經·小雅·我行其野》：“我行其野，言采其蓫。”

13.104 萍，蓱。[①]其大者蘋。[②]

①“萍”，或作“苹”。浮萍。“蓱（píng）”，同“蓱”。萍。《大戴禮記·夏小正》：“〔七月〕湟潦生苹。湟，下處也。有湟然後有潦，有潦然後有苹。”

②“蘋（pín）”，大萍。生長在水中。葉有長柄，柄端有四片小葉成田字形，夏秋開小白花。《詩經·召南·采蘋》：“于以采蘋，南澗之濱。”毛傳：“蘋，大萍也。”

13.105 莃，菟葵。[①]

①“菟（tù）葵”，草名。又稱莃（xī）、野葵。生於田澤間，形似葵而葉小，花白似梅，莖葉嫩時可食，乾後入藥。

13.106　芹，楚葵。[①]

①“楚葵”，水芹。生長在水邊。《吕氏春秋·本味》：“菜之美者……雲夢之芹。”高誘注：“雲夢，楚澤。芹生水涯。”

13.107　藬，牛蘈。[①]

①“藬（tuī）”，本或作“蘈（tuī）”，草名。又稱牛蘈。〔案〕本條舊注衆説不一。郭注：“今江東呼草為牛蘈者高尺餘許，方莖，葉長而鋭，有穗，穗間有華，華紫縹色，可淋以為飲。”孫炎注：“車前一名牛蘈。”鄭樵注：“即羊蹄菜。”《詩經·小雅·我行其野》“我行其野，言采其蓫”，鄭箋：“蓫，牛蘈也。亦仲春時生，可采也。”存疑。

13.108　藚，牛脣。[①]

①“藚（xù）”，草名。又名牛脣、澤蕮（xì）、水舄（xì）。生長在水澤低濕處。可作藥材。葉可作蔬菜。《詩經·魏風·汾沮洳》：“彼汾一曲，言采其藚。”

13.109　苹，藾蕭。[①]

①“苹”，蒿類植物。又名藾（lài）蕭、藾蒿、牛尾蒿。初生時可食。《詩經·小雅·鹿鳴》：“呦呦鹿鳴，食野之苹。”孔疏：“陸機《疏》云‘葉青白色，莖似箸而輕脆，始生香，可生食，又可烝食’是也。”

13.110　連，異翹。[①]

①“連”，落葉灌木。又稱連翹、異翹、連苕、連草。枝條開展向下垂，中空，花黄色。可供觀賞，果實可入藥。

13.111 澤，烏蕵。[①]

①“烏蕵（sūn）”，即蘾。因生於水澤中，又稱澤。參看13.29。

13.112 傅，横目。[①]

①“横目”，草名。又稱傅、結縷、鼓箏草。葉似茅而細，莖幹堅韌不易折斷，蔓生，如絲縷相連結。

13.113 釐，蔓華。[①]

①“釐（lái）”，通“藜”“萊”，草名。又稱蔓華、蒙華、藜草。莖葉像王芻，初生時可食。《詩經·小雅·南山有臺》：“南山有臺，北山有萊。”馬瑞辰《毛詩傳箋通釋》：“萊、釐、藜三字，古同聲通用。”

13.114 蔆，蕨攗。[①]

①“蔆（líng）”，同“菱”。即菱角。又名芰（jì），蕨攗（juéméi）。《周禮·天官·籩人》：“加籩之實，蔆芡栗脯。”（籩：一種竹編器皿。）

13.115 大菊，蘧麥。[①]

①“蘧（qú）麥”，草名。又稱瞿麥、大菊。葉對生，夏季開花，花淡紅色或白色，可供觀賞和藥用。

13.116 薜，牡蕡。[①]

①“蕡（zàn）”，或作“蕡”“贊”。〔案〕朱駿聲《説文通訓定聲》：“飯帚曰簪。今北人束馬薙以刷鍋，則牡贊疑即薜荔。”翟灝《爾雅補郭》：“此薜荔之無實者，故以牡名。生山中。”可作參考。

13.117　葥，山莓。[①]

①“葥（jiàn）”，草名。又稱山莓（méi）、木莓、懸鈎子。莖多刺，果實紅色，味甜，可食用，也可製果醬、釀酒和入藥。

13.118　齧，苦堇。[①]

①“苦堇（jǐn）”，野菜名。又稱齧（niè）、堇葵。葉似柳，子如米。味苦，可食。《詩經·大雅·緜》：“周原膴膴，堇荼如飴。”（膴膴：肥沃的樣子。）

13.119　藫，石衣。[①]

①“藫（tán）”，水草名。又稱石衣、石髮、水苔。生水中石上，形似毛髮，緑色，可供食用和造紙。

13.120　蘜，治蘠。[①]

①“蘜（jú）”，同“菊”，或作“蘜”。菊類植物。又稱治蘠（qiáng，或作牆）。周春《十三經音略·爾雅》：“蘜似秋華，則今之五色菊也。”尹桐陽《爾雅義證》：“此蘜云治牆，謂依牆而生之草。”

13.121　唐、蒙，女蘿。女蘿，菟絲。[①]

①“菟（tù）絲”，草名。又稱女蘿、唐、蒙、菟縷等。俗稱菟絲子。莖細長，呈絲狀，纏絡於其他植物上。種子可供藥用。《詩經·小雅·頍弁》：“蔦與女蘿，施于松柏。”（蔦：一種攀援植物。）

13.122　苗，蓨。[①]

①“苗”，當作“苖（dí）”。“苖”，蓨的别名。參看13.62。

13.123 茥，蒛葐。[①]

①“蒛葐（quēpén）”，草名。又稱覆盆子、茥（guī）。藤生，有刺。果實形似覆盆，可供食用及藥用。《太平御覽》九百九十八卷孫炎云：“青州曰茥。”

13.124 芨，堇草。[①]

①“芨（jī）”，藥草名。又稱堇（jìn）草，蒴藋（shuòdiào）、陸英、接骨草。生於草野間，莖有棱有節。全草可治跌打損傷。

13.125 虃，百足。[①]

①“虃（jiān）”，草名。又稱百足草。〔案〕《説文・韭部》：“韱，山韭也。”郝疏認為這裏稱百足草的即是山韭，虃字從艸從水，疑後人所加。翟灝《爾雅補郭》認為虃是地蜈蚣草。“生塍野卑濕處，葉密而對，有如蜈蚣足形。”二説可作參考。

13.126 菺，戎葵。[①]

①“菺（jiān）”，草名。又稱戎葵、蜀葵。莖直立，花有多種顏色。可供觀賞，根可供藥用。郝疏：“蜀葵，似葵而高大。戎、蜀皆大之名，非自戎、蜀來也。或名吴葵、胡葵。胡、吴亦皆謂大也。”

13.127 蘻，狗毒。[①]

①“蘻（jì）”，草名。又稱狗毒。徐鍇《説文繫傳》説是狼毒草，根可供藥用。

13.128　垂比葉。[①]

①〔案〕翟灝《爾雅補郭》："謂萎蕤也。《説文》曰：'蕤，草木華垂貌。'此草根多長鬚，如冠緌之下垂，因有'垂'及'萎蕤'之稱。《本草》言萎蕤葉俱兩兩相並，因又謂之比葉。"可作參考。

13.129　蕧，盜庚。[①]

①"蕧（fù）"，草名。又稱盜庚、旋覆花、金沸草、金錢花。莖直立，生在田野、山坡、路邊。花金黄色，似金錢菊，可入藥。

13.130　莩，麻母。[①]

①"莩（zì）"，同"茡（zì）"，苴麻，即大麻的雌株。又名麻母。《説文·艸部》："茡，麻母也。"段注："《儀禮》傳云：'牡麻者，枲麻也。'然則枲無實，茡乃有實。統言則皆偁枲，析言則有實者偁茡，無實者偁枲。"

13.131　瓝，九葉。[①]

①"瓝（bó）"，草名。邢疏："翟氏灝曰：'《圖經本草》：關中呼淫羊藿為二枝九葉草。'疑即此也。其草一根數莖，莖三椏，椏三葉。"

13.132　藐，茈草。[①]

①"藐（miǎo）"，草名。又稱茈（zǐ）草、茈莨（lì）、紫草。暗紫色。可作染料，也可藥用。《山海經·西山經》："勞山多茈草，弱水出焉。"袁珂校注引吴任臣曰："即紫草。"

13.133　倚商，活脱。[①]

①“活脱”，即活莌。倚商是其别名。參看13.75。

13.134　蘵，黄蒢。[①]

①“蘵（zhī）”，草名。又稱苦蘵、黄蒢（chú）。郭注：“蘵草，葉似酸漿，華小而白，中心黄。江東以作菹食。”（菹：腌菜。）

13.135　藒車，芞輿。[①]

①“藒（qiè）車”，或作“揭車”。香草名。又稱芞（qì）輿。《楚辭·離騷》：“畦留夷與揭車兮，雜杜衡與芳芷。”王逸注：“留夷，香草也。揭車亦芳草，一名芞輿。五十畝為畦。揭一作藒。”

13.136　權，黄華。[①]

①“權”，草名。又稱黄華。郭注：“今謂牛蕓草為黄華，華黄，葉似荍蓿。”鄭樵注認為即野決明。

13.137　葞，春草。[①]

①“葞（mǐ）”，草名。又稱春草、莽草。邢疏：“案《本草》：‘莽草一名葞，一名春草。’”有毒。可供藥用。

13.138　蔠葵，蘩露。[①]

①“蔠（zhōng）葵”，葵類植物。又名蘩露、承露、落葵。蔓生，莖大葉小，花紫黄色。嫩葉可作蔬菜，也可入藥。

13.139　菋，荎藸。[①]

①“菋（wèi）”，即藥草五味子。又名荎藸（chíchú）。果實皮肉

甘酸，核中苦辣，又都有鹹味，因而稱之為五味子，可供藥用。

13.140　蒤，委葉。①

①“蒤（tú）”，或作“荼”。田中雜草。又名委葉。《詩經·周頌·良耜》：“其鎛斯趙，以薅荼蓼。”（鎛：鋤。趙：鋒利。薅：除草。）孔疏：“蓼是穢草，荼亦穢草。”

13.141　皇，守田。①

①“皇”，一種穀類植物。又名守田、守氣。多生於荒田濕地。郭注：“似燕麥，子如彫胡米，可食。生廢田中。”鄭樵注：“一穗未得數粒穀而易墮落，明年復生，故謂之守田。”

13.142　鉤，藈姑。①

①“藈（kuí）姑”，瓜類植物。又名鉤、瓝瓠（gōulóu）、王瓜、土瓜。塊根肥大，果實球形或長橢圓形。塊根可製澱粉，根和果實可供藥用。

13.143　望，椉車。①

①“望”，草名。即芒草。“望”與“芒”古同音。“椉”，同“乘（chéng）”。“乘車”，芒草的别名。芒草似茅而大，草長而堅韌，可製繩索。

13.144　困，衱袸。①

①“困”，草名。又稱衱袸（jiéjiàng）。錢大昕《十駕齋養新録》卷五：“草木蟲魚之名多雙聲，衱袸……草之雙聲也。”具體指何草，不詳。

13.145 玃，烏階。[①]

①“玃（jué）”，或作“欔（jué）”。草名。又稱烏階、烏杷、狼杷草。生山道旁，子相連著，狀如杷齒，可染黑色。

13.146 杜，土鹵。[①]

①“杜”，香草名。即杜衡。又名土鹵、土細辛、杜葵、馬蹄香。葉似葵而香，形如馬蹄。根莖可入藥。

13.147 盱，虺牀。[①]

①“虺（huǐ）牀”，草名。又稱蛇牀、盱（xū）。花葉似蘼蕪，果實可入藥，稱蛇牀子。

13.148 蔝，蔜。[①]

①“蔝”當作“蘼（mǐ）”。“蔜”，音 áo。〔案〕本條注家說法不一。或認為即 13.74“蔜蕿蔞”中的蕿蔞（鷄腸草），見閻若璩《困學紀聞注》。或釋蔝為蔜麥（大麥），見樊光注。或認為是菜名，見《玉篇》。存疑。

13.149 赤枹薊[①]。

①指赤色的枹薊。邵疏：“此即枹薊之赤色者，後世所謂蒼术也。”參看 13.7。

13.150 菟奚，顆凍。[①]

①“顆凍（dōng）”，菟奚的别名。郝疏：“顆凍即款冬，顆款聲

轉，涷冬聲同也。”參看13.31。

13.151　中馗，菌。小者菌。[①]

①“菌（jùn）”，蕈（xùn）類植物。大菌又稱中馗（kuí），小菌稱菌。

13.152　蕺[①]，小葉。

①“蕺（zhè）”，本或作“菆（zōu）”。小葉的麻。

13.153　苕，陵苕。[①]黄華，蔈[②]；白華，茇[③]。

①“苕（tiáo）”，藤本植物。又稱陵苕、凌霄、紫葳。常栽在庭園中，攀援於棚架或籬牆上。花大而鮮艷，可供觀賞。根莖葉可供藥用。《詩經·小雅·苕之華》：“苕之華，芸其黄矣。”

②“蔈（biāo）”，開黄花的苕。

③“茇（pèi）”，開白花的苕。

13.154　蘪[①]，從水生。

①“蘪（méi）”，水草的通名。郭注：“生於水中。”

13.155　薇[①]，垂水。

①“薇”，音wēi。〔案〕這一條舊説不一。一種説法認為和上條相似，薇是生於水濱而枝葉垂於水的草類通名。另一種説法認為薇是專名，或以為是生長於山野之間，俗稱野豌豆的薇菜，即《詩經·召南·草蟲》：“言采其薇”的薇，又名垂水；或以為是萍類水草。黄侃説：“蘪、薇聲通義近。蘪、薇皆從湄取義。蓋散言有别，通言不分。”（見《爾雅音訓》）黄説可從。蘪、薇是水草的通名。

13.156 薜，山麻。[①]

①“薜（bì）”，山中野生的麻。郭注：“似人家麻，生山中。”

13.157 莽，數節。[①]桃枝[②]，四寸有節。粼[③]，堅中。簢，筡中。[④]仲，無笐。[⑤]簄，箭萌。[⑥]篠[⑦]，箭。

①“莽”，一種節短的竹子。“數（cù）”，密。郝疏：“數節，促節也。莽竹節短，蓋如今馬鞭竹。”

②“桃枝”，一種節間相距四寸的竹子。可編席。

③“粼（lín）”，實心的竹子。可以為杖。

④“簢（mǐn）”，竹名。空心無節。“筡（tú）”，竹名。空心無節。引申為空。郭注：“言其中空。”宋贊寧《筍譜》：“郭注：‘其中空。’今詳竹皆空中，或自根至梢，空中則無節竹也……其竹肉隔耎，與常竹不同。”（耎：同軟。）

⑤“仲”，指中等大小的竹子。“笐（háng）”，竹的行列。郝疏：“養大竹欲得成列，中竹以下任其延布而已。”

⑥“簄（tái）”，竹筍。《説文》：“簄，竹萌也。”段注：“筍為掘諸地中者，如今之冬筍；簄謂已抽出者，如今之春筍。”“箭”，箭竹。細小堅韌，可作箭杆。“萌”，芽。“箭萌”，指箭竹的嫩芽。也指小竹筍。

⑦“篠（xiǎo）”，或作“筱（xiǎo）”。箭竹類小竹名。可作箭杆。

13.158 枹霍首。[①]

①“枹”，音 bāo。“霍”，或作“藿”。〔案〕翟灝《爾雅補郭》：“‘霍’，‘藿’省，……《類篇》引《爾雅》直作‘藿’字。……此之所釋則是大豆，其品居衆豆上，故名之曰霍首。較衆豆特肥大，故又名之曰枹。前文‘枹薊’郭云‘似薊而肥大’，可類推。”可作參考。

13.159　素華軌䕺。[①]

①"䕺"，音 zōng。〔案〕翟灝《爾雅補郭》："謂紵麻也。《詩·陳風》'越以䕺邁'，箋曰：'䕺，總也。'謂麻縷之數也。軌者，循也。循其縷緒可以績也。麻屬如枲麻……其華皆黄，惟紵麻華色青白。"可供參考。

13.160　芏，夫王。[①]

①"芏（dù）"，草名。又稱夫王。生長在海邊或沼澤低濕處，根狀莖匍匐，可編席。

13.161　綦，月爾。[①]

①"綦（qí）"，蕨類植物。又稱月爾、紫蕨。莖紫色。嫩葉可作蔬菜。根莖可供藥用。

13.162　葴，馬藍。[①]

①"葴（zhen）"，草名。又稱馬藍。葉對生，有柄，橢圓形，邊緣有鋸齒，花紫色。莖葉可製藍靛，根葉可供藥用。

13.163　姚莖，涂薺。[①]

①"涂薺"，或作"蒤薺"。草名。〔案〕鄭樵注："〔涂薺〕菥蓂也。擢莖高於薺而相似。"參看 13.15。翟灝《爾雅補郭》："前文'蒤，虎杖'，以其莖勁健得名。此'蒤'莖乃有姚冶之態，當是蒤類之柔弱者。"參看 13.16。二説可供參考。

13.164　苄，地黄。[1]

①“地黄”，藥用植物。又稱苄（hù）、地髓。郭注：“江東呼苄。”根莖肥厚可入藥。新鮮的稱鮮地黄或鮮地；乾燥後稱生地黄或生地；加工蒸製後稱熟地黄或熟地。

13.165　蒙，王女。[1]

①“王女”，一名“玉女”。“蒙”和“王女”都是菟絲的别名。參看13.121。

13.166　拔，蘢葛。[1]

①“蘢葛”，草名。又稱拔、龍尾。郭注：“似葛，蔓生，有節。江東呼為龍尾，亦謂之虎葛，細葉赤莖。”

13.167　藗[1]，牡茅。

①“藗（sù）”，本或作“蔌（sù）”。白茅類植物。邢疏：“茅之不實者也。”

13.168　菤耳，苓耳。[1]

①“菤（juǎn）耳”，或作“卷耳”。野菜名。又稱苓耳、蒼耳。葉似鼠耳，細莖、叢生如盤狀。可供食用和藥用。《詩經·周南·卷耳》：“采采卷耳，不盈頃筐。”

13.169　蕨，虌。[1]

①“蕨（jué）”，野菜名。又稱虌（biē）。“虌”，或作“鼈”。生在山中。嫩葉初生時卷曲如拳，可食用，其根莖可供藥用。郭注：“江

西謂之蘿。”《詩經・召南・草蟲》：“陟彼南山，言采其蕨。”《釋文》：“《草木疏》云：周秦曰蕨，齊魯曰蘿……俗云其初生似蘿脚，故名焉。”

13.170　蕎，邛鉅。①

①“蕎（jiāo）”，即藥草大戟。古代又稱邛鉅。莖上有白色短柔毛，折斷時有白汁，花黄而圓，根可供藥用。

13.171　繁，由胡。①

①“繁”，本或作“蘩”。白蒿。參看13.11。《左傳・隱公三年》孔疏：“陸機《疏》曰：‘凡艾，白色為皤蒿。’今白蒿春始生，及秋香美可生食，又可烝。一名游胡。”“由胡”即“游胡”，白蒿的别名。《大戴禮記・夏小正》：“〔二月〕采蘩。蘩，由胡。”

13.172　莣，杜榮。①

①“莣（wáng）”，或作“芒”。葦類植物。又名杜榮。形似茅而大，果實多纖毛，熟則飛散如絮。可以編繩索、草鞋。

13.173　稂，童粱。①

①“稂（láng）”，秀穗而殻内無米的禾粟。又名童粱。《詩經・小雅・大田》：“既堅既好，不稂不莠。”（莠：狗尾草，一種田間常見的雜草。）一説稂為一種莠類田間雜草。

13.174　藨，麃。①

①“藨（pāo，又讀 biāo）”，莓的一種。又名麃（biāo）、藨莓。郭注：“麃即莓也。今江東呼為藨莓。子似覆盆而大赤，酢甜可啖。”

13.175　的，薂。[①]

①“的（dì）”，本或作“菂（dì）”。蓮子。“薂（xí）”，蓮子的別名。

13.176　購，蔏蔞。[①]

①“蔏蔞（shānglóu）”，蒿類植物。又名購、蔞蒿。《詩經·周南·漢廣》：“翹翹錯薪，言刈其蔞。”孔疏：“舍人曰：‘購，一名蔞蒿。’郭云：‘蔏蔞，蔞蒿也。生下田，初出可啖，江東用羹魚也。’陸機《疏》云：‘其葉似艾，白色，長數寸。高丈餘，好生水邊及澤中。正月根芽生旁莖，正白，生食之，香而脆美。其葉又可蒸為茹’是也。”

13.177　茢，勃茢。[①]

①“茢（liè）”，草名。郭注：“〔茢〕一名石芸。”郝疏：“《本草別録》：‘石芸，味甘無毒，一名螫烈，一名顧喙。’按螫烈即勃烈之異文。”

13.178　葽繞，蕀蒬。[①]

①“葽（yāo）繞”，即藥草遠志。又名蕀蒬（jíyuān）。“蕀”或作“棘”。根肥厚，莖叢生，花淺紫色，種子上有白色絨毛。根可供藥用。

13.179　茦，刺。[①]

①“茦（cì）”，草的芒刺。一作“莿（cì）”。又指草木刺人。《方言》三：“凡草木刺人。北燕朝鮮之間謂之茦……自關而西謂之刺，江湘之間謂之棘。”

13.180　蕭，萩。[①]

①“蕭”，蒿類植物。又名萩（qiū）、萩蒿。生於河岸沙地，莖高丈餘，葉似艾，有香氣。祭祀時，蕭可涂上油脂作燭。《詩經·王風·采葛》：“彼采蕭兮，一日不見，如三秋兮。”

13.181　薚，海藻。[①]

①“薚（xún）”，海藻的一種。“藻”，同“薻”，本或作“藻”。郭注：“藥草也。一名海蘿。如亂髮，生海中。”

13.182　長楚，銚芅。[①]

①“長楚”，“長”或作“萇（cháng）”。藤本植物。又名銚芅（yáoyì）、羊桃、陽桃、獼猴桃。花黄色，有芳香。漿果卵形或近圓形，有棕黄色長硬毛，味甜，可食用、釀酒。根莖葉可供藥用。《詩經·檜風·隰有萇楚》：“隰有萇楚，猗儺其枝。”毛傳：“萇楚，銚弋也。猗儺，柔順也。”

13.183　蘦，大苦。[①]

①“蘦（líng）”，或作“苓”。草名。又稱大苦、黄藥。葉似荷，莖青赤色，味極苦，可供藥用。《詩經·唐風·采苓》：“采苓采苓，首陽之巔。”毛傳：“苓，大苦也。”

13.184　芣苢，馬舄。馬舄，車前。[①]

①“芣苢（fúyǐ）”，草名。又名馬舄（xì）、車前草、蝦蟆衣等。常長在路旁，葉長卵形，有長穗如鼠尾。葉和種子可供藥用。《詩經·周南·芣苢》：“采采芣苢，薄言采之。”毛傳：“芣苢，馬舄。馬舄，

車前也。”

13.185　綸似綸，組似組，東海有之。[①]帛似帛，布似布，華山有之。[②]

①“綸”，音 lún。後一個“綸”字指古代官吏繫印用的青絲帶；前一個“綸”字，指海中形狀似綸的海草。後一個“組”字，指用絲織成的寬帶子；前一個“組”字，指海中形狀似組的海草。海中的綸和組即今紫菜、海帶之類海菜。這類海菜生於海中，這裏是以東海為代表。

②前一個“帛”“布”字指山中形狀似帛似布的野生植物。鄭樵注：“必藤蔓之類，有似布帛，故名。”這類野生植物生於山中，這裏是以華山為代表。

13.186　苀，東蠡。[①]

①“苀（háng）”，草名。又稱東蠡（lǐ）。《集韻・唐韻》：“苀，草名，葉似蒲，叢生。”張衡《西京賦》：“草則葴莎菅蒯，薇蕨荔苀。”

13.187　緜馬，羊齒。[①]

①“羊齒”，草名。又稱緜馬。郭注：“草細葉，葉羅生而毛，有似羊齒。今江東呼為鴈齒，繅者以取繭緒。”

13.188　萿，麋舌。[①]

①“萿（kuò）”，草名。又稱麋舌草。生於水中，葉似舌。

13.189　搴柜朐。[①]

①“搴”，音 qiān。“柜”，音 jǔ。“朐”，音 qú。未詳。

13.190 蘩之醜，秋為蒿。[①]

①“醜”，類。“蘩之醜”，指蘩、蕭、蔚、莪、菣等蒿類植物。郭注：“春時各有種名，至秋老成，皆通呼為蒿。”

13.191 芙、薊，其實荂。[①]

①“荂（fū）”，芙、薊等草心抽薹，薹端開花結實的植物的蓊薹。郭注：“芙與薊莖頭皆有蓊薹名荂，荂即其實。”參看13.58、13.7。

13.192 蔈、荂，荼。[①]猋、藨，芀。[②]

①“荼（tú）”，茅菅、蘆葦之類的花穗。“蔈（biāo）”，蘆葦花穗的别名。“荂（fū）”，花。邢疏：“案鄭注《周禮》‘掌荼’及《詩》‘有女如荼’皆云：‘荼，茅秀也。’蔈也、荂也，其别名。”

②“芀（tiáo）”，同“苕”，或作“苕”。蘆葦的花穗。猋（biāo）、藨（biāo），苕的别名。

13.193 葦醜，芀。[①]葭，華。[②]

①“醜”，類。“芀（tiáo）”，同“苕”，蘆葦的花穗。郭注：“其類皆有芀秀。”

②“華”，當作“葦”。“葭（jiā）”，初生的蘆葦。

13.194 蒹，薕。[①]葭，蘆。[②]菼，薍。[③]其萌虇蕍[④]。

①“蒹（jiān）”，没有秀穗的蘆葦。又名薕（lián）。

②“葭”，初生的蘆葦。《詩經·秦風·蒹葭》：“蒹葭蒼蒼，白露為霜。”毛傳：“蒹，薕。葭，蘆也。”

③“菼（tǎn）”，初生的荻，似葦而小，實心。又名薍（wàn）。《詩經·衛風·碩人》：“葭菼揭揭。”（揭揭：高而長的樣子。）

④“萌”，植物直出的芽。“蘿蕍（quǎnyú）”，草木始生。這裏指初生的蘆葦。

13.195 蔿[2]、葟[3]、華，榮[1]。

①“榮”，草本植物的花，也作花的通稱。《國語·晉語四》：“諺曰：黍稷無成，不能為榮。”（無成：指死亡。）

②“蔿（wěi）”，初生的草木花。郭注：“今俗呼草木華初生者為蔿。”

③“葟（huáng）”，本或作“皇”。草木花。邢疏：“葟亦華也。”

13.196 卷施草[1]，拔心不死。

①“施”，本或作“葹”。“卷施草”，即宿莽，一種經冬不死的草。《楚辭·離騷》：“夕攬洲之宿莽。”王逸注：“草冬生不死者，楚人名曰宿莽。”

13.197 芛[1]、茭[2]、荄[3]，根。

①“芛（yǔn）”，草根。《説文》：“芛，茇也，茅根也。”

②“茭（xiào）”，草根。郝疏：“草根通名茭。”郭注：“今江東稱藕紹緒如指，空中可啖者為茭。茭即此類是也。”又據《説文》“芛，茇也，茅根也”，一説當作“茇（bá）”。指茅草根。

③“荄（gāi）”，草根。郭注：“俗呼韭根為荄。”《方言》三：“荄、杜，根也。東齊曰杜，或曰茇。”

13.198 欆橐含。[1]

①“欔”，或作“攫”，音 jué。“橐”，音 tuó。〔案〕邵疏：“橐含一名欔，上文烏階亦名欔。郭註以為染草也，鄭註《典染草》有橐廬。疑鄭君所見本異。橐含當作橐廬，即烏階也。”可作參考。

13.199 華，荂[①]也。華、荂，榮也。

①“荂（fū）”，草木的花。郭注：“今江東呼華為荂。音敷。”

13.200 木謂之華，草謂之榮。不[①]榮而實者謂之秀，榮而不實者謂之英。[②]

①“不”為衍文。《釋文》：“衆家並無‘不’字。”

②木本植物的花稱華（花），草本植物的花稱榮；開花而結果的稱秀，開花而不結果的稱英。這都是相對而言的。在古籍中，花和榮，秀和英有時有區别，有時則是通用的。邢疏：“木則名華，《月令》：‘季春，桐始華。’草則名榮，《月令》：‘仲夏，木槿榮。’此對文爾。散文則草亦名華。《鄭風》云‘隰有荷華’是也。不見其榮但見其實者曰秀。《詩·大雅》云：‘秀實秀發。’徒有其榮而不實者曰英。此亦對文爾，故以英為不實。其實黍稷皆先榮後實。《詩·小雅·出車》云：‘黍稷方華’是嘉穀之秀必有榮也。”

釋木第十四

這一篇是關於木本植物的名稱和形體特徵的解釋說明。

14.1 梂，山榎。[1]

①“榎（jiǎ）”，本或作“檟（jiǎ）”，同“檟”。落葉喬木，葉似梧桐葉而薄小，木質堅硬，可作樂器、車板等。“梂（tāo）”，榎的一種。又名山榎、山楸（qiū）。生長在山中，皮葉白，材理好，可作車板、棺木等。

14.2 栲，山樗。[1]

①“栲（kǎo）”，落葉灌木或小喬木。又名山樗。形似樗（臭椿）而色稍白。木質堅硬，木材可製車輻等。根、乾果、花可入藥。《詩經·唐風·山有樞》：“山有栲，隰有杻。”

14.3 柏，椈。[1]

①“椈（jú）”，柏樹的别名。柏樹木質堅硬，且有芳香，可供建築及製造器物之用。《禮記·雜記上:》：“暢臼以椈，杵以梧。”鄭玄注：“椈，柏也。”

14.4 髡[1]，梱[2]。

①“髡（kūn）”，或作“髡”。剃髮。引申為剪削去樹木的枝條。這裏指削去枝條的樹木。

②“棞（wén）”，通“梱（hún）”，完整的、未經剖析的木頭。朱駿聲《説文通訓定聲》：“今蘇俗常語謂之或侖。或侖者，梱字之合音。”

14.5 椵，柂。①

①“椵（jiǎ）”，本或作“椴（duàn）”，當作“椴”。落葉喬木。又名柂（yí）。柂或作“杝”，樹似白楊，木質優良，可供建築及製作器具用。《禮記·檀弓上》：“天子之棺四重，水兕革棺被之，其厚三寸，杝棺一，梓棺二。”

14.6 梅，柟。①

①“柟（nán）”，同“楠”。常緑喬木。又名梅。生於南方，木材堅密芳香，是建築及製造器物的良材。邢疏：“孫炎云：‘荆州曰梅，楊州曰柟。’”《詩經·陳風·墓門》：“墓門有梅。有鴞萃止。”毛傳：“梅，柟也。”

14.7 柀，煔。①

①“柀（bǐ）”，杉類植物。一説即香榧，也叫野杉。“煔（shān）”，同“杉”。杉樹。樹幹高直，葉附枝而生呈針狀。木材可供建築和製作器具之用。郭注：“煔似松，生江南，可以為船及棺材。作柱，埋之不腐。”

14.8 櫠，椵。①

①“椵（jiǎ）”，樹木名。又稱櫠（fèi）。〔案〕郭注説這種樹木：“柚屬也。子大如盂，皮厚三寸，中似枳，食之少味。”《説文》説：“椵，椵木，可作牀几。”與郭注不同。“櫠”，古籍中未見。本條上下

相連的幾條基本上都是可以製作器具的樹木名，《說文》所說似較合理。

14.9 杻，檍。①

①“杻（niǔ）”，樹木名。又稱檍（yì）。俗稱牛筋木。木質堅韌，多彎曲，可作車輞及弓幹。《詩經·小雅·南山有臺》：“南山有栲，北山有杻。”《周禮·考工記·弓人》：“凡取幹之道七，柘為上，檍次之。”

14.10 楙，木瓜。①

①“楙（mào）”，果木名。即木瓜樹。果實秋季成熟，有濃烈的香氣，可供食用、藥用。《詩經·衛風·木瓜》：“投我以木瓜，報之以瓊琚。”

14.11 椋，即來。①

①“椋（liáng）”，樹木名。又稱椋子木、即來，簡稱為“來”或作“倈”。葉似柿，木材堅重，煮汁紅色。可供製作車軸、農具等之用。

14.12 栵，栭。①

①“栵（liè）”，即茅栗樹。又名栭（ér）、栭栗。果實似栗而小，可食。木材堅韌，可作車轅。《禮記·內則》：“芝、栭、蔆、椇、棗、栗……”（芝：菌子。椇：橡子。）

14.13 檴，落。①

①“檴（huò）”，或作“穫”。榆類樹木名。又稱落。葉如榆，皮堅韌，可作繩索。木材堅硬緻密，可製車輪、農具等。《詩經·小雅·大東》：“有冽氿泉，無浸穫薪。”（冽：寒冷。）鄭箋：“穫、落，木

也。”

14.14 柚，條。[①]

①“柚（yòu）”，常緑喬木。又名條。葉大而厚，卵形，花白色，有香氣。果實叫柚子，又名文旦，皮厚，味酸甜，可供食用。花、葉、果皮可提煉芳香油。《尚書·禹貢》：“厥包橘柚，錫貢。”（錫貢：貢納。）

14.15 時英梅。[①]

①〔案〕本條注家看法不一。大多認為“時”為衍文。有的認為“英梅”是衹開花不結果的梅樹，如紅梅、臘梅之類。有的認為“英梅”當如《説文》作“柍梅”，指一種木材可供製作器具之用的樹木。有的認為“英梅”當是14.66所説鬱李之類的樹木。一説“時”為果木名，又名英梅，即雀梅，似梅而小，果實可供食用。存疑。

14.16 棪，柜柳。[①]

①“柳”，當作“柳”。“棪（yuán）”，落葉喬木。又名欅（jǔ）柳、柜（jǔ）柳。郭注：“或曰柳當為柳。柜柳似柳，皮可煮作飲。”

14.17 栩，杼。[①]

①“栩（xǔ）”，落葉喬木。又名杼（shù）、櫟（lì）、柞櫟、麻櫟。果實叫橡子。葉可飼柞蠶，皮可作染料。《詩經·唐風·鴇羽》：“肅肅鴇羽，集于苞栩。”孔疏：“陸機《疏》云：‘今柞櫟也。徐州人謂櫟為杼，或謂之為栩。’謂櫟為杼，五方通語也。”《莊子·山木》：“衣裘褐，食杼栗。”

14.18 味，荎著。[①]

①“味”，本或作“蔝”。即 13.139 的“蔝”。因蔓生樹上，所以又入木類。“荎著（chíchú）”，即“荎藸”，是蔝的别名。一説這裏的“味”是和藥草五味子具有相同特點的木本植物五味子。

14.19 櫙，荎。[①]

①“櫙（ōu）”，或作“樞（ōu）”，本或作“藲”。即刺榆。又名荎（chí）。落葉小喬木，或成灌叢。葉似榆，木材堅實，可製器具、農具等。《詩經·唐風·山有樞》：“山有樞，隰有榆。”毛傳：“樞，荎也。”

14.20 杜，甘棠。[①]

①“棠”，落葉喬木。有兩種：一種叫杜，又名杜梨、赤棠、棠梨。枝常有刺，木質堅韌，果實色赤而澀。無食用價值，可作栽培梨樹的砧木；一種叫棠，又名甘棠，果實色白而味甜，可食用。兩者雖都稱棠，實際上是有區别的。《爾雅》本條和有的舊注將兩者混為一物。《詩經·召南·甘棠》：“蔽芾甘棠，勿翦勿伐。”毛傳：“蔽芾，小貌。甘棠，杜也。”孔疏：“舍人曰：‘杜，赤色，名赤棠。白者亦名棠。’然則其白者為棠，其赤者為杜。”

14.21 狄臧，槔。[①]

①“狄”，或作“楸（dí）”。“槔（gāo）”，本或作“皋（gāo）”“橰（gāo）”。〔案〕《説文》：“橰，木也。”段注：“《六書故》以烏臼當之，未知是否。”《集韻》説橰是烏臼樹。則“狄臧”有可能是烏臼樹的别名。

14.22　貢綦。[①]

①“綦”，音 qí。未詳。

14.23　朹，檕梅。[①]朻者聊。[②]

①“朹（qiú）”，即山楂樹。又名檕（jì）梅。落葉喬木。果實小球形，可供食用和藥用。

②“朻（jiū）”，同“樛（jiū）”。樹木向下彎曲。《詩經·周南·樛木》：“南有樛木。”《釋文》：“木下句曰樛……馬融、《韓詩》本並作朻。”參看 14.75。“聊（liú）”，朹樹的一種。

14.24　魄，榽橀。[①]

①“榽橀（xīxī）”，“橀”，本或作“醯”。一種和檀相似的樹木。又名魄。郭注：“魄，大木細葉似檀，今江東多有之。齊人諺曰：‘上山斫檀，榽橀先殫。’”

14.25　梫，木桂。[①]

①“梫（qǐn）”，一種厚皮的桂樹。又名木桂、牡桂。皮、嫩枝可入藥。郭注：“今南人呼桂厚皮者為木桂。桂樹葉似枇杷而大，白華，華不著子。叢生巖嶺，枝葉冬夏常青，間無雜木。”皮和嫩枝可入藥。

14.26　棆[①]，無疵。

①“棆（lún）”，即大葉釣樟，落葉灌木。樹皮光滑。果皮、枝、葉可提煉芳香油。根、皮可入藥。邢疏：“棆，美木也。無疵病，因名之。”

14.27　椐，樻。[①]

①“椐（jū）”，樹木名。又稱樻（kuì）、靈壽木。似竹，有節。古代用來做手杖。《詩經·大雅·皇矣》：“啟之辟之，其檉其椐。”

14.28　檉，河柳。[①]旄，澤柳。[②]楊，蒲柳。[③]

①“檉（chēng）”，落葉小喬木。又名河柳、西河柳、觀音柳。枝條纖弱，多下垂。枝葉可入藥，枝幹可編筐籃。《詩經·大雅·皇矣》：“啟之辟之，其檉其椐。”毛傳：“檉，河柳也。”

②“旄（máo）”，一種生在水澤中的柳樹。又名澤柳。葉細如垂絲。鄭樵注：“生澤中如蘆荻，可編為捲箱。”

③“蒲柳”，生長在水邊的一種楊樹。又稱水楊、蒲楊。葉圓潤，入秋凋零。枝條短硬，可作箭杆。

14.29　權[①]，黄英。

①“權”，一種開黄花的樹木。汪柏年《爾雅補釋》：“《説文》：‘權，黄華木也。’字從木。則‘權’本木名。《釋草》之‘權，黄華’，或以花色葉形相似，與之同名。”參看 13.136。

14.30　輔，小木。[①]

①〔案〕本條注家看法不一。有的認為“小木”指樹的旁枝，“輔”表叢雜之義。有的認為“輔”指載物車旁起輔助作用的小木。有的根據《詩經·召南·野有死麕》毛傳“樸樕，小木也”，認為“輔”指樸樕（叢生的小樹）。這些看法都無確證。存疑。

14.31　杜，赤棠。白者棠。[①]

①參看 14.20。

14.32 諸慮，山櫐。[①]

①“山櫐（lěi）”，“櫐”或作“藟”。一種山地生長的藤本植物。又名諸慮、山葡萄。果實多汁味甜，可生食及釀葡萄酒。郭注：“今江東呼櫐為藤，似葛而麤大。”

14.33 欇，虎櫐。[①]

①“欇（shè）”，一種高大的木質藤本植物。又名虎櫐、紫藤。花紫色，密生成穗狀下垂。可供觀賞。果實可入藥。

14.34 杞，枸檵。[①]

①“杞（qǐ）”，落葉小灌木。上古時稱枸檵（jì）。郭注：“今枸杞也。”莖叢生，花淡紫色，果實形如棗核。果實（枸杞子）和根皮（地骨皮）可入藥。

14.35 杬，魚毒。[①]

①“杬（yuán）”，通“芫（yuán）”，或作“芫”。落葉灌木。又名魚毒。花淡紫色，花蕾有毒，可供藥用。《急就篇》：“烏喙附子椒杬華。”顔師古注：“芫華，一名魚毒。漁者煑之，以投水中，魚則死而浮出，故以為名……芫字或作杬。”

14.36 檓，大椒。[①]

①“檓（huǐ）”，花椒樹。本産於甘肅隴西，稱秦椒。果實比另一種蜀椒大，所以古代又稱大椒。郭注：“今椒樹叢生實大者名為檓。”

14.37 楰，鼠梓。[①]

①“楰（yú）”，楸類樹木的一種。又名鼠梓、苦楸。《詩經・小雅・南山有臺》：“南山有枸，北山有楰。”孔疏引陸機《詩義疏》：“其樹葉木理如楸，山楸之異者，今人謂之苦楸。”

14.38 楓，欇欇。[①]

①“楓”，落葉大喬木。又名楓香樹。古代又稱欇欇（shèshè）。樹高大，葉有三角，有脂而香。秋天葉變紅，可供觀賞。《說文》：“楓，木也。厚葉弱枝，善摇，一名欆。”（欆：同欇。）

14.39 寓木，宛童。[①]

①“寓木”，寄生在大樹上的一種小灌木。又名寄生、宛童。常寄生於桑、櫸等樹上。葉莖可入藥。《山海經・中山經》：“龍山上多寓木。”

14.40 無姑[①]，其實夷[②]。

①“無姑”，一種榆類樹木。又稱蕪荑、無夷、姑榆。“夷”，無姑樹的果實，可入藥。郭注：“生山中，葉圓而厚，剝取皮合漬之，其味辛香。”

②“夷”，無姑果實名。

14.41 櫟[①]，其實梂[②]。

①“櫟”，音 lì。參看 14.17。《詩經・秦風・晨風》：“山有苞櫟，隰有六駁。”

②“梂（qiú）”，櫟樹的果實。子聚成房，殼有刺如猬毛。

14.42　檖，蘿。[①]

①“檖（suì）”，山梨樹。又名蘿、赤蘿、楊檖。果實似梨而小，可食。《詩經·秦風·晨風》：“山有苞棣，隰有樹檖。”毛傳：“檖，赤羅也。”

14.43　楔，荊桃。[①]

①“楔（xiē）”，櫻桃樹。又名荊桃、含桃。果實小，色鮮美，可供食用。花可供觀賞。

14.44　旄，冬桃。[①]榹桃，山桃。[②]

①“旄（máo）”，或作“楙（mào）”，一種桃樹。農曆十月果實成熟，味美可食。又稱冬桃。

②“榹（sī）桃”，一種桃樹。又名山桃、山毛桃。果實小而多毛，味酸苦。無食用價值，果仁可入藥。可用作栽培桃樹的砧木。

14.45　休，無實李。[①]痤，椄慮李。[②]駁，赤李。[③]

①“休”，一種李樹。又名趙李。“無實”，一説為不結果實，一説為果實無核。

②“痤（cuó）”，本或作“桗”。一種李樹。又名椄（jiē）慮李、麥李。果實小而甜，與麥同時成熟。

③“駁”，一種李樹，果實赤紅色。又名赤李。

14.46　棗，壺棗，[①]邊要棗。[②]櫅，白棗。[③]樲，酸棗。[④]楊徹，齊棗。[⑤]遵，羊棗。[⑥]洗，大棗。[⑦]煮，填棗。[⑧]蹶泄，苦棗。[⑨]晳，無實棗。[⑩]還味，棯棗。[⑪]

①“壺棗”，一種棗樹，果實蒂小，下似壺。郭注：“今江東呼棗大而鋭上者為壺，壺猶瓠也。”

②“要”，古“腰”字。“邊要棗”，一種棗樹，果實兩頭大，中間小。又名鹿盧（轆轤）棗。

③“櫅（jī）”，一種果實色白的棗樹。郝疏：“凡棗熟時赤，此獨白熟為異。”

④“樲（èr）”，酸棗樹。枝有刺，果實味酸，果仁可入藥。《孟子·告子上》：“今有場師，舍其梧檟，養其樲棘，則為賤場師矣。”阮元《孟子注疏校勘記》：“樲棘，古書皆作樲棗。”

⑤“楊徹”，“徹”，本或作“檄”。一種棗樹。翟灝《爾雅補郭》：“齊地所産之棗，其方俗謂之楊徹也。”

⑥“羊棗”，一種棗樹。又名遵。果實小而圓，紫黑色，味美。《孟子·盡心下》：“曾皙嗜羊棗，而曾子不忍食羊棗。”（曾皙：曾子之父。）

⑦“洗（xiǎn）”，或作“梾（xiǎn）”，一種果實肥大的棗樹。郭注：“今河東猗氏縣出大棗，子如雞卵。”

⑧“煮”，煮棗。一種棗樹。果實煮熟後加以鎮壓，可榨棗油。“填”，通“鎮”。“填棗”即鎮棗，煮棗的别名。戰國時魏國有地名“煮棗”，在今山東菏澤市西南。

⑨“蹶泄（juéxiè）”，一種棗樹，果實味苦。又名苦棗。郭注：“子味苦。”郝疏：“今登萊人謂短尾者為蹶泄……棗形肥短，故以為名。”

⑩“晳（xī）”，或作“晳（xī）”。一種不結果實的棗樹。一説為一種果實無核的棗樹。

⑪“還味”，短味，味道不好。“棯（rěn）棗”，或作“稔（rěn）”一種果實味道不好的棗樹。

14.47　櫬，梧。[①]

①“櫬（chèn）”，青桐，梧桐的一種。櫬本為棺名，古時以青桐為棺，因而青桐又名櫬。郝疏：“一種皮青碧而滑澤，今人謂之青桐，即此櫬梧是也。一種皮白、材中樂器，即下榮桐是也。樹皆大葉濃陰，青桐尤為妍美，人多種之以飾庭院。”

14.48 樸，枹者謂。①

①“樸（pú）”，或作“樸（pú）”。叢生的樹木。“枹（bāo）”，樹名。又稱枹櫟。叢生。“謂”，通“彙”，本或作“彙”。類集。這裏是聚集的意思。《詩經·大雅·棫樸》：“芃芃棫樸，薪之槱之。”毛傳：“芃芃，木盛貌。棫，白桵也。樸，枹木也。”孔疏：“孫炎曰：‘樸屬叢生謂之枹。’”

14.49 櫬，采薪。采薪，即薪。①

①“櫬（chèn）”，柞樹的別名。與14.47的“櫬”，同名異物。“采薪”“即薪”也是柞樹的別名。王引之《經義述聞》：“櫬與采薪、即薪皆為柞木也……柞木可以為薪，故又有采薪、即薪之名矣。”

14.50 棪，槤其。①

①“棪（yǎn）”，果木名。又稱槤（sù）其。果實像蘋果。可供食用。《山海經·南山經》：“堂庭之山多棪木。”

14.51 劉，劉杙。①

①“劉”，果樹名。又稱劉杙（yì）。郭注：“劉子生山中，實如梨，酢甜核堅。出交趾。”又：鄭樵注、尹桐陽《爾雅義證》等則認為“劉”通“榴”，即石榴。可供參考。

14.52 榱[①]，槐大葉而黑。守宫槐，葉晝聶宵炕。[②]

①“榱（huái）”，一種槐樹。又名山槐。葉大而黑，木材堅硬，可供建築、雕刻及製作器具之用。

②“守宫槐”，一種槐樹。葉晝合夜開。“聶（zhé）”，合攏。“炕（hāng）”，張開。

14.53 槐[①]，小葉曰榎[②]。大而皵[③]，楸；小[④]而皵，榎。

①“槐”，當作“楸”。“楸（qiū）”，一種落葉喬木。木材細緻，可供建築及製作傢具用。種子可供藥用。

②“榎（jiǎ）”，同“檟”。一種小葉的楸樹。古人常用以製棺椁或植於墓前。《左傳·襄公二年》：“穆姜使擇美檟，以自為櫬與頌琴。”參看14.1。

③“大”，指枝幹大。“皵（què）”，樹皮裂坼。

④“小”，指枝幹小。

14.54 椅[②]，梓[①]。

①“梓（zǐ）”，一種楸類樹木。葉小，花紫色，莢細長。木質輕而耐朽，可供建築及製作樂器、傢具之用。皮可供藥用，稱梓白皮。

②“椅（yī）”，和梓相似的一種楸類樹木。又名山桐子。《詩經·鄘風·定之方中》：“樹之榛栗，椅桐梓漆。”孔疏：“陸機云：‘梓者，楸之疏理白色而生子者為梓，梓實桐皮曰椅。’則大類同而小別也。”

14.55 桋，赤楝。白者楝。[①]

①“楝（sè）”，常緑喬木。分為兩種：一種稱桋（yí），木理色紅。一種稱楝，木理色白。邢疏：“陸機《疏》云：‘楝葉如柞，皮薄而白。其木理赤者為赤楝，一名桋；白者為楝。其木皆堅韌，今人以為

車轂。'"《詩經·小雅·四月》："山有蕨薇，隰有杞桋。"

14.56　終，牛棘。[①]

①"牛棘"，一種帶刺的大灌木。又名終、王棘。

14.57　灌木[①]，叢木。

①"灌木"，無明顯主幹的木本植物。一般比較矮小，近地面處枝幹叢生。《詩經·周南·葛覃》："黄鳥于飛，集于灌木。"

14.58　瘣木[①]，苻婁[②]。

①"瘣（huì）木"，有病蜷曲没有枝條的樹木。《説文·疒部》引《詩》："譬彼瘣木。"（今《詩經·小雅·小弁》作"壞木"。）

②"苻婁"，無枝條而有瘤，如患傴僂病的樹木。

14.59　蕡[①]，藹[②]。

①"蕡（fén）"，形容果木結實大。《詩經·周南·桃夭》："桃之夭夭，有蕡其實。"

②"藹（ǎi）"，果實繁盛的樣子。《楚辭·九辯》："離芳藹之方壯兮，余萎約而悲愁。"洪興祖補注："藹，繁茂也。"

14.60　枹[①]，遒木[②]，魁瘣[③]。

①"枹（bāo）"，叢生的樹木。參看14.48。

②"遒（qiú）"，聚集，聚合。"遒木"，叢生的樹木。

③"魁瘣（kuíhuì）"，樹木根節盤結。

14.61 棫，白桵。[1]

①“棫（yù）”，一種叢生的灌木。又名白桵（ruí）。多細刺，果實紫赤可食。《詩經·大雅·緜》：“柞棫拔矣，行道兑矣。”鄭箋：“柞，櫟也。棫，白桵也。”（兑：通。）

14.62 梨，山樆。[1]

①當作“樆，山梨。”“樆（lí）”，本或作“離”。山中野生的梨樹。邢疏：“言其在山之名則曰樆，人植之曰梨。”

14.63 桑辨有葚，梔。[1]女桑，桋桑。[2]

①“辨（piàn）”，本或作“辨”。皮革中斷。這裏表示一半的意思。“葚（shèn）”，或作“椹”。桑樹的果實。“梔（zhī）”，桑樹半有葚半無葚。

②“女桑”，樹小而條長的桑樹。又名桋（tí）桑。“桋”或作“荑”。《詩經·豳風·七月》：“猗彼女桑。”毛傳：“角而束之曰猗。女桑，荑桑也。”

14.64 榆，白枌。[1]

①當作“枌，白榆”。“枌（fén）”，一種白皮的榆樹。《詩經·陳風·東門之枌》：“東門之枌，宛丘之栩。”毛傳：“枌，白榆也。”

14.65 唐棣，栘。[1]

①“唐棣（dì）”，白楊類落葉喬木。又名栘（yí）、扶（fú）栘、栘楊。狀似白楊。葉圓蒂弱，微風大搖。皮可入藥。《詩經·召南·何彼襛矣》：“何彼襛矣，唐棣之華。”（襛：多而密。）朱熹集傳：“唐棣，栘也，似白楊。”

14.66　常棣，棣。[①]

①“常棣（dì）”，落葉灌木。又名棣、鬱李。狀似李，果實稱山櫻桃，可供食用。種子叫鬱李仁，可入藥。《詩經·小雅·常棣》：“常棣之華，鄂不韡韡。”（鄂：鄂然，突然顯露的樣子。不：助詞，無義。韡韡：鮮明的樣子。）

14.67　檟，苦荼。[①]

①“檟（jiǎ）”，茶樹。又稱苦荼。“荼（chá）”，古“茶”字。中唐以後字省作“茶”。郭注：“樹小似梔子，冬生葉，可煮作羹飲。今呼早采者為荼，晚取者為茗……蜀人名之苦荼。”

14.68　樕樸，心。[①]

①“樕樸”，當作“樸樕（púsù）”。叢生的小樹。又名心。王引之《經義述聞》：“樸樕與心皆小貌也。因以為木名耳。”《詩經·召南·野有死麕》：“林有樸樕，野有死鹿。”毛傳：“樸樕，小木也。”

14.69　榮，桐木。[①]

①“榮”，一種皮白的梧桐樹。參看14.47。

14.70　棧木，干木。[①]

①〔案〕本條舊注説法不一。有的認為“棧木”為“橿木”，一種木質堅韌可用作車材的樹木。又名干木。有的根據《説文》“棧，棚也。竹木之車為棧”，認為“棧木”指可以做車棚的木材。“干”，本或作“杆”，指細長的木杆。建棚需要棧木和木杆。有的認為“棧木”為“殭（僵）木”，指僵死的樹木。“干”通“乾”。樹木僵死則成乾木。

這些看法，雖無確證，但有一定的道理，可供參考。

14.71 檿桑，山桑。[①]

①“檿（yǎn）桑”，樹木名，又稱山桑。葉可飼蠶。木質堅硬，可製弓及車轅等。《周禮·考工記·弓人》：“凡取幹之道七：柘為上，檍次之，檿桑次之。”

14.72 木自獘，柛。[①]立死，椔。[②]獘者翳。[③]

①“獘”，本或作“獘（bì）”。通“斃”。倒下，死。“柛（shēn）”，樹木自行倒地枯死。

②“椔（zī）”，或作“菑（zì）”“葘（zì）”。直立著的枯木。

③“獘”，本或作“蔽”，通“斃”。仆倒。這裏指自斃。“翳（yì）”，通“殪”。死。《詩經·大雅·皇矣》：“作之屏之，其菑其翳。”毛傳：“木立死曰菑，自斃為翳。”“翳”，《韓詩》作“殪”。

14.73 木相磨，槸。[①]棤，皵。[②]梢，梢櫂。[③]

①“槸（yì）”，樹枝因搖動而相磨擦。

②“棤（cuò）”，樹皮粗裂。“皵（què）”，表皮粗糙皴裂。

③“梢”，樹尖或樹枝的末端。“櫂”，本或作“擢（zhuó）”，當作“擢”。聳出。“梢擢”，指没有旁枝，一直向上越長越細的樹木。

14.74 樅[①]，松葉柏身。檜[②]，柏葉松身。

①“樅（cōng）”，常緑喬木。又稱冷杉。葉如松，幹似柏。木材輕軟，可供建築、造紙之用。

②“檜（guì，又讀 kuài）”，常緑喬木。又稱檜柏、圓柏。葉刺狀或鱗形，幹似松而無鱗。木材堅實，有芳香，耐腐，可供建築及製作傢

具之用。《詩經·衛風·竹竿》："淇水滺滺，檜楫松舟。"

14.75　句如羽，喬。[①]下句曰朻[②]。上句曰喬。如木楸曰喬[③]，如竹箭曰苞[④]，如松柏曰茂，如槐曰茂。

①"句（gōu）"，同"勾"。彎曲。"喬"，樹木高而向上彎曲。《詩經·周南·漢廣》："南有喬木，不可休思。"

②"朻（jiū）"，本或作"樛（jiū）"。樹木向下彎曲。《詩經·周南·樛木》："南有樛木，葛藟纍之。"毛傳："木下曲曰樛。"

③"楸（qiū）"，落葉喬木。枝幹大而向上彎曲。這裏用以說明喬木的特點。一說"木"為衍文。

④"苞（bāo）"，本或作"枹（bāo）"。叢生。竹箭性叢生，舉以為例，說明竹類植物的特點。《詩經·小雅·斯干》："如竹苞矣，如松茂矣。"

14.76　祝，州木。[①]

①"祝"，本或作"柷"。樹木名。又稱州木。邵疏、郝疏根據《齊民要術》引《南方記》："州樹野生，三月花，已，乃連著實，五月熟，剥核滋味甜。出武平。"認為"州木"即州樹。一說"州木"是一種有孔穴的樹木，和形如方斗中空的樂器柷（zhù）相似，所以州木稱祝（柷）。

14.77　髦，柔英。[①]

①"髦（máo）"，樹木名。又稱柔英。〔案〕本條舊注說法不一。有的認為"髦"是一種葉多毛而質柔如花英的枇杷之類的樹木名。有的認為"髦"是一種藤花柳絮垂絲的海棠之類的樹木名。有的認為《釋草》有"髦，顛棘"，《廣雅》謂之女木，疑與此"柔英"為同類植物。存疑。

14.78 槐棘醜喬[①]，桑柳醜條[②]，椒樧醜荥[③]，桃李醜核[④]。

①“醜”，類。“棘（jí）”，酸棗樹。“喬”，指小樹枝繚繞上翹。

②“條”，樹枝細長下垂。

③“椒”，花椒樹。“樧（shā）”，一種類似茱萸的植物。“荥（qiú）”，植物聚生子實外面包裹的球狀外殼。

④“核”，果實中心保護果仁的硬殼。

14.79 瓜曰華之[①]，桃曰膽之[②]，棗李曰疐之[③]，樝梨曰鑽之[④]。

①“華（huá）”，從當中剖開。“華之”是為國君削瓜之禮。《禮記·曲禮上》：“為國君〔削瓜〕者華之。”鄭注：“華，中裂之，不四析也。”（四析：剖成四塊，是為天子削瓜之禮。）這裏指吃瓜的方法。

②“膽”，通“撣（dǎn）”。揩擦。桃多毛，吃時要揩擦去毛。

③“疐（dì）”，蒂。“疐之”，指去掉蒂。

④“樝（zhā）”，同“楂”“柤（zhā）”。山楂。“鑽之”，剔去其核。《禮記·内則》：“桃曰膽之，柤梨曰攢之。”《釋文》：“攢，本又作鑽。”

14.80 小枝上繚[①]為喬。

①“繚（liáo）”，繚繞。

14.81 無枝為檄[①]。

①“檄（xí）”，樹高聳直上無旁枝。

14.82 木族生為灌[①]。

①“族”，聚集。“灌”，叢生。

釋蟲第十五

這一篇是關於昆蟲的名稱和習性的説明解釋。

15.1　螜，天螻。①

①“螜（hú）”，或作“蟄”。即螻蛄。又名天螻、土狗、拉拉蛄。體長圓形，黄褐色，長寸餘。穴居土中，晝伏夜出，食害農作物的根和嫩莖。《大戴禮記·夏小正》：“螜則鳴。螜，天螻也。”

15.2　蜚，蠦蜰。①

①“蜚（fěi）”，一種圓薄能飛的小蟲。又名蠦蜰（lúféi）、負盤。體輕如蚊，發惡臭，生活在草叢中，群集食稻花，使稻不結實。《左傳·莊公二十九年》：“秋，有蜚，為災也。”

15.3　螾衘，入耳。①

①“螾衘（yǐnyǎn）”，“衘”，本或作“蚿（yǎn）”。節足動物。即蚰蜒。又名入耳，蛉窮。形似蜈蚣而略小，生活在房屋内外陰濕處。《方言》十一：“蚰蚿，自關而東謂之螾蚿，或謂之入耳。”

15.4　蜩，蜋蜩。①螗蜩②。蚻，蜻蜻。③蠽，茅蜩。④蝒，馬蜩。⑤蜺，寒蜩。⑥蜓蚞，螇螰。⑦

①“蜩（tiáo）”，蟬。《莊子·寓言》：“予蜩甲也，蛇蜕也，似之而非也。”“蜋（láng）蜩”，蟬的别名。《方言》十一：“蟬，楚謂之

蜩，宋衛之間謂之螗蜩，陳鄭之間謂之蜋蜩，秦晉之間謂之蟬。”又："蜋”或作“良”。“良蜩”指一種翼有文采的小蟬。《大戴禮記·夏小正》:“五月，良蜩鳴。良蜩也者，五采具。”

②“螗（táng）蜩”，蟬的别名。見注①。又為蟬類的一種，别名蝘、胡蟬、螗蛦。形似蟬而小，鳴聲清亮。《詩經·大雅·蕩》:“如蜩如螗，如沸如羹。”毛傳:“蜩，蟬也。螗，蝘也。”

③“蚻（zhá）”，蟬的一種。又名蜻蜻（jīngjīng）、螓（qín）。形體短小，頭額開闊方正，身上有花紋。郝疏:“蚻蚻象其聲，蜻蜻象其色。”《詩經·衛風·碩人》:“齒如瓠犀，螓首蛾眉。”鄭箋:“螓謂蜻蜻也。”

④“蠽（jié）”，蟬的一種。又名茅蜩、茅截。郭注:“江東呼為茅截，似蟬而小，青色。”

⑤“蝒（mián）”，最大的一種蟬。又名馬蜩、蚱蟬。鄭樵注:“蝒，音緜，馬蜩，蟬類中最大者，其聲響震巖谷。”

⑥“蜺（ní）”，蟬的一種。又名寒蜩、寒蟬、寒螿（jiāng）、秋蟬。似蟬而小，深秋後鼓翼而鳴。《禮記·月令》:“〔孟秋之月〕寒蟬鳴。”鄭注:“寒蟬，寒蜩，謂蜺也。”

⑦“蜓蚞（tíngmù）”，蟬的一種。又名螇螰（xīlù）、蛥蚗（shéjué）、蟪蛄。黄緑色，翅有黑色條紋。《方言》十一:“蛥蚗，齊謂之螇螰；楚謂之蟪蛄，……秦謂之蛥蚗。自關而東……或謂之蜓蚞。”

15.5 蛣蜣，蜣蜋。[①]

①“蛣蜣（jiéqiāng）”，一種黑色甲蟲。又名蜣蜋、蜣螂，俗稱屎殼郎。郝疏:“蜣螂體圓而純黑，以土裹糞，弄轉成丸，雄曳雌推，穴地納丸，覆地而去，不數日間有小蜣蜋出而飛去，蓋字乳其中也。”（字乳：生育。）

15.6 蝎，蛣蝠。[①]

①“蝎（hé）”，樹木中蠹蟲。又名蛣蝠（jiéqū）。劉師培《爾雅蟲名今釋》：“今此蟲長短不齊，長或逾寸，短僅數分，其色多白，亦有雜青色者，蠕蠕而行，蠕蠕而動，與蠶相似，行時自昂其首，其身一屈一伸。桃李諸果木所生尤多，或生於果實之中。俗呼為蠹蟲，亦有呼為蝎蟲者。”

15.7 蠰，齧桑。①

①“蠰（shàng）”，一種桑樹中的蠹蟲。又名齧（niè）桑。郭注：“似天牛，角長，體有白點，喜齧桑樹，作孔入其中。江東呼為齧髮。”

15.8 諸慮，奚相。①

①“相”，本或作“桑”，當作“桑”。“奚桑”，桑蠹之類昆蟲。劉師培《爾雅蟲名今釋》：“今桑木之蟲有色黑身長，以身繞樹作盤屈之形，殆即此文之奚相也。因其形纏屈，故假山櫐之名以為名。”山櫐，又名諸慮。參看14.32。

15.9 蜉蝣，渠略。①

①“蜉蝣（fúyóu）”，一種壽命短促的小蟲。又名渠略。體細狹有長角，甲下有翅能飛。《詩經·曹風·蜉蝣》：“蜉蝣之羽，衣裳楚楚。”毛傳：“蜉蝣，渠略也。朝生夕死。”孔疏：“舍人曰：‘蜉蝣，一名渠略。南陽以東曰蜉蝣，梁宋之間曰渠略。’”《方言》十一：“蜉蟻，秦晉之間謂之蝶蠶。”（蜉蟻：即蜉蝣。蝶蠶：即渠略。）

15.10 蛂蟥，蛢。①

①“蛂蟥（biéhuáng）”，甲蟲名，即“蛢（píng）”。又稱蟜（yù）蟥、發皇、金龜子。甲堅而黑，狀如龜甲。身首綠色，有金光。幼蟲嚙

食植物根和塊莖等地下部分，成蟲危害植物的葉、花、芽及果實等地上部分。

15.11 蠸輿父，守瓜。①

①“蠸（quán）”，一種害蟲，又名蠸輿父、守瓜、黄守瓜。成蟲橙黄色，群集危害瓜苗，嚙食葉片。《莊子·至樂》：“瞀芮生乎腐蠸。”（瞀芮：蟲名。）

15.12 蝚，蛖螻。①

①“蝚（róu）”，螻蛄類昆蟲。又名蛖（máng）螻。劉師培《爾雅蟲名今釋》：“雜色為蛖。今螻蛄有身雜采色者，殆即《爾雅》之蛖螻。”

15.13 不蜩，王蚥。①

①“不蜩”，翟灝《爾雅補郭》：“‘不’，《詩》《書》及古金石文多通作‘丕’。‘丕’，大也。‘王蚥’亦大之稱，此必蜩類中之大者。”“蚥（fù）”，或作“釜”。劉師培《爾雅蟲名今釋》：“王蚥即大蜩之異名。”

15.14 蛄䗐，强蝆。①

①“蛄䗐（shī）”，“蛄”，本或作“姑”。米穀中小蠹蟲。又名强蝆（mǐ）、米象、米牛。邵疏：“今米中蟲，多隨米色而變，黑甲者，能嚙人，或纏米作繭，米廩中有之。”

15.15 不過，蟷蠰。①其子蜱蛸。②

①“蟷蠰（dāngnáng）”，或作“螳蜋”“螗蜋”。即螳螂。又名不

過。《莊子·人間世》:“汝不知夫螳螂乎?怒其臂以當車轍,不知其不勝任也。”

②“蜱蛸(píxiāo)”,即“螵(piāo)蛸”,螳螂的卵房。深秋時,螳螂產卵成房,黏附在樹枝上。黏在桑樹上的名桑螵蛸,可入藥。

15.16 蒺蔾,蝍蛆。[①]

①“蝍蛆(jíjū)”,“蝍”,或作“即”。“蛆”,或作“且”。即蜈蚣。蜈蚣體扁而長,有鉗,多足,能傷人。與多刺能傷人的蒺藜草有相似之處,因而又名蒺藜。《莊子·齊物論》:“蝍蛆甘帶,鴟鴉耆鼠。”(帶:小蛇。鴟:貓頭鷹。耆:通“嗜”。)

15.17 蝝,蝮蜪。[①]

①“蝝(yuán)”,蝗的幼蟲。又名蝮蜪(fùtáo)。今稱為蝻。《國語·魯語上》:“蟲舍蚳蝝,蕃庶物也。”韋昭注:“蚳,蟻子也,可以為醢。蝝,蝠陶也,可以食。”(蝠陶:即蝮蜪。)

15.18 蟋蟀,蛬。[①]

①“蛬(qióng)”,同“蛩(qióng)”。蟋蟀的别名。《詩經·唐風·蟋蟀》:“蟋蟀在堂,歲聿其莫。”孔疏:“陸機《疏》云:‘蟋蟀似蝗而小,正黑,有光澤如漆,有角翅,一名蛬,一名蜻蛚。楚人謂之王孫,幽州人謂之趨織。’”《方言》十一:“蜻蛚,楚謂之蟋蟀,或謂之蛬。”

15.19 蟼,蟆[①]。

①“蟼(jǐng)”,蝦蟆(hámá)的一種。“蟆”,蝦蟆。《急就篇》:“水蟲科斗䵷蝦蟆。”顏師古注:“蝦蟆,一名蟼,大腹而短脚。”

15.20 蜆，馬蠽。[①]

①“蜆（xián）”，本或作“蚿（xián）”，當作“蚿”。“蚿”，節肢動物。又稱馬蠽（zhǎn）、馬蚿、馬蠲（juān）、馬蠋（zhú）、馬陸。俗稱百足蟲。棲息在陰濕處，形如蚰蜒。

15.21 皇螽，蠜。[①]草螽，負蠜。[②]蜇螽，蜙蝑。[③]蟿螽，螇蚸。[④]土螽，蠰谿。[⑤]

①“螽（zhōng）”，蝗類昆蟲總名。“皇（fù）螽”，“皇”或作“阜”。蝗的幼蟲。又名蠜（fán）。《詩經·召南·草蟲》：“喓喓草蟲，趯趯阜螽。”（喓喓：蟲鳴聲。趯趯：跳躍的樣子。）毛傳：“皇螽，蠜也。”《釋文》：“李巡云：‘蝗子也。’”

②“草螽”，或作“草蟲”。蝗蟲的一種。又名負蠜、常羊。《詩經·召南·草蟲》：“喓喓草蟲。”毛傳：“草蟲，常羊也。”《釋文》：“《草木疏》云：‘〔草蟲〕一名負蠜，大小長短如蝗而青也。’”

③“蜇（sī）螽”，“蜇”，或作“斯”，本又作“蟴”。蝗類昆蟲。又名螽斯、蜙蝑（sōngxū）、蜙蝑（sōngzōng）。種類很多。雄蟲翅磨擦能發出聲音，善於跳躍。《詩經·周南·螽斯》：“螽斯羽詵詵兮，宜爾子孫振振兮。”

④“蟿（qì）螽”，蝗類昆蟲。又名螇蚸（qīlì）。郭注：“今俗呼似蜙蝑而細長，飛翅作聲者為螇蚸。”《春秋·桓公五年》：“螽。”孔疏：“《爾雅》又有蟿螽、土螽。樊光云：‘皆蜙蝑之屬。’”

⑤“土螽”，蝗類昆蟲。又名蠰（rǎng）谿、蚱蜢。郝疏：“土螽者，今土蚱蜢也。亦有二種：一種體如土色，似蝗而小，有翅，能飛，不遠；又一種黑班色而大，翅絶短，不能飛，善跳。俗呼之度蚱蜢，即土蚱蜢也。”（蚱蜢：蚱蜢。）

15.22 螼蚓，蜸蚕。[①]

①“螼蚓（qǐnyǐn）”，也作“螼螾（yǐn）”。蚯蚓的别名。也單稱蚓。又名蜸蚕（qiǎntiǎn）。《孟子·滕文公上》：“夫蚓，上食槁壤，下飲黄泉。”

15.23 莫貈，螗蜋，蛑。[①]

①“螗蜋”，“螗”本或作“螳”。即螳螂。參看15.15。“莫貈（hé）”，螳螂的别名。“蛑（móu）”，“莫貈”的合音。

15.24 虰蛵，負勞。[①]

①“虰蛵（dīngxīng）”，即蜻蜓。又名負勞。邢疏：“即蜻蛉，六足四翼蟲也。一名虰蛵，一名負勞。……陶注《本草》云‘一名蜻蜓’是也。”

15.25 蜭，毛蠹。[①]

①“蜭（hàn）”，毛蟲。又名蛓（cì）、毛蠹。遍體有毛，有許多短足，有毒，能螫人。

15.26 螺，蛅蟴。[①]

①“螺（mò）”，一種毛蟲。又名蛅蟴（zhānsī）。毛有毒，能螫人。郭注：“蛓屬也。今青州人呼蛓為蛅蟴。”

15.27 蟠，鼠負。[①]

①“蟠（fán）”，即潮蟲。又名鼠負、鼠婦、伊威、委黍。背有横紋，腹下多足，生活在水缸底或牆根等潮濕處。

15.28 螾，白魚。[①]

①“螾（yín）”，蛀蝕衣服、書籍的蠹蟲。又名白魚、蠹魚、衣魚。長半寸左右，略具魚形，色灰白。羅願《爾雅翼·釋蟲》：“始則黃色，既老則身有粉，視之如銀，故名白魚。”

15.29 蛾，羅。[①]

①“蛾（é）”，同“蛾”，本或作“蛾”。昆蟲名。又稱羅。形似蝴蝶，由蟲蛹變化而成。種類很多，有麥蛾、螟蛾、天蛾、蠶蛾等。《大戴禮記·易本命》：“食桑者有絲而蛾。”

15.30 螒，天雞。[①]

①“螒（hàn）”，或作“翰”。昆蟲名。又稱天雞、莎（shā）雞。黑身赤頭，善於跳躍。飛行時振翅發出的聲音與紡車相似，俗稱紡織娘。

15.31 傅，負版。[①]

①“負版”，“負”或作“蝜”，“版”或作“蝂”。一種性喜負重的小蟲。又名傅。柳宗元：《蝜蝂傳》：“蝜蝂者，善負小蟲也。行遇物，輒持取，卬首負之。”

15.32 强，蚚。[①]

①“蚚（qí）”，米麥中小黑甲蟲。又名强蛘（mǐ）、强蛘（yáng），簡稱為强。參看 15. 14。

15.33　蛶，螪何。[①]

①“蛶（liè，又讀 luò）”，本或作“捋（luō）”。“螪（shāng）何”，或作“商何”“螪蚵”。〔案〕本條舊注多根據《廣雅》《玉篇》《集韻》等書，認為“蛶”是蜥蜴類昆蟲。而劉師培《爾雅蟲名今釋》則認為“蛶（捋）”即 15.54“强醜捋”的“捋”，表示“以脚自摩捋”的意思。疑“螪何”與 15.32 的“强”“蚚”為同類的米中小蟲。可供參考。

15.34　蜆，蛹。[①]

①“蜆（guī）”，蟲蛹。“蛹”，蠶蛹。《荀子·賦篇》：“蛹以為母，蛾以為父。”後泛指各種蟲蛹。

15.35　蜆，縊女。[①]

①“蜆（xiǎn）”，蝶類的幼蟲。長一寸左右，色黑赤頭，吐絲作繭，懸於草木枝葉及屋壁間。俗稱縊女。

15.36　蚍蜉，大螘，小者螘。[①]蠪，朾螘。[②]螱，飛螘。[③]其子蚳。[④]

①“蚍蜉（pífú）”，大螞蟻。“螘”，同“蟻”，本或作“蛾”。“蛾”為“蟻”的古字。《楚辭·招魂》：“赤螘若象，玄蠭若壺些。”

②“蠪（lóng）”，一種大的紅螞蟻。又名朾（chéng）蟻。“朾”本或作“虰”。邢疏：“其大而赤色斑駁者名蠪。”

③“螱（wèi）”，或作“蝛”。一種能飛的螞蟻。又稱飛螘。一説為木中蠹蟲白蟻變化而成。羅願《爾雅翼·釋蟲》：“蝛，飛螘，螘之有翅者，蓋柱中白螘之所化也。白螘狀如螘卵……以泥為房，詰屈而上，往往變化生羽，遇天晏温，群隊而出，飛亦不能高，尋則脱翼，藉

藉在地而死矣。"

④"蚳（chí）"，蟻卵。古代用蚳作醬，供食用。《周禮·天官·醢人》："饋食之豆，其實葵菹……蚳醢。"

15.37 次蟗，鼅鼄。[①]鼅鼄，鼄蝥。[②]土鼅鼄。[③]草鼅鼄。[④]

①"鼅鼄（zhīzhū）"，也作"鼅鼄"。同"蜘蛛"，或作"蜘蛛"。又名次蟗（qiū）。"次蟗"與"蜘蛛"音近。實為"蜘蛛"的音變。

②"鼄蝥（wú）"，蜘蛛的別名。《方言》十一："鼅鼄，鼄蝥也。自關而西秦晉之間謂之鼄蝥，自關而東趙魏之郊謂之鼅鼄，或謂之蠾蝓。蠾蝓者，侏儒語之轉也。"

③"土鼅鼄"，蜘蛛類昆蟲。生活在地下，網布於孔穴中。參看15.52。

④"草鼅鼄"，蜘蛛類昆蟲。體灰綠色。網多張於矮小的植物上，形似帀牀。

15.38 土蠭[①]。木蠭[②]。

①"蠭"，同"蜂"。"土蠭"，在地中作房的一種蜂。又稱馬蜂。形體較大，尾有毒刺，能螫人。

②"木蠭"，在樹上或屋檐下作房的一種蜂。形體較土蜂小。

15.39 蟦，蠐螬。[①]

①"蠐螬（qícáo）"，金龜子的幼蟲。又名蟦（féi）、蟦蠐、地蠶、土蠶。乳白色，圓柱形，長寸許。生活在土中，食害農作物的根和莖。

15.40 蝤蠐，蝎。[①]

①"蝤蠐（qiúqí）"，天牛、桑天牛的幼蟲。又稱蝎（hé）。扁長圓

筒形，色白，蛀食樹木枝幹。《詩經・衛風・碩人》：“領如蝤蠐，齒如瓠犀。”毛傳：“蝤蠐，蝎蟲也。”孔疏：“以在木中白而長，故以比頸。”參看15.6。

15.41　蛜威，委黍。①

①“蛜（yī）威”，“蛜”，或作“伊”。蛜威和委黍都是潮蟲的別名。參看15.27。《詩經・豳風・東山》：“伊威在室，蠨蛸在户。”

15.42　蠨蛸，長踦。①

①“蠨蛸（xiāoshāo）”，“蠨”，或作“蟰”。一種長脚的小蜘蛛。又名喜蛛、蟢子、長踦（jǐ）。“踦”，脚脛。

15.43　蛭蝚，至掌。①

①“蛭蝚（zhìróu）”，即環節動物水蛭。又名至掌、蛭。俗稱螞蟥。體狹長而扁平，有吸盤，多生活在池沼或水田中，吸食人畜血液。

15.44　國貉，蟲蠁。①

①“蟲蠁（xiǔng）”，即蠁蟲。又稱國貉（hé）、蠁、地蛹、土蛹、知聲蟲。生活在土中，形似蠶而大。

15.45　蠖，蚇蠖。①

①“蚇蠖（chǐhuò）”，“蚇”，或作“尺”。尺蠖蛾的幼蟲。省稱蠖，又名步屈。體細長，爬行時一屈一伸地前進，像人用大拇指和中指量距離一樣。為害多種植物。《周易・繫辭下》：“尺蠖之屈，以求信也。”（信：通“伸”。）

15.46 果蠃，蒲盧。[①]螟蛉，桑蟲。[②]

①“果蠃（luǒ）”，“果”，或作“蜾”。“蠃”，本或作“蠃”。即土蜂（參看15.38）。又名蒲盧、蠮螉（yēwēng）、細腰蜂。頭部呈球狀，細腰，捕螟蛉為食。產卵時，將產卵管刺入螟蛉體內，注射蜂毒使其麻痺，然後將螟蛉儲存在蜂巢內，作為以後果蠃卵孵化出的幼蟲的食料。

②“螟蛉（mínglíng）”，螟蛾的幼蟲，簡稱螟。參看15.55。又稱桑蟲。古人誤認為果蠃不產子，喂養螟蛉為子。實際上，果蠃是產卵於螟蛉體內而以螟蛉作為自己幼蟲的食料。《詩經·小雅·小宛》：“螟蛉有子，蜾蠃負之。”孔疏：“陸機云：‘螟蛉者，桑上小青蟲也，似步屈，其色青而細小，或在草萊上。蜾蠃，土蜂也。似蜂而小腰，取桑蟲負之於木空中，七日而化為其子。’”

15.47 蝎，桑蠹。[①]

①“蝎（hé）”，樹木中蠹蟲的總稱，所以桑樹中的蠹蟲也可稱蝎。參看15.6、15.40。

15.48 熒火，即炤。[①]

①“熒”，同“螢”。“熒火”，螢火蟲。又名即炤（zhào）。腹部末端有發光器，夜間閃爍發光。《禮記·月令》：“〔季夏之月〕腐草為螢。”鄭注：“螢，飛蟲，螢火也。”〔案〕螢火蟲是卵生動物，“腐草為螢”的說法是不科學的。

15.49 密肌，繼英。[①]

①“肌”，或作“蚢”。“繼英”，或作“蠿蝧”。未詳。

15.50　蚅，烏蠋。[①]

①“蚅（è）”，蛾蝶類的幼蟲。又名烏蠋（zhú），或省稱蠋。形似蠶，綠色，大如手指。《韓非子·内儲説上》：“鱣似蛇，蠶似蠋。”

15.51　蠓，蠛蠓。[①]

①“蠓（měng）”，一種小飛蟲。又名蠛（miè）蠓。形似蚊而小，在空中群聚而飛。宋玉《小言賦》：“憑蚋皆以顧盼，附蠛蠓而遨游。”

15.52　王蛈蜴。[①]

①“王蛈蜴（tiětāng）”，蜘蛛類昆蟲。也稱蛈蜴。又名蛭蟷（diédāng）、顛當，土蜘蛛。形似蜘蛛。巢築在土中，内布滿蛛絲，上有圓蓋，可開閉，捕食小蟲。

15.53　蟓，桑繭。[①]雔由[②]，樗繭[③]，棘繭[④]，欒繭[⑤]。蚢，蕭繭。[⑥]

①“蟓（xiàng）”，食桑葉的蠶，即一般所説的蠶。“桑繭”，食桑葉的蠶所結的繭。

②“雔（chóu）由”，郝疏：“雔由者，樗繭、棘繭、欒繭之總名也。”

③“樗（chū）”，落葉喬木，即臭椿樹。“樗繭”，食臭椿葉的野蠶所結的繭。

④“棘”，酸棗樹。“棘繭”，食棘葉的野蠶所結的繭。

⑤“欒（luán）”，欒華樹。葉似木槿而薄細，花黄、似槐而稍長大。“欒繭”，食欒葉的野蠶所結的繭。

⑥“蕭”，艾蒿，莖葉有香氣。“蚢（háng）”，一種食蕭葉的野蠶。“蕭繭”，食蕭葉的野蠶所結的繭。

15.54 蠹醜罅①，螽醜奮②，强醜捋③，蠭醜螸④，蠅醜扇⑤。

①“蠹”，音zhù。“醜”，類。“罅（xià）”，本或作“罅（xià）”。裂開，裂縫。〔案〕本條舊注或依據《説文》釋“蠹”為飛舉。據《爾雅》體例，凡説某醜如何的，某均表示具體物名，“蠹”如釋為飛舉與體例不合。“蠹”當是一種蟲類的名稱。“蠹”是何蟲類，有不同的説法。或説是蟬類（如邢疏），或説是蟅蟲（如俞樾《群經平議》），或説是毒蟲（如《廣韻》）。依據都不足，存疑。

②“螽（zhōng）”，蝗類昆蟲總名。參見15.21。“奮”，振作。張開翅膀（飛）。邢疏：“螽蝗之類好奮迅作聲而飛。”

③“强”，强、蚚之類米中小蠹蟲。“捋（luō）”，撫摩。邢疏：“强圻（蚚）之類好以脚自摩捋。”

④“蠭”，同“蜂”。“螸（yú）”，腹部膏腴下垂。邢疏：“蜂類好垂其腴以休息。”

⑤“扇（shān）”，扇動。邢疏：“青蠅之類好摇翅自扇。”

15.55 食苗心，螟。①食葉，蟘。②食節，賊。③食根，蟊。④

①“螟（míng）”，螟蛾的幼蟲。種類很多，蛀食水稻、玉米、棉花等多種農作物的苗心。《吕氏春秋·不屈》：“蝗螟農夫得而殺之，奚故？為其害稼也。”

②“蟘（tè）”，或作“螣（tè）”。食害苗葉的害蟲。《詩經·小雅·大田》“去其螟螣”，《説文》引作“去其螟蟘”。

③“節”，指草木莖上生葉的部分。“賊”，或作“蠈”。一種像桃李中蠹蟲的害蟲。身長而細，蛀食苗節、禾稈。

④“蟊（máo）”，食害苗根的害蟲，一説即螻蛄。棲息在地下，夜間飛出嚙食農作物和果樹的根。《詩經·大雅·桑柔》：“降此蟊賊，

稼穡卒痒。”（痒：病。）

15.56 有足謂之蟲，無足謂之豸。[①]

①“豸（zhì）”，無足的蟲。如蚯蚓、蛇之類。《楚辭·九思·怨上》：“蟲豸兮夾余，惆悵兮自悲。”〔案〕“蟲”和“豸”相對來説，有有足無足之分，但統而言之，則無足的昆蟲也可稱蟲。《禮記·月令》：“〔孟春之月〕其蟲鱗。”鄭注：“鱗，龍蛇之屬。”

釋魚第十六

這一篇是關於各種魚類名稱、形體特徵和習性的説明解釋。其中包括了一些爬行動物。

16.1 鯉。①

①“鯉”，鯉魚。體稍側扁，背蒼黑尾鰭紅色，鱗片較大。肉味鮮美。《詩經·陳風·衡門》：“豈其食魚，必河之鯉？”

16.2 鱣。①

①“鱣（zhān）”，即鱘鰉魚，産於江河及近海深水中。大的長二三丈，背有骨甲，鼻有長鬚。肉味鮮美，卵尤名貴。郭注：“今江東呼為黄魚。”《詩經·衛風·碩人》：“鱣鮪發發，葭菼揭揭。”（鮪：鱘魚。發發：魚觸網跳動的樣子。揭揭：長大的樣子。）

16.3 鰋，鮎。①

①“鰋（yǎn）”，即鮎（nián）魚。“鮷（tí）”，大鮎魚。鮎魚。頭扁口闊，有齒有鬚，表面多黏液，無鱗。《詩經·小雅·魚麗》：“魚麗于罶，鰋鯉。”（麗：通“罹”，落入。罶，捕魚的竹籠。）

16.4 鱧。①

①“鱧（lǐ）”，魚名。又稱烏鱧、鮦（tóng）、黑魚。形長，體圓，柱形，頭扁，口大，青褐色，身有三縱行黑色斑塊。性凶猛，捕食小

魚。可供食用。《詩經·小雅·魚麗》："魚麗于罶，魴鱧。"毛傳："鱧，鮦也。"

16.5　鯇。①

①"鯇（huàn）"，即草魚。體略呈圓筒形，青黄色。可供食用。是我國主要的淡水養殖魚類之一。

16.6　鯊，鮀。①

①"鯊（shā）"，本或作"魦"。一種生活在溪澗中的小魚。又稱鮀（tuó）、石鮀。郭注："今吹沙小魚。體圓而有點文。"《詩經·小雅·魚麗》："魚麗于罶，鱨鯊。"

16.7　鮂，黑鰦。①

①"鮂（qiú）"，小魚名。體形纖長而白，又稱鰷（tiáo）、白鰷。因背黑，又稱黑鰦（zī）。體狹而扁，似柳葉，長僅數寸，性好群游。郭注："江東呼為鮂。"

16.8　鰼，鰌。①

①"鰼（xí）"，即泥鰍。"鰌（qiū）"，同"鰍"。泥鰍。形似鱔，長約三四寸，青黑色，扁尾，無鱗，微有黏液。《莊子·庚桑楚》："夫尋常之溝，巨魚無所還其體，而鯢鰌為之制。"（還：旋轉。鯢：小魚。）

16.9　鰹，大鮦。①小者鮵②。

①"鮦（tóng）"，即烏鱧。參看16.4。"鰹（jiān）"，大烏鱧。形似蝮蛇，腹背有鬣。

②"鮵（duó）"，小烏鱧。郭注："今青州呼小鱺為鮵。"（鱺：同

“鱧”。)

16.10 魾，大鱯。[①]小者鮡[②]。

①“鱯（hù）”，魚名。郭注：“鱯似鮎而大，白色。”“魾（pī）”，大的鱯魚。

②“鮡（zhào）”，小的鱯魚。生活在山澗溪流之中。

16.11 鰝，大鰕。[①]

①“鰝（hào）”，大海蝦。“鰕（xiā）”，同“蝦”。郭注：“鰕大者出海中，長二三丈，鬚長數尺。”

16.12 鯤[①]，魚子。

①“鯤（kūn）”，魚苗的總稱。《國語・魯語上》：“魚禁鯤鮞。”韋昭注：“鯤，魚子也。鮞，未成魚也。”

16.13 鱀，是鱁。[①]

①“鱀（jì）”，白鱀豚。又名是鱁（zhú）、鱁。一種生活在淡水中的鯨類動物。體形似魚，圓額，小眼，長吻。是我國特産的世界珍奇動物。郭注：“鱀……大腹，喙小鋭而長，齒羅生，上下相銜，鼻在額上，能作聲，少肉多膏。胎生，健啖細魚。大者長丈餘，江中多有之。”

16.14 鱦[①]，小魚。

①“鱦（yìng，舊又讀 shéng）”，小魚。郭注：“《家語》曰：其小者鱦魚也。今江東亦呼魚子未成者為鱦。音繩。”

16.15　鮥，鮇鮪。[①]

①“鮪（wěi）”，鱘（xún）魚的古稱。又稱鱏（xún）。鱘魚長三米餘，生活在海洋裏，到江河中産卵。肉可食。“鮇”，本或作“叔”，當作“叔”。小的。“鮥（luò）”，較小的鱘類魚。

16.16　鮛，當魱。[①]

①“鮛（jiù）”，鰣魚。又名魱（hú）、當魱。體側扁，背部黑緑色，腹部銀白色。鱗下多脂肪。生活在太平洋中，春夏之交，溯江産卵。初入江時味最為鮮美。郭注：“今江東呼其最大長三尺者為當魱。”

16.17　鮤，鱴刀。[①]

①“鮤（liè）”，魚名。又稱鱴（miè）刀、鮆（jì）魚、刀魚。形體薄而長，似破竹篾的刀。

16.18　鱊鮬，鱖鯞。[①]

①“鱊鮬（yùkū）”，生活在淡水中的一種小魚。又名鱖鯞（juézhǒu）、鰟鮍（pàngpí）、妾魚。羅願《爾雅翼》：“鱖鯞，似鯽而小，黑色而揚赤。今人謂之旁皮鯽，又謂之婢妾魚。蓋其行以三為率，一頭在前，兩頭從之，若媵妾之狀，故以為名。”

16.19　魚有力者，鰴[①]。

①“鰴（huī）”，大而多力的魚。邢疏：“凡魚之强大多力，異於群輩者名鰴。”

16.20　魵，鰕。[①]

①“鲂（fén）”，魚名。又名鰕（xiā）。即斑紋魚，或稱斑魚。王引之《經義述聞》：“魵、班聲相近，故斑魚謂之魵魚……然則鰕魚之斑文，其赤白相雜者與。”又，《龍龕手鑑》等認為“鰕”同“蝦”，“魵”是蝦的别名。可供參考。

16.21 鮅，鱒。①

①“鱒（zūn，舊讀zùn）”，魚名。又稱鮅（bì）、赤眼鱒。身體前部圓筒形，後部側扁，銀灰色，眼上緣紅色。為生活在淡水中的常見食用魚類，可供養殖。《詩經·豳風·九罭》：“九罭之魚，鱒魴。”（罭：漁網。）

16.22 魴，魾。①

①“魴（fáng）”，魚名。又稱魾（pí）。古代也用於稱鯿（biān）魚。青白色，鱗細，肉厚，味美。《詩經·陳風·衡門》：“豈其食魚，必河之魴？”

16.23 鯬，鯠。①

①〔案〕本條舊注説法不一。一説“鯬（lí）”“鯠（lái）”指鰻（mán）魚。形似蛇，無鱗，在深海中産卵，在淡水中生活成長，肉質細嫩。一説“鯬”“鰣（shí）”古音相通，“鰣”音近“鯠”，本條所説即鰣魚，是一種名貴的食用魚。一説本條應與上條合並。“魾”又名“鯬”“鯠”或“鯬鯠”。存疑。

16.24 蜎，蠉。①

①“蜎（yuān）”，蚊的幼蟲。又名孑孓、蠉（xuān）。體細長無足，游泳時身體一屈一伸，俗稱跟斗蟲。

16.25　蛭，蟣。[1]

①“蛭（zhì）”，環節動物。有水蛭、草蛭、泥蛭等種類。“蟣（qí）”，水蛭。俗稱螞蟥。體形長而扁平，有吸盤。多生活在池沼水田或潮濕處，吸食人畜的血液。郭注：“今江東呼水中蛭蟲入人肉者為蟣。”《説文》：“齊謂蛭曰蟣。”

16.26　科斗，活東。[1]

①“科斗”，蛙或蟾蜍的幼體，即蝌蚪。又名活（舊或音 kuō）東。黑色，橢圓形，有尾無足，生活在水中。《莊子·秋水》：“還視虷蟹與科斗，莫吾能若也。”（虷：井中赤蟲。）

16.27　魁陸。[1]

①“魁陸”，貝類動物，即蚶（hān）。又名魁蛤。殼有紋如瓦楞，生活在淺海泥沙中。肉味鮮美，殼可供藥用。郭注：“《本草》云：魁狀如海蛤，圓而厚，外有理縱横。即今之蚶也。”

16.28　蜪蚅。[1]

①“蜪”，音 táo。“蚅”，音 è。〔案〕翟灝《爾雅補郭》、俞樾《群經平議》認為“蜪”即 15.17 的蝮蜪，是蝗的幼蟲，又名蚅。嚴元照《爾雅匡名》認為據明代郎奎金、鍾人傑刻本，“蜪”為“蜩”字之訛，“蚅”疑為衍文。“蜩”和下文“鼁𪓰蟾諸”為一條。是蟾諸的別名。兩説可作參考。

16.29　鼁𪓰，蟾諸。[1]在水者黽。[2]

①“蟾（chán）諸”，或作“蟾蠩（chú）”。即蟾蜍（chú），兩棲

動物。又名鼁𪓰（qùqiū），俗稱癩蛤蟆。形似蛙而大，表面多疣。可供藥用。郭注："似蝦蟆，居陸地。淮南謂之去蚥。"

②"黽（měng）"，蛙的一種。又名耿黽、土鴨。狀似青蛙，腹大。《山海經·北山經》："〔繡山〕其中有鱯、黽。"

16.30 螷，蜌。[①]

①"螷（pí）"，或作"蠯"。一種狹而長的小蚌。又名蜌（bì）。俗稱馬刀。《周禮·天官·鼈人》："祭祀共蠯蠃蚳，以授醢人。"鄭注："鄭司農云：'蠯，蛤也。'杜子春云：'蠯，蜯也。'"（蜯：同"蚌"，蛤類。）

16.31 蚌，含漿。[①]

①"蚌"，也作"蜯（bàng）"。軟體動物。有兩個可以開閉的橢圓形介殼，生活在淡水中，有的種類產珍珠。又名含漿。郝疏："蓋蚌類多蘊伏泥中，含肉而饒漿，故被斯名矣。"

16.32 鼈三足，能。龜三足，賁。[①]

①爬行動物鼈（甲魚）和龜一般均為四足。本條説明"能"和"賁"分別是祇有三足的鼈和龜的特有名稱。郭注："《山海經》曰：從山多三足鼈，大苦山多三足龜。今吴興郡陽羡縣君山上有池，池中出三足鼈，又有六眼龜。"

16.33 蚹蠃，螔蝓。[①]蠃，小者蜬[②]。

①"蠃（luó）"，通"螺"。螺類動物的統稱。"蚹（fù）蠃"，蝸牛類陸生軟體動物。"螔蝓（yíyú）"，水螺。一種和蝸牛相似的水生軟體動物。〔案〕"蚹蠃"和"螔蝓"是兩種動物，由於形體有相似之處，

《爾雅·釋魚》和有的舊注誤將兩者説成一物。

②“蜬（hán）”，小螺。邢疏：“蠃與螺音義同，其小者名蜬。”

16.34 蜎蠌①，小者蟧②。

①“蜎蠌（huázé）”，一種寄居在空海螺殼中的小動物。形似蜘蛛，有螯如蟹。戴殼而游。

②“蟧（láo）”，小的蜎蠌。

16.35 蜃①，小者珧②。

①“蜃（shèn）”，大蛤。又名海蚌。一説古本《爾雅》“蜃”下有“大蛤”二字。軟體動物，有介殼。生活在淺海底，肉味鮮美。《周禮·天官·鼈人》：“春獻鼈蜃，秋獻龜魚。”

②“珧（yáo）”，小蛤。又名玉珧，通稱江珧。生活在海岸的泥沙裏，甲殼可作刀、弓上的裝飾物。《山海經·東山經》：“〔嶧皋之水〕東流注于激女之水，其中多蜃珧。”郭璞注：“蜃，蚌也。珧，玉珧，亦蚌屬。”

16.36 龜①，俯者靈②，仰者謝③，前弇諸果④，後弇諸獵⑤，左倪不類⑥，右倪不若⑦。

①“龜”，指《周禮·春官·龜人》中所説天龜、地龜、東龜、西龜、南龜、北龜等六龜。

②這是説明天龜的。天龜的甲可以用來占卜，行走時頭向下。又稱靈龜。

③這是説明地龜的。“謝”，本或作“射”。《周禮·龜人》作“繹”。古時“繹”“謝”聲近字通。地龜行走時頭上仰。又稱謝龜。

④這是説明東龜的。“弇（yǎn）”，掩蔽。“諸”，同“者”。“果”，本或作“裹”。東龜行走時體常前偃。又稱果龜。

⑤這是説明南龜的。南龜行走時體常後仰。又稱獵龜。

⑥這是説明西龜的。“倪”，通“睨（nì）”，斜視。“不”，句中助詞，無義。西龜行走時頭向左偏。又稱類龜。（“類”，《周禮》作“靁”，即“雷”。“類”和“雷”聲近而通用。）

⑦這是説明北龜的。北龜行走時頭向右偏。又稱若龜。

16.37 貝，居陸贆①，在水者蜬②。大者魧③，小者鰿④。玄貝，貽貝。⑤餘貾⑥，黄白文。餘泉⑦，白黄文。蚆，博而頯。⑧蜠，大而險。⑨蟦⑩，小而橢。

①“貝”，蛤螺等類有殼軟體動物的通稱。“贆（biāo）”，或作“猋”。生活在陸地上的貝。

②“蜬（hán）”，生活在水中的貝。

③“魧（háng）”，或作“蚢”。大貝。

④“鰿（jì）”，或作“蟦”，小貝。

⑤“玄”，黑色。“貽貝”，貝的一種。又稱淡菜。殼為膨起的長三角形，黑色，表面有輪形條紋。肉味鮮美。

⑥“餘貾（chí）”，或作“餘蚳（chí）”。黄中帶白花紋的貝。邢疏：“李巡曰：‘餘貾貝，甲黄為質，白為文彩。餘泉貝，甲白為質，黄為文彩。’”

⑦“餘泉”，白中帶黄花紋的貝。

⑧“蚆（bā）”，海蚆。也稱寶貝。貝殼卵圓形，色美而有光澤，殼口狹長。肉可食用。“博”，指體寬大。“頯（kuí）”，中央寬，兩頭尖。

⑨“蜠”，當作“蜠”。“蜠（jùn）”，體大而扁薄的大貝。“險”通“儉”。薄。

⑩“蟦（jī）”，體小而呈橢圓形的貝。

16.38 蠑螈[②]，蜥蜴[①]。蜥蜴，蝘蜓[③]。蝘蜓，守宫[④]也。

①“蜥蜴（xīyì）”，爬行動物。俗稱四脚蛇。身體像蛇，但有四肢，尾細長易斷，能再生。生活在草叢中，捕食小動物，種類很多。

②“蠑螈（róngyuán）”，兩棲動物。形似蜥蜴。頭扁，四肢短，尾側扁。生活在池沼草澤中。

③“蝘蜓（yǎntíng）”，爬行動物。身有光滑的圓鱗，尾圓錐形易斷，能再生。常在宫牆屋壁間活動，捕食小動物。

④“守宫”，蝘蜓的一種，即壁虎。又名蝎虎。因常守伏在宫牆屋壁間捕食蟲蛾等小動物，所以又名守宫。〔案〕根據現代動物學分類，蠑螈為兩棲動物，蝘蜓（包括守宫）和蜥蜴為爬行動物。蝘蜓屬石龍子科，守宫屬壁虎科。蠑螈、蝘蜓、蜥蜴本非一物，但在古代，則因其形體有相似之處而把它們看成是同一種動物的不同名稱。

16.39 蜼，蝁。[①]螣，螣蛇。[②]蟒，王蛇。[③]蝮虺，博三寸，首大如擘。[④]

①“蝁（è）”，毒蛇名。又稱蜼（dié）。郭注：“蝮屬。大眼，最有毒。今淮南人呼蝁子。”

②“螣（téng）”，或作“騰”。傳説中一種能飛的神蛇。又名螣蛇。《荀子·勸學》：“螣蛇無足而飛，梧鼠五技而窮。”

③“蟒”，一種無毒的大蛇。一般體長一丈，頭部長，口大。多産於熱帶近水的森林裏，捕食小禽獸。肉可食用，皮可製裝飾品。又稱王蛇。俗稱蟒蛇。“王”，大。郭注：“蟒，蛇最大者，故曰王蛇。”

④“蝮虺（fùhuǐ）”，一種毒蛇。或稱為蝮、虺。頭扁平，呈三角形，身體灰褐色，有斑紋，口内有毒牙。《山海經·南山經》：“猨翼之山……多蝮虫，多怪蛇。”（虫：古虺字。）邢疏：“舍人曰：蝮，一名虺。江淮以南曰蝮，江淮以北曰虺。”“博”，寬。“擘（bò）”，大拇指。

16.40　鯢[①]，大者謂之鰕[②]。

①“鯢（ní）”，兩棲動物。又稱人魚、狗魚，俗稱娃娃魚。體長約一米。四肢短，能上樹。尾呈鰭狀，宜游泳。棲息於山溪中。叫聲如幼兒啼哭。

②“鰕（xiā）”，大鯢。《山海經·海外西經》：“龍魚陵居在其北，狀如狸。一曰鰕。”

16.41　魚枕謂之丁。[①]魚腸謂之乙。[②]魚尾謂之丙。[③]

①“魚枕”，魚頭骨。這裏指象魚頭骨的字。“丁”，甲骨文作，金文作，與魚頭骨相似。

②“魚腸”，指象魚腸的字。“乙”，甲骨文作，金文作。形與魚腸相似。

③“魚尾”，指象魚尾的字。“丙”，甲骨文作，金文作，與魚尾相似。郭沫若《甲骨文字研究·釋干支》：“要之乙、丙、丁均為魚身之物，此必為其最初義。蓋字既象形，而義已廢棄，正其為古字古訓之證。”

16.42　一曰神龜，二曰靈龜，三曰攝龜，四曰寶龜，五曰文龜，六曰筮龜，七曰山龜，八曰澤龜，九曰水龜，十曰火龜。[①]

①這一條舊注多認為是説明《周易·損卦》中“十朋之龜”的。古代以貝為貨幣，五貝為一朋，十朋之龜指神貴的大龜。“神龜”，古人認為最神靈的龜。《莊子·秋水》：“吾聞楚有神龜，死已三千歲矣，王以巾笥而藏之廟堂之上。”（巾：布巾。笥：竹箱。）“靈龜”，一種甲殼可以用來占卜的大龜。《墨子·親士》：“靈龜近灼，神蛇近暴。”（近：先。）“攝龜”，一種甲殼可用來占卜的小龜。郭注：“小龜也。腹甲曲

折，解能自張閉，好食蛇，江東呼為陵龜。”“寶龜”，色青，甲殼可以用來占卜的龜。《禮記·樂記》：“青黑緣者，天子之寶龜也。”“文龜”，甲殼有文采的龜。“筮（shì）龜”，一種常待在占卜吉凶用的蓍草叢中的龜。《史記·龜策列傳》：“闻蓍生滿百莖者，其下必有神龜守之，其上常有青雲覆之。”〔案〕這十種龜中，前六種是古人用來占卜吉凶禍福神貴的寶物。（筮龜當屬神龜之類）後四種是指生活在不同處所的龜。四種龜中除火龜較為特殊外，山龜、澤龜、水龜並非都是價值十朋的神貴之物。而且神龜、靈龜等一般也是生活在山林水澤之中的。所以，可以把這一條看成是各種龜名的彙集，不必認為是説明《周易》中“十朋之龜”的。

釋鳥第十七

這一篇是關於鳥類名稱和形體習性的説明解釋。

17.1 隹其，鳺鴀。①

①“鳺鴀（fūfǒu）”，本或作“夫不”。小鳥名。又稱隹（zhuī）其、鵻（zhuī）、鵓鳩（bójiū）、鵓鴣（gū）、鵓（fú）鳩、祝鳩。羽灰褐色，胸部淡紅褐色。天將下雨時鳴聲急。《詩經·小雅·四牡》：“翩翩者鵻，載飛載下，集于苞栩。”毛傳：“鵻，夫不也。”

17.2 鶌鳩，鶻鵃。①

①“鶻鵃（gúzhōu）”，即斑鳩。又名鶌（jué）鳩、鶻鳩、鶻鵰。形似山鵲而小。短尾，青黑色。《左傳·昭公十七年》：“鶻鳩氏，司事也。”孔疏：“舍人曰：‘鶌鳩，一名鶻鵃，今之斑鳩也。”

17.3 鳲鳩，鴶鵴。①

①“鳲（shī）鳩”，或作“尸鳩”。即布穀鳥。又名鴶鵴（jiájú）、穫穀、擊穀、杜鵑。播種季節晝夜鳴叫，鳴聲似“布穀”。《詩經·曹風·鳲鳩》：“鳲鳩在桑，其子七兮。”《方言》八：“布穀，自關而東梁楚之間謂之結誥，周魏之間謂之擊穀。自關而西或謂之布穀。”（“結誥”，《一切經音義》引作“鴶鵴”。）

17.4 鷑鳩，鵧鷑。①

①“鵋（jí）鳩”，一種小鳥。又名鵧鵋（píjí）、烏鴭（jiù），黑身，長尾。每天五更時鳴叫，到天亮纔停止，似催促農人下田。《荆楚歲時記》説：“春分日……有鳥如烏，先鷄而鳴，‘架架格格’，民候此鳥則入田。”指的就是這種鳥。

17.5 鴡鳩，王鴡。[①]

①“鴡（jū）鳩”，“鴡”，本或作“雎（jū）”。水鳥名。又稱王鴡、魚鷹。毛暗褐色，雌雄有固定的配偶。生活在水邊，捕魚而食。《詩經·周南·關雎》：“關關雎鳩，在河之洲。”毛傳：“雎鳩，王雎也。”

17.6 鵅，鵋鶀。[①]

①“鵋鶀（jìqí）”，貓頭鷹。“鵅（gé）”，貓頭鷹的一種，又名鵂鶹（xiūliú）。羽暗褐色，有棕白色横紋。夜間活動，捕食昆蟲小鳥。

17.7 鶅，鵵軌。[①]

①“鶅”，音 zī。“鵵（tù）”，本或作“兔”。〔案〕本條舊注看法不一。有的認為“鶅”為東方雉名（見 17.69）。“兔”小。“軌”與“鳩”為聲轉字。因而認為“鵵軌”即“小鳩”，是一種似雉小如鳩的鷓鴣類鳥名。（如王闓運《爾雅集解》）有的認為“鵵”同“兔”；“軌”，跡。“鵵軌”是一種能和兔一樣疾走的雉類鳥名。（如翟灝《爾雅補郭》）有的認為 17.35 與貓頭鷹類之鳥茅鴟相次的怪鴟（鵂鶹），是貓頭鷹的一種。本條鵵軌也是貓頭鷹類鳥名。（如俞樾《群經平議》）三説可供參考。

17.8 鴗，天狗。[①]

①"鴗（lì）"，水鳥名。又稱天狗、水狗、魚虎。今名魚狗。大如燕，嘴長，尾短。羽青翠色，可供嵌鑲飾品用。主食魚蝦。羅願《爾雅翼·釋鳥》："此鳥穴土為巢，冬月啟其穴，横入一尺許，生雛其中。其喙皆紅，項下白……今人謂之翠碧鳥，又謂之魚狗。"

17.9 鷚，天鸙。①

①"鷚（liù）"，即雲雀。又名天鸙（yuè），俗稱告天鳥。翅大，能高飛，鳴聲嘹亮且多變化。郭注："大如鷃雀，色似鶉，好高飛作聲，今江東名之天鸙。"

17.10 鵱鷜，鵝。①

①"鵱鷜（lùlóu）"，野鵝。郭注："今之野鵝。"

17.11 鶬，麋鴰。①

①"鶬（cāng）"，鳥名。又稱麋鴰（guā）、蒼鴰、灰鶴。形似鶴。體蒼黑色。長頸高脚，能高飛。《楚辭·招魂》："煎鴻鶬些。"洪興祖補注："鶬，音倉，麋鴰也。此言……用膏煎鴻鶬也。"

17.12 鵅，烏鸔。①

①"鵅（luò）"，水鳥名。又稱烏鸔（bǔ）、鸔。郭注："似鶂而短頸，腹翅紫白，背上緑色。江東呼烏鸔。"（鶂：一種能高飛的水鳥。）

17.13 舒鴈，鵝。①

①"舒鴈"，鵝的别名。《儀禮·聘禮》："私覿愉愉焉，出如舒鴈。"（覿：見。愉愉：和順的樣子。）鄭注："威儀自然而有行列。"

17.14 舒鳧，鶩。[①]

①“鶩（wù）”，鴨。《左傳·襄公二十八年》：“公膳日雙雞，饔人竊更之以鶩。”“鳧（fú）”，野鴨。“舒鳧”，即鴨。郝疏：“謂之舒者，以其行步舒遲也。”《禮記·内則》：“雛尾不盈握弗食。舒鴈翠，鵠鴞胖，舒鳧翠。”鄭注：“舒鴈，鵝也。翠，尾肉也。鵠鴞胖，謂脅側薄肉也。舒鳧，鶩也。”

17.15 鳽，鵁鶄。[①]

①“鵁鶄（jiāojīng）”，或作“鵁鯖”，本或作“交精”。水鳥名。又稱鳽（jiān）。即池鷺。大如野鴨，高脚長喙，頭有紅毛冠，羽翠緑色。活動在湖沼、稻田一帶。羽毛可以作裝飾品。

17.16 輿，鵛鷋。[①]

①“輿”，或作“與”，本或作“礜（yù）”。鵶類鳥名。又稱鵛鷋（jīngtú）。黄侃《爾雅音訓·釋鳥》：“《釋文》‘與，樊孫本作礜。’以樊孫作礜推之，疑即下‘燕，白脰烏’而通名礜耳。礜燕亦聲轉。鵛之言頸也。鷋之言荼也。荼者，白也。”

17.17 鵜，鴮鸅。[①]

①“鵜（tí）”，即水鳥鵜鶘（hú）。又名鴮鸅（wūzé）、淘河鳥、塘鵝。“鴮鸅”，或作“洿澤”。嘴長尺餘，頷下有大皮囊，能伸縮，可用以兜食魚類。《詩經·曹風·候人》：“維鵜在梁，不濡其翼。”毛傳：“鵜，洿澤鳥也。”

17.18 鶾，天雞。[①]

①“鶾（hàn）”，野雞類鳥名。又稱天雞、山雞。郭注：“鶾雞，

赤羽。《逸周書》曰：文鶾若彩雞，成王時蜀人獻之。”

17.19 鸒，山鵲。[①]

①“鸒（xué）”，鳥名。又名山鵲。體形似鵲，長尾，羽有文彩，赤嘴赤足，性凶悍，鳴聲悦耳。

17.20 鷣，負雀。[①]

①“鷣（yín）”，鷹類猛禽。又名負雀、雀鷹、鷂鷹。形似鷹而較小，善於捕小鳥。郭注：“江東呼之為鷣，善捉雀，因名云。”

17.21 齧齒艾。[①]

①〔案〕鄭樵《爾雅注》説：“艾即鴱也。”“鴱（ài）”，雌的巧婦鳥。（參看17.26）翟灝《爾雅補郭》説，巧婦鳥稱“齧齒”，是根據巧婦鳥營巢時，“勤取茅莠言之”。可作參考。

17.22 鶨，鵋老。[①]

①“鶨（chuàn）”，鳥名。又稱鵋（qí）老（《説文》作“欺老”）。俗稱癡鳥。鄭樵注：“此蓋鴟類，能捐雀。句喙，目圜黄可畏，如拳大。”（捐：捕食。句：勾。）

17.23 鳸，鴳。[①]

①“鳸（hù）”，農桑候鳥的通稱。參看17.39。“鴳（yàn）”，同“鷃”。鵪鶉類小鳥。又名老鳸、斥鷃、鴳雀。麥收季節候鳥。《國語·晉語八》：“平公射鴳不死。”高誘注：“鴳，鳸。小鳥。”

17.24　桑鳸，竊脂。[①]

①“桑鳸（hù）”，或作“桑扈”。一種小青鳥。又名竊脂、青雀。郭注：“觜曲食肉，喜竊膏脂食之，故名云。”一説“竊”為古“淺”字。“竊脂”意為淺白色。鄭樵云：“言淺有脂色。此所謂其觜之色也。”可供參考。

17.25　鳭鷯，剖葦。[①]

①“鳭鷯（diāoliáo）”，也作“刀鷯”。鳥名。又稱剖葦。郭注：“好剖葦皮食其中蟲，因名云。江東呼蘆虎。似雀，青斑，長尾。”

17.26　桃蟲，鷦。[①]其雌鴱[②]。

①“鷦（jiāo）”，小鳥名。又稱桃蟲、桃雀、鷦鷯、桑飛、工爵（雀）等，體長約三寸。似黄雀而小，尾短。活動於低矮的灌木叢中，善於營巢。俗稱巧婦鳥。《詩經·周頌·小毖》：“肇允彼桃蟲，拚飛維鳥。”毛傳：“桃蟲，鷦也。”

②“鴱（ài）”，雌性的鷦鷯。

17.27　鶠，鳳。[①]其雌皇[②]。

①“鳳”，鳳凰。我國古代傳説中的神鳥。雄的叫鳳，雌的叫凰（也作皇），一般統稱為鳳凰或鳳皇。又名鶠（yǎn）。郭注根據傳説，描述鳳的形象為：“雞頭，蛇頸，燕頷，龜背，魚尾，五彩色。高六尺許。”

②“皇”，本或作“凰”。《詩經·大雅·卷阿》：“鳳皇于飛，翽翽其羽。”毛傳：“鳳皇，靈鳥，仁瑞也。雄曰鳳，雌曰皇。翽翽，衆多也。”

17.28 鶺鴒，雝渠。[①]

①“鶺鴒（jílíng）”，或作“脊令”“鵸鴒”。小鳥名。又稱雝渠。大如鷃雀，嘴尖，尾長。常在水邊覓食昆蟲和小魚等。《詩經·小雅·常棣》：“脊令在原，兄弟急難。”毛傳：“脊令，雝渠也。飛則鳴，行則摇。”

17.29 鷽斯，鵯鶋。[①]

①“鵯鶋（bēijū）”，或作“卑居”。鴉類小鳥。又稱鷽（yù）、寒鴉、雅烏。大如鴿，腹下白，喜群飛齊鳴。《詩經·小雅·小弁》：“弁彼鷽斯，歸飛提提。”毛傳：“弁，樂也。鷽，卑居。卑居，雅烏也。提提，群貌。”在《説文》《小爾雅》《本草》等書中“鷽”下都没有“斯”字。《釋文》也説：“本多無此字。”本條“鷽斯”的“斯”是後人根據《詩經·小雅·小弁》的“弁彼鷽斯”而誤增的。“弁彼鷽斯”的“斯”是語助詞。

17.30 燕，白脰烏。[①]

①“燕”，鳥名。即燕烏。因頸項色白，又稱白脰烏。“脰（dòu）”，頸項。“烏”，或作“鳥”。郝疏：“《小爾雅》云：‘白項而群飛者謂之燕烏。’今此烏大於雅烏而小於慈烏。”

17.31 鴽，鴾母。[①]

①“鴽（rú）”，鵪鶉類小鳥。又名鴾（móu）母。郭注：“青州呼鴾母。”《禮記·内則》：“鶉羹、雞羹、鴽，釀之蓼。”（釀之蓼：用蓼菜一起煮。）

17.32 密肌，繫英。[①]

①“密肌”，英雞。“密”，本或作“鷂（mì）”。“英”，本或作“鶧（yīng）”。《玉篇》：“鷂肌，繼鶧，鳥名。”鄭樵《爾雅注》：“英雞也。啄啖石英，故謂名焉。”

17.33 巂周①，燕②。燕，鳦③。

①“巂（guī）周”，燕的别名。《説文·隹部》：“巂周，燕也。”段注：“《釋鳥》：‘巂周，燕。燕，鳦。’孫炎、舍人皆云：一物三名……《吕氏春秋》曰：‘肉之美者，巂燕之髀。’此燕名巂周之證。”

②“燕”，燕子。在古書中有時單用，有時連用稱“燕燕”。如《詩經·邶風·燕燕》：“燕燕于飛，差池其羽。”（差池：不齊。）毛傳：“燕燕，鳦也。”朱熹集傳：“燕，鳦也。謂之燕燕者，重言之也。”因而有的舊注將本條解釋為“巂周，燕燕，鳦”。

③“鳦（yǐ）”，燕的别名。郭注：“〔燕〕齊人呼鳦。”

17.34 鴟鴞，鸋鴂。①

①“鴟鴞（chīxiāo）”，小鳥名。即鷦鷯。又稱鸋鴂（níngjué）。體長約三寸，毛赤褐色，尾羽短，以昆蟲為主要食物。《詩經·豳風·鴟鴞》：“鴟鴞鴟鴞，既取我子，無毁我室。”毛傳：“鴟鴞，鸋鴂也。”一説為貓頭鷹類鳥名。

17.35 狂，茅鴟。①怪鴟。②梟，鴟。③

①“狂”，本或作“鵟（kuáng）”。貓頭鷹的一種。又名茅鴟。形似鷹，羽褐色，面白，喜吃鼠類小動物。

②“怪鴟”，即貓頭鷹。又名鴟鵂（chīxiū）。晝伏夜行，鳴聲怪，俗稱怪鳥。《廣雅·釋鳥》：“鴟鵂，怪鴟也。”王念孫《疏證》：“怪鴟，頭似貓而夜飛。今揚州人謂之夜貓。”一説為貓頭鷹一類的猛禽。

③“鴟”，鴟鵂，貓頭鷹的别名。“梟（xiāo）”，貓頭鷹一類的猛

禽，相傳為長大後食母的惡鳥。一説通“鴞”，即貓頭鷹。《詩經·大雅·瞻卬》：“懿厥哲婦，為梟為鴟。”鄭箋：“厥，其也。其，幽王也。梟鴟〔惡〕聲之鳥。”

17.36 鵲，劉疾。①

①“鵲（jiē）”，雄鶴鶉。參看17.43。“劉”，或作“留”。雄鶴鶉鳴聲急速，可能因此又名劉（留）疾。

17.37 生哺，鷇。①生噣，雛。②

①“哺（bǔ）”，喂食。“鷇（kòu）”，需母鳥哺食的幼鳥。《國語·魯語上》：“鳥翼鷇卵，蟲舍蚳蝝。”韋昭注：“生哺曰鷇，未乳曰卵。”（蚳：蟻卵。蝝：未生翅的蝗子。）

②“噣（zhuó）”，通“啄”。鳥用嘴取食。“雛（chú）”，能自行啄食的幼鳥。多指小雞。《禮記·内則》：“雛尾不盈握不食。”

17.38 爰居，雜縣。①

①“爰居”，一種大海鳥名。大如馬駒。又稱雜縣。《國語·魯語上》：“海鳥曰爰居，止於魯東門之外三日。”韋昭注：“爰居，雜縣也。東門，城東門也。”

17.39 春鳸，鳻鶞。①夏鳸，竊玄②。秋鳸，竊藍。冬鳸，竊黄。桑鳸，竊脂③。棘鳸，竊丹。行鳸，唶唶。④宵鳸，嘖嘖⑤。

①“鳸（hù）”，本或作“扈”。農桑候鳥的通稱。“鳻鶞（fénchūn）”，“鳻”，本或作“分”。“鶞”，或作“循”。春鳸的别名。

②“竊”，通“淺”。下同。“玄”，黑中帶紅的顔色。

③“竊脂”，淺白色。

④“行鳸”，白天活動的鳸鳥。“唶唶（jíjí）”，鳥鳴聲。

⑤“宵鳸”，黑夜活動的鳸鳥。“嘖嘖（zézé）”，鳥鳴聲。《左傳·昭公十七年》：“九扈為九農正。”孔疏：“賈逵云：春扈分循，相五土之宜，趣民耕種者也。夏扈竊玄，趣民耘苗者也。秋扈竊藍，趣民收斂者也。冬扈竊黃，趣民蓋藏者也。棘扈竊〔丹〕，為果驅鳥者也。行扈唶唶，晝為民驅鳥者也。宵扈嘖嘖，夜為農驅獸者也。”（趣：通“促”，催促。）

17.40　鵖鴔，戴鵀。①

①“鵖鴔（bīfú），鳥名。又稱鵖鵖、戴鵀（rén）、戴勝。形似雀，頭有五色羽冠，如古代婦女的首飾花勝，因而又稱戴勝。

17.41　鶭，澤虞。①

①“鶭（fǎng）”，水鳥名。又稱澤虞、護澤、婟（hù）澤。郭注：“今婟澤鳥。似水鴞，蒼黑色，常在澤中，見人輒鳴喚不去，有象主守之官，因名云。俗呼護田鳥。”

17.42　鷀，鷧。①

①“鷀（cí）”，鸕鷀（lúcí），水鳥名。又稱鷧（yì）、魚鷹。形似鴉而大，羽黑色，上嘴尖端有鉤，善於潛水捕魚。

17.43　鷯，鶉。①其雄鶛②，牝痺③。

①“鶉（chún）”，鳥名。又稱鵪（ān）鶉、鷯（liáo）。形似雛雞。頭小，尾短，羽赤褐色，雜有黃白色斑紋。肉和卵可供食用。《詩經·魏風·伐檀》：“不狩不獵，胡瞻爾庭有縣鶉兮？”

②“鵲（jiē）”，雄鶺鶒。

③“痺（bēi）”，本或作“庳”。雌鶺鶒。《山海經·南山經》：“〔柜山〕有鳥焉，其狀如鴟而人手。其音如痺，其名為鴸。”

17.44　鸍，沈鳧。①

①“鸍（mí，又音 shī）”，野鴨。又名沈鳧（chénfú）。郭注：“似鴨而小，長尾，背上有文。今江東亦呼為鸍。”郝疏：“鳧善沈水，灑濯其頸，故曰沈鳧。”

17.45　鴢頭，鵁。①

①“鴢（yǎo）”，水鳥名。又稱鴢頭、鵁（xiāo）、魚鵁。形似野鴨。脚近尾，行走不便。能入水捕魚。《山海經·中山經》：“〔青要之山〕其中有鳥焉，名曰鴢，其狀如鳧，青身而朱目赤尾。”一説“鴢”，又名“頭鵁”。

17.46　鵽鳩，寇雉。①

①“鵽（duò）鳩”，鳥名。又稱寇雉、泆泆（yìyì）、突厥雀、毛腿沙雞。形似鴿，常成群覓食。肉味鮮美，羽毛可作裝飾品。

17.47　萑，老鵵。①

①“萑（huán）”，貓頭鷹類鳥名。又名老鵵（tù）、木兔。郭注：“似鴟鵂而小，兔頭，有角，毛脚，夜飛，好食雞。”

17.48　鵚鶦鳥。①

①“鵚鶦”，“鵚（tū）”，本或作“突”。“鶦（hú）”，本或作“胡”。水鳥名，即白頭翁。郭注：“似雉，青身，白頭。”

17.49　狂，𪁬鳥。①

①“狂”，本或作“鵟（kuáng）”。“𪁬”，同“夢”。〔案〕本條注家多根據《山海經·大荒西經》“栗廣之野……有五采之鳥，有冠，名曰狂鳥”，認為“狂”是一種有冠及五彩羽毛的鳥。《集韻》解釋“鵟”為鴟類，即貓頭鷹類鳥。從貓頭鷹晝伏夜出，眼日無所見，夜則極明的特點，以及17.35條貓頭鷹有怪鴟、夜貓子等别名來看，這裏别名為“𪁬鳥”的“狂”，當如《集韻》所説，是貓頭鷹之類的鳥。

17.50　皇，黄鳥。①

①“黄鳥”，黄雀。又名皇、搏黍。體色淺黄，鳴聲清脆。郝疏：“按此即今之黄雀。其形如雀而黄，故名黄鳥。”《詩經·周南·葛覃》：“黄鳥于飛，集于灌木。”一説黄鳥即黄鸝（lí）。

17.51　翠，鷸。①

①“翠”，鳥名。又稱鷸（yù）、翠雀、翡翠鳥。羽毛有多種顔色，可用作裝飾物。雄鳥胸前背上翼後有赤毛，或稱翡；雌鳥羽毛以蒼翠、暗緑色為主，或稱翠。《楚辭·九歌·東君》：“翾飛兮翠曾。”（翾：小飛。曾：舉。）《左傳·僖公二十四年》：“〔鄭子臧〕好聚鷸冠。”

17.52　鸀，山烏。①

①“鸀（shǔ）”，鳥名。又稱山烏、紅嘴山鴉。通體亮黑，嘴鮮紅，常結群高飛，鳴聲響亮，巢營於石窟、土穴中。生活在我國西北、華北山地。

17.53　蝙蝠，服翼。①

①“蝙蝠（biānfú）”，哺乳動物。又名服翼、仙鼠等。形似鼠。《方言》八：“蝙蝠，自關而東謂之服翼，或謂之飛鼠，或謂之老鼠，或謂之仙鼠。自關而西秦隴之間謂之蝙蝠。”蝙蝠前後肢有薄膜和身體相連，能飛翔，古人誤認為是鳥類，所以放在《釋鳥》中。

17.54 晨風，鸇。①

①“鸇（zhān）”，鷹類猛禽。又名晨（鷐）風。形似雀鷹，羽青黃色。捕食燕雀等小鳥。《左傳·文公十八年》：“見無禮於其君者誅之，如鷹鸇之逐鳥雀也。”

17.55 鸉，白鷢。①

①“鸉（yáng）”，鷹類猛禽。又名白鷢（jué）。形似鷹，尾上白，善捕鳥雀。郝疏：“白鷢即今白鷂子。似雀鷹而大，尾上一點白，因名焉。”

17.56 寇雉，泆泆。①

①“寇雉”“泆泆（yìyì）”，都是鵽鳩的别名。參看17.46。

17.57 鷏，蟁母。①

①“鷏（tián，又讀zhēn）”，鳥名，即夜鶯。又稱蟁（wén）母。“蟁”，同“蚊”。晝伏夜出，捕食蚊虻。舊時以為此鳥吐蚊，因而稱之為蚊母。

17.58 鷉，須鸁。①

①“鷉（tī）”，水鳥名。又名須鸁（luó）、鷿鷉（pìtī）。俗稱油鴨。形似野鴨而略小。不善於飛行，善於潛水。古人用其脂膏塗刀劍以

防銹。《方言》八："野凫其小而好没水中者，南楚之外謂之鷿鷉。"

17.59　鼯鼠，夷由。①

①"鼯（wú）鼠"，哺乳動物。又名夷由。俗稱大飛鼠。形似松鼠，生活在高山樹林中。前後肢之間有飛膜，能在樹林中滑翔。吃堅果、嫩葉和昆蟲等。因為能滑翔，古人誤認為是鳥類，所以放在《釋鳥》中。

17.60　倉庚，商庚。①

①"倉庚"，鳥名。本或作"鶬鶊"。即黄鸝。又名商庚、黄鶯、鵹黄等。羽黄間黑，鳴聲悦耳。《大戴禮記·夏小正》："〔二月〕有鳴倉庚。倉庚者，商庚也。"參看17.64。

17.61　鴩，餔敊。①

①"鴩（dié）"，本或作"鴃"。鳥名。"餔（pù）"，或作"鋪"。"敊（chǐ）"，本或作"豉"。"餔敊"，鴩鳥的别名。《説文》："鴃，鋪豉也。"段注："此必鳥聲如云鋪豉。"

17.62　鷹，鶆鳩。①

①"鶆（lái）鳩"，"鶆"，本或作"來"。鷹的一種。今為灰臉鵟鷹的别名。一説"鶆"當作"鷞（shuǎng）"。"鷞鳩"，即《左傳·昭公十七年》中的"爽鳩"。為鷹的别名。

17.63　鶼鶼，比翼。①

①參看9.34。

17.64 鵹黄，楚雀。[①]

①“鵹（lí）黄”，黄鸝。又名楚雀、黄鶯、倉庚等。《方言》八：“鸝黄，自關而東謂之鶬鶊，自關而西謂之鸝黄，或謂之黄鳥，或謂之楚雀。”（鸝黄：即鵹黄。）參看17.60。

17.65 鴷，斲木。[①]

①“鴷（liè）”，啄木鳥。又名斲（zhuó）木。“斲”，砍、削。郭注：“口如錐，長數寸，常斲樹食蟲，因名云。”

17.66 鷍，鶶鷵。[①]

①“鷍（jī）”，鳥名。又稱鶶鷵（tángtú）。郭注：“似烏，蒼白色。”

17.67 鸕，諸雉。[①]

①“鸕（lú）”，或作“盧”。野雞的一種，又名諸雉。郝疏：“《説文》‘雉有十四種：盧，諸雉’。其一也。按黑色曰盧……”

17.68 鷺，舂鉏。[①]

①“鷺（lù）”，水鳥名。又稱白鷺、白鳥、舂鉏（chōngchú）。體形高大瘦削，羽色純白。嘴尖而直，頸、足長，適於涉水覓食。《詩經·周頌·振鷺》：“振鷺于飛，于彼西雝。”毛傳：“鷺，白鳥也。雝，澤也。”

17.69 鷂雉[①]。鷮雉[②]。鳪雉[③]。鷩雉[④]。秩秩，海雉。[⑤]鸐，山雉。[⑥]韓雉[⑦]。鵫雉[⑧]。雉絶有力，奮。[⑨]伊洛而南，素質五采皆備成章曰翬[⑩]。江淮而南，青質五采皆備成章曰鷂[⑪]。南方曰𠷎[⑫]，東方曰鶅[⑬]，北方曰鵗[⑭]，西方曰鷷[⑮]。

①“鷂（yào）雉”，野雞的一種。青羽，有五彩花紋。

②“鷮（jiāo）雉”，野雞的一種。體短尾長，羽色濃赤，胸及翼有白斑。肉味鮮美，羽毛可作裝飾物。《詩經・小雅・車舝》：“依彼平林，有集維鷮。”毛傳：“鷮，雉也。”

③“鳪（bú）雉”，野雞的一種。羽毛黄色。邢疏：“雉之黄色，鳴自呼者名鳪。”

④“鷩（bì）雉”，野雞的一種。即錦雞。又名金雞，雄鳥頭上有金色冠毛。《山海經・西山經》：“〔小華之山〕鳥多赤鷩。”郭璞注：“赤鷩，山雞之屬，胸腹洞赤，冠金，皆黄頭緑尾，中有赤，毛彩鮮明。”

⑤“秩秩”，野雞的一種。又名海雉。形似野雞而黑毛長尾。郭注：“如雉而黑，在海中山上。”

⑥“鸐（dí）”，本或作“翟”。野雞的一種。又名山雉、山雞、長尾野雞。雄鳥尾羽灰色，長三尺餘。有多種顔色條紋。《詩經・邶風・簡兮》：“左手執籥，右手執翟。”毛傳：“翟，翟羽也。”

⑦“鵫（hàn）雉”，“鵫”或作“翰”。野雞的一種。羽毛赤色。

⑧“鵫（zhuó）雉”，野雞的一種。又名白鵫。羽毛白色。

⑨“絶”，極。“奮”，極强壯有力的野雞。郭注：“最健鬭。”

⑩“翬（huī）”，具有五彩的野雞。《詩經・小雅・斯干》：“如鳥斯革，如翬之飛。”（斯：之。革：翅膀。）鄭箋：“翬者，鳥之奇異者也。”

⑪“鷂”，即“鷂雉”，見本條注①。

⑫“𠷎（chóu）”，南方野雞名。

⑬“鶅（zī）”，東方野雞名。

⑭“鵗（xī）”，北方野雞名。

⑮“鷷（zūn）”，西方野雞名。《左傳・昭公十七年》：“五雉為工

正。”杜注：“五雉，雉有五種：西方曰鷷雉，東方曰鶅雉，南方曰翟雉，北方曰鵗雉，伊洛之南曰翚雉。”（工正：掌百工之官。）

17.70 鳥鼠同穴①，其鳥為鵌②，其鼠為鼵③。

①“鳥鼠同穴”，山名。在今甘肅渭源縣西南。山中有鳥鼠同居一穴的情況。郭注：“穴入地三四尺，鼠在內，鳥在外。今在隴西首陽縣鳥鼠同穴山中。”（隴西首陽縣即今甘肅渭源縣。）

②“鵌（tú）”，也作“鵚”。一種與鼠同穴而居的鳥。形似沙雞而小，黄黑色。

③“鼵（tū）”，一種與鳥同穴而居的鼠。郭注：“鼵如人家鼠而短尾。”

17.71 鸛鷒，鶝鶔。①如鵲，短尾，射之，銜矢射人。

①“鸛鷒（huāntuán）”，傳説中鳥名。又稱鶝鶔（fúróu）。郭璞《山海經圖讚》：“鸛鷒之鳥，一名婧翠。應弦銜鏑，矢不著地。逢蒙縮手，養由不睨。”（逢蒙、養由〔基〕：古代善射者。睨：斜視。）一説為一種大嘴的鴉類小鳥。郝疏：“俗説雅（鴉）一名大觜鳥，善避矰繳，人以物擲之，從空銜取，還以擲人……順天人呼寒鴉。寒鴉即鸛鷒之合聲也。”

17.72 鵲鶪醜，其飛也翪。①鳶烏醜，其飛也翔。②鷹隼醜，其飛也翬。③鳧鴈醜，其足蹼，其踵企。④烏鵲醜，其掌縮。⑤

①“鶪（jú）”，本或作“鵙”，伯勞鳥。參看17.78。“醜”，類。下同。“翪（zōng）”，鳥張開翅膀上下飛。邢疏：“鵲鶪之類不能翱翔遠飛，但竦翅上下而已。”

②“鳶（yuān）”，鴟，即老鷹。“翔”，盤旋而飛。邢疏：“鳶，鴟也。鴟鳥之類其飛也布翅翱翔。”

③“隼（sǔn）”，鷹類猛禽名。凶猛善飛，常襲擊其他鳥類。“翬（huī）”，鼓翼疾飛。

④“鳧（fú）”，野鴨。“鴈”，同“雁”。“其踵企”，鳧鴈類鳥脚趾間有薄膜（蹼）相連，飛時則伸直脚跟。“企”，踮起脚後跟，伸直脚後跟。

⑤“其掌縮”，烏鵲類鳥飛行時脚縮在腹下。

17.73　亢，鳥嚨。[①]其粻，嗉。[②]

①“亢（gāng）”，咽喉。“嚨”，喉嚨。

②“嗉（sù）”，鳥類食道下部儲存食物的囊。“粻（zhāng）”，食糧。這裏指鳥類食道下部儲存食物的地方。郭注：“嗉者，受食之處，別名嗉。今江東呼粻。”

17.74　鶉子，鳼。[①]鴽子，鸋。[②]雉之暮子為鷚[③]。

①“鶉（chún）”，鵪鶉。“鳼（wén）”，幼鶉。

②“鴽（rú）”，鵪鶉類小鳥。參看17.31。“鸋（níng）”，幼鴽。

③“暮子”，晚生的幼鳥。“鷚（liù）”，晚生的小野雞。

17.75　鳥之雌雄不可別者，以翼右掩左，雄；左掩右，雌。[①]

①《詩經·小雅·白華》：“鴛鴦在梁，戢其左翼。”鄭箋：“戢，斂也。斂左翼者，謂右掩左也。鳥之雌雄不可別者，以翼右掩左，雄；左掩右，雌。”

17.76　鳥少美長醜為鶹鷅[①]。

①“鶹鷅（liúlì）”，或作“流離”“留離”。梟（貓頭鷹）的別名。

《詩經·邶風·旄丘》:“瑣兮尾兮,流離之子。”毛傳:“瑣、尾,少好之貌。流離,鳥也,少好長醜。”孔疏:“陸機云:‘流離,梟也。自關西謂梟為流離。其子適長大,還食其母。故張奐云鶹鷅食母,許慎云梟不孝鳥是也。’流與鶹,蓋古今之字。”

17.77 二足而羽謂之禽。[1]四足而毛謂之獸。

①〔案〕“禽”的本義是獵獲物,包括鳥獸魚等類動物。引申為鳥獸的總名。《孟子·滕文公下》:“昔者趙簡子使王良與嬖奚乘,終日而不獲一禽。”(與:為。乘:駕車。)《三國志·魏志·方技傳》說華佗創“五禽之戲”(一種體操),“五禽”指的是虎鹿熊猿鳥。禽衹有在和四足而毛的獸類相對而言時,纔專指二足而羽的鳥類。後來詞義縮小,“禽”便衹指鳥類了。

17.78 鶪,伯勞也。[1]

①“鶪(jú)”,本或作“鵙”。鳥名。又稱伯勞、博勞。喙尖端鈎曲而銳利,鳴叫時尾羽向上下運動。捕食昆蟲和小鳥。《詩經·豳風·七月》:“七月鳴鶪,八月載績。”毛傳:“鶪,伯勞也。”

17.79 倉庚,黧黄[1]也。

①“黧(lí)黄”,“黧”,本或作“鵹”。“黧黄”即“鵹黄”,黄鸝。參看17.60,17.64。

釋獸第十八

這一篇是關於各種獸類名稱、形體特徵和習性的説明解釋。分為寓屬、鼠屬、齸屬和須屬四類。其中豬為六畜之一，本應歸入《釋畜》，列為豬屬，現誤與野豬合在一起，放在本篇中。

（一）寓屬①

①“寓屬”，舊説是寄寓於木上的獸類動物。事實上，其中有些獸類動物如麋鹿兕犀等，並非寄寓於木上，而且所有的獸類都有寄寓的地方。“寓屬”不應作為獸的一類。這一部分實際上是指一般的野獸。

18.1 麋①：牡，麔②；牝，麎③；其子，麇④；其跡，躔⑤；絶有力，狄⑥。

①“麋（mí）”，麋鹿。形似鹿，大如小牛。《春秋·莊公十七年》：“冬，多麋。”

②“麔（jiù）”，公麋，頭有枝角。

③“麎（chén）”，母麋。《詩經·小雅·吉日》：“瞻彼中原，其祁孔有。”鄭箋：“‘祁’當作‘麎’。麎，麋牝也。”

④“麇（yǎo）”，幼麋。《國語·魯語上》：“魚禁鯤鮞，獸長麑麇。”高誘注：“鹿子曰麑。麋子曰麇。”

⑤“躔（chán）”，獸的足迹。這裏指麋的足迹。

⑥“狄”，極强壯有力的麋。

18.2 鹿：牡，麚[①]；牝，麀[②]；其子，麛[③]；其跡，速[④]；絶有力，麉[⑤]。

①“麚（jiā）”，公鹿。頭有枝角。《説文·鹿部》：“麚，牡鹿也……以夏至解角。”

②“麀（yōu）”，母鹿。《左傳·襄公四年》：“忘其國恤，而思其麀牡。”

③“麛（mí）”，本或作“麑”。幼鹿。《周禮·天官·庖人》：“凡用禽獻……秋行犢麛，膳膏腥。”

④“速”，或作“䴛”。鹿的足迹。

⑤“麉（jiān）”，極强壯有力的鹿。

18.3 麕[①]：牡，麌；牝，麜；[②]其子，麆[③]，其跡，解；絶有力，豜[④]。

①“麕（jūn）”，本或作“麇”“麏”。即獐。形似鹿而小，無角。皮可製衣物。《詩經·召南·野有死麕》：“野有死麕，白茅包之。”

②〔案〕“麌（yǔ）”“麜（lì）”兩字，《説文》均無。今本《爾雅》稱公獐為“麌”，母獐為“麜”。而郝疏等認為《爾雅》古本作“麕：牡，麜；牝，麌”，今本“麜”“麌”互倒。存疑。

③“麆（zhù）”，幼獐。

④“豜（jiān）”，極强壯有力的獐。郝疏：“豜，《詩》‘獻豜于公’，謂豕三歲者。豜、麉聲同，疑鹿、麕俱名麉，借作豜。”郝説可從。

18.4 狼：牡，貛；牝，狼；[①]其子，獥[②]；絶有力，迅[③]。

①〔案〕在古籍中，狼一般不分公母，統稱之為狼。如《詩經·齊風·還》：“並驅從兩狼兮，揖我謂我臧兮。”“貛（huān）”，《説文》段注説是一種“似豕而肥”的野獸。後代稱一種頭長耳短，頭部有三條

寬白紋，毛灰色，雜食昆蟲、果實的野獸為貛。《説文》和後代所説的貛，形體、習性和狼都不同。朱駿聲《説文通訓定聲》："貛與狼雖同類，而'狼，牡貛'惟見《爾雅》，疑狦（shān）字之借字也。"（狦：《廣雅》："狼也。"《廣韻》："獸名，似狼。"）公狼稱貛，也有可能是方言詞。

②"獥（jiào）"，幼狼。

③"迅"，極强壯有力的狼。邢疏："孫炎曰：'迅，疾也。'"

18.5　兔子，嬎[①]；其跡，迒[②]；絶有力，欣[③]。

①"嬎（fàn）"，本或作"娩"。幼兔。

②"迒（háng）"，野獸的足迹。這裏指兔的足迹。

③"欣"，極强壯有力的兔。

18.6　豕子，豬。[①]豶，豶。[②]幺[③]，幼。奏者，豱。[④]豕生三，豵；二，師；一，特。[⑤]所寢，橧[⑥]。四蹢皆白，豥。[⑦]其跡，刻。絶有力，豟[⑧]。牝，豝[⑨]。

①"豬"，即豕。"子"為衍文。《方言》八："豬，北燕朝鮮之間謂之豭，關東西或謂之彘，或謂之豕。南楚謂之豨。其子或謂之豚，或謂之貕，吴楊之間謂之豬子。"

②"豶（fén）"，閹割過的豬。又名"豷（wěi）"，本或作"豨"。《周易·大畜》："豶豕之牙。"

③"幺（yāo）"，指最後出生的小豬。郭注："最後生者，俗呼為幺豚。"

④"奏（còu）"，本或作"湊"。通"湊"。皮膚皺縮。"豱（wēn）"，頭短而醜，皮膚多皺褶的豬。

⑤"豵（zōng）"，豬一胎生三子，豬仔稱豵。郭注："豬生子常多，故别其少者之名。"邢疏："過三亦為豵。"豵在古籍中常作為小豬

的泛稱。這裏是特稱。“師”，豬一胎生二子，豬仔稱師。“特”，豬一胎生一子，豬仔稱特。

⑥“橧（céng）”，豬睡的墊草，也指豬圈。邢疏：“舍人曰：‘豕所寢草名為橧。’”

⑦“豴”，當作“蹢”。“蹢（dí）”，獸蹄。“豥（gāi）”，四蹄都是白色的豬。《詩經·小雅·漸漸之石》：“有豕白蹢，烝涉波矣。”鄭箋：“烝，衆也。豕之性能水，又唐突難禁制。四蹢皆白曰駭（豥），則白蹄其尤躁疾者。”

⑧“豟（è）”，極强壯有力的豬。郭注：“即豕高五尺者。”

⑨“豝（bā）”，母豬。《詩經·召南·騶虞》：“彼茁者葭，壹發五豝。”毛傳：“豕牝曰豝。”

18.7 虎竊毛謂之虥貓。[①]

①“竊”，淺。“虥（zhàn）貓”，淺毛虎。

18.8 貘，白豹。[①]

①“貘（mò）”，獸名。又稱白豹。郭注：“似熊，小頭庳脚，黑白駁，能舐食銅鐵及竹骨。”《釋文》：“《字林》云：‘似熊而白黄，出蜀郡。’一曰白豹。”羅願《爾雅翼·釋獸》：“貘，今出建寧郡，毛黑白，臆似熊而小，能食蛇，以舌舐鐵，可頓進數十斤。……今蜀人云峨眉山多有之。”根據這些描述，古代所説的貘，很可能就是大熊貓。現代所説的貘，指一種體形略似犀，棲息於熱帶密林中的動物。兩者同名異物。

18.9 甝[①]，白虎。虪[②]，黑虎。

①“甝”，音hán。

②“虪”，音shù。

18.10 貀[①]，無前足。

①“貀（nà）”，本或作“豽”。一種衹有兩隻脚的野獸。其形狀及屬性説法不一。郭注：“晉太康七年召陵扶夷縣檻得一獸，似狗，豹文，有角，兩脚。即此種類也。或説貀似虎而黑，無前兩足。”郝疏：“《爾雅考證》引《異物志》云：‘貀出朝鮮，似猩猩，蒼黑色，無前兩足，能捕鼠。’……《臨海志》云：‘狀如虎形，頭似狗，出東海水中。’”

18.11 鼳，鼠身長須而賊，秦人謂之小驢。[①]

①“鼳（jú）”，獸名。“須”，胡鬚。後多作“鬚”。邢疏：“獸名也。身如鼠，有長須而賊害於物。”

18.12 熊虎醜[①]，其子，狗[②]；絶有力，麙[③]。

①“醜”，類。

②“狗”，熊虎類動物幼仔名。郭注：“律曰：捕虎一，購錢五千，其狗半之。”

③“麙（yán）”，極强壯有力的熊虎類動物。

18.13 貍[①]子，隸[②]。

①“貍（lí）”，野貓。也稱貍貓、山貓。大小似狐，頭部有黑色條紋，身有黑褐色斑點。善竊雞鴨。

②“隸（sì）”，本或作“肆”。幼貍。

18.14 貈[①]子，貆[②]。

①“貈（hé）”，同“貉（hé）”。或作“貉”。獸名。又稱狗獾。形似狐，毛厚，性嗜睡。毛皮可製衣帽。《論語・鄉黨》：“狐貉之厚以

居。”（厚：指厚毛。）

②“貆（huán）”，幼貈。《詩經·魏風·伐檀》：“不狩不獵，胡瞻爾庭有縣貆兮。”鄭箋：“貉子曰貆。”

18.15　貒[①]子，貗[②]。

①“貒（tuān）”，獸名。又稱豬獾。形似小豬，體肥，行動遲緩。《釋文》：“《説文》《字林》云：獸似豕而肥。”《方言》八：“獾，關西謂之貒。”

②“貗（jǔ）”，幼貒。

18.16　貔，白狐。[①]其子，豰。[②]

①“貔（pí）”，猛獸名。似虎，毛灰白色。又名白狐。《詩經·大雅·韓奕》：“獻其貔皮，赤豹黄羆。”孔疏引陸機《詩義疏》：“貔似虎，或曰似熊。一名執夷，一名白狐。遼東人謂之白羆。”

②“豰（hù）”，幼貔。《史記·司馬相如列傳》：“蛫胡豰蛫，棲息乎其間。”司馬貞《索隱》：“郭璞曰：‘豰似貍而大，腰以後黄，一名黄腰，食獼猴。豰，白狐子也。’”

18.17　麝父[①]，麕足。

①“麝（shè）父”，香獐。簡稱麝。形似鹿，無角，足似獐。公麝犬齒外露，腹臍分泌麝香。《山海經·西山經》：“〔翠山〕其陰多旄牛麢麝。”郭璞注：“麝似獐而小，有香。”

18.18　豺[①]，狗足。

①“豺（chái）”，獸名。形似狼狗，性凶猛。《吕氏春秋·季秋紀》：“菊有黄華，豺則祭獸戮禽。”高誘注：“豺，獸也。似狗而長毛，

其色黄，於是月殺獸四圍陳之。世所謂祭獸。”

18.19　貙獌[1]，似貍。

①“貙（chū）”，獸名。狼類。形似貍，大如狗。“貙獌（màn）”，大貙。

18.20　羆[1]如熊，黄白文。

①“羆（pí）”，馬熊。又稱人熊。形似熊，毛黄白色。力大，能直立行走。郭注：“似熊而長頭高脚。猛憨多力，能拔樹木。關西呼曰貑熊。”《尚書·牧誓》：“勗哉夫子！尚桓桓。如虎如貔，如熊如羆。”（桓桓：威武的樣子。）

18.21　麢[1]，大羊。

①“麢（líng）”，羚羊。形似羊而大，角細而尖，向後彎曲。《山海經·西山經》：“〔大次之山〕其陰多碧，其獸多㸲牛麢羊。”

18.22　麠，大麃。[1]牛尾，一角。

①“麠（jīng）”，或作“麖”，大麃。“麃（páo）”，同“麅（páo）”。獸名。鹿的一種。形似獐，耳、眼大，尾似牛，一角。

18.23　麐[1]，大麢。旄毛[2]，狗足。

①“麐（jǐ）”，或作“麂（jǐ）”，鹿類動物。形似獐而大，口有長牙。公麢頭有角。皮可製革。《山海經·中山經》：“女几之山，其上多玉，其下多黄金。其獸多豹虎，多閭麋、麖、麂。”

②“旄毛”，長毛。

18.24　魋[①]如小熊，竊毛而黄。

①“魋（tuí）”，獸名。形似小熊，毛淺紅而黄。郭注：“今建平山中有此獸，狀如熊而小，毛麤（粗）淺，赤黄色。俗呼為赤熊，即魋也。”

18.25　貏貐[①]，類[②]貙，虎爪，食人，迅走。

①“貏貐（yàyǔ）”，“貏”，或作“猰”“窫”。古代傳説中一種食人的猛獸。《淮南子·本經訓》：“猰貐、鑿齒、九嬰、大風、封豨、脩蛇，皆為民害。”高誘注：“猰貐，獸名也。狀若龍首。或曰似貍，善走而食人，在西方也。”

②“類”，像。

18.26　狻麑[①]，如虦貓[②]，食虎豹。

①“狻麑（suānní）”，或作“狻猊”。即獅子。《穆天子傳》卷一：“狻猊、野馬走五百里。”郭璞注：“狻猊，獅子。亦食虎豹。”

②“虦（zhàn）貓”，淺毛虎。

18.27　驨[①]，如馬，一角；不角者，騏[②]。

①“驨（xí）”，獸名。郭注：“元康八年，九真郡獵得一獸，大如馬，一角，角如鹿茸，此即驨也。今深山中人時或見之，亦有無角者。”

②“騏（qí）”，没有角的驨。

18.28　羱[①]，如羊。

①“羱（yuán）”，野羊的一種。形似山羊而大。公羱角大而向後彎曲。生活在我國西部和北部高原地區。

18.29　麐[1]，麕身，牛尾，一角。

①“麐（lín）”，本或作“麟”。古籍中一般都寫作“麟”。古代傳説中的一種動物。即麒麟。身似獐，頭上有一角，全身有鱗甲，尾似牛。古人用它作為吉祥的象徵。《公羊傳·哀公十四年》：“麟者，仁獸也。”

18.30　猶[1]，如麂，善登木。

①“猶”，猴類獸名。形似麂，足如狗。善於攀登巖樹。郝疏：“猶之為獸，既是猴屬，又類麂形，麂形似麕而足如狗，故猶從犬矣。”

18.31　貄，脩毫。[1]

①“貄（sì）”，本或作“貄”“肆”。獸名。“脩毫”，長毛。郝疏認為“與上‘貍子，貄’同名。疑亦同物，今貍貓之屬”。參看18.13。

18.32　貙，似貍。[1]

①貙（chū），參看18.19。

18.33　兕[1]，似牛。

①“兕（sì）”，古代犀牛類獸名。狀如野牛，毛青色，一角，皮厚，可製甲。或説兕為雌犀。《詩經·小雅·何草不黄》：“匪兕匪虎，率彼曠野。”

18.34　犀[1]，似豕。

①“犀”，獸名。又稱犀牛。形似水牛，豬頭，大腹，有一至二角，毛極稀少，皮厚多皺褶。《國語·吴語》：“建肥胡，奉文犀之渠。”高

誘注：“肥胡，幡也。文犀之渠，謂楯也。文犀，犀之有文理者。”

18.35 彙[①]，毛刺。

①“彙（wèi）”，本或作“猬”“蝟”。即刺猬。頭小，四肢短，身上有硬刺，遇敵，身體縮成團。《山海經·中山經》：“樂馬之山有獸焉，其狀如彙。”

18.36 狒狒[①]，如人，被[②]髮，迅走，食人。

①“狒狒（fèifèi）”，我國古代傳説中的一種猿類動物。又名山都、梟羊。郭注：“梟羊也。《山海經》曰，其狀如人，面長脣黑，身有毛，反踵，見人則笑。交廣及南康郡山中亦有此物。大者長丈許。俗呼之曰山都。”

②“被（pī）”，披。

18.37 貍、狐、貒、貈醜[①]，其足，蹯[②]；其跡，内[③]。

①“貍”，見 18.13 注①。“貒”，見 18.15 注①。“貈”，見 18.14。“醜”，類。

②“蹯（fán）”，獸足掌。郭注：“皆有掌蹯。”《左傳·宣公二年》：“宰夫胹熊蹯不熟，殺之。”

③“内（róu）”，獸類足迹。邢疏：“其指頭著地處名内。”

18.38 蒙頌[①]，猱[②]狀。

①“蒙頌”，猴類獸名。形似長尾猴而小，紫黑色。善於捕鼠。郭注：“可畜。健捕鼠，勝於貓。九真、日南皆出之。”

②“猱（náo）”，見下條。

18.39　猱②、蝯①，善援。

①“蝯（yuán）”，即猿。形似猴而大，没有頰囊和尾巴，種類很多。

②“猱（náo）”，猿類獸名。又稱獼猴。善於攀援。《管子·形勢篇》：“墜岸三仞，人之所大難也，而猿猱飲焉。”

18.40　貜父①，善顧②。

①“貜父（juéfǔ）”，“貜”，或作“玃”。猴的一種。簡稱貜（玃）。郭注：“似獼猴而大，色蒼黑，能攫持人，好顧眄。”《吕氏春秋·察傳》：“狗似玃，玃似母猴，母猴似人。”（母猴：獼猴。）

②“顧”，意思是四處張望。

18.41　威夷①，長脊而泥②。

①“威夷”，獸名。邢疏：“威夷之獸長脊而劣弱，少才力也。”

②“泥”，弱，力小。

18.42　麐麚，短脰。①

①“麚”，當作“豭（jiā）”。“豭”，公豬。又為豬的通稱。“麐（jiù）豭”，獸名。指一種雄性野豬類動物。“脰（dòu）”，頸。《説文》：“欲……从欠，咎聲。讀若《爾雅》曰‘麐豭，短脰’。”段注：“見《釋獸篇》。‘豭’今本作‘麚’，非。‘麐豭’一獸名。非上文之‘麇：牡，麐’‘鹿：牡，麚’也。”

18.43　貋①，有力。

①“貋（xuàn）”，獸名。形似狗。郭注：“出西海，大秦國有養者，似狗，多力，獷惡。”

18.44 豦①，迅頭②。

①“豦（jù）”，獸名。郭注：“今建平山中有豦，大如狗，似獼猴，黄黑色，多髯鬣。好奮迅其頭，能舉石擿（擲）人，貜（猴）類也。”

②“迅頭”，頭常常很快地擺動。

18.45 蜼①，卬②鼻而長尾。時善乘領③。

①“蜼（wèi）”，一種長尾猿。郭注：“蜼似獼猴而大，黄黑色。尾長數尺，似獺尾，末有歧。鼻露向上，雨即自縣於樹，以尾塞鼻，或以兩指。江東人亦取養之。為物捷健。”《周禮·春官·司尊彝》：“祼用虎彝蜼彝。”（祼：指行祼禮。）

②“卬（yǎng）”，通“仰”。仰起。

③“時”，通“是”。此。“乘”，同“乘”。升，登。“領”，山嶺。後作“嶺”。一説“時”為一種善於登山的獸名。

18.46 猩猩①，小而好啼②。

①“猩猩”，猿類動物，叫聲像小兒啼哭。

②“小而好啼”，郝疏：“按‘小而好啼’文義難通，當由轉寫致訛。若‘好’作‘如’，‘小而’作‘小兒’，倒轉讀之，則通矣。”

18.47 闕洩多狃。①

①“闕”，音 què。“洩”，或作“泄”。“狃”，音 niǔ。〔案〕“闕泄多狃”舊注有兩種解釋：一説“狃”為脚趾。“闕泄”是一種脚多趾的野獸。一説“闕洩多狃”四字當與上文“猩猩，小而好啼”相連。“闕”，通“蹶（guì）”，行走急忙的樣子。“泄”，通“詍（yì）”。多言。“狃”，習慣、重複做某事。闕、泄、狃都是説明猩猩習性特徵的。兩説都缺乏可靠依據，存疑。

（二）鼠屬

18.48　鼢鼠[①]。

①“鼢（fén）鼠”，鼠名。古代也用於稱鼴鼠。俗稱地老鼠。體肥而矮，眼小，尾短。前肢爪特别强大，善於掘土。在田間、草原地下生活。以植物的根、地下莖和嫩葉為食，對農作物有害。

18.49　鼸鼠[①]。

①“鼸（xiàn）鼠”，“鼸”，或作“鶼”。田鼠的一種。又名香鼠。灰色，短尾，頰中能藏物。《墨子·非儒下》：“鶼鼠藏而羝羊視。”

18.50　鼷鼠[①]。

①“鼷（xī）鼠”，鼠類最小的一種。舊説有螫毒，嚙人畜不覺痛，又稱甘口鼠。《春秋·成公七年》：“鼷鼠食郊牛角，改卜牛。鼷鼠又食其角。乃免牛。”

18.51　鼶鼠[①]。

①“鼶（sī）鼠”，大田鼠。形似鼬（黄鼠狼）。《大戴禮記·夏小正》：“熊羆貊貉，鼶鼬則穴。”

18.52　鼬鼠[①]。

①“鼬（yòu）鼠”，黄鼠狼。又名黄鼬。尾長，四肢短，毛黄褐色。毛皮可製衣帽，尾毛可製筆。《莊子·徐無鬼》：“夫逃虚空者，藜藋柱乎鼪鼬之逕。”（虚空：空谷。藜藋：雜草。柱：塞。鼪：鼬的别名。逕：徑。）

18.53　鼩鼠①。

①"鼩（qú）鼠"，哺乳動物。又稱鼩鼱（jīng）或鼱鼩、地鼠。形似小鼠，吻尖細，毛栗褐色，五趾都有鋭利的鈎爪，穴居田圃間。

18.54　鼭①鼠。

①"鼭"，音 shí。

18.55　鼣鼠①。

①"鼣（fèi）鼠"，鼠名。《釋文》："舍人云：'其鳴如犬也。'"《山海經·中山經》："倚帝之山，其上多玉，其下多金。有獸焉，其狀如鼣鼠。"

18.56　鼫鼠①。

①"鼫（shí）鼠"，一種大老鼠。"鼫"，通"碩"，大。郭注："形大如鼠，頭似兔，尾有毛，青黄色，好在田中食粟豆。關西呼為鼩（zhuó）鼠。"一説即梧鼠，又稱五技鼠。《荀子·勸學》："梧鼠五技而窮。"《大戴禮記》作"鼫鼠五伎而窮"。《説文·鼠部》："鼫，五技鼠也。能飛不能過屋，能緣不能窮木，能游不能渡谷，能穴不能掩身，能走不能先人。"

18.57　鼤鼠①。

①"鼤（wén）鼠"，一種尾毛有斑紋的鼠。郝疏："《玉篇》：'鼤，班尾鼠。'《廣韻》：'班鼠也。鼤，鼠文也。'"

18.58　鼨鼠①，豹文。

①“鼨（zhōng）鼠”，一種身有豹文的鼠。《釋文》：“《説文》《字林》皆云豹文鼠也。”

18.59　鼮鼠[①]。

①“鼮（tíng）鼠”，一種身有斑紋的鼠。《太平御覽》九一一引《竇氏家傳》：“竇攸治《爾雅》，舉孝廉，為郎。世祖與百寮大會於靈臺，得鼠，身如豹文，熒熒有光輝。問群臣，莫有知者，唯攸對曰：‘此名鼮鼠。’詔：‘何以知之？’攸曰：‘見《爾雅》。’詔案視書，果如攸言，賜帛百匹。”〔案〕《爾雅》原文“鼨鼠豹文鼮鼠”，歷來有四種説法：一、根據《説文》《字林》《新唐書》，認為豹文是説明鼨鼠的，鼮鼠為另一種鼠。二、根據《爾雅》郭注、《太平御覽》，認為豹文是説明鼮鼠的。鼨鼠為另一種鼠。三、認為鼨和鼮是同一種鼠的不同名稱。四、認為鼨和鼮這兩種都是有豹文的鼠。按照《爾雅》本篇釋詞體例，描寫説明的詞語放在獸名之下，各種鼠類都是一物一名。“豹文”當為釋“鼨鼠”之詞，第三種説法不可取。第一、二兩説都有依據，但不同的鼠類可以有相似的毛色，第四種説法可從。

18.60　鼰鼠[①]。

①“鼰”，當作“鼳（qù）”。“鼳鼠”，松鼠。郭注：“今江東山中有鼳鼠，狀如鼠而大，蒼色，在樹木上。”

（三）齸屬[①]

①“齸（yì）”，牛羊麋鹿之類動物反芻。“齸屬”，反芻動物。〔案〕鳥鼠猿猴之類動物雖然食道下部或頰中有裝貯食物的地方，但不是反芻動物。將“鳥曰嗉。寓鼠曰嗛”歸為齸屬，是不科學的。

18.61　牛曰齝，羊曰齥，麋鹿曰齸。[①]

①“齝（chī）”，牛的反芻。郭注：“食之已久，復出嚼之。”“齥（xiè）”，或作“齛（xiè）”，羊的反芻。郝疏：“張揖音世，解云：羊食已，吐而更嚼之。”“齸（yì）”，或作“嗌”。麋鹿的反芻。《説文》段注：“言，其自喉出復嚼。”〔案〕《爾雅》牛、羊、麋鹿反芻各有專名。實際上三者作為同義詞，在方言、口語中可通用。郭注：“今江東呼齝為齥。”“江東名咽曰齸。”“齸”字或作“嗌”。嗌，咽。牛羊較麋鹿更為常見，以“齸屬”概括這類動物，可見“齸”為通名而非專名。

18.62　鳥曰嗉①。寓鼠曰嗛②。

①“嗉（sù）”，嗉囊。鳥類食道下部儲存食物的囊。參看17.73注②。

②“寓”，指寄居在樹上的猿猴類動物。“嗛（qiǎn）”，猴鼠類動物頰中藏食物的地方。

（四）須屬①

①“須”，止，等待。引申為休息，喘息。這一部分是説明人、獸、魚、鳥疲倦休息或喘息時的動作，並非指獸的種類，稱之為“須屬”是不科學的。

18.63　獸曰釁①。人曰撟②。魚曰須③。鳥曰狊④。

①“釁（xìn）”，獸類呼吸。郝疏：“釁者，隙也。獸卧引氣鼓息，腹脅間如有空隙，故謂之釁。”

②“撟（jiǎo）”，舉，伸。這裏指人疲倦時，活動肢體來休息，如伸懶腰等。

③“須”，指魚類在缺水時張口鼓鰓而喘息。

④“狊（jú）”，鳥張兩翅。這裏指鳥類休息時拍打雙翅。

釋畜第十九

這一篇是關於各種家畜名稱、形體特徵和習性的説明解釋。分為馬屬、牛屬、羊屬、狗屬、雞屬和六畜六類。其中有些為野生動物，本應歸入《釋獸》，而誤入本篇中。

（一）馬屬

19.1　騊駼馬①。

①“騊駼（táotú）馬”，産於北方的一種良馬。郭注：“《山海經》云：北海内有獸狀如馬，名騊駼。色青。”《逸周書·王會》：“禺氏騊駼。”孔晁注：“禺氏，西北戎夷。騊駼，馬屬。”

19.2　野馬①。

①“野馬”，産於北方的一種良馬。郭注：“如馬而小，出塞外。”《穆天子傳》卷一：“野馬走五百里。”

19.3　駮①，如馬，倨牙②，食虎豹。

①“駮（bó）”，傳説中的猛獸名。《山海經·西山經》：“〔中曲之山〕有獸焉，其狀如馬而白身黑尾，一角，虎牙爪，音如鼓音，其名曰駮，是食虎豹。”

②“倨（jù）牙”，“倨”，通“鋸”。像鋸齒一般的鋭牙。

19.4　騉蹄[①]，趼[②]，善陞甗[③]。

①“騉（kūn）蹄”，良馬名。或稱騉。“騉”，本或作“昆”。

②“趼（yán）”，本或作“研”。獸蹄平正。邢疏：“趼，平也。謂蹄平正。”

③“陞”，本或作“升”。登。“甗（yǎn）”，通“巘”。山嶺。

19.5　騉駼[①]，枝蹄趼[②]，善陞甗。

①“騉駼（kūntú）”，良馬名，馬身牛蹄，善登高。

②“枝蹄趼”，蹄平而有小趾歧出。邢疏：“孫炎云：騉駼之馬，枝蹄如牛而下平。”

19.6　小領[①]，盜驪[②]。

①“領”，頸。

②“盜驪（lí）”，良馬名。毛淺黑色，頸細。郭注：“盜驪，千里馬。”《穆天子傳》：“天子之駿：赤驥、盜驪……”

19.7　絶有力，駥[①]。

①“駥（róng）”，高大而有力的馬。郝疏：“按《釋詁》：‘戎，大也。’馬高大而有力，故被斯名。”

19.8　膝上皆白，惟馵[①]。四骹皆白，驓。[②]四蹢皆白，首。[③]前足皆白，騱[④]。後足皆白，狗[⑤]。前右足白，啟。左白，踦[⑥]。後右足白，驤[⑦]。左白，馵。

①“馵（zhù）”，或作“𢍉”。膝以上全白的馬。又稱後左足白的馬。《詩經·秦風·小戎》：“文茵暢轂，駕我騏馵。”（騏：毛有青黑色

紋理的馬。馵：自《毛傳》以下注家多認為是左足白的馬；高亨《詩經今注》等認為是膝以上皆白的馬。兩說都可通。）

②"骹（qiāo）"，小腿。也指小腿近足處較細部分。"驓（céng）"，膝下白色的馬。

③"蹢"，蹄。"首"，當作"前"。邵疏："《爾雅》舊本作'前'，後人增加'馬'字作'騚'。又因字形相涉，'前'誤為'首'也。""前"，四蹄全白的馬。俗呼為踏雪馬。

④"騱（xí）"，前足全白的馬。

⑤"狗（qú）"，後足全白的馬。

⑥"踦（qí）"，前左足白的馬。

⑦"驤（xiāng）"，後右足白的馬。

19.9 駵馬白腹，騵。①驪馬白跨，驈。②白州，驠。③尾本白，騴。④尾白，駺。⑤馰顙，白顛。⑥白達，素縣。⑦面顙皆白，惟駹。⑧

①"駵（liú）"，同"騮"，或作"騮"。頸毛和尾毛黑色的紅馬。"騵（yuán）"，赤毛白腹的馬。《禮記·檀弓上》："周人尚赤，大事斂用日出，戎事乘騵。"（大事：喪事。）

②"驪（lí）"，黑色的馬。"跨"，通"胯（kuà）"。腰的兩側和大腿之間的部分。"驈（yù）"，胯間有白毛的黑馬。《詩經·魯頌·駉》："有驈有皇，有驪有黃。"毛傳："驪馬白跨曰驈。"

③"州"，通"尻（kāo）"。臀部。"驠（yàn）"，白臀的馬。

④"騴（yàn）"，尾根毛白的馬。

⑤"駺（láng）"，尾毛白的馬。

⑥"馰（dí）"，或作"的"。白色。"顙（sǎng）"，額頭。"白顛"，前額色白的馬。《詩經·秦風·車鄰》："有車鄰鄰，有馬白顛。"毛傳："鄰鄰，衆車聲也。白顛，的顙也。"

⑦"白達"，鼻莖白的馬。又名素縣（xuán）。

⑧“駹（máng）”，毛雜色而面額白的馬。也指面額白色的黑馬。《周禮·秋官·犬人》：“凡幾珥沈辜，用駹可也。”（幾珥：用牲血涂祭。沈辜：殺牲而祭。）

19.10 回毛在膺，宜乘。[①]在肘後，減陽。[②]在幹，茀方。[③]在背，闋廣[④]。

①“回毛”：旋毛。“膺”，胸。“宜乘”，腹下有旋毛的良馬。郭注：“樊光云：‘俗呼之官府馬。伯樂相馬法，旋毛在腹下如乳者，千里馬。’”

②“肘”，上下臂相接處可以彎曲的部位。這裏指馬前足大小腿相接處可以彎曲的部位。“減陽”，肘後有旋毛的馬。

③“幹”，指馬脅（腋下到肋骨盡處）。“茀（fú）方”，腋下有旋毛的馬。

④“闋（jué）廣”，“闋”，或作“闕（què）”。背部有旋毛的馬。

19.11 逆毛，居馻[①]。

①“居馻（yǔn，又音 yǎn）”，毛逆著長的馬。

19.12 騋：牝，驪；牡，玄；駒，褭驂。[①]

①“騋（lái）”。高七尺的大馬。《周禮·夏官·廋人》：“馬八尺以上為龍，七尺以上為騋，六尺以上為馬。”“驪”，毛黑色。“玄”，毛黑中帶紅色。“褭驂（niǎocān）”，小馬的別名。《禮記·檀弓上》：“夏后氏尚黑……戎事乘驪，牲用玄。”鄭注：“戎，兵也。馬黑色曰驪。《爾雅》曰：‘騋：牝，驪；牡，玄。’”〔案〕關於這一條的斷句和解釋，還有不同的看法：一說當作“騋，牡；驪，牝。玄駒，褭驂。”一說當是“騋牝，驪牝”，牝兼牝牡而言。可供參考。

19.13 牡曰騭[①]，牝曰騇[②]。

①“騭（zhì）”，公馬。

②“騇（shè）”，母馬。

19.14 駵白，駁[①]。黄白，騜[②]。駵馬黄脊，騝[③]。驪馬黄脊，騽[④]。青驪，駽[⑤]。青驪驎，驒。[⑥]青驪繁鬣，騥。[⑦]驪白雜毛，駂[⑧]。黄白雜毛，駓[⑨]。陰白雜毛，駰。[⑩]蒼白雜毛，騅[⑪]。彤白雜毛，騢[⑫]。白馬黑鬣，駱。[⑬]白馬黑脣，駩[⑭]；黑喙，騧；[⑮]一目白，瞯[⑯]；二目白，魚[⑰]。

①“駁”，毛色紅白相間的馬。《詩經·豳風·東山》：“之子于歸，皇駁其馬。”毛傳：“黄白曰皇，駵白曰駁。”

②“騜（huáng）”，或作“皇”。毛色黄白相間的馬。郝疏：“黄色兼有白者名騜。騜，《詩》作‘皇’。”

③“騝（qián）”，黄脊紅身黑尾的馬。

④“騽（xí）”，本或作“驔（diàn）”。黄脊的黑馬。

⑤“駽（xuān）”，青黑色的馬。俗稱鐵青馬。《詩經·魯頌·有駜》：“有駜有駜，駜彼乘駽。”（駜：馬强壯的樣子。）

⑥“驎（lín）”，身上有鱗狀斑紋的馬。也指馬身上有鱗狀斑紋。郭注：“色有深淺，班駁隱鄰，今之連錢驄。”“驒（tuó）”，毛有鱗狀斑紋的青黑色馬。《詩經·魯頌·駉》：“有驒有駱。”

⑦“鬣（liè）”，馬頸上的長鬃。“騥（róu）”，青黑色頸多長鬃的馬。

⑧“駂（bǎo）”，毛色黑白相雜的馬。又稱烏驄。《詩經·鄭風·大叔于田》：“叔于田，乘乘鴇。”毛傳：“驪白雜毛曰鴇。”（鴇：通“駂”。）

⑨“駓（pī）”，毛色黄白相雜的馬。《詩經·魯頌·駉》：“有騅有駓。”

⑩“陰”，淺黑色。“駰（yīn）”，毛色淺黑間白的馬。《詩經·小雅·皇皇者華》：“我馬維駰，六轡既均。”

⑪“騅（zhuī）”，毛色蒼白相雜的馬。《史記·項羽本紀》：“駿馬名騅，常騎之。”

⑫“騢（xiá）”，毛色赤白相雜的馬。《詩經·魯頌·駉》：“薄言駉者，有駰有騢。”（駉：馬肥壯。）

⑬“鬣”，或作“髦”。“駱（luò）”，有黑色鬃毛的白馬。《詩經·小雅·皇皇者華》：“我馬維駱，六轡沃若。”

⑭“駩（quān）”，本或作“犉（chún）”，黑脣的白馬。郝疏：“以《詩傳》黄牛黑脣曰犉推之，則此白馬疑黄馬之誤。”可供參考。

⑮“喙（huì）”，鳥獸的嘴。“騧（guā）”，黑嘴的黄馬。《釋文》：“《毛詩傳》《説文》《字林》皆云黄馬黑喙曰騧。”《詩經·秦風·小戎》：“騏騮是中，騧驪是驂。”

⑯“瞯（xián）”，一眼毛色白的馬。

⑰“魚”，兩眼毛色白的馬。《詩經·魯頌·駉》：“有駰有騢，有驔有魚。”毛傳：“二目白曰魚。”高亨今注：“魚，當是馬灰白色而有魚鱗文，所以名魚。”

19.15　“既差我馬”①，差，擇也。宗廟齊毫②，戎事齊力③，田獵齊足④。

①《詩經·小雅·吉日》文。“差（chāi）”，選擇。

②“宗廟”，指宗廟祭祀。“毫”，指馬的毛色。“齊毫”，意思是要選擇毛色純一的馬。因為宗廟祭祀應恭敬慎重。

③“戎事”，指行軍打仗之事。“齊力”，意思是要選擇强壯有力的馬。

④“田獵”，打獵。“足”，指馬的足力。“齊足”，意思是要選擇跑得快的馬。因為田獵要追逐飛禽走獸。

（二）牛屬

19.16 㸳牛①。

①“㸳（má）牛”，野牛名。郭注：“出巴中，重千斤。”

19.17 犦牛①。

①“犦”，同“犦（bó）”。“犦牛”，一種頸肉隆起的野牛。又名犎（fēng）牛。郭注：“狀如橐駝，肉鞍一邊，健行者日三百餘里。今交州合浦徐聞縣出此牛。”

19.18 犤牛①。

①“犤（pái）牛”，南方產的一種矮小的牛。因矮小，可在果樹下行走，故又稱果下牛。

19.19 犩牛①。

①“犩（wéi）牛”，我國古代西南山區產的一種高大的野牛。又稱夔（kuí）牛或犪牛。郭注：“如牛而大，肉數千斤。出蜀中。”《山海經・中山經》：“〔岷山〕其獸多犀象，多夔牛。”

19.20 犣牛①。

①“犣（liè）牛”，即旄（máo）牛，古代也稱犛（máo）牛。全身有黑褐色或棕色、白色長毛，體矮身健，是我國青藏高原地區主要力畜。

19.21　犝牛[①]。

①“犝（tóng）牛”，或作“童牛”。無角小牛。《周易·大畜》：“童牛之牿，元吉。”（牿：縛於牛角以防觸人的横木。）一説指無角的旄牛。郝疏：“《後漢書·西南夷傳》有旄牛，無角，一名童牛。肉重千斤，毛可以為毦（長矛、旗杆上的毛飾）。是童牛即旄牛之無角者。旄牛即犛牛。”

19.22　犑牛[①]。

①“犑（jú）牛”，牛名。

19.23　角一俯一仰，觭[①]；皆踊，觢。[②]

①“觭（jī）”，牛兩角一低一昂。《釋文》：“樊云：‘傾角曰觭。’”

②“踊”，向上。“觢（shì）”，牛兩角直竪。郭注：“今竪角牛。”

19.24　黑脣，犉[①]。黑眥，牰。[②]黑耳，犚[③]。黑腹，牧。黑脚，犈。[④]

①“犉（chún，又音 rún）”，黄毛黑脣的牛。也指身長七尺的大牛。參看19.43。《詩經·小雅·無羊》：“誰謂爾無牛，九十其犉。”毛傳：“黄牛黑脣曰犉。”

②“眥（zì）”，眼眶。“牰（yòu，又音 xiù）”，黑眼眶的牛。

③“犚（wèi）”，黑耳牛。

④“犈（quán）”，黑脚牛。

19.25　其子，犢[①]。

①“犢（dú）”，小牛。《禮記·月令》：“〔季春之月〕犧牲駒犢，舉書其數。”

19.26 體長，犤[①]。

①“犤（bèi）”，或作“犕”。身體長的牛。

19.27 絶有力，欣犌[①]。

①“欣犌（jiā）”，極强壯有力的牛。邢疏：“絶有力壯大者名欣犌。”邵疏、郝疏等據《玉篇》“犌，牛有力”和《廣韻》“犌，絶有力”，懷疑“欣”為衍文。黄侃《爾雅音訓》則認為：“郝氏疑‘欣’字衍，非是。……單字、雙字隨方俗語言為之，是也。”

（三）羊屬

19.28 羊[①]：牡，羒[②]；牝，牂[③]。

①“羊”，指毛白色的羊（又稱吴羊）。

②“羒（fén）”，毛白色的公羊。

③“牂（zāng）”，毛白色的母羊。也通指毛白色的羊。《詩經·小雅·苕之華》：“牂羊墳首，三星在罶。”毛傳：“牂羊，牝羊也。墳，大也。”

19.29 夏羊[①]：牡，羭；牝，羖[②]。

①“夏羊”，毛黑色的羊。

②當作“牡，羖；牝，羭”。“羖（gǔ）”，毛黑色的公羊。《詩經·小雅·賓之初筵》：“由醉之言，俾出童羖。”高亨今注：“羖，黑色公羊。”“羭（yú）”，毛黑色的母羊。《列子·天瑞》：“老羭之為猨也。”《釋文》：“羭，黑羊也，牝羊也。”

19.30 角不齊，觤[①]。角三觠，羷。[②]

①“觤（guǐ）”，兩角不整齊的羊。邢疏：“羊角不齊，一長一短者，名觤。”

②“觠（quán）”，角捲曲。“羷（liǎn）”，角捲三匝的羊。

19.31 羳羊[①]，黄腹。

①“羳（fán）羊”，腹下毛色黄的羊。郝疏：“李時珍云：即黄羊也。狀與羊同，但低小，細肋，腹下帶黄色，其耳甚小。”

19.32 未成羊，羜[①]。

①“羜（zhù）”，出生五個月的羊羔。也泛指幼羊。《説文·羊部》：“羜，五月生羔也。”《詩經·小雅·伐木》：“既有肥羜，以速諸父。”（速：召。）

19.33 絶有力，奮[①]。

①“奮”，極强壯有力的羊。參看 19.41 郭注。

（四）狗屬

19.34 犬生三，猣[①]；二，師[②]；一，玂[③]。

①“猣（zōng）”，狗一胎生三子，狗仔稱猣。

②“師”，狗一胎生二子，狗仔稱師。與 18.6 豬一胎生二子，豬仔稱師異畜同名。

③“玂（qí）”，狗一胎生一子，狗仔稱玂。

19.35　未成毫，狗[①]。

①“狗”，没有長毛的小狗。〔案〕古代“犬”和“狗”相對而言，大狗稱犬，小狗稱狗。但在一般情況下，“犬”和“狗”可通用。如這一篇中“狗屬”包括大狗、小狗在内。又如 19.38“尨，狗也”。而《説文》説：“尨，犬之多毛者。”

19.36　長喙，獫[①]。短喙，猲獢[②]。

①“獫（xiǎn）”，長嘴的獵狗。

②“猲獢（xiēxiāo）”，或作“歇驕”。短嘴的獵狗。《詩經·秦風·駟驖》：“輶車鸞鑣，載獫歇驕。”毛傳：“輶，輕也。獫、歇驕，田犬也。長喙曰獫，短喙曰歇驕。”

19.37　絶有力，狣[①]。

①“狣（zhào）”，極强壯有力的猛犬。

19.38　尨[①]，狗也。

①“尨（máng）”，多毛的狗。《説文》：“尨，犬之多毛者。”《詩經·召南·野有死麕》：“無使尨也吠。”

（五）雞屬

19.39　雞，大者蜀[①]。蜀子，雓[②]。

①“蜀”，大雞名。《莊子·庚桑楚》：“越雞不能伏鵠卵，魯雞固能矣。”《釋文》：“向云：‘〔魯雞〕大雞也。今蜀雞也。’”

②“雓（yú）”，或作“餘”。蜀雞的雛子。

19.40 未成雞，僆[①]。

①“僆（liàn）”，雛雞。郭注：“江東呼雞少者曰僆。”

19.41 絶有力，奮[①]。

①“奮”，極强壯有力的雞。郭注：“諸物有氣力多者，無不健自奮迅，故皆以名云。”參看17.69注⑨、19.33。

（六）六畜

19.42 馬八尺為駥[①]。

①“駥（róng）”，本或作“戎”“龍”。身高八尺的大馬。也泛指雄壯有力的馬。參看19.7。《周禮·夏官·廋人》：“馬八尺以上為龍。”

19.43 牛七尺為犉[①]。

①“犉（chún，又音rún）”，身長七尺的大牛。也泛指大牛。《尸子》：“大牛為犉，七尺。大羊為羬，六尺。大豕為豝，五尺。”

19.44 羊六尺為羬[①]。

①“羬（qián）”，或作“麙”。六尺長的大羊，也泛指大羊。《説文》：“麙，山羊而大者。”又為古代傳説中一種狀如羊的野獸名。《山海經·西山經》：“錢來之山……有獸焉，其狀如羊而馬尾，名曰羬羊。”郭璞注：“今大月氏國有大羊如驢而馬尾。《爾雅》云：‘羊六尺為羬。’謂此羊也。”

19.45 彘五尺為豝。[①]

①“彘（zhì）”，豬。“豟（è）”，身高五尺的大豬。也泛指極强壯有力的豬。參看 18.6 注⑧。

19.46　狗四尺為獒[1]。

①“獒（áo）”，身高四尺的大狗。一般指身高體大的猛犬。《左傳·宣公二年》：“公嗾夫獒焉。明搏而殺之。”（嗾：嗾使。明：勇士名。搏：徒手打。）

19.47　雞三尺為鶤[1]。

①“鶤（kūn）”，或作“鵾”。身高三尺的大雞。《本草綱目·禽部》：“蜀中一種鶤鷄，楚中一種傖鷄，並高三四尺。”在古籍中，“鶤”“鵾”常用來稱一種形似鶴的鳥。《楚辭·九辯》：“鴈廱廱而南游兮，鵾雞啁哳而悲鳴。”洪興祖《補注》：“鵾雞似鶴，黄白色。”

《爾雅》詞語筆畫索引

説明

一、本索引包括《爾雅》一書中被釋詞語和訓釋詞語。（語氣詞和一部分描述性詞語未收入。）

二、《爾雅》文字以一九七九年中華書局據原世界書局所印阮刻本《十三經注疏》中《爾雅注疏》的影印本為準。

三、本索引按漢字筆畫依次排列。筆畫相同的字，大致參照了《康熙字典》的部首次序排列。複音詞語按字數筆畫依次排列在有關的單音詞之後。

四、各詞語後的數碼，説明的是該詞語在《爾雅今注》中的篇次和條目數。

五、同一詞語在同一條中出現兩次以上的，在條目數之後用圓括號説明出現的次數。

一畫

一　12.1（2）
12.2（2）
12.26（3）
13.63
16.42
18.6
18.22
18.27
18.29
19.14
19.23（2）
19.34
一川　12.26
一成　10.1
11.2
一羽　6.22
一染　6.39
一達　5.23
一连　5.23
一歲　9.42
乙　8.7
8.10
16.41

二畫

丁　1.107
8.7
8.10
16.41
丁丁　3.62
七　16.42
19.43
七月　8.11
七戎　9.45
七達　5.23
乂　1.138
乃　1.130
乃立冢土　8.44
九　8.46
16.42
九月　8.11
九夷　9.45
九州　9（一）
九府　9（四）
九河　12（四）
九達　5.23
九葉　13.131
九罭　6.4（2）
二　6.37
10.21
13.63
16.42
17.77
18.6
19.14
19.34
二月　8.11
二達　5.23
二歲　9.42
人　2.133
9.47（4）
10.5
12.25
17.71
18.25
18.36（2）
18.63
入　9.46
12.5
12.12
入耳　15.3
入為振旅　8.45
八　6.37
16.42
19.42
八月　8.11
八狄　9.45
八陵　9（三）
八達　5.23
力　2.103
16.19
18.43
19.15
十　6.21

16.42
十月 8.11
十羽 6.22
十藪 9（二）
十一月 8.11
十二月 8.11
卜 1.45
又祭 8.41

三畫

三 10.21
16.42
18.6
19.30
19.34
19.47
三寸 16.39
三月 8.11
三成 10.1
三足 16.32（2）
三染 6.39
三達 5.23
三歲 9.42
三襲 11.2
上 3.97
5.11
6.19
10.1
10.7
10.19
10.23
11.8
11.10
12.22
13.92
14.80
19.8
上天 8.2
上章 8.7
上楹 5.11
下 1.28
2.100
8.15
9.40
9.41
10.23
12.22
下出 12.3
久 1.112
久雨 8.20
于 1.21（2）
1.22
千里 12.26
千七百 12.26
及 1.113
2.98
2.127
11.10
口柔 3.103
土 2.131
8.14
11.22（2）
土鹵 13.46
土螽 15.21
土蠭 15.38
土鼅鼄 15.37
士 1.156
12.20
夕陽 11.25
大 1.3
3.26
6.37（3）
11.3
11.4
12.9
16.37（2）
16.39
大火 8.22
大夫 12.20
大平 9.46
9.47
大防 10.28
大辰 8.22（2）
大事 8.44
大苦 13.183
大陸 9.11

大梁　8.28
大祭　8.40
大野　9.10
大菊　13.115
大椒　14.36
大棗　14.46
大衆　8.44
大歲　8.7
8.8
大路　5.24
大蒙　9.46
9.47
大麃　18.22
大薺　13.15
大鷵　18.23
大荒落　8.8
大淵獻　8.8
女子　4.5
4.20
4.21
4.22
4.23
女公　4.26
女弟　4.26
女妹　4.26
女桑　14.63
女蘿　13.121（2）
女子子　4.17
4.21
4.28
子　4.7（2）
4.8（2）
4.9（8）
4.19（2）
4.21（5）
4.27
8.8
15.15
15.36
18.1
18.2
18.3
18.4
18.12
18.16
19.25
子子孫孫　3.60
寸　6.37（3）
13.157
16.39
小　2.266
3.42
11.3
11.5
14.53（2）
16.37（2）
18.46
小木　14.30
小曲　12.26
小閨　5.17
小驢　18.11
尸　1.32
1.33
1.34
山　11.2
11.3（2）
11.6（2）
11.10
11.11
11.12
11.13
11.16（4）
11.17
11.21
11.23
11.24
11.25（2）
山上　11.20
山韭　13.1
山烏　17.52
山莓　13.117
山桃　14.44
山桑　14.71
山麻　13.156
山蔥　13.2
山蒜　13.4
山雉　17.69

山榎 14.1
山樗 14.2
山薊 13.7
山龜 16.42
山蘄 13.5
山櫐 14.32
山鵲 17.19
山韭 13.3
川 12.21
已 1.109
1.171
己 8.10
巳 8.7
8.8
干 2.45
2.244
干木 14.70
幺 18.6
弋 5.9
弓 6.36（2）
之 1.6
1.87
12.12
之子 3.99

四畫

不及 3.86
不辰 3.114
不來 3.78
不俟 3.78
不律 6.32
不時 3.114
不過 15.15
不道 3.80
不遜 3.87
不蜩 15.13
不徹 3.80
不遹 3.79
不蹟 3.79
不可諼兮 3.88
丑 8.8
中 2.1
6.45（2）
7.9
7.11
7.12
9.32
9.37
10.15
11.9
13.93（2）
13.157（2）
中庭 5.15
5.24
中陵 9.20
中國 9.38
中馗 13.151
中尊 6.47
中嶽 11.26
丹 17.39
丹穴 9.46
9.47
予 1.7
1.43
1.45
五 10.21
16.42
19.45
五方 9（五）
五月 8.11
五采 17.69（2）
五達 5.23
五穀 9.32
井 12.2
亢 8.21
17.73
介 1.3
1.8
1.48
2.143
仇 1.23
1.24
仇仇 3.41
今 1.79
仍 1.80
1.130

1.149
仍孫 4.9（2）
仍饑 8.6
仆 2.211
仁 9.47
仄出 12.3
內 5.2
10.25
元 1.1
1.159
允 1.18
1.19
1.147
公 1.2
1.35
六 6.37
16.42
19.44
六月 8.11
六畜 19（六）
六達 5.23
六蠻 9.45
凶 2.145
分 2.123
6.7
切 6.29
勿忘 3.81
勿念 3.81
化 2.165
匹 1.23
1.24
午 8.8
卬 1.43
18.45
卬卬 3.61
內 18.37
友 3.92
反 8.45
反入 12.5
壬 1.3
1.147
8.7
8.10
天 1.2
8.15
天下 10.21
天子 12.20
天狗 17.8
天根 8.21
天氣 8.15
天駟 8.22
天螻 15.1
天雞 15.30
17.18
天蘥 13.76
天鸙 17.9
夫 4.19
4.20
4.25（3）
4.26（4）
4.28
夫王 13.160
夫須 13.66
太史 12.27
孔 1.87
2.186
少 17.76
少姑 4.25
尺 6.37
19.42
19.43
19.44
19.45
19.46
19.47
尹 2.200
弔 1.5
引 1.32
1.36
3.60
心 2.137
8.22
13.196
14.68
支 2.63
文皮 9.31
文龜 16.42

斗 8.23
8.24
斗極 9.46
斤斤 3.1
方丘 10.4
方舟 12.20
日 8.14
8.17
9.46（3）
日下 9.44
曰 1.21
月 8.10
月名 8（七）
月陽 8（六）
月爾 13.161
木 5.8
6.23
6.28
6.29
11.19（2）
13.200
14.57
14.72
14.73
14.75
14.82
18.30
木瓜 14.10
木豆 6.1
木桂 14.25
木槿 13.6（2）
木蠭 15.38
止 1.75
1.89
3.15
5.19
7.14
止濼 13.101
比 1.105
9.33
9.34
9.35
比葉 13.128
比翼 17.63
比目魚 9.33
比肩民 9.36
比肩獸 9.35
比翼鳥 9.34
毛 17.77
毛刺 18.35
毛蠹 15.25
水 10.11（4）
11.20（3）
11.23（2）
12.2（2）
12.10
12.11
12.12
12.16
12.17
12.21
13.154
13.155
16.29
16.37
水中 12（二）
12.25
水厓 12.15
水泉 12（一）
水潦 10.3
10.6
水龜 16.42
火 2.222
8.13
火田 8.43
火龜 16.42
爪 18.25
父 4.1
4.2（2）
4.3（2）
4.4
4.6
4.7（2）
4.10（2）
4.11（6）
4.12（2）
4.13

4.18
4.25
4.29（2）
4.30
父母 3.92
4.31（2）
牙 19.3
牛 18.22
18.29
18.33
18.61
19.43
牛脣 13.108
牛棘 14.56
牛藻 13.102
牛蘄 13.36
牛蘈 13.107
牛屬 19（二）
犬 19.34
王 1.2
王女 13.165
王父 4.2（3）
4.10
4.14
王母 4.2
王考 4.15
王妣 4.15
王姑 4.10
王芻 13.9
王蚥 15.13
王蛇 16.39
王蔧 13.8
王鴡 17.5
王蛈蝪 15.52
瓦豆 6.1

五畫

且 8.11
丕 1.3
丕丕 3.26
世父 4.3
4.4
世母 4.3
4.11
丘 10（一）
10.1
10.5
10.8
10.16（2）
10.19（2）
10.21
丙 8.7
8.10
16.41
主 1.33
令 1.8
1.29
代 1.117
兄 4.5
4.8
4.11
4.14
4.23
4.26
兄公 4.26
兄弟 3.92
4.30
冬 8.2
8.3
8.4
11.20
冬桃 14.44
冬祭 8.36
冬鳸 17.39
冬獵 8.42
出 4.20
4.21（2）
4.22
8.14
8.44
8.45
9.46
10.10（3）
10.11（4）
12.6
12.7

12.8
12.9
12.11
12.26
出隧 13.82
功 1.38
1.92
1.93
加 1.54
加陵 9.21
北 9.43
9.46
北方 3.77
5.4
9.30
9.36
17.69
北户 9.44
北辰 8.31
北風 8.12
北陸 8.25
北陵 9.20
北極 8.31
北嶽 11.26
卉 13.26
占 2.69
卯 8.8
台 1.43
1.45
右 1.48（4）
10.10
10.11
10.14
10.17
16.36
17.75（2）
19.8（2）
古 1.78
2.141
召 2.83
可 2.149
可居者 12.25
可食者 9.41
叫 2.196
句 14.75（3）
囚 2.190
四 3.93
13.157
16.42
17.77
19.8（2）
19.46
四方 5.26
9.38
四月 8.11
四荒 9.44
四時 8（一）
8.4
四氣 8.3
四海 9.45
四達 5.23
四極 9（七）
9.43
四瀆 12.24（2）
外 6.19
9.39（5）
10.25
外姑 4.18
外孫 4.21
外舅 4.18
外王父 4.15
外王母 4.15
外曾王父 4.15
外曾王母 4.15
宁 5.15
尼 1.89
1.163
1.164
3.65
左 1.48（3）
10.11
10.14
10.17
16.36
17.75（2）
19.8（2）
左右 5.15

11.15
市 2.25
布 8.37
13.185（2）
平 1.93
1.97
9.40
幼 2.20
2.99
18.6
弘 1.3
弗 1.138
忉忉 3.45
戊 8.7
8.10
斥山 9.31
旦 1.74
旦旦 3.68
本 2.173
13.93
未 8.8
11.10
19.32
19.35
19.40
术 13.7
正 1.133
1.150
2.200（2）
10.7
11.8
12.23
正月 8.11
正丘 10.11
正出 12.3（2）
正門 5.16
母 4.1
4.11（2）
4.15（4）
4.16（2）
4.17
4.18
4.25
4.30
母黨 4（二）
氏 8.21
民 3.63
3.88
永 1.30（2）
1.36
氿泉 12.3
犯 1.38
玄 8.11
17.39
19.12
玄貝 16.37
玄英 8.3
玄枵 8.25
玄孫 4.9（2）
玄黃 1.65
玄黓 8.7
玉 6.21
6.28
6.29
6.30
6.36
9.28
玉燭 8.3
瓜 14.79
甘雨 8.5
甘草 9.35
甘棠 14.20
生 2.49
3.49
4.4（2）
4.5（4）
4.22（2）
9.32
13.154
14.82
17.37（2）
18.6
19.34
用 2.52
田 2.131
3.46
9.42

田獵 19.15
由 1.12
由胡 13.171
申 1.54
8.8
甲 2.154
8.7
8.10
白 12.26
14.31
14.55
18.6
19.8（9）
19.9（7）
19.14（2）
白苗 13.63
白虎 18.9
白狐 18.16
白金 6.27
白馬 19.14（2）
白豹 18.8
白華 13.44
13.153
白桵 14.61
白魚 15.28
白達 19.9
白棗 14.46
白蓋 6.26
白藏 8.3
白蘄 13.45
白鷢 17.55
白脰烏 17.30
白黃文 16.37
目 3.97
19.14（2）
矢 1.32
1.98
2.95
17.71
石 6.29
9.27
11.18（2）
11.22（2）
石衣 13.119
石杠 5.25
示 2.17
穴 11.24
17.70
穴出 12.3（2）
立 14.72
艾 1.133
1.134
1.137
1.139
13.70
芋熒 13.49
艻 13.193（2）
邛 1.67
邛鉅 13.170
邛邛岠虛 9.35（3）
阠 9.20

六畫

交 5.11
12.16
亥 8.8
休 1.52
1.124
2.22
2.195
14.45
休休 3.33
任 1.147
伊 1.169（2）
17.69
仲 7.12
13.157
仰 16.36
19.23
企 17.72
充 1.37
2.33
充幅 8.47
光 1.49
兆 2.78
先 4.4

4.5（2）
4.22
8.44
先姑 4.25
先舅 4.25
共 1.125
再 2.30
再成 10.1（2）
11.2
再染 6.39
再宿 3.93
冰 6.15
冰臺 13.70
刑 1.14
1.15
刖 2.245
匡 2.200
危 1.76
3.10
后 1.2
合 1.23
1.25
吉 2.77
同 2.177
2.215
4.20
4.22
12.8
17.70
名 3.97
10.21
因 1.149
8.51
回川 12.4
回毛 19.10
圮 1.31
2.29
在 1.155
1.156
1.172
3.27
4.25
地 5.6
5.7
8.15
地氣 8.15
地黃 13.164
夙 1.74
多 1.61
1.62
11.18（2）
11.19
18.47
夷 1.97
2.159
10.23
14.40
夷由 17.59
夸毗 3.105
如 1.6
1.13
8.11
如切如磋 3.88
如琢如磨 3.88
妃 1.23
1.24
1.25（2）
好 2.93
6.37（3）
18.46
存 1.155
1.156
存存 3.27
宇 1.3
安 1.89
1.96
1.168
3.24
安坐 1.166
安寧 8.1
宅 2.194
守田 13.141
守瓜 15.11
守宮 16.38
守宮槐 14.52
岌 11.6
州 19.9

州木 14.76
州黎丘 10.20
年 8.9
延 1.32
1.36
1.46
1.87
2.46
并 12.26
式 2.52
式微式微 3.98
弛 1.98（2）
彴約 8.35
戎 1.3
2.168
戎叔 13.25
戎事 19.15
戎葵 13.126
戎醜攸行 8.44
成 1.93
2.272
17.69（2）
19.32
19.35
19.40
戍 2.132
戌 8.8
收 1.57
收成 8.4
扞 2.244
扱 6.11
早 1.74
旭旭 3.34
曲 5.26
曲者 3.115
有 1.4
有事 8.44
有客信信 3.93
有客宿宿 3.93
有斐君子 3.88
朱明 8.3
朱滕 9.20
朹 14.23
朻 14.23
14.75
朾螘 15.36
次 2.212
次蟗 15.37
此 1.109
死 1.173
13.196
14.72
汕 6.4
汜 10.30
12.12
汝 12.11
12.14
江 12.11
12.14
12.24
17.69
江南 9.5
11.1
汎汎楊舟 12.19
牝 17.43
18.1
18.2
18.3
18.4
18.6
19.12
19.13
19.28
19.29
百 6.22
百足 13.125
百里 12.26
祁祁 3.25
竹 6.12
13.39
13.50
竹豆 6.1
竹萌 13.39
竹箭 9.25
14.75
米 6.13
13.63

缶 6.2
羊 18.21
18.28
18.61
19.28
19.32
19.44
羊棗 14.46
羊齒 13.187
羊屬 19（三）
羽 6.22（3）
6.35（2）
7.1
14.75
17.77
羽本 6.22
老 1.17
2.161
老鳸 17.23
老鵵 17.47
考 1.93
4.1
4.2（3）
4.15
耳 6.19
19.24
肉 6.13
6.14
6.16（2）
6.37（3）
肉袒 3.101
臣 3.63
自 1.12
自脩 3.88
至 1.5
9.46（2）
至於 9.43（4）
至善 3.88
至掌 15.43
舟 2.96
色 12.26（2）
芍 13.55
芑 13.63
芄蘭 13.87
芨 13.124
芸輿 13.135
芏 13.160
芐 13.164
行 1.82
2.28
5.22
5.24
9.33
12.18
行鳸 17.39
衣 6.11
12.17（2）
衣眥 6.11
衣梳 6.11
西 9.43
9.46
11.25
西方 9.28
9.35
17.69
西北 9.29
西南 9.27
西風 8.12
西陸 8.28
西陵 9.20
西隃 9.20
西嶽 11.26
西王母 9.44
西北隅 5.3
西南隅 5.3
迄 1.5
迅 1.58
3.30
18.4
18.25
18.36
18.44
那 1.22
1.62
邠國 9.43
阬 1.60
防 5.12

11. 12
阪 9. 41

七畫

串 1. 111
余 1. 43
1. 44
8. 11
作 1. 108
2. 41
3. 19
作噩 8. 8
佇 1. 112
伯 1. 133
伯勞 17. 78
佞 1. 147
佗佗 3. 20
位 5. 15
何鼓 8. 32
克 1. 39
2. 205
兕 18. 33
初 1. 1
利 1. 146
别 11. 16
17. 75
劭 1. 41
助 1. 48
劬勞 1. 65
卣 6. 10
6. 47
即 1. 163
9. 35
即來 14. 11
即炤 15. 48
即薪 14. 49
厎 1. 75
2. 11
君 1. 2
3. 61
君姑 4. 25
君舅 4. 25
告 1. 29
2. 8
吾 1. 43
4. 34
吹 7. 13
吴 9. 15
否 12. 1
含漿 16. 31
困 13. 144
困敦 8. 8
均 1. 97
2. 101
2. 118
坐 1. 166
坎 2. 94
6. 10
坎坎 3. 32
壯 1. 3
2. 23
8. 11
夾 11. 23（2）
妣 1. 10
妥 1. 89
1. 166
妎 2. 265
妣 4. 1
4. 2（3）
4. 15
姊 4. 5
4. 26
姊妹 4. 6
4. 10（3）
4. 17
4. 19
4. 20（2）
4. 21
姒 4. 22
姒婦 4. 24
孝 1. 151
3. 92
孚 1. 11
宏 1. 3
宋 9. 13
龙 19. 38

尾　8.22
17.71
18.22
18.29
18.45
19.9
尾下　12.9
尾本　9.9
局　2.123
岠　9.46
岑　11.3
希　1.99
庇　2.66
序　5.2
庉　8.13
弄　2.199
弟　1.97
4.5
4.8
4.11
4.23
4.26
形　2.121
彤白雜毛　19.14
忒　2.36
忘　2.135
3.82
3.88
忼　2.229
忯忯　3.21
忡忡　3.45
志　6.35
我　1.43
4.34
戒　3.7
启　5.4
抑抑　3.75
扶搖　8.13
攻　1.8
攸　2.191
杇　5.6
杙　5.7
宋廇　5.11
杠　8.46
杜　13.146
14.20
14.31
杜榮　13.172
杞　14.34
李　14.45
14.78
14.79
步　5.24
7.13
每有　3.83
求　1.172
2.45
汽　1.77
汱　1.140
沄　2.243
沆　2.243
没　4.25
沂　7.7
沃泉　12.3
沙　12.6
12.11
沙丘　10.13
汶　12.11
泱　12.12（2）
沚　12.25（2）
沈鳧　17.44
災　8（三）
牡　18.1
18.2
18.3
18.4
19.12
19.13
19.28
19.29
牡茅　13.167
牡菣　13.11
牡蘩　13.116
狃　2.268
18.47
狂　17.35
17.49

狄 18.1
狄臧榫 14.21
甫 1.3
1.43
甹夆 3.76
男子 4.5（2）
4.17
4.21
祀 1.72
8.9
礿 8.36
社 8.44
私 2.169
4.20
秀 13.200
究 1.13
2.43
究究 3.40
罕 1.99
肘 19.10
肜 8.41
良 1.159
芼 2.262
芾 2.266
芫 13.186
芴 13.46
芵芫 13.52
芺 13.58
13.191
芙渠 13.93
芹 13.106
苿莒 13.184
芛 13.195
見 1.83
1.84
12.1
角 6.28
7.1
8.21
9.30
18.22
18.27（2）
18.29
19.23
19.30（2）
言 1.43
1.82
1.87
2.241
7.10
谷 10.30
12.21（2）
谷風 8.12
豆 6.1
豕 18.6
18.34
豕子 18.6
豕首 13.33
豸 15.56
貝 16.37
貝母 13.68
赤李 14.45
赤苗 13.63
赤莧 13.99
赤楝 14.55
赤棠 14.31
赤枹薊 13.149
赤奮若 8.8
走 2.209
5.24
9.35
18.25
18.36
足 2.245
3.89
15.56（2）
16.32（2）
17.72
17.77（2）
18.10
18.17
18.18
18.23
18.37
19.8（4）
19.15
身 1.43

1.44
2.58
14.74（2）
18.11
18.29
車前 13.184
辛 8.7
8.10
辰 8.8
迎 1.158
2.70
迓 1.158
近 1.165
返 2.4
迒 18.5
邑 2.139
9.39
邸 6.40
酉 8.8
里 2.139
阻 1.145
附 6.19
阿 9.40
阿丘 10.14
陂 9.41

八畫

事 1.35
1.68
亟 1.58
1.59
2.34
亞 2.212
4.31
京 1.3
10.5
京京 3.45
享 1.151
1.152
來 1.5
1.68
2.10
來孫 4.9（2）
侑 1.100
供 1.125
供職 3.73
使 1.148（2）
佴 2.37
佻 2.47
佻佻 3.64
侈 2.113
佌佌 3.42
侜張 3.112
佩衿 6.11
兔子 18.5
兔罟 6.5
兩 4.31
兩河 9.1
兩階 5.15
典 1.14
2.263
具 1.125
2.217
具區 9.15
其 2.187
其虛其徐 3.96
到 1.5
刺 1.40
3.69
13.179
刷 1.116
制 3.71
刻 6.29
18.6
劼 1.50
協 1.11
1.53
協洽 8.8
協服 3.63
卒 1.55
1.171
1.172
1.173
2.233
卑 11.4
卷施草 13.196

厓 10.22
10.25
10.29
厓岸 10（二）
厜 11.15
取 1.154
叔 4.26
叔父 4.3
4.4
叔母 4.3
4.11
受 5.11
命 1.29
和 1.53（3）
3.6
7.6
7.13
7.16
8.3
8.4
咎 1.65
2.145
咽 1.124
呻 3.110
周 8.9
8.41
9.19
味 14.18
固 1.50
垂 1.106
垂水 13.155
垂比葉 13.128
坫 5.5
坰 9.39
坯 11.2
坻 12.25
夜 2.228
奄 2.7
奔 2.209
5.24
奔星 8.35
始 1.1
妯 1.127
委委 3.20
委萎 13.48
委黍 15.41
委葉 13.140
妹 4.5
姑 4.6
4.19
4.25（2）
妻 4.11（4）
4.18（2）
4.19
4.20
4.23（2）
4.27
4.30
妻黨 4（三）
妾 4.13
孟 1.41
1.133
13.17
孟諸 9.13
官 1.34
2.60
宜 1.35
2.158
8.44
宜乘 19.10
定 1.89
1.164
1.168
6.3
8.26
定丘 10.17
宗族 4（一）
4.30
宗廟 19.15
宛 10.15
11.9
宛丘 10.15
10.19
10.20
宛童 14.39
尚 1.48
2.16

8. 45
屈 1. 57
居 2. 194
16. 37
居居 3. 40
居息 3. 65
居駈 19. 11
届 2. 214
岸 10. 22
10. 27
11. 15
岸上 10. 27
岱 11. 1
岱岳 9. 32
岡 11. 10
岵 11. 19
岫 11. 24
帛 8. 46
13. 185（2）
幸 2. 113
底 1. 89
庚 8. 7
8. 10
往 1. 6
徂 1. 6
1. 155
徂落 1. 173
征 2. 28
怡 1. 10
氙 1. 27
忽 1. 55
念 1. 70
2. 213
怙 2. 12
忝 2. 247
怲怲 3. 45
怪鴟 17. 35
戾 1. 5
1. 16
1. 75
1. 89
2. 22
所 2. 191
9. 46
所以 5. 19
7. 14（2）
所止 10. 3
所為 12. 25
所渠 12. 26
所寢 18. 6
所還 10. 6
房 8. 22（2）
拔 1. 55
13. 166
13. 196
抨 1. 148（2）
拘 2. 190
拇 3. 91
拊心 3. 107
斧 6. 39
於 1. 22
1. 117
昄 1. 3
昏 1. 42
明 1. 93
2. 90（3）
2. 206
明明 3. 1
明星 8. 33
易 1. 97
1. 98
昌 1. 107
昌丘 10. 10
昆 2. 279
昔 3. 113
昊天 8. 2
旻天 8. 2
服 1. 11
1. 35
2. 201
3. 56
服翼 17. 53
林 1. 2
9. 39（2）
果 1. 38
8. 6
16. 36

果蠃 13.20
15.46
析木 8.23
東 9.43
9.46
11.25
東方 9.24
9.33
17.69
東北 9.31
東南 9.25
東風 8.12
東海 13.185
東陵 9.20
東壁 8.26
東嶽 11.26
東蠡 13.186
東北隅 5.3
東西廂 5.26（2）
東西牆 5.2
東南隅 5.3
杻 14.9
柜柳 14.16
杼 14.17
杬 14.35
枌 14.64
松 14.74（2）
14.75
枝 14.80
14.81
枝蹄研 19.5
欣 1.10
18.5
武 1.26
3.14
3.91
9.47
歧旁 5.23
法 1.14
1.15
法則 3.71
泯 1.55
治 1.78
1.138
治兵 8.45
治蘠 13.120
泳 2.97
12.18
泭 2.117
12.20
況 2.238
注 8.48
12.21（5）
12.24
河 9.6
12.11
12.14
12.26
河北 10.21
11.1
河西 9.3
11.1
河曲 12（三）
河東 11.1
河南 9.2
10.21
11.1
河柳 14.28
河墳 9.23
河水清且瀾漪
12.13
沮丘 10.11
沱 12.11
12.14
波 12.11
12.13（3）
泝洄 12.22
泝游 12.22
泆泆 17.56
泥 18.41
泥丘 10.3
炎炎 3.39
炕 14.52
版 6.8
版版 3.38
牧 9.39（2）
19.24

狎 1.111
2.154
狗 18.12
18.18
18.23
19.35
19.38
19.46
狗毒 13.127
狗屬 19（四）
狒狒 18.36
狐 18.37
狀 18.38
玩 2.199
玠 6.37
瓝 13.54
13.131
畀 1.7
1.45
疚 1.65
的 13.93（2）
13.175
盱 1.66
13.147
直 1.94
5.11（2）
12.13
12.26
知 1.24
祈 1.29
2.196
祉 1.71
秉 1.120
穹 1.3
穹蒼 8.1
空 1.55
空桐 9.46
9.47
竺 1.80
罔 2.35
肩 1.38
1.39
1.108
肶 1.80
育 1.133
1.139
肯 2.149
肴 2.158
肥 12.8
舍 1.123
若 1.8
2.18
2.91
16.36
若一 6.37
茂 1.41
1.56
14.75（2）
苞 1.56
2.146
14.75
苦 1.124
2.44
苦荼 14.67
苦菜 13.21
苦堇 13.118
苦棗 14.46
茅 2.90
茅蒐 13.19
茅蜩 15.4
茅鴟 17.35
苛 2.109
2.265
苗 3.50
8.42
13.122
苗心 15.55
苫 6.26
英 11.2
13.200
英梅 14.15
茵芝 13.38
苨 13.41
苻 13.43
13.72
苻婁 14.58
苻蘺 13.92

芺 13.57
茄 13.93
苹 13.109
茇 13.153
苕 13.153
苓耳 13.168
茀方 19.10
茀蘺 1.102
虎 18.7
18.12
18.25
18.26
19.3
虎杖 13.16
虎櫐 14.33
虰蛵 15.24
衱 6.11
衱袶 13.144
迥 1.30（2）
迪 1.47
1.108
1.131
述 2.13
迨 2.98
迭 2.237
7.1
9.36（2）
迫 2.269
郜 1.23
郊 9.39（2）
采 1.35
采薪 14.49（2）
金 6.29
6.36
9.27
金鏃 6.35
長 1.36
1.133
5.7
8.47
15.42
17.76
18.11
18.41
18.45
19.26
19.36
長婦 4.24（2）
4.27
長楚 13.182
長嬴 8.4
門 5.15
5.16
5.17
5.18
門外 5.24
阜 9.40（2）
降 1.28
2.100
8.5
降婁 8.27
陋 2.26
隹其 17.1
雨 8.14
8.19
8.20（3）
青 6.39
青陽 8.3
青質 17.69
青驪 19.14（3）
非人 10.5

九畫

亮 1.18
1.48（3）
亭歷 13.71
俟 1.2
1.130
1.169
信 1.18
9.47
係 1.26
俌 1.105
俘 1.154
俞 2.14
俊 2.86

俅 2.104
俅俅 3.56
侮 2.150
俔 2.242
便便 3.4
修 7.13
8.10
兗州 9.6
則 1.14
1.15
2.120
2.264
8.10
剋 1.38
前 6.11
6.12（2）
10.10
10.11
10.14
16.36
18.10
19.8（2）
削 6.11
勉 1.41
3.28
勇 3.12
勃茢 13.177
南 9.43
9.46
17.69（2）
南方 9.26
9.34
17.69
南風 8.12
南陵 9.20
南嶽 11.26
厖 1.3
1.4
厚 1.80
敂 1.124
哉 1.1
1.87
咨 1.13
1.109
1.110
呰 1.109
咸 1.132
咸丘 10.14
京京 3.66
咢 7.13
咮 8.30
垝 1.31
5.5
垣 5.9
奕 1.3
契 1.129
契契 3.64
奎 8.27
奏 18.6
姡 2.257
威 2.264
3.13
威武 8.45
威夷 9.20
18.41
威儀 3.88
3.96
姨 4.20
姪 4.21（2）
姻 4.29
姻兄弟 4.32
姚莖 13.163
宣 2.5
2.224
6.37
宫 5.1（2）
7.1
11.16
宫中 5.17
5.21
室 5.1（2）
5.26（3）
室中 5.24
突 5.3
屋上 5.14
屋漏 5.3
屏 5.15（2）

峙 1.125
峘 11.6
峐 11.19
差 1.63
2.36
19.15
帝 1.2
幽 1.88
2.105
2.197
幽州 9.8
幽都 9.30
度 1.13
2.51
2.126
庭 1.94
麻 2.66
弇 2.215（2）
6.19
8.17
16.36（2）
弈弈 3.45
弭 6.36
彦 3.95
律 1.14
1.15
2.13
2.94
6.7
待 1.75
徇 2.5
後 2.279
4.4
4.5（2）
4.22
6.12（2）
8.44
10.10
10.11
10.14
16.36
19.8（2）
19.10
恒 1.14
11.1
恒山 11.26
恤 1.66
思 1.69
1.70
3.16
恪 1.73
恀 2.12
恃 2.12
急 2.24
3.64
怒 2.124
怨 2.142
恫 2.216
恨 2.219
怠 2.223
恂慄 3.88
按 1.89
拭 1.116
挋 1.116
拱 1.120
拼 1.148（2）
指 2.17
拾 2.114
挃挃 3.52
拜 13.10
故 1.78
1.79
斫 6.3
斪斸 6.3
旆 8.47
既 2.233
既伯既禱 8.39
既差我馬 19.15
既微且尰 3.89
昭 1.49
1.84
昭陽 8.7
昭余祁 9.17
昏 1.117
是 1.170
2.120
是子 3.99

是鰋　16.13
是刈是濩　3.90
是禷是禡　8.38
星名　8（九）
星紀　8.24
春　8.2
　8.3
　8.4
春草　13.137
春祭　8.36
春鳸　17.39
春獵　8.42
昴　8.28（2）
曷　1.89
　2.182
柯　1.15
柬　1.63
柔　1.96
　3.9
柔兆　8.7
柟　1.157
柢　2.173
　6.40
柱　2.230
柱夫　13.81
柣　5.4
柳　7.1
　8.30（2）
柷　7.14
枳首蛇　9.37
枲　13.96
枲實　13.96
枹　14.48
　14.60
枹薊　13.7
　13.149
枹霍首　13.158
柏　14.3
　14.74（2）
　14.75
柂　14.5
柟　14.6
柀　14.7
柚　14.14
枸繼　14.34
柛　14.72
殄　1.55
　1.129
　2.181
殆　1.76
毒　2.176
毗劉　1.101
毖　1.142
洪　1.3
洋　1.62
洋洋　3.16
洵　2.118（2）
　12.11
洸洸　3.14
洄洄　3.37
洩洩　3.71
津　8.23
洒　10.22
　10.23
泉　12.1
汧　12.7
　12.12
洛　12.11
　17.69
洲　12.25（2）
洗　14.46
活東　16.26
活克　13.75
活脱　13.133
爰　1.21（2）
　1.22
爰居　17.38
爰爰　3.31
犆　19.24
犻　19.26
狩　8.42
　8.43
狊　18.63
狣　19.37
玆　1.109
　6.42
珍　1.52

1. 152
瓴甋 5. 20
甈 6. 2
甚 2. 186
界 1. 106
畇畇 3. 46
癸 8. 7
8. 10
皇 1. 2
2. 200
2. 278
13. 141
17. 27
17. 50
皇皇 1. 52
皆 1. 132
盈 1. 86
省 1. 8
1. 156
相 1. 48（2）
1. 85
1. 137
2. 168
8. 11
相切直 3. 62
矜 2. 44
3. 108
矧 2. 238
祖 1. 1
1. 162
4. 14
神 1. 54
1. 138
1. 142
神龜 16. 42
祜 1. 71
1. 80
祓 1. 71
祠 1. 72
8. 36
祇 1. 73
祔 1. 162
祝 14. 76
祝栗 9. 43
秭 1. 135
秋 8. 2
8. 3
8. 4
13. 190
秋祭 8. 36
秋鳸 17. 39
秋獮 8. 42
秬 13. 63
科斗 16. 26
突 5. 10
竿 6. 43
紅 13. 94
美 1. 52
3. 20
6. 27（2）
9. 24
9. 25
9. 26
9. 27
9. 28
9. 29
9. 30
9. 31
17. 76
美士 3. 95
美女 3. 94
耇 1. 17
胎 1. 1
胤 1. 26
胥 1. 132
1. 137
胡丘 10. 4
胡蘇 12. 27
背 10. 16
19. 10
荒 2. 7
8. 6
荐 2. 30
8. 6
茹 2. 50
2. 51
茹藘 13. 19

荆州 9.4
荆桃 14.43
草 11.19（2）
12.16
13.26
13.200
草螽 15.21
草鼃黿 15.37
荅 13.2
荏菽 13.25
茭 13.36
13.197
莜 13.69
茨 13.84
茥 13.123
莩 13.130
茈草 13.132
茢 13.177
茢薽 13.33
茦 13.179
荂 13.191
13.192
13.199（2）
荄 13.197
荎 14.19
荎著 14.18
荎豬 13.139
虐 2.130
虹 2.183
8.16
虺床 13.147
虺頹 1.65
衎 1.10
衽 6.11（2）
衿 6.11
要棗 14.46
負 9.35
負丘 10.16
負版 15.31
負雀 17.20
負勞 15.24
負蠜 15.21
赴 1.5
赳赳 3.14
軌轂 13.159
迺 1.130
送 2.40
逆 2.70
逆毛 19.11
逆流 12.22
退 2.210
逃 2.240
迷 2.267
迹 3.91
迴風 8.13
郡 1.130
郝郝 3.48
酋 1.172
重 1.54
2.129
7.1
重光 8.7
重厓 10.27
重甗 11.14
陟 1.114
11.2
陞 1.114
19.4
19.5
陞龍 8.46
除 2.140
陝 5.26
陘 11.17
面 19.9
面柔 3.104
革 6.12（2）
6.45（2）
革鳥 8.50
音聲 1.53
風 8.13
8.14（3）
風雨 8（八）
飛 9.34
17.72（3）
飛螘 15.36
食 1.81
2.42

6.13
9.36
15.55（4）
18.25
18.26
18.36
19.3
首 1.1
1.159
16.39
19.8
馘 19.8（2）
骨 6.16
6.29
骨鏃 6.35
鬼 3.116
鬼目 13.72

十畫

乘 12.20
俶 1.1
1.108
倫 1.67
俾 1.148（2）
2.87
俴 2.163
倂 2.232
倍 6.37（2）
倚商 13.133
俯 16.36
19.23
俔 16.36（2）
倉庚 17.60
17.79
倨 19.3
冢 1.3
11.11
冥 2.99
2.208
剡 1.146
剒 6.28
剖葦 17.25
務 1.42
2.150
匿 1.88
厞 2.26
原 2.30
9.40
9.41
厜㕒 11.11
唈 2.75
哲 2.198
唐 5.21
13.121
唐棣 14.65
唐虞 8.9
哺 17.37
圃田 9.18
埅 6.18
埒 11.20
埒丘 10.6
夏 1.3
8.2
8.3
8.4
8.9
8.41
11.20
夏羊 19.29
夏祭 8.36
夏扈 17.39
夏獮 8.42
奘 2.115
奚相 15.8
娠 1.127
孫 4.9（2）
娣 4.22
娣婦 4.24（2）
宵 2.228
14.52
宵田 8.43
宵扈 17.39
宴宴 3.65
家 5.2
宧 5.3
容 5.12

容止　3.96
射　1.90
　17.71（2）
展　1.18
　1.19
　2.192
峨峨　3.57
師　1.61
　2.133
　18.6
　19.34
師祭　8.38
席　1.3
庡縣　8.37
徐　3.25
徐州　9.7
徒　7.13（6）
徒涉　3.102
徒搏　3.102
徒駭　12.27
徒御不驚　3.100
徑　12.13
悦　1.10
　1.11
　2.159
恐　1.64
恙　1.66
悝　1.66
恭　1.73
　3.5
息　1.124
息慎　9.20
悈　2.24
悄悄　3.43
悔　3.68
扆　5.2
扇　15.54
挾　2.80
振　2.141
　2.218
振旅　8.45
振旅闐闐　8.45
捐　6.12
挈貳　8.16
捋　15.54
敖　1.20
　2.19
敖敖　3.41
敆　1.23
致　2.11
敉　2.31
料　7.15
旅　1.32
　1.61
　5.22
旄　6.24
　14.28
　14.44
旄毛　18.23
旄丘　10.14
旄首　8.48
旂　8.49
旃　8.51
旃蒙　8.7
晊　1.3
晉　1.46
　9.11
　10.20
　11.27
時　1.170
　5.24
　8.5
　18.45
晏晏　3.9
　3.68
朕　1.43
　1.44
　1.45
朗　2.90
朔　3.77
格　1.5
　1.114
　2.10
格格　3.22
桄　2.33
桓桓　3.13
栗栗　3.53

栱 5.7
栭 5.11
14.12
栝樓 13.20
桂荏 13.60
根 13.93
13.197
15.55
栲 14.2
栵 14.12
栩 14.17
楝 14.55
桋 14.55
桋桑 14.63
桑 14.63
14.78
桑蟲 15.46
桑鳸 17.24
桑繭 15.53
桑蠹 15.47
栘 14.65
桐木 14.69
核 14.78
桃 14.78
14.79
桃枝 13.157
桃蟲 17.26
殺 1.39
1.40
殷 2.1
殷殷 3.45
氣 2.193
浪 1.20
流 1.63
2.45
2.46
12.7
12.8
流川 12.4
涖 1.85
浡 1.108
浹 2.81
涔 6.4
涒灘 8.8
涂 8.11
涂薺 13.163
浮沉 8.37
涘 10.29
泰山 11.26
泰丘 10.17
泰風 8.12
泰遠 9.43
涌出 12.3
涉 12.17（3）
海 12.24
海隅 9.16
海雉 17.69
海藻 13.181
烝 1.2
1.47
1.61
2.167
3.55
8.36
烝烝 3.19
烈 1.49
1.91
1.157
烈烈 3.13
烖 1.76
烘 2.107
烓 2.107
烏 17.72（2）
烏階 13.145
烏蘋 13.29
13.111
烏蠋 15.50
烏鸔 17.12
牂 19.28
特 18.6
特舟 12.20
狼 18.4（2）
狼尾 13.17
狻麑 18.26
班 2.271
珧 6.36
16.35

珪　6.36
　　6.37
珣玗琪　9.24
珠　9.28
瓞　13.54（2）
畛　1.29
　　2.11
　　2.181
　　2.256
留　1.112
畟畟　3.47
畝　10.18
畝丘　10.18
疾　1.58
　　2.23
　　8.18
病　1.65
　　3.44
疷　1.65
盍　1.23
　　2.182
益　2.72
　　2.272
盎　6.2
眕　2.129
矩　1.14
　　1.15
砠　11.22
祥　1.8
　　2.77
　　8（二）
袉　1.162
秩　1.14
秩秩　3.2
　　3.75
　　17.69
秦　9.12
秦人　18.11
秫　13.24
秠　13.63
竝　2.232
笑　1.20
第　6.44
笐　13.157
純　1.3
　　6.11
紕　2.88
素　8.46
素食　3.69
素華　13.159
素質　17.69
素縣　19.9
素錦　8.46
罜　6.5
罛　6.5
罝　6.5
羞　1.47
羔裘　3.109
羒　19.28
羖　19.29
耆　1.133
耕　3.48
能　2.205
　　16.32
脂　6.15
脊　11.10
　　18.41
　　19.14（2）
臬　5.7
般　1.10
　　2.270
舫　2.96
　　2.117
華　2.278
　　11.1
　　13.93
　　13.193
　　13.195
　　13.199（2）
　　13.200
　　14.79
華山　9.27
　　11.26
　　13.185
莫　3.73
　　9.21
　　9.22

9. 23
莫貈 15. 23
莊 5. 23
荼 13. 21
13. 192
莪 13. 40
莕 13. 43
莁荑 13. 53
莔 13. 68
莤 13. 79
莸藩 13. 88
莥 13. 90
莎 13. 91
莞 13. 92
荷 13. 93
莖 13. 93
莙 13. 102
莃 13. 105
莽 13. 157
莣 13. 172
莌 13. 197
莍 14. 78
虔 1. 50
蚍衃 13. 69
蚍蜉 15. 36
蚚 15. 32
蚇蠖 15. 45
蚅 15. 50
蚢 15. 53
蚌 16. 31
蚆 16. 37
袍 2. 255
衮 2. 277
袝 6. 11
被髮 18. 36
訏 1. 3
訊 1. 29
2. 218
2. 241
訖 1. 89
訓 1. 131
豺 18. 18
豹 18. 26
19. 3
豹文 18. 58
貢 1. 7
貢綦 14. 22
財 2. 153
起 2. 3
8. 44
躬 1. 44
辱 2. 247
逝 1. 6
速 1. 58
1. 59
2. 83
18. 2
速速 3. 74
逐 1. 65
2. 54
逢 1. 83（3）
造 2. 41
造舟 12. 20
逜 2. 147
逡 2. 210
逑 3. 74
連 5. 13
13. 110
途 5. 22
10. 9
10. 10（3）
通正 8. 4
邕 2. 63
都 1. 22
都丘 10. 8
郵 2. 178
酒食 3. 84
釗 1. 41
1. 84
陳 1. 32
5. 21
10. 20
陪 2. 108
陬 8. 11
陰 8. 14
陰白雜毛 19. 14
陵 9. 21

9.40（2）
10.17
10.18
11.23
陵丘 10.14
10.18
陵苕 13.153
陸 9.40
16.37
陶丘 10.1
陼 10.2
12.25（2）
陼丘 10.2
隼 17.72
飢 2.128
馬 18.27
19.3
19.42
馬尾 13.103
馬帚 13.34
馬祭 8.39
馬舃 13.184（2）
馬蜩 15.20
馬蜩 15.4
馬頰 12.27
馬藍 13.162
馬屬 19（一）
高 1.37
5.26
10.14（5）
10.22
11.3（3）
高平 9.40
高祖王父 4.2
4.10
高祖王母 4.2
高祖王姑 4.10
鬲 6.19
鬲津 12.27

十一畫

假 1.3
1.114
1.122
1.171
偶 1.23
2.225
偷 2.47
偁 2.92
偁偁 3.22
偟 2.227
側 5.18
偏 10.14
副 1.128
劇 6.28
勔 1.41
勖 1.41
動 1.108
1.127
3.8
8.44
區 6.21
啜 2.50
問 2.202
啟 2.252
19.8
啟明 8.33
商 7.1
8.9
8.41
商庚 17.60
喈喈 17.39
圉 1.106
2.55
8.10
國貉 15.44
基 1.1
1.13
2.76（2）
堅 1.50
13.157
埤 1.80
執 1.120
6.11
執徐 8.8
域 2.78

堊 5.6
堂 5.18
11.12
堂上 5.24
堂下 5.24
堂途 5.21
堂牆 10.26
堇草 13.124
奢 1.38
婆娑 3.106
婦 4.23
4.25
4.27
4.29
4.31
4.32
4.33
婦人 6.11
婚 4.29
婚姻 4（四）
4.31
婚兄弟 4.32
娵觜之口 8.26
婁 8.27
孰 1.51
密 1.27
1.95
2.253
3.75
11.12
密肌 15.49
17.32
宲 1.34（2）
寅 1.46
1.73
8.8
寁 1.59
宿 3.93
寇雉 17.46
17.56
將 1.3
2.40
2.235
2.250
尰 3.89
屠維 8.7
崇 1.37（2）
1.54
3.72
崇期 5.23
崩 1.173
崐崘丘 10.1
崐崘虚 9.29
12.26
崧 11.3
崒 11.11
崔嵬 11.22
巢 7.6
常 1.14
常棣 14.66
帳 3.111
帶 12.17
康 1.10
1.95
1.96
2.109
5.23
6.17
康瓠 6.2
庸 1.14
1.67
庸庸 3.29
庶 1.61
2.113（2）
庶人 12.20
庶母 4.13
4.25
庶婦 4.27
庶幾 2.16
庾草 13.73
張仲孝友 3.92
彗星 8.34
彫蓬 13.12
從 1.12
1.54
1.148
從母 4.17（2）

從舅　4.16
從祖父　4.7
從祖母　4.11
從祖姑　4.10
從父姊妹　4.10
從父晜弟　4.7
4.8
4.11（2）
4.16
從母姊妹　4.17
從母晜弟　4.17
從祖王母　4.11
從祖姊妹　4.10
從祖祖父　4.3
4.12
從祖祖母　4.3
4.12
從祖晜弟　4.7
4.11（2）
徙　1.119
徛　5.25
惟　1.13
1.70
3.74
悠　1.30（2）
1.69
悠悠　3.16
悉　1.55
悖　1.80
惕惕　3.21
惛　3.37
惙惙　3.45
悽悽　3.66
戞　1.14
2.188
戚施　3.104
扈　11.4
捷　1.38
1.141
接　1.141
接余　13.43
探　1.154
2.85
掩　17.75（2）
敘　1.9（2）
2.15
敕　1.67
敗　2.29
6.13
敏　2.79
3.17
3.91
7.1
救　6.6
敔　7.14
斬　1.40
旌　8.48
旌旂　8（十二）
族　14.82
族父　4.7（2）
族祖母　4.11
族祖姑　4.10
族晜弟　4.7（2）
族祖王母　4.11
族曾王父　4.12
族曾王母　4.12
晧　1.49
晙　1.74
晨　1.74
晨風　17.54
晦　2.208
8.15
晜　4.14
晜弟　4.4
4.16
4.19
4.21
晜孫　4.9（2）
晝　14.52
望　9.36
10.22
11.27
13.143
梗　1.94
梏　1.94
梁　5.4
5.11

5. 25
9. 22
梁山 9. 26
11. 27
桴 5. 11
桷 5. 11（2）
棁 5. 11
梱 14. 4
梅 14. 6
條 14. 14
14. 78
條條 3. 2
梫 14. 25
梂 14. 41
梧 14. 47
梧丘 10. 9
梓 14. 54
梨 14. 62
14. 79
梔 14. 63
梢 14. 73
梢櫂 14. 73
梟 17. 35
毫 19. 15
19. 35
淫 1. 3
8. 20（2）
淑 1. 8
淹 1. 112
涸 1. 115
清 1. 116
2. 65
3. 75
淈 1. 138
深 2. 48（2）
2. 197
12. 17
深則厲 12. 17
淩 2. 89
淺 2. 163
淺則揭 12. 17
淪 2. 175
12. 13
淅 3. 54
涼風 8. 12
涷 8. 20
淮 12. 11
12. 24
17. 69
淮南 10. 20
淔灌 13. 38
渠略 15. 9
烰烰 3. 55
爽 2. 36（2）
爽忒 3. 68
牽牛 8. 24
8. 32
猗嗟名兮 3. 97
率 1. 12（2）
2. 175
琄琄 3. 69
瓠棲 13. 18
產 7. 12
畢 1. 55
6. 31
8. 10
8. 29
10. 26
畜 2. 14
異 12. 8
異氣 9. 38
異翹 13. 110
痒 1. 65
疵 1. 65
盛 2. 172
11. 12
盛德 3. 88
盜庚 13. 129
盜驪 19. 6
眥 19. 24
硈 2. 134
祭 1. 72
3. 57
祭山 8. 37
祭川 8. 37
祭天 8. 37
祭名 8（十）

祭地　8.37
祭星　8.37
祭風　8.37
窒　2.56
　8.10
窕　2.103
　2.174
章　8.51
　11.8
　17.69（2）
章丘　10.7
笰　6.12
笙　7.6
紹　1.26
　13.54
終　1.172
　2.280
　3.88
　8.10
　14.56
累　2.64
紩　2.236
絇　6.6
組　8.46
　13.185（2）
紼　12.19
紼縭維之　12.19
羕　1.36
羜　19.32
習　1.111
翌　2.206
狗　19.8
耜　3.47
聊　14.23
脉　2.32
脩　5.26
脩毫　18.31
脫　6.14
脰　18.42
脣　19.14
　19.24
脚　19.24
舂鉏　17.68
菼　2.155（2）
　13.194
萋萋　3.63
菜　6.25
著雍　8.7
菑　9.42
菉　13.9
菣　13.11
菥蓂　13.15
萑　13.22
　17.47
萘　13.27
菟瓜　13.32
菟荄　13.30
菟奚　13.150
菟絲　13.121
菟葵　13.105
菟蘩　13.31
莽　13.34
菧苨　13.41
菲　13.46
　13.98
菡萏　13.93
萍　13.104
菺　13.126
菻　13.139
菌　13.151（2）
菆　13.152
菤耳　13.168
萌　13.194
萌萌　3.27
虛　1.60
　1.87
　8.25（3）
蚻　15.4
蛂蟥　15.10
蛄䗅　15.14
蛄蟹　15.26
蚳　15.36
蛈蝪　15.52
蚹蠃　16.33
袴　6.11
袺　6.11
訪　1.13

訛 1.82
1.127
2.165
訩 1.86
2.207
設 2.76
訟 2.207
訰訰 3.35
豟 18.6
19.45
豝 18.6
貫 1.35
1.111
貫衆 13.101
貧 2.73
貪 2.229
赦 1.123
趾 2.245
逷 1.30
進 1.46
1.47
逮 1.113
2.27
2.119
2.127
逸 2.21
過 2.21
2.178
過辨 12.4
逭 2.240
逵 5.23
鄉 5.15
野 9（六）
9.39（2）
9.40
野馬 19.2
野菅 13.44
釴 6.19
陽 1.45
8.11
隍 1.60
2.261
陪 2.184
隄 5.25
隈 10.24
10.25
隆 11.9
雀弁 13.27
雀麥 13.28
雩 3.85
8.16
頂 2.160
11.11
魚 6.13
6.14
6.16
9.32
16.14
16.19
18.63
19.14
魚子 16.12
魚尾 16.41
魚罔 6.4
魚枕 16.41
魚罟 6.5
魚毒 14.35
魚腸 16.41
鳥 17.70（2）
17.75
17.76
18.62
18.63
鳥罟 6.5
鳥曨 17.73
鹿 18.2
鹿藿 13.90
麻 7.15
13.96
麻母 13.130
黄 12.26
17.39
18.24
19.14
19.31
黄白 19.14
黄金 6.27

黄英　14.29
黄華　13.136
　　13.153
黄鳥　17.50
黄蒢　13.134
黄髮　1.17
黄白文　16.37
　　18.20
黄白雜毛　19.14

十二畫

傅　1.136
　　13.112
　　15.31
傲　2.19
　　3.41
備　17.69（2）
倢　19.40
凱風　8.12
割　2.62
勝　1.38
　　1.39
勞　1.67
　　1.68
　　3.29
博　16.37
　　16.39
厤　1.135
厥　2.187
善　1.8
　　3.92（2）
　　18.30
　　18.39
　　18.40
　　18.45
　　19.4
　　19.5
喜　1.10
　　1.143
　　3.32
喬　1.37
　　14.75（3）
　　14.78
　　14.80
嗟　1.110
𧦝　1.146
喈喈　3.63
單閼　8.8
咢　17.69
啼　18.46
喙　19.14
　　19.36（2）
堪　1.38
報　1.100
報德　3.66
堛　2.249
塊　2.249
場　5.22
壻　4.28
　　4.29
　　4.31（2）
　　4.32
壺棗　14.46
奥　5.3
媛　3.94
嫂　4.23
媞　13.91
媞媞　3.24
寁　1.170
富　2.122
寋　7.13
寎　8.11
寒蜩　15.4
寒漿　13.51
寓　18.62
寓木　14.39
寓屬　18（一）
尊卑　8.45
尋　8.47
就　1.93
　　1.172
幅　6.11
幾　1.76
　　1.165
强　1.42
　　1.68

2. 102
15. 32
15. 54
强圉　8. 7
强蝆　15. 14
弼　1. 54
1. 105
彘　19. 45
彘罟　6. 5
循　1. 12（2）
復　2. 4
2. 268
12. 12
復胙　8. 41
徧　2. 5
愉　1. 10
1. 11
1. 67
惄　1. 70
2. 128
惈　1. 126
惠　1. 126
2. 18
愧　2. 203
惕　2. 229
惑　2. 267
惴惴　3. 11
慅慅　3. 29
悶　3. 36
惡　3. 40
慍　3. 43
慱慱　3. 45
扉　5. 19（2）
掔　1. 50
1. 80
揮　1. 115
揚　1. 161
2. 220
揆　2. 126（2）
握　2. 217
掣曳　3. 76
揭　12. 17（3）
掌　17. 72
援　18. 39
敦　1. 41
10. 12
敦丘　10. 1
10. 12
敦牂　8. 8
敬　1. 73
3. 3
斯　1. 109
2. 2
斮　6. 14
旐　8. 47（2）
景　1. 3
景風　8. 4
晣晣　1. 52
智　2. 198
3. 2
9. 47
晳　14. 46
替　1. 75
1. 89
2. 82（2）
曾　2. 71
曾孫　4. 9（2）
曾祖王父　4. 2（3）
4. 10
曾祖王母　4. 2
曾祖王姑　4. 10
朝　1. 74
2. 108
朝陽　11. 25
極　1. 5
2. 214
8. 10
棐　1. 105
棲　1. 124
5. 9（2）
棄　2. 135
棖　5. 4
植　5. 10
楝　5. 11
棧　7. 9
棧木　14. 70
棄　10. 2

18.45
棄丘　10.2
棄車　13.143
椈　14.3
椋　14.11
棆　14.26
椐　14.27
棠　14.31
椇　14.37
棱慮李　14.45
棗　14.46（2）
14.79
棯棗　14.46（2）
棪　14.50
椅　14.54
棫　14.61
棣　14.66
椔　14.72
棤　14.73
椒　14.78
棶　14.78
棶鳫　17.39
棶藡　15.53
欽　1.73
欽欽　3.45
款足　6.19
殛　2.204
湮　1.28
渾　1.140
測　2.48
游　2.97
渝　2.157
渡　2.272
温温　3.9
溞溞　3.54
湨梁　9.22
湝丘　10.11
湀闢　12.4
湄　12.16
減陽　19.10
無　1.87
2.35
無告　3.70
無姑　14.40
無疵　14.26
無極　3.60
無禄　1.173
無所通　11.21
然　2.14
煮　3.90
14.46
焚輪　8.13
焦護　9.19
為　2.41
犀　6.28
9.26
18.34
犍　19.24
犉　19.24
19.43
猋　8.13
13.193
猶　18.30
猱　18.38
18.39
猩猩　18.46
猣　19.34
猲獢　19.36
琛　2.84
琢　6.29
6.41
琳　6.30
琡　6.37
琴　7.3
甥　4.19（4）
4.34
畯　2.61
畫　2.121
畫丘　10.10
番番　3.12
畬　9.42
痗　1.65
痯　1.65
痡　1.65
痛　2.216
痤　14.45
登　1.93

1.114
6.1
18.30
發　2.59
8.15
發生　8.4
發源　12.24
短　17.71
18.42
19.36
祿　1.71
2.67
祺　2.77（2）
禍毒　3.67
稅　1.123
稃　13.63
稌　13.64
稂　13.173
竦　1.64
竢　1.75
童粱　13.173
筑　2.114
笵　5.14
筆　6.32
筊　7.10
筋　9.30
筍　13.39
粵　1.21（2）
1.22
粢　13.24
絶　1.129
6.45
11.17
絶大　6.19
絶流　12.23
絶高　10.5
絶澤　6.34
絶有力　17.69
18.1
18.2
18.3
18.4
18.5
18.6
18.12
19.7
19.27
19.33
19.37
19.41
絞　2.164
絜　12.27
絰履　13.42
罦　6.5（2）
翔　17.72
翕　1.23
翕翕　3.73
耋　2.161
臯　8.11
臯臯　3.69
舒　1.9（2）
2.259
舒鳧　17.14
舒鴈　17.13
落　1.1
1.28
14.13
落時　5.4（2）
菟　1.57
8.42
菫　1.150
葖　2.126
葽　3.82
葱　6.39
萬物　8.5
葝　13.3
13.14
葥　13.8
13.117
萰　13.30
葵　13.37
葉　13.43
13.93
13.131
13.152
14.52（2）
14.53

14. 74（2）
15. 55
菖　13. 47
13. 65
蒟　13. 49
葴　13. 51
13. 162
葑蓯　13. 77
差　13. 95
萹苻　13. 101
萹蓄　13. 50
葞　13. 137
葽繞　13. 178
菽　13. 180
萿　13. 188
葦　13. 193
葭　13. 193
13. 194
菫　13. 195
萺　14. 63
蜓蛛　15. 4
蛣蜣　15. 5
蛣蝠　15. 6
蛢　15. 10
蛬　15. 18
蝗螽　15. 21
蛑　15. 23
蛜威　15. 41
蛭　16. 25
蛭蝚　15. 43
衆　1. 61
1. 62
3. 18
3. 53
11. 5
13. 24
衆婦　4. 27
衖　5. 21
衖門　5. 17
裂　2. 62
裁　2. 231
覃　2. 46（2）
視　1. 85
觚竹　9. 44
詔　1. 48（2）
詐　1. 81
象　6. 28
6. 29
9. 26
貀　18. 10
貺　1. 7
貳　1. 103
2. 37
貿　2. 25
2. 152
貽　2. 151
貽貝　16. 37
買　2. 152
賁　16. 32
越　2. 220
9. 15
跋　2. 166
辜　1. 16
8. 11
違　1. 30
遐　1. 30（2）
3. 64
遄　1. 58
1. 59
遇　1. 83（3）
2. 225
遏　1. 89
2. 27
2. 132
道　1. 94
1. 131
3. 88（2）
5. 22
道路　5. 23
運　1. 119
遂　2. 221
5. 11
遂遂　3. 19
逼　2. 269
達　5. 4
遒木　14. 60
酢　1. 100

量 2.111
釗 6.27
鈑 6.27
趹 16.39
閔 1.65
間 1.87
1.117
2.242
閒 2.174
閑 1.111
2.136
開 2.254
閎 5.16
閣 5.17
5.19
隕 1.28
1.140
隒 11.14
雄 17.43
17.75（2）
集 2.116
雲孫 4.9
雲夢 9.14
順 1.9（2）
1.32
2.18
順流 12.22
須 13.77
13.97
18.11
18.63
須屬 18（四）
須蠃 17.58
飫 2.169
馮河 3.102
髡 14.4
骭 3.89
鳦 17.33
黍蓬 13.12
黑 6.39
14.52
19.14（2）
19.24（5）
黑虎 18.9
黑黍 13.63
黑鰦 16.7
黹 2.236

十三畫

亂 1.138
1.153
3.35
12.23
亶 1.18
1.19
1.80
傷 1.69
僉 1.132
傳 2.6
5.10（2）
傭 2.101
傒 2.125
剽 7.9
勤 1.67
1.68
嗣 1.26
嘆 1.168
嗉 17.73
18.62
嗛 18.62
塒 5.9
塞 2.56
8.10
填棗 14.46
塤 7.8
壺 5.21
夢夢 3.35
嫁 1.6
媲 1.25
塍 2.40
嵩 1.37
嵩高 11.26
幕 2.171
幹 19.10
廓 1.3
廞 2.66

彀　1.8
彙　18.35
傒　1.75
微　1.88
　3.89
　3.98（2）
愷　1.10
愷悌　2.59
慎　1.19
　1.27
　1.142
慄　1.64
　2.89（2）
愛　1.126
　3.21
感　1.127
慔慔　3.28
愈　3.64
慆慆　3.70
戡　1.39
戢　1.57
摯　1.57
摇　1.108
摇車　13.81
斛　6.3
新田　9.42
旒　8.46
暋　1.42
暇　2.227
會　1.23
　1.25
　2.116
會稽　9.25
業　1.3
　1.9（2）
　1.35
　1.91
　6.8
業業　3.10
楨　1.104
棖　5.4
楔　5.4
　14.43
楣　5.4
椹　5.6
楎　5.7
楶　5.11
楚　9.14
楚雀　17.64
楚葵　13.106
椵　13.6
　14.5
楊　14.28
楊州　9.5
楊陓　9.12
楊徹　14.46
楊枹薊　13.7
椴　14.8
棶　14.10
楥　14.16
楓　14.38
槐　14.52
　14.53
　14.75
　14.78
楸　14.53
　14.75
揄　14.64
歇　1.115
歲　8.9（2）
歲名　8（五）
歲陽　8（四）
殿屎　3.110
毀　1.31
溥　1.3
漠　1.13
　2.65
溢　1.27
　1.86
　1.142
滅　1.55
　1.129
　2.82
　6.33
涇　9.40
溦　10.30
溝　12.21（2）

煁 2.107
煖 2.248
粘 14.7
犑牛 19.22
犌 19.27
猷 1.13
1.82
1.171
2.91（2）
2.149
5.22
瑞 6.21
瑗 6.37
瑟 7.2
7.13
瑟兮僩兮 3.88
甝 18.9
當 1.107
當魱 16.16
瘏 1.65
痱 1.65
痯痯 3.44
瘐瘐 3.44
瘅 17.43
皵 14.53（2）
14.73
盝 1.115
2.275
督 1.150
福 1.71
3.59
禋 1.72
禕 6.11
禁 2.55
禘 8.40
禽 17.77
稚 2.20
稚婦 4.24
稔 2.39
節 2.231
7.16
13.157（2）
15.55
筡 13.157
筵鼀 16.42
粲 2.156
粲粲 3.65
綏 1.96
經 2.76
2.263
7.1
罩 6.4
罶 6.5（2）
罬 1.141
聖 2.138
聘 2.202
肅 1.46
1.58
1.59
2.9
肅肅 3.3
3.5
肆 1.78
1.79
2.103（2）
腹 1.80
19.9
19.24
19.31
腫 3.89
舅 4.16
4.19
4.25（2）
4.34
與 1.113
蒸 1.72
蒙 2.7
13.121
13.165
蒙頌 18.38
蓋 2.62
2.215
蓁蓁 3.23
蓐 6.42
蒼天 8.1
8.2
蒼白雜毛 19.14

萑　13. 1
萬　13. 4
　　13. 92
蒿　13. 11
　　13. 190
蒁　13. 16
　　13. 140
葝蘠　13. 53
蓧　13. 62
蓨　13. 62
　　13. 122
蔜　13. 74
　　13. 148
蒡　13. 78
蒺蔾　13. 84
　　15. 16
蓮　13. 93
葸菜　13. 98
蓫薚　13. 103
葴蓋　13. 123
蒹　13. 194
蒲柳　14. 28
蒲盧　15. 46
虡　2. 51
虡蓼　13. 61
號　2. 144
　　3. 85
蜃　6. 36
　　16. 36
蜋蜩　15. 4
蜣蜋　15. 5
蜉蝣　15. 9
蜓蝡　15. 12
蜖蛆　15. 16
蜚　15. 29
蜉　15. 33
蛹　15. 34
蜆　15. 35
蜎　16. 24
蜌　16. 30
蜀　19. 39
蜀子　19. 39
裒　1. 57
　　1. 62
裾　6. 11
裞　6. 11
覜　1. 137
解　18. 3
觡　19. 23
觠　19. 30
觤　19. 30
誕　1. 3
詹　1. 5
詢　1. 13
　　1. 18
誠　1. 18
　　1. 19
話　1. 82
誃　2. 2
試　2. 52
　　2. 85
誅　2. 204
詑詑　3. 73
豣　18. 3
豥　18. 6
豦　18. 44
貉　1. 27
　　1. 167
　　1. 168
貆　18. 14
貄　18. 31
貈　18. 37
貈子　18. 14
賈　2. 25
賄　2. 153
資　2. 235
賊　15. 55
　　18. 11
路　1. 3
　　5. 21
　　5. 22（2）
跲　2. 166
跪　2. 252
跡　18. 1
　　18. 2
　　18. 3
　　18. 5

18. 6
18. 37
趼 19. 4
跨 19. 9
載 1. 81
1. 82
2. 63
6. 12
8. 9（2）
較 1. 94
辟 1. 2
1. 15
1. 16
2. 274
辠 1. 16
農夫 2. 61
遠 1. 30（2）
遘 1. 83（3）
遝 2. 119
遯 2. 179
遞 2. 237
酬 1. 100
鈴 8. 49
鉤 13. 58
13. 142
鉤盤 12. 27
閘 5. 11
際 1. 141
障 2. 256
雉 1. 32
17. 69
17. 74
雺 8. 15
雷 8. 18
靖 1. 13
1. 138
飾 2. 88
8. 46
飲 6. 13
駒 19. 9
魁陸 16. 27
魁瘣 14. 60
鳩 1. 57
鳭鷯 17. 25
鳪雉 17. 69
梟 17. 72
梟茈 13. 55
麀 18. 2
麃 18. 30
黽 16. 29
鼎 6. 19
鼓 7. 4
7. 13（4）
7. 14（2）
鼠 17. 70（2）
18. 11
18. 62
鼠尾 13. 14
鼠負 15. 27
鼠莞 13. 13
鼠梓 14. 37
鼠屬 18（二）

十四畫

僞 1. 81
僨 2. 180
兢兢 3. 7
劉 1. 3
勩 1. 67
厭 1. 90
厲 1. 108
8. 10
12. 17（2）
厬 12. 10
嘏 1. 3
嘉 1. 8
1. 52
1. 122
8. 5
嘗 1. 72
8. 36
嘒嘒 3. 67
嘂 7. 8
嘖嘖 17. 39
圖 1. 13
2. 91

墜　1.28
　1.140
塵　1.112
　2.167
墉　5.5
塾　5.18
墮　11.13
壽　1.17
壽星　8.21
嫡婦　4.27
嫠婦之笱　6.4
寧　1.27
　1.96
寡　1.99（2）
察　1.128
　1.156
　2.65
　3.1
寣　2.147
寬　2.276
寢　5.26
實　13.20
　13.90
　13.91
　13.93
　13.191
　13.200（2）
　14.40
　14.41
　14.45
　14.46
對　1.25
　2.221
屢　1.58
　2.34
廣　8.47
廣平　9.40
彰　2.57
慴　1.64
慘　1.66
慘慘　3.43
慱慱　3.45
懵　2.234
戩　1.71
摧　1.5
摽　1.28
摟　1.57
搴　2.262
搴柜朐　13.189
摶　6.13
暨　1.113
　3.86
暱　1.165
　2.34
暮　2.171
暮子　17.74
榦　1.104
槢　2.230
棧　5.6
榭　5.8
　5.26
榤　5.9
榱　5.11
榹　5.11
榮　13.195
　13.199
　13.200（3）
　14.69
槀含　13.198
槄　14.1
榽橀　14.24
榹桃　14.44
楝其　14.50
榎　14.53（2）
樧　14.78
歌　7.13
溓　1.60
滕　1.60
滷　2.44
潳　10.23
滸　10.27
　12.11
　12.15
漢　12.11
漢南　9.4
漢津　8.23
濄　12.11

熙 1.121
煽 2.172
熒 13.48
熒火 15.48
熊 18.12
18.20
18.24
爇 19.46
瑣瑣 3.42
甄 6.2
疑 1.103
2.22
疐 2.166
2.211
14.79
瘥 1.65
瘉 1.65
瘍 3.89
瘣木 14.58
盡 1.55
盡力 3.63
監 1.85
碩 1.3
磋 6.29
禠 1.71
稱 2.93
竭 1.115
算 1.135
管 7.11
箕 8.23
粻 2.112
17.73
粼 13.157
綝 1.8
緒 1.9
1.35
綏 1.26
6.11
12.19
綰 1.167
綸 1.167
2.273
13.185（2）
維 1.169（2）
8.46
維舟 12.20
綯 2.164
綽 2.276
綽綽 3.31
緎 3.109
綬 6.38
13.23
綢 8.46
緇 8.47
翢 2.260
翥 15.54
翠 17.51
翠微 11.10
聚 1.57
肇 1.1
1.13
2.79
臧 1.8
臺 2.189
5.8
5.26
13.66
舞 3.85
3.106
蔽 1.88
6.11
6.12
蔽雲 8.17
蔌 6.25
蔬 8.6
蔚 13.11
蓾 13.13
蓷 13.22
蕡 13.32
蔓于 13.79
蔓華 13.113
蔖 13.80
蔨 13.80
蔄 13.90
蔤 13.93
蓱 13.104
蔆 13.114

蔱葵　13.138
蘇　13.148
蔈　13.153
　　13.192
蔏蔞　13.176
蔏藋　13.10
虡　6.23
蜺　8.16
　　15.4
蜚　15.2
蜩　15.4
蜻蜻　15.4
蜱蛸　15.15
蜙蝑　15.21
蝩螽　15.21
蜸蚕　15.22
蜭　15.25
蜪蚅　16.28
蜬　16.33
　　16.37
蜠　16.37
蜥蜴　16.38（2）
蜼　16.39
蜼　18.45
褘　1.52
褊　2.24
褑　6.11
裳　6.11
誥　1.29
　　2.53
誘　1.46
誓　2.53
　　2.95
誑　3.112
貍　18.19
　　18.32
　　18.37
貍子　18.13
賓　1.11
賑　2.122
赫赫　3.30
赫兮烜兮　3.88
踊　19.23
輔　1.105
　　14.30
輕　2.162
適　1.6
　　2.192
遯　2.179
鄭　9.18
酸棗　14.46
銓　2.94
銕　6.20
銀　6.27
銑　6.34
　　6.36
銚芅　13.182
銜　17.71
閣　5.7
閤　5.17
閨　5.17
隩　10.24
　　10.25
雌　17.26
　　17.27
　　17.75
雌雄　17.75（2）
霆　18.18
静　1.27
　　1.95
領　18.45
　　19.6
養　1.139
駉　2.6
駁　14.45
　　19.14
駂　19.14
髦　2.86（2）
　　13.86
髦士　2.60
髦柔英　14.77
魄　1.87
　　14.24
鳲鳩　17.3
鳳　17.27
鳶　17.72
鼐　6.19

鼻 18.45
齊 1.58
2.1
2.23
2.38
2.250
9.9
9.16
19.15（3）
19.30
齊州 9.46
齊棗 14.46

十五畫

儀 1.8
1.24
1.104
僾 2.75
僵 2.180
儉 3.33
僔僔 3.37
僻 3.38
劉 1.32
1.39
1.40
14.51
劉杙 14.51
劉疾 17.36
劇旁 5.23
劇驂 5.23
緦 1.53
嘺 1.76
墳 1.3
9.23
10.28
增 2.72
增增 3.18
墫墫 3.32
嬔 18.5
寮 1.34
寫 1.66
導 1.48（2）
履 1.71
2.67
2.68
履帝武敏 3.91
審 1.128
嶠 11.3
幠 1.3
1.4
2.19
廢 1.3
1.89
1.123
2.82
廞 1.121
廟 5.26
廟中 5.21
徵 1.60
2.83
7.1
徹 2.81
德 3.61
慮 1.13
1.70
2.234
憂 1.66
1.69
3.45
3.70
憐 1.126
3.108
憯 2.71
慼 2.89
慶 2.195
慙 2.203
懊 2.229
憢憢 3.11
憍 3.34
戮 1.65
摯 1.160
撫 2.31（2）
撫掩 3.108
撟 18.63
敵 1.24
1.107

數　1.58
　1.135
　13.157
斲木　17.65
暴　2.102
　8.14
　8.20
暴虎　3.102
樂　1.10
　3.58
　7.16
樊　2.110
樞　5.4（2）
樀　5.11
樓　5.26
槮　6.4
横目　13.112
樆　14.62
樕樸　14.68
槸　14.73
樅　14.74
樝　14.79
槆藕　15.53
樠　16.37
毅　1.38
氂　2.106
潛　2.48（2）
　12.11
　12.18
潛丘　10.20
潰　2.183
漦　2.275
澗　11.23
潬　12.6
潁　12.11
濆　12.11
　12.14
潏　12.25
熲　1.49
　2.33
熯　1.73
熟　8.6（3）
牖户　5.2
犘牛　19.16
犚　19.24
獠　8.43
獘　14.72（2）
璆　6.30
璆琳琅玕　9.29
璋　6.37
甌瓿　6.2
瘼　1.65
瘞　1.88
　2.105
瘞薶　8.37
瘠　2.32
磒　1.28
磔　8.37
磝　11.18
穀　1.8
　2.49
　2.67
　8.6
稹　2.146
稷　13.24
稻　13.64
窮　2.43
窮瀆　10.30
範　1.14
　1.15
箴　6.22
篾　6.43
箹　7.11
箹　7.12
篙　13.157
箭　13.157
箭萠　13.157
緝熙　1.49
緩　2.224
　2.259
　3.31
緍　2.273
緵罟　6.4
緣　6.11
　6.36（2）
緷　6.22
練　8.46

繇馬　13.187
繇繇　3.51
罶　3.115
　6.4
羭　19.29
羬　19.44
翦　1.68
　2.38
　6.35（2）
翬　17.69
　17.72
翪　17.72
膠　1.50
　2.185
膝　12.17（2）
　19.8
興　1.121
　2.3
艐　1.5
蕪　1.56
蕾　13.47
蕭蓳　13.56
蕛　13.57
蕇　13.71
蔆蘧　13.74
蔦　13.89
蕍　13.89
蕸　13.93
蕢　13.99
蕧　13.129
蕵姑　13.142
蕨　13.169
蕨攈　13.114
蕎　13.170
蕀蒬　13.178
蕡　14.59
蝒　15.4
蝎　15.6
　15.40
　15.47
蝚　15.12
蝝　15.17
蝘　15.20
蝛　15.34
蝤蠐　15.40
蝟蟬　16.34
蝘蜓　16.38（2）
蝮虺　16.39
蝮蝎　15.17
蝙蝠　17.53
蝯　18.39
觭　19.23
諏　1.13
請　1.29
　2.8
誰　1.51
誰昔　3.113
儔　2.21
諈　2.64
諉　2.64
諗　2.213
諸　16.36（2）
諸侯　12.20
諸雉　17.67
諸諸　3.4
諸慮　14.32
　15.8
豬　18.6
貄　18.13
賚　1.7
　1.45
賜　1.7
質　1.93
賡　1.161
賦　2.111
　2.271
踣　2.180
踖　2.245
踖踖　3.17
踦　15.42
　19.8
輟　1.171
輩者　3.100
遵　1.12（2）
　14.46
適　1.12（2）
　2.13

遻 1.83（2）
遷 1.119
遲 1.124
遲遲 3.25
邁 2.28
選 2.86
遺 2.151
鋭 10.1
11.3
閲 5.11
險 16.37
雜 19.39
震 1.64
1.127
霄 8.19
霓 8.19
鞏 1.50
2.134
鞎 6.12
鞏 6.45
頠 1.27
頪 1.85
頲 1.94
餘 1.157
餘泉 16.37
餘胝 16.37
餒 6.13
駔 2.115
駕 2.246
駒 19.12
駓 19.14
骹 19.8
魯 9.10
魵 16.20
魴 16.22
魧 16.37
鴂鴃 17.1
鴝鶌 17.39
鴩 17.74
鴈 17.72
鴈門 9.20
麃 13.174
麌 18.1
黎 2.185
黎 1.61
齋 6.19

十六畫

冀州 9.1
劑 2.38
勳 1.92
噰 2.9
噰噰 1.53
3.63
器 6.10
噣 17.37
圜 6.19
奮 15.54
17.69
19.33
19.41
學 3.88
嶧 11.7
廩 2.239
彊 1.107
2.54
懌 1.10
1.11
憲 1.15
憲憲 3.71
憩 1.124
懈 2.223
憴憴 3.7
戰 1.64
戰戰 3.8
擇 1.63
19.15
擗 3.107
整 2.201
斴 2.226
曀 8.14
檅 5.7
樹 5.15
橛 5.19
橘 8.10
橰 14.21

樌　14.27
檖　14.42
檝　14.46
樸　14.48
橧　18.6
歷　1.134
　1.136
　1.137
　2.274
殪　1.173
濩　3.90
澱　6.18
濁　8.29
澤　10.17
　12.12
　13.111
澤中　10.8
澤柳　14.28
澤虞　17.41
澤龜　16.42
澞　11.23
澨　12.11
澮　12.21（2）
燎　2.107
熾　2.172（2）
燠　2.248
燔柴　8.37
燕　9.8
　9.17
　17.30
　17.33（2）
營丘　10.11
營州　9.9
營室　8.26（2）
犝牛　19.21
獲　1.144
獨　11.7
獥　18.4
獫　19.36
璲　6.21
瓐　6.3
瘵　1.65
瘽　1.65
磨　6.29
　14.73
磬　7.5
　7.13
禧　1.29
　1.71
穆穆　1.52
　3.3
窶　2.73
篤　1.50
　1.80
篡　1.154
篧　6.4
篪　7.7
篁　7.11
篠　13.157
縫　3.109
縓　6.39
縣出　12.3（2）
縊女　15.35
罹　1.66
　2.176
　3.67
罿　6.4
羱　18.28
翰　1.104
翮　6.22
臻　1.5
　1.130
　1.160
舉　2.92
　3.22
薦　1.32
　1.46
　1.160
　13.12
薨　1.173
薨薨　3.18
薆　2.74
薍　2.155
　13.194
薄　5.14
薜　13.5
　13.45

13.73
13.116
13.156
蘼莒　13.52
蔷　13.61
蒚侯　13.91
薏　13.93
蒣蕪　13.97
薇　13.155
蔽　13.175
蕭　13.180
蕭蔛　15.53
蓟　13.191
蒹　13.194
虦貓　18.7
18.26
融　1.36
融丘　10.1
螢　15.1
螗蜩　15.4
螟　15.19
螺蛎　15.21
螺螗　15.4
螒　15.30
螘　15.36（2）
螟　15.55
螟蛉　15.46
螔蝓　16.33
蟒　16.39
螣　16.39
螣蛇　16.39
衛　1.106
1.122
衡　11.1
褮　6.11
褭驂　19.12
親　2.58
親同姓　4.7
謀　1.13
2.137
諶　1.18
1.19
謔　1.20
謁　1.29
2.8
諧　1.53
謂　1.68
14.48
諲　1.73
諼　3.82
豫　1.10
1.90
1.96
2.15
豫州　9.2
貙　18.6
貐貐　18.25
貓　18.37
貓子　18.15
頳　6.39
踵　17.72
蹄　19.4
19.5
輯　1.53
輶　2.162
辨　6.45（2）
還　2.4
2.270
10.10
還味　14.46
遽　2.6
遾　2.27
醜　1.61
13.190
13.193
14.78（4）
15.54（5）
17.72（5）
17.76
18.12
18.37
錫　1.7
6.27
鉼金　6.27
錯　8.50
鎈　1.110
閹　2.189

5.8
闞 5.4
閼逢 8.7
閹茂 8.8
隱 1.88
2.26
2.69
2.74
隱荵 13.78
隰 9.40
9.41
雕 6.28
6.41
雔由 15.53
霖 8.20
霍 11.16
霍山 9.28
11.26
霍首 13.158
靦 2.257
頤 1.139
頯 16.37
頭 18.44
頭鵁 17.45
餤 1.46
餞 1.47
餥 2.156
駮 19.3
駥 19.7
19.42
駩 19.14
駰 19.14
駱 19.14
鮐背 1.17
鮀 16.6
鮂 16.7
鮇 16.10
16.22
鮅 16.21
鴡鳩 17.5
鴢 17.8
鴩 17.26
鴟 17.35
鴟鴞 17.34
鴱 17.45
鴂 17.61
麆 18.3

十七畫

優優 3.6
勵 1.48
壑 1.60
2.261
嬪 4.33
孺 2.170
嶽 11.1
嶠 3.111
彌 2.280
徽 1.8
1.89
應 1.107
7.4
8.15（2）
應門 5.16
懠 2.124
懋懋 3.28
戲謔 1.20
戴 2.104
3.23
9.46（2）
11.22（2）
戴丘 10.10
戴鵀 17.40
擊 7.13
擘 16.39
斂 1.57
斃 2.180
檢 2.177
檐 5.11（2）
檍 14.9
樓 14.13
檕梅 14.23
檉 14.28
椵 14.36
櫃 14.67
檜 14.74

檄　14.81
濯　1.3
濬　2.197
濟　2.272（3）
　8.20
　9.6
　12.11
　12.24
濟東　9.7
濟濟　3.15
濟有深涉　12.17
濮鉛　9.43
槩　11.20
濫泉　12.3
燢　1.53
燬　2.222
牆　5.5
　5.6
　5.7
獮　1.40
　8.42
環　6.12
　6.37
璗　6.27
甓　5.20
癉　1.67
皤蒿　13.11
盪盪　3.38
瞯　19.14
矯矯　3.12
禦　2.55
　6.12
禮　2.68
　2.188
穟穟　3.50
篲　1.68
簃　5.13
簣　6.44
縻　2.258
繇　1.22
　1.66
　1.131
　1.143
　12.17（3）
績　1.26
　1.35
　1.91
　1.92
　1.93
縱　1.153
縮　1.153
　6.9
　17.72
縭　2.143
　6.11（2）
　12.19
縛　6.22
縷　8.46
縿　8.46（2）
繁　13.171
　19.14
罄　1.55
罽　2.106
罿　6.5（2）
翼　1.73
　17.75
翼翼　3.5
翳　2.260
　14.72
聲　2.9
　2.125
膺　2.58
　19.10
瞻　14.79
臨　1.85
臨丘　10.14
艱　1.145
藎　1.46
蘒　2.56
藏　2.80
薰　3.39
藬　13.35
蕧茅　13.65
葥　13.67
蕣　13.67
薺實　13.95
藚　13.107

藐　13.132
藐藐　1.52
藒車　13.135
蓁　13.161
藗　13.167
藍　17.39
虧　1.31
蟄　1.27
蟦蝀　8.16（2）
蠙衙　15.3
蟋蟀　15.18
蟰蛸　15.22
螪何　15.33
螢　15.54
螽　15.54
蠡　15.55
䗪　16.30
蟦　16.37
蟲　17.57
襄　2.140
　　2.246
覬覦　1.102
觳　1.55
謨　1.13
　　1.81
謔謔　3.72
謐　1.27
謚　1.27
謟　1.103
諼　2.3
謞謞　3.72
謠　7.13
講武　8（十一）
謝　16.36
谿　11.21
　　12.21（2）
豰　18.16
貘　18.8
貔　18.16
購　13.176
趨　5.24
蹌蹌　3.8
輿　6.12
　　17.16
邇　1.165
邈邈　3.36
醢　6.16
鍠鍠　3.58
鍭　6.35
錽　6.46
闊　1.30
闇　2.184
闌　5.17
雖　3.83
藋　13.87
霡霂　8.20
鞠　1.86
　　2.20
　　2.49
頠　1.65
頡　1.75
頔　2.148
顆涷　13.150
餥　2.42
餱　2.42
餬　2.251
餘　6.13
餲　6.13
馘　1.144
駿　1.33
　　1.36
　　1.59
騉　19.9
駹　19.9
騂白　19.14
騂馬　19.9
　　19.14
騆　19.14
魋　18.24
鮮　1.8
　　1.99（2）
　　11.16
鮨　6.16
鮦　16.9
鮡　16.10
鯀鮪　16.15
鮥　16.15

䳄 16.17
鴻 1.117
鴻薈 13.59
鴶鵴 17.3
鴿 17.6
17.12
鴩 17.15
鴳鶷 17.15
鴾鸈 17.17
鴮 17.23
鴽 17.31
鴽子 17.74
鴾母 17.31
鴷 17.65
麋 18.1
麋舌 13.188
麋罟 6.5
麋鹿 18.61
麋鴰 17.11
麍 18.2
麎 18.23
麐 18.29
黝 5.6
6.39
點 6.33
黻 2.57
2.277
鼢鼠 18.48
鼣鼠 18.55
鼨鼠 18.57
鼀 16.32
16.36

十八畫

儵儵 3.67
叢 14.57
彝 1.14
6.10
懟 2.142
懕懕 3.24
懪懪 3.36
檿桑 1.101
櫄 14.19
櫅 14.46
檿桑 14.71
歸 3.116
12.8
歸孫 4.21
瀆 12.21
獵 2.130
16.36
璧 6.37（2）
癉 1.65
瘋 1.65
瞻 1.85
瞿瞿 3.33
礐 11.18
穫 3.52
竄 1.88
簡 1.3
6.31
12.27
簡簡 3.26
簥 7.11
簜 13.39
簢 13.157
糧 2.112
繸 6.38
繚 14.80
羳羊 19.31
翹翹 3.10
職 1.14
1.33
2.87
聶 14.52
藩 2.110
蘢 6.24
藕 13.93
蕢 13.108
藫 13.119
蔗 13.174
13.193
螫 15.19
螵 15.26
蟠 15.27
蟫 15.28

蟦 15.39
蟰蛸 15.42
蟓 15.53
蟦 15.55
蟲 15.56
蟲蠁 15.44
蟣 16.25
蟧 16.34
襢裼 3.101
襘 6.11
襟 6.11
覆 1.128
2.29
10.12
覆車 6.5
覆䴴 12.27
覲 1.84
謹 2.53
謼 2.144
豐 1.56
貙 18.6
貗 18.6
貗 18.6
貗 18.15
貙 18.25
18.32
貙獌 18.19
蹙蹙 3.74
蹢 19.8
辮 14.63
邊 1.106
14.46
醫無閭 9.24
釐 13.113
闕 5.16
闕洩 18.47
闕廣 19.10
闑 5.19
闔 5.19
雞 5.9
19.39
19.40
19.47
雞屬 19（五）
雝州 9.3
雝渠 17.28
巂周 17.33
雛 17.37
雜縣 17.38
鞬雉 17.69
霧 8.15（2）
鞫 2.43
3.74
題 2.148
顒顒 3.61
顓頊之虛 8.25
餘 1.118
餾 2.39
騖 1.42
騅 2.155
19.14
騝 19.14
騏 18.27
騊駼馬 19.1
騉 19.4
騉駼 19.5
騋 19.12
騇 19.13
騧 19.14
闐 2.219
鬵 6.20（2）
鯉 16.1
鯇 16.5
鯊 16.6
鯢 16.9
鵠 6.28
鴢鵙 17.6
鵝 17.10
17.13
鶟鶦 17.16
鵖 17.17
鵬鴞 17.28
鴟鴞 17.40
鵗 17.69
鵙 17.72
17.78
鵌 17.70

麎　18.1
麌　18.3
鼃黽　16.29
鼖　7.4
鼬鼠　18.52
鼩鼠　18.53
鼫鼠　18.56
鼨鼠　18.58

十九畫

儴　1.149
壞　1.31
孼孼　3.23
寶　2.84
懷　1.5
　1.70
　1.89
　2.10
　3.66
懷羊　13.35
旟　8.50
櫠　14.8
櫟　14.41
犤牛　19.18
犣牛　19.20
犢　19.25
獸　17.77
　18.63
瓣　13.18
疇　1.51
疆　1.106
癠　1.65
穧　1.44
穦　8.13
簫　7.10
簻　7.14
檗　6.13
繹　1.32
　8.41（2）
繹繹　3.49
繴　6.5
繩　6.9
繫英　17.32
繫　1.55
羅　6.5
　15.29
羆　18.20
羹　6.16
羷　19.30
蘇　13.60
蘄茝　13.83
蒒　13.88
　13.181
蘋　13.104
藾蕭　13.109
藘　13.194
蘆葩　13.37
蘢　13.76
蘢古　13.94
蘢葛　13.166
蘧麥　13.115
蘧蔬　13.82
藹　14.59
藹藹　3.15
　3.63
蟼蟇　15.21
蟷蜋　15.23
蟷蠰　15.15
蠖　15.45
蠓　15.51
蠅　15.54
蠉　16.24
蟾諸　16.29
羸　16.33
豶　18.6
贆　16.37
蹶　1.122
　1.127
蹶洩　14.46
蹶蹶　3.17
蹷　9.35
蹻蹻　3.34
蹼　17.72
蹯　18.37
醮　12.10
鏝　5.6

鐯　6.3
鏐　6.27
鏤　6.29
　6.46
鏞　7.9
鏄　15.54
關關　1.53
難　1.145
　9.35
離　2.2
　7.3
離南　13.75
離孫　4.21
靡　2.35
類　1.8
　16.36
　18.25
顗　1.27
願　1.70
顛　2.160
　19.9
顛蕀　13.86
顙　19.9（2）
饉　8.6
騭　1.114
　19.13
騷　1.127
騜　19.14
騢　19.14
騥　19.14
鯤　16.12
鮥　16.16
鯬　16.23
鯠　16.23
鯢　16.40
鶌鳩　17.2
鵅鷑　17.4
鵱鷜　17.10
鶩　17.14
鶪　17.22
鶅鶡　17.29
鶉　17.43
鶉子　17.74
鶉火　8.30
鵽鳩　17.46
鶆鳩　17.62
鶖黄　17.64
鵫雉　17.69
鷂　17.69
　17.7
鳲鳩　17.7
鵲　17.71
　17.72（2）
麔　18.1
麕　18.3
　18.17
　18.29
黼　2.57
　6.39
黼領　6.11
鼃螿　15.37
鼗　7.15
鼣鼠　18.54
鼮鼠　18.59

二十畫

嚶嚶　3.62
寶龜　16.42
鷚鳥　17.49
廯　2.239
懽懽　3.70
櫬　13.6
　14.47
　14.49
櫰　14.52
瀸　12.1
瀾汋　12.2
瀵　12.9
瀾　12.13
灌　14.82
灌木　14.57
獻　1.152
　2.138
甗　19.4
　19.5

矄　2. 253
穮　3. 51
競　2. 54
纂　1. 26
纀　6. 11
纁　6. 39
　　8. 46
繼　1. 26
　　8. 47
繼英　15. 49
臚　2. 15
蘦　1. 28
　　13. 183
蘩　13. 11
　　13. 31
　　13. 190
蘩露　13. 138
蘥　13. 28
蘮挐　13. 83
蘠蘼　13. 100
蘜　13. 120
蘮　13. 154
蘮蕪　13. 83
蠐螬　15. 39
蠛蠓　15. 51
蠑螈　16. 38
襭　6. 11
襮　6. 11
覺　6. 28
轙　6. 12
醴泉　8. 5
釋　1. 11
鐐　6. 27
鐘　7. 9
　　7. 13
飄　8. 13
饋　1. 118
饋　2. 39
饎　3. 84
饐　6. 13
饑　8. 6
騱　19. 8
騴　19. 9
騵　19. 9
鰈　9. 33
鰋　16. 3
鯷　16. 3
鰌　16. 8
鰕　16. 11
　　16. 20
　　16. 40
鶻鵃　17. 2
鶨　17. 22
鷗　17. 27
鶺　17. 36
　　17. 43
鶩　17. 42
鶟鶦鳥　17. 48
鶠鷞　17. 71
鶤　19. 47
鹹　2. 44
麚　18. 2
　　18. 42
麛　18. 2
麙　18. 12
黨　4. 30（2）
　　4. 32（2）
黧黄　17. 79
鼯鼠　17. 59
鼳鼠　18. 60
齝　18. 61

二十一畫

囂　2. 136
巋　11. 5
廱廱　3. 6
屭　2. 170
　　11. 7
懼　1. 64
　　3. 11
攝龜　16. 42
攝提格　8. 8
櫜　1. 112
　　2. 226
欃槍　8. 34
權　13. 136

14.29
權輿 1.1
殲 1.55
灘 12.5
12.11
12.14
犩牛 19.19
蘱 12.19
襝 1.72
續 1.26
1.161
罍 6.10（2）
藒 13.94
蘵 13.134
蠠没 1.41
蠢 1.108
1.127
3.87
蠜 15.21
蠭 15.54
躋 1.114
躍躍 3.30
辯 3.4
闢 2.254
顧 18.40
饘 2.251
騽 19.14
鰥 1.65
鰝 16.11
鶭鶭 9.34
17.63
鶬 17.11
鶾 17.18
鷇 17.37
鶩 17.41
鶠 17.57
鷉 17.58
鷀鷉 17.66
鷂 17.69
鷂雉 17.69
鷂鶨 17.76
麝 18.3
麝父 18.17
齧 9.35
13.12
13.118
齧桑 15.7
齧齒艾 17.21
齸 18.61

二十二畫

亹亹 1.41
儼 1.73
孿 11.13
懿 1.52
櫑 14.33
櫑櫑 14.38
灑 7.2
爞爞 3.39
犦牛 19.17
玁 19.34
穰穰 3.59
竊 17.39（4）
竊毛 18.7
18.24
竊衣 13.85
竊脂 17.24
籧篨 3.103
臞 2.32
蘾 13.29
蘿 13.40
14.42
蘱 13.56
虋 13.127
蠦蜰 15.2
蠪 15.36
覿 1.84
讀 11.21
讖 1.77
躐 2.166
躔 18.1
轡 6.12
轡首 6.12
邐迤 10.13
霾 8.14
霽 8.20

驚 1.64
驓 19.8
驈 19.9
驒 19.14
驎 19.14
驔 19.26
體柔 3.105
醽 6.20
鬻 2.258
鰼 16.8
鱷 16.9
鱀 16.13
鰴 16.19
鰿 16.37
鷂鳩 17.4
鷚 17.9
17.74
鷩雉 17.69
鷉 17.70
鼳 18.11
鼵 1.124
龕 2.118

二十三畫

戁 1.64
1.127
攫 13.145
欒鹵 15.53
馨 7.5
灡 12.11
籥 7.12
蘵 13.125
虉蕍 13.194
蠱 1.103
6.17
蠲 2.90
蠰 15.7
蠰谿 15.21
蠸輿父 15.11
蠭 15.36
襴 2.255
讋 1.24
變 2.157
麠 18.43
鑠 1.52
鑣 6.12
齇 13.59
顯 1.49
1.84
1.117
鱊鮬 16.18
鱖婦 16.18
鱒 16.21
鷣 17.20
鷮 17.26
鷸 17.42
鷯 17.43
鷭 17.51
鷬 17.69
鷭雉 17.69
麢 13.96
鼸鼠 18.49
鼷鼠 18.50
鼶鼠 18.51
齯齒 1.17

二十四畫

攫橐含 13.198
籩 6.1
罍 6.5
虉 13.23
衢 5.23
觀 1.62
2.17
5.16
讒慝 3.72
貜 18.4
靈 16.36
靈龜 16.42
鱣 16.2
鱧 16.4
鱯 16.10
鱦 16.14
鷽 17.19
鸀 17.52

鸕 17.54
鸒 17.55
鸆 17.62
17.72
鸑 17.66
鷺 17.68
鹽 9.32
麠 18.22
鼅鼄 15.37（2）
鼈 16.32

二十五畫

虋 2.260（2）
籊 6.16
蘼 13.169
饟 1.118
鬣 19.14（2）
鱴刀 16.17
鸒 17.29
鸋 17.74
鸋鳩 17.34
鸍 17.44
鸛 17.69
齸 18.61
齸屬 18（三）

二十六畫

釁 18.63
欘 6.13
鱸 18.9
驨 19.9

二十七畫

鼸 15.4
玃父 18.40
鑽 14.79
驤 19.8
鸕 17.67

二十八畫

钀 6.12
鑿 5.9
驌 18.27
鸛鷒 17.71
麢 18.21

二十九畫

虋 13.63
虋冬 13.100
驪 19.12
驪馬 19.9
19.14
驪白雜毛 19.14
鬱 2.193
鬱陶 1.143

三十畫

鸞 1.65

修訂版後記

《爾雅今注》1987 年 7 月由南開大學出版社出版，1994 年重印一次。本書問世以來，作為現代漢語註釋《爾雅》的首次嘗試，受到了語言學界的關注。隨著近年國學熱升温，對我國上古時期文化、語言研究的不斷深入，語言學界對《爾雅》的研究也逐漸深入，陸續出現與此相關的論著。

二十多年來，我在不斷學習研究、廣泛收集資料、進行比對研討，特別是在編寫《上古漢語詞彙史》（2003 年由商務印書館出版）的過程中，從詞彙發展的縱向角度思考，對《爾雅今注》中涉及的一些詞語的釋義、標音、例證等問題，有了更深入的認識。2012 年初開始，我用了七八個月的時間，對《爾雅今注》再次進行修訂。其中改動較大的是解釋一般詞語的前三篇。

在當今一些出版社偏重經濟效益而淡化社會效益的情況下，岳麓書社仍然重視古籍和學術著作的出版，令我既感激又敬佩。

“吾生也有涯，而知也無涯。”這個修訂本，很可能對一些問題還沒有解決好，甚至會出現新的缺失，但這些很難由我自己再補正了，祇能留待後人了。

最後，我要感謝業師張清常先生為拙著作序，先生不僅是著名的語言學家，也是著名的《西南聯大校歌》的作曲者。我還要感謝我的老伴馬光琅先生，本書的每個篇章都凝結著他的心血。

最後一稿殺青後不久，他就先我而去。得知本書即將付梓，光琅一定會感到欣慰。

徐朝華